世家的天下

1 饕餮

魏晋豪门与皇帝的争权之路

潘彦明 著

中国出版集团
现代出版社

图书在版编目(CIP)数据

世家的天下 ：全3册 / 潘彦明著．—北京：现代出版社，2017.1
ISBN 978-7-5143-5359-4

Ⅰ.①世… Ⅱ.①潘… Ⅲ.①中国历史-魏晋南北朝时代-通俗读物
Ⅳ.①K235.09

中国版本图书馆CIP数据核字(2016)第218462号

世家的天下

作　　者	潘彦明
责任编辑	张　霆　姚冬霞
出版发行	现代出版社
通信地址	北京市安定门外安华里504号
邮政编码	100011
电　　话	010-64267325　64245264（传真）
电子邮箱	xiandai@cnpitc.com.cn
印　　刷	三河市宏盛印务有限公司
开　　本	710 mm×1000 mm　1/16
印　　张	58.75
版　　次	2017年1月第1版　2017年1月第1次印刷
书　　号	ISBN 978-7-5143-5359-4
定　　价	118.00元（全3册）

前 言

2012年，我辞去繁重的工作，从云南到西藏徒步旅行了三个多月。一路上我遇到形形色色的人，每个人都有属于他们自己的故事。或许这些故事在外人听来平淡无奇，但他们却讲得绘声绘色。我试着融入他们的内心世界，然后，我真切地意识到，每个人的故事都极不平凡。

每个人都是不平凡的。

回到家没多久，一天深夜，我开始动笔写这本书。到早上七点的时候，我已经写完了序章。虽然当时写的序章后来全部删掉（事实上，我之后又删掉了约二十万字的内容），但那天深夜，确实可以算作这本书的开始。

过了几个月，我跟朋友透露我正在写书的事。朋友问是不是写游记？我说："不，我写历史，因为我爱历史。"

当然，我爱自己的经历，所有的经历，但我也知道，这些经历在别人听来其实并没什么特别。写历史的好处是历史离我们很远，大部分人看来更有神秘感，而那些历史人物所经历的，更是我们毕生无缘得见的传奇。

历史很遥远，历史人物离我们同样遥远。

又写了些日子，我发现我错了。

我总是有意无意地观察身边人，越来越觉得这些人某时某刻的心态恰如我笔下的某个历史人物。那人像诸葛诞，那人像钟会，那人像王导……

是的。历史人物离我们很近，几乎就是我们身边的人。

我记得我上中学时玩过很多三国游戏，当时我想：哇！这人真牛，这人的武力能横扫千军，那人的智力全国拔尖。但后来，看的书越来越多，我也越来越发现，曾经崇拜的人并不是神，他们和我们一样是有血有肉的人，他们有勇气，也有懦弱；有坚持，也有放弃；有顺境，也有无奈……他们在利益和道义之间挣扎，在捍卫理想和委曲求全之间纠结。

翻看史书，总不免为成功者的深谋远虑由衷赞叹，为失败者的昏招扼腕叹息（或是解气）。可揭开表层，却看到有些深谋远虑其实只是顺势而为，或是时运使然；而如果我们不做事后诸葛亮，也会发现有些昏招其实已经是那些失败者当时所能做出的最佳选择。

有朋友问我是不是主要写三国，毕竟三国是大家相对了解的一段历史。可我并不想在三国上花费太多笔墨，实际上，这本书只有前三分之一内容是关于三国的（主要是魏国），后面更多篇章则是西晋和东晋。其中即便涉及三国的内容，也绝不是大家熟知的三国，本书会从另一个侧面来描写那些我们耳熟能详的故事（其实有很多是被我们忽略的故事），以及那些历史人物复杂的内心世界。

另外，由于本人是个电影发烧友，所以书中有很多章节标题都取自电影名字，以向那些伟大的电影作品致敬，有兴趣的朋友不妨找找看。

魏晋是中国历史上最乱的时代，尤其是东晋，更被后世称为门阀政治——皇权旁落，世家豪族掌握军政大权。本书正是以这几大家族为主线，贯穿魏、西晋、东晋三朝。

魏晋两百年间，那些士大夫，以及他们整个家族，为争取权力、利益、自由、生存进行着坚持不懈的奋斗。书中涉及多起政治黑幕，并力求探寻幕后的真相。

这是一本描写谋略、抉择、人性、血与泪、拼搏与隐忍的书。

这是一本描写人创造历史，以及时间改变人心的书。

潘彦明

目 录

引子：重臣的故事

永昌元年是东晋开国皇帝司马睿在位期间最后一个年号，因为这年的闰十一月初十（公元323年1月3日），司马睿驾崩了。

就在几个月前，司马睿刚刚跟帝国最强权臣王敦打了场仗，这是一场令他颜面尽失的败仗。不光他自己，整个皇室都跟着蒙羞，皇权彻底被臣权压垮。不过，司马睿虽被打败，但王敦到底有所顾忌，并没直接把他废掉，而是让他继续充当傀儡皇帝。

战后这几个月，司马睿整日都在悲愤中度过。今天，他是满怀着屈辱咽气的。

第二天，司马睿的长子——时年二十四岁的司马绍迎着凛冽的寒风坐上了曾经属于他爸爸的皇位。

继位大典办得有模有样，华丽又不失庄重。然而，司马绍却觉得过于冗长。他被搞得身心俱疲，渴望马上能回到后宫休息。

总算快结束了。

这是最后一个环节。朝堂里群臣跪拜于地，恭贺新帝登基的祝词此起彼伏，可这些奉承话在司马绍听来没那么悦耳。他知道，此刻，权臣王敦依旧手握重兵虎视眈眈，而那些对自己歌功颂德的臣子大半都迫于王敦的威慑力，随时可能掉转枪头帮王敦灭了自己。司马绍很清楚父亲因何而死，他更清楚自己当前的处境。

我只要稍有不慎，就会被王敦给废掉。

晋王朝难道要亡在我的手里吗？

这担惊受怕的情绪把司马绍搅得异常疲惫。他挥了挥手宣布散朝，然后拖着沉重的步伐回到后宫，一屁股坐到了御床上。在他身旁，除了几个内宫太监外，还站着一个年过半百、面目和蔼的老者，这人名叫王导，官拜司空兼扬州刺史，乃是朝廷首屈一指的重臣。

王导身份极复杂，他是东晋王朝的开国功臣，同时也是王敦的堂弟，不过，他的性格乃至政治立场都跟王敦迥然不同。王敦性格嚣张强硬，王导则宽厚柔和。在之前那场皇帝和权臣的战争中，王导名义上是站在皇帝一边的，不可否认，他为了身家利益免不了首尾两端，暗通自家兄弟，但不管怎么说，以他的为人，还干不出公然与皇室为敌，甚至谋朝篡位的事来。

另外，王敦、王导所属的家族——史上著名的琅邪王氏，在整个东晋时代，论及家族声望和政治影响力均无能出其右者。即便那些不爽王敦飞扬跋扈的臣子，对王导依旧要礼敬三分。

由此，纵然王敦已经到了跟皇室开战的地步，但无论司马睿还是司马绍都必须好吃好喝供着王导，唯希望他能从中斡旋，尽量稳住王敦而已。

司马绍抬眼看了看王导。

“王公，您怎么还不回去啊？”

“臣挂念陛下，想问问陛下还有什么要吩咐的。”

“朕没什么事了……”司马绍回答得有气无力。他一见王导那张脸总是不由自主地想起王敦。琅邪王氏个个都长得那么恶心！说实话，王导长得慈眉善目，脸庞清秀，举止风流倜傥。可所有那些琅邪王氏族人的相貌特征都让司马绍作呕。他很想把王导打发走，但这话他最终没说出口。

必须要稳住王导！

缓了一会儿，他对王导言道：“王公，您博古通今，朕想听您讲讲，朕的列祖列宗是如何赢得天下的。”

司马绍自是希望能从先辈的事迹中寻求智慧，以期攻克目前的困境，而王导则有另一番想法。如果堂兄王敦谋朝篡位不可避免，现在他自己能做的，正好可以通过司马家先祖的事迹让这位皇帝明白天命的道理。

——天命在臣不在君。

王导想了很久，点点头。

“既然陛下想听，臣就把臣知道的事给您讲讲吧……”

序章

距今一千八百多年以前的建宁元年，也即是公元168年，10月25日黎明，东汉国都洛阳的百姓大多已经开始了一天的生活，在深邃的皇宫内，年仅十二岁的当朝天子——被后世称为汉灵帝的刘宏也像往常一样，刚起床就骑上驴，牵着狗，在一群宦官和宫女的嬉笑簇拥中迎来了新的一天。

皇帝优哉游哉的生活与险恶的朝廷局势形成鲜明的反差。

洛阳皇宫主分南北两宫，总面积超过一百平方公里，从空中俯视呈一个巨大的吕字形。北宫多为皇帝寝殿，南宫主要供皇帝和群臣朝贺议政。北宫南面的朱雀门（及两个侧门）各自对应南宫北面的宣武门（及两个侧门），其间以并列三条长约七里的通道相连。中间的通道最宽，是专供皇帝通行的御道，群臣则只能从两旁的侧道行走。

此时，就在其中一条侧道的北端，也就是北宫朱雀门旁的侧门内外分别驻扎着两拨军队，他们个个剑拔弩张，遍布血丝的双眼透出杀气，全都恶狠狠地瞪视着对方。

守在宫门外的，是由大将军窦武（外戚）率领的数千皇城禁军；守在宫门内的，则是由黄门常侍王甫（宦官）率领的千余名皇城禁军。

东汉自第三代皇帝汉章帝（公元1世纪）开始，外戚（皇帝的母族、妻族）的权力就越来越大，到建宁元年这一百年中有多个外戚把持朝政。然而，只要外戚一上位，最后总难逃被宦官灭掉的命运，权力很快又传到宦官手里。宦官因为生理缺陷和背景低微，即便到手的权力也不具备传承性，等这茬宦官死绝，下一代外戚又会冒出来掌权，如此周而复始。于是，外戚与宦官轮流坐庄便成了定式。汉灵帝时，窦武成为外戚领袖，他与宦官的权力斗争历经数年，终于不可避免地爆发武力冲突。

虽然窦武的兵力强过王甫，但王甫手里却拥有一个强力道具——指控窦武谋反的诏书。毋庸置疑，这封诏书是宦官伪造的，即为矫诏。可这内幕对于底层士兵来说实在太过深奥，他们当然无从辨别真假，脑子里只明白一个道理——诏书大过天。

借着诏书的威慑力，窦武军士气持续跌落，中午时分终于崩盘，全军一哄而散。另一边，王甫见自己掌握住绝对优势，遂率军冲出宫门，将孤立无援的窦武团团包围。

窦武心知再无力扭转乾坤，当场拔剑自刎。窦武一死，其政治盟友——太傅陈蕃也被缉拿，当天晚上就被害死在狱中。当时，宦官集团被世人称为“浊流”，士大夫集团被称为“清流”。窦武和陈蕃正是两位最大的“清流”领袖。

其实早在一年前，即公元166年，士大夫集团就被宦官集团搞垮过一次，当时有两百多名士大夫遭到罢免，史称第一次“党锢之祸”（党，指代士大夫集团；锢，指禁止士大夫当官参政）。而后，窦武和陈蕃力图扳平局面，连连向宦官发起攻势。不想公元168年爆发军事政变，窦武和陈蕃身首异处。两位士大夫领袖一死，宦官更加肆无忌惮，马上发动第二次“党锢之祸”，致使一百多名士大夫遇害身亡，六七百名士大夫遭终身禁锢。

究竟什么人能称为士？

士这个阶层最早可追溯到商周时代。士人大多受过良好的教育，其地位介于卿大夫（辅佐国君的官吏）之下，庶民之上。到了战国时代，由于社会环境的变迁，越来越多的士人开始涉足政治。那些做了官的士人逐渐和卿大夫融合，被称为士大夫，而累世为官的士大夫家族，则被称为士族（也称为世家）。

与士大夫、士族相对应的，则是庶民、寒门。

不过，即便是庶民，通过努力读书和良好的品行也能晋身士人，若逢时运得济踏上仕途，历经两三代后，其家族就可以脱离寒门，正式跨入士族行列了。

东汉末年，由于接连爆发两次“党锢之祸”，本应在政坛占据主导地位的士大夫迫于严酷的现实不得不向强权低头，再度进入蛰伏与沉寂的时代。

无论是史书中的立场还是现代的普遍观点，均把正义的旗帜插在士大夫一边，把宦官集团定义为黑恶势力。诚然，宦官由于身体缺了些零部件，或多或少会心理不大正常，再加上他们不学无术，可想而知不会干出什么人事。但有一点值得注意，史书向来都以维护皇权为出发点，讽刺的是，宦官集团恰恰是维护皇权的中坚力量，反观士大夫集团，却时时为争取臣权，跟皇权进行着坚持不懈的抗争。当然，宦官维护皇权也不是出于忠心，而是因为他们必须要保住皇帝这杆大旗，只有这样，他们自己的位置才能坐得更稳。权臣可以干出谋朝篡位的事，但宦官不行，毕竟，在中国几千年的历史长河中，女人和奴隶都当过皇帝，却唯独没有宦官（最多当个九千岁），这不是没有原因的。

距窦武和陈蕃被害转眼过去了十年，突然有一天，京兆尹杨彪手握铁证，弹劾王甫收受七千万巨额贿赂，一举将其扳倒。王甫在狱中被乱棍打死，窦武和陈蕃的血仇总算得报。

这位杨彪所属的杨氏家族，准确地讲应该称作弘农杨氏，绝对算东汉末年数一数二的望族。他的老婆是高官袁逢的女儿，属于汝南袁氏，同样也是名门世家。几年后，杨彪和袁逢均官拜三公（三公，是太尉、司徒、司空这三个至高官位的统称），而且从杨彪和袁逢这一辈算起，往上推到他们的曾祖辈，两个家族连续四代人，每一代都有人位列三公，于是到后来，弘农杨氏和汝南袁氏便有了“四世三公”的称谓。

其实，王甫落马，除了杨彪的作用外，宦官集团内部倾轧也是重要原因。王甫倒台后，“党锢之祸”并未就此终止，以大宦官张让为首的十二名宦官迅速上位，依旧把持朝政。而在权力天平的另一端，屠户出身的何进凭借妹妹入宫受宠官拜大将军，成为最具权势的外戚。

天下权柄就握在太监和杀猪匠手里，掌握知识的士大夫难道只能走向没落吗？

某日，在京都洛阳的朝堂之上，一个年轻官员出人意料地上了封奏疏：“已故大将军窦武、太傅陈蕃忠诚正直，惨遭宦官谋害，现在朝廷奸佞当道，忠良报国无门，臣请求为窦武、陈蕃正名！”此番言论是打算为十几年前的冤案平反。

朝廷一片哗然。

众臣之所以惊愕，一方面是因这封奏疏的内容，另一方面，更是因上疏者的身份——宦官之后、议郎曹操。曹操的老爸曹嵩早年过继给强权宦官曹腾当养子，而曹操却屡次三番跟宦官作对。几年前，大宦官蹇硕的叔父犯法，曹操将之乱棒打死。还有一次，他居然只身潜入大宦官张让的府邸企图刺杀张让，未果。

遗憾的是，这封平反冤案的奏疏终因宦官强势被驳回。

退朝后，曹嵩对曹操劈头盖脸就是一顿臭骂：“窦武、陈蕃早都化成灰了，还用得着你出头？看不见宦官势力有多强吗？！”曹嵩本来还想说“咱家本就是宦官之后”，可大概又觉得这实在没什么好炫耀，愣是硬生生憋了回去。在曹嵩眼里，儿子是个傻到敌友不分，胳膊肘往外拐的奇葩。

宦官势大？曹操打心眼里嗤之以鼻。父亲被宦官一时的强权蒙蔽双眼看不清形势。无论宦官怎么闹腾，士大夫都是掌握政治话语权的人，就算暂时被压抑也早晚有崛起的一天。曹操家世虽不那么光彩，但他本心里早已自诩为士人。不过说句题外话，尽管曹操很努力地经营自己士人的形象，但结果却不那么理想。一来，他的敌人总揪着他宦官后代的小辫子不放；二来，他后来在乱世中迅速崛起，其速度之快，导致他还没来得及扭转自己在别人眼里的形象，便一跃成为天下霸主和朝中权臣了。是故，普天之下根本没人把曹操真当成士人看待，而是视其为乱世中的暴发户。并且，曹操有着极具现实主义的性格特征，他在争霸天下的过程中推行“唯才是举”——不问出身背景只看能力的用人策略，这也让他和士族的立场颇有矛盾。

到了公元 189 年，大将军何进被宦官刺杀，袁逢的儿子袁绍发动政变，将宦官屠杀殆尽，从此终结了东汉时代外戚和宦官轮流坐庄的政治格局。就在这场政变中，并州牧董卓趁乱入京夺取政权。随后，董卓废掉汉少帝刘辩（汉灵帝刘宏的嫡长子），拥立刘辩弟弟刘协为帝，史称汉献帝。

自董卓秉政开始，朝廷对地方的控制力日趋弱化，各地诸侯（曹操、袁绍、刘备等人）纷纷举起讨伐董卓的旗帜，乱世降临。在这纷乱的时代，士大夫即将面临更加严酷的挑战。

当然，风险总是伴随着机会同时到来的。

第一章　暗流

颠沛流离

在当时，最大的地域行政单位是州，相当于今天的省，州的最高长官或为刺史，或为牧。二者区别在于：刺史只拥有州的行政权，牧则兼有州的行政权和军权。早在汉光武帝时代，州牧曾因权力过大被取消，到东汉末年，州刺史因为没兵权，无力招架黄巾起义的浪潮，朝廷不得不恢复州牧制度。而后，黄巾起义虽被镇压下去，但无数手握实权的州牧却演变成割据势力。像曹操、袁绍、刘备这些赫赫有名的乱世军阀都先后以州牧的身份独霸一方。

州以下是郡，归太守管，郡以下是县，归县令管。

东汉的京畿地区属于司隶州，其下涵盖了以京都洛阳（行政级别是县）为中心的整个河南郡，河南郡的北界是黄河，跨过黄河就到了河内郡，在河内郡有座小县，名为温县。

我们的故事便从河内温县开始了。

温县距洛阳仅十公里，虽然相隔黄河，但因为临近政治中心，这里还是要比其他县繁华很多。然而，公元190年，董卓为躲避关东联军（指函谷关东，以袁绍、曹操等人发起的讨董联军）的锐锋，把朝廷西迁到了长安（今陕西省西安市，位于雍州关中地区，曾是西汉的都城），临行前，他放了把火将洛阳城烧成一片瓦砾废墟，附近的温县也闹得人心惶惶。

这天，几个乡人慌慌张张跑到县中宿老的住处。

“不好了！大事不好了！”他们因为跑得太急，全都上气不接下气。

“慌什么！慢慢说！”

“有一大票人马正朝咱们这儿来，离得太远，看不清是什么人。但很可能是军队！”

宿老一听，心里不禁咯噔一下。

“走，出去看看！”

众人来到县城门口，果然见远处一支队伍浩浩荡荡正向温县而来。大家都捏着把汗，眼下局势纷乱，如果是军队，肯定会把温县搅得鸡犬不宁。

等这伙人走得近些才依稀看出，他们衣着装扮基本都是平民，队伍中更不乏男女老幼。

“看来不是军队。”乡人纷纷松了口气。

“等等！你们看走在最前头的那个青年……”一个乡人伸手遥指向队伍前列，“长得人高马大的，那身材真瞅着眼熟……那、那不是司马家的伯达吗？”

这伙人有上百号之多，他们正是温县豪族司马氏。司马氏的宗主名叫司马防，官拜治书御史，这时候已经身不由己被董卓胁迫着搬去长安了。司马防没法摆脱董卓的魔掌，但幸运的是，在洛阳焚毁前，他的长子——年仅二十岁的司马朗历经周折带领全族人从洛阳逃回温县。乡人口称的伯达，正是司马朗的字。

一路上，司马氏族人个个欢呼雀跃。眼见快走到县城门口，乡人终于看得真切。“果然是伯达！快，快去迎接。”

老乡见老乡，分外亲热，全都跑上前抱作一团。

“听说洛阳遭难，咱那叫一个担心，没想到你们都能逃回来。”

“以后就留在温县，哪儿都别去了，躲过乱局再说吧！”

司马朗表情严肃，并没像其他人那么兴奋。“我们不能在这里久留。只是回家收拾下行囊。”

此言一出，不仅乡人们愣住，就连司马家的人也是目瞪口呆。

“好不容易到家了，怎么还要走？去哪儿？”

“关东联军正朝洛阳逼近，战祸必殃及河内郡，到时候温县免不了一场浩劫。我想继续北逃，去冀州黎阳避难。黎阳营兵的长官跟咱们有交情，肯定会出面保护咱们。”

顿时，所有人都鸦雀无声。过了半晌，几个司马氏长辈言道：“全族老小能平安回家全靠伯达，往后，伯达说怎么办咱们就怎么办！”

司马朗点点头，又恳求乡里宿老：“请几位长辈劝劝乡亲们，跟我们同去冀州避难吧。”

宿老闻言，眉头紧锁。

“我们祖祖辈辈都生活在这里，可不能单凭你一句话就背井离乡。再说这兵荒马乱的，哪儿都不安全，我们还是留在温县吧。”

只要不是死到临头就没勇气迈向未知的前途，这是寻常百姓根深蒂固的想法。司马朗苦劝无果，只好吩咐族人回家收拾行装再度起程。

此时，在司马朗身边，一个孩子拉着他的手，满脸不解地问道：“大哥，他们怎么就是不信你？”这孩子时年十一岁，正是司马朗的二弟司马懿。

“唉！他们不是不信。”司马朗悲伤地叹了口气，又仿佛自言自语，“世道太残酷了，大部分人都不敢面对呀……”

司马懿听得似懂非懂，眼神中掠过一丝失落，随后，他使劲拽着大哥的手，头也不回地向冀州而去。

数月后，果如司马朗预料的那样，灾难降临温县。由众多诸侯率领的关东联军军纪涣散，沿途劫掠百姓，致使当地超过半数人死于非命。司马家族则因司马朗有先见之明躲过兵劫。

俗话说，树挪死人挪活。在东汉末年的乱世中，类似这种事比比皆是，譬如豫州颍川名族荀氏，在荀彧（xún yù）的带领下先是逃到冀州，后又辗转去了兖州投奔曹操；同属颍川名族的陈群逃到徐州，后来也归附曹操；出身徐州琅邪名族的诸葛亮则南下荆州，诸葛亮后来受刘备三顾茅庐之礼加入其麾下；诸葛亮的哥哥诸葛瑾更独自流落江东，后加入孙权麾下。说实在的，这些士人动辄举家迁移，颠沛流离，并不一定就能找到安全的归宿，但是，正因为他们对时局敏锐的嗅觉，以及敢于迈向未知新天地的魄力，使得他们比那些故步自封者拥有更广阔的生存空间和成功机会。

稳健投资

司马家族离开温县三年后才又重归故里。这一家族人口众多，单是司马防就有八个儿子，老大司马朗，字伯达；老二司马懿，字仲达；老三司马孚，字叔达；另外还有五个弟弟，他们的字中也都带个“达”，所以，这兄弟八个被合称为“司马八达”。

顺带一提，自东汉末年至魏晋时代，士人之间彼此标榜、相互起名号是社会风气，这对他们名声迅速传播非常有利，而名声正是他们安身立命乃至捞取政治资本的重要基础。另外，士人很喜欢打包推销自己，几个志同道合者通常会起个诸如什么“三君”“四友”“七子”“八达”之类的名号。当时天下大乱，政治环境险象丛生，这种捆绑关系也将士人的心更牢固地拴在一起。再说“司马八达”这几个亲哥们儿感情笃深，尤其是老二司马懿和老三司马孚更是精诚团结出了名，在未来，他们将携手共创一片天下。

不久后，司马朗和弟弟都当上了官。司马朗历任多处地方官，以爱民如子著称，口碑相当不错。而且，司马朗生性淡泊，极力回避政治核心，一心只为百姓谋福利，十几年后，他在给饱受瘟疫之苦的将士治病时被传染，不幸去世。“司马八达”中的老四到老八五人则相对平庸，乏善可陈。

有故事的是“司马八达”中的老二司马懿和老三司马孚。

公元 201 年，曹操想聘司马懿做幕僚，可司马懿很有个性，愣是谎称腿脚不利落直接给曹操撅了回去。

司马懿为什么要规避仕途？《晋书·宣帝纪》给出了一个冠冕堂皇的理由——汉室已走向穷途末路，故司马懿不愿屈节于曹氏。如果这么看，司马懿似乎像个大忠大义的愤青。但若从司马懿一生所作所为来分析，就知道这绝不是他的真实想法。

当时，曹操横扫中原，挟天子以令诸侯，但黄河以北的霸主袁绍（袁逢的儿子，汝南袁氏成员）依旧势力庞大，且正准备跟曹操在官渡干仗。司马懿不确定鹿死谁手，故选择静观其变。还有一个原因，司马懿的至交好友——名士胡昭以隐居遁世而闻名，这或多或少也影响了司马懿。不过话说回来，胡昭确是淡泊名利不假，他直到八十九岁去世时始终未曾涉足官场，但司马懿肯定跟淡泊名利沾不上边，他大概是想靠清高的姿态邀名射利，为将来的仕途积累政治资本。

就这样，司马懿整整装了七年病。直到公元 208 年，曹操将袁绍余党彻底歼灭，他判断再无政治风险后才接受曹操延揽，加入其幕府。

这时候，曹操已成为天下最强霸主。公元 213 年，曹操被汉帝刘协册封为魏公，魏国的国都定在黄河以北的冀州邺城。通常情况下，东汉藩王的藩国仅有一个郡，但魏国的国土面积大得惊人，足足占了冀州十个郡。公元 216 年，曹操晋爵魏王，成为东汉迄今为止唯一合法的非刘氏藩王。

曹操家大业大，他两个最出色的儿子——曹丕和曹植也开始觊觎起世子的地位，二人明争暗斗不断。毋庸置疑，谁能当上世子，谁就能继承魏国。世子其实和太子意义一样，因为曹操是诸侯，诸侯的继承人称世子，皇帝的继承人称太子，就是这么一点区别。

司马懿必须得考虑自己的政治前程。众所周知，曹操麾下猛将如云、谋臣如雨，这票人都是大半辈子跟着曹老板创业打天下的老臣，虽然史书中记载司马懿偶尔也跟曹老板讲几句所谓的金玉良言，但那基本上都是顺势而为、无关痛痒的白开水。司马懿要跟创业功臣拼仕途不知要等到何年何月了。

司马懿有很强的进取心，他既已踏上仕途，就要往上爬。很快，他敏锐地找到一条出路——只要死抱住曹操的继承人，等曹操一死，自己的仕途肯定安枕无忧。那么说，曹丕和曹植到底谁能坐上世子之位呢？

以当时的情况看，概率各百分之五十。

不赌没出路，赌就有风险。最终，司马懿与三弟司马孚联手，采用了一个相对稳健的投资方式——对冲。

对冲指同时进行两笔方向完全相反的投资。老二司马懿押宝曹丕，他和曹丕越走越近，不出几年就成了曹丕的死党。老三司马孚则押宝曹植，成了曹植幕僚。不过，即便这样最多只是保本，搞不好兄弟二人一死一活就更得不偿失了。别忘了，对冲投资的关键在于随时调节投资比例。

公元 217 年，曹丕设计把曹植灌了个酩酊大醉。曹植耍起酒疯，竟私自打开皇宫司马门，更在专供皇帝行走的御道上酒驾马车。这事把曹操给惹毛了。曹植由此失宠，曹丕赢面越来越大。

身为曹植幕僚的司马孚处境堪忧，他既想转投曹丕，又不想摊上背叛曹植的恶名。最终，他以自己独特的方式解决了这一难题。他只要发现曹植举止不合礼法，不管三七二十一上来就骂，而且，这令人尴尬的情景常发生在公开场合。

曹植央求："你直言进谏固然好，但能不能给我留点面子。"

司马孚甩出一句："臣性子直，一心为殿下好才口无遮拦，想不了那么多。"

我是忠臣，你能把我怎么着？然而，从人情世故的角度来看，如果司马孚真为曹植尽忠，理应私底下劝，他大庭广众让曹植下不来台，除了给自己博一个不明世故的忠臣、直臣形象外，绝对有损曹植声望。

另一边，司马懿跟曹丕别有一番说辞："我三弟做临淄侯（曹植）幕僚可是被逼无奈，他看临淄侯一百个不顺眼，常跟我抱怨要辞官。"

曹丕心领神会道："你弟弟这事，我心里有数。"

曹丕与曹植之间的斗争长达十几年，二人耍尽权谋，也耗尽了兄弟情分，果然以曹丕胜出告终。毫无疑问，这意味着曹丕将来会成为魏国国君。很快，司马孚就因为有先前的铺垫，顺利跟曹植提出辞职，转做了曹丕幕僚。司马家兄弟二人的政治对冲玩得相当漂亮。

再说曹植，由于他的落败，其追随者即将大难临头了。在曹植众多亲信中，有位才华横溢的名士，他就是前面提到的有"四世三公"之称的弘农杨氏成员——杨彪的儿子——杨修。杨修的母亲是袁氏，舅舅是曹操早年最大的敌人——袁绍、袁术兄弟。有这么一个背景，又在世子之争中站错队，可想而知不会有好下场。果不其然，曹操为了帮曹丕扫清障碍果断将杨修处死。野史说曹操杀杨修是妒忌其才华，这纯属无稽之谈。其他曹植的铁杆亲信大多也在曹丕继位后被满门抄斩。

在此留个伏笔，弘农杨氏因为杨修被杀而家道中落，不过半个世纪后，弘农杨氏还会再度崛起，并把西晋朝廷搅得天翻地覆。

一步之遥

曹操是中国历史上公认的篡国权臣，但极具讽刺意义的是，他的不懈努力，的确让早该寿终正寝的汉王朝多苟延残喘了几十年。即便皇帝形同虚设，曹操也没有取而代之，他把改朝换代这项宏伟壮举留给继承人来完成，直至公元 220 年 3 月他死的时候，依旧披着汉朝臣子的外衣，这算是他以儒家价值观告慰内心的方式。

公元220年5月，时已春暖花开，马上就要进入盛夏了。这天午后，新任魏王曹丕正斜躺在冀州邺城王宫后花园的王椅上打着盹儿。王宫中的陈设跟一个月前相比并没什么不同，但或许是因为曹操的离去，这里少了几分霸气。

曹丕做了一个美梦，他梦到曹操刚死时的情景。当时，他心里别提有多畅快了，这意味着他再无须担心被曹操废黜世子地位，从此结束提心吊胆的生涯。不过连日来，他也因为给曹操服丧不得不把表面功夫做足，为此，他哭得死去活来，以致嗓子都喊哑了，而限于礼法约束，他更是连酒肉都不能沾。现在，所有煎熬都已过去，往后，等待他的将是无忧无虑的生活。至少，是他认为的无忧无虑。

一股和煦的暖风吹过，曹丕半睁开双眼，舒服地伸了个懒腰。他迷迷糊糊地看着满园春色，还没有完全清醒过来。

“真想去那儿。”他抬起胳膊，往前方随手指了指。

候在一旁的侍妾听了，赶忙把曹丕搀扶起来。“王上是想去前面的浮桥？”

“不，那边……”曹丕嘴里含糊嘟囔，手依旧指着前方。

侍妾有些茫然。“王上是想去湖边？”

“不！”曹丕猛地甩开侍妾。他的情绪一下变得烦躁起来，因为他意识到，这几个侍妾根本就没法带他去自己想去的地方。他手指的方向，乃是距离冀州邺城西南二百四十公里之遥的汉朝旧都——洛阳。

当年，洛阳被董卓烧毁后，曹操把汉都迁到临近的许昌。现在，洛阳皇宫虽早被重建完毕，但皇帝刘协和朝廷并没有搬回洛阳。硕大又空旷的洛阳皇宫仿佛正翘首盼望着一位新的帝王。

魏王曹丕的爵位是王，官位是丞相，所以名义上，他是汉朝的藩王，是汉朝的臣子。他的下一步，无疑是要问鼎皇帝宝座。

曹丕为何这么想当皇帝？这貌似是个很无聊的问题。但凡站在权力的金字塔上，不管是谁都会忍不住往上爬，对于曹丕来说，他已经处于一人之下万人之上的地位，距顶峰仅一步之遥，这种诱惑力是任何人都无法抵挡的。排除掉虚荣心的因素，再让我们从更现实的角度来分析曹丕所处的状况。

玩过三国志游戏的朋友大概都知道，在公元220年这个时候，魏、蜀、吴三国鼎立的局面已然形成，倘若按照游戏中的设定，包括黄河流域的中原以及黄河以北的广大区域均该纳入魏国，也就是曹丕的势力范围，只要点点鼠标，就能随心所欲地在北方每个城市治理国政、调兵遣将。但遗憾的是，那只是游戏中的设定，而我们眼前这位更趋向于真实的曹丕，他能直接控制的地方实则仅限于自己的藩国——冀州的十个郡，但中原和黄河以北还有十几个州，这十几个州，包括治下无数郡县名义上仍是汉室领土。再说曹丕能呼来喝去的官员，也只有魏国的直属官员，其他各地方官，包括汉朝国都许昌的朝臣，名义上也仍是汉室臣子。显然，曹丕没法通过简单地点击鼠标折腾那些属于汉室的地和人，他只能依靠政治手腕间接施加影响。

只要当上皇帝就没这么麻烦了。曹丕心里暗暗抱怨，如果老头子死前称了帝该多好。

早在曹操还活着的时候已有无数公卿撺掇他称帝，以曹操的威望要迈出这一步自然是水到渠成的事，但他受限于儒家礼教观，至死都没答应。而今，曹丕则全没这方面顾虑，那些当初困扰他老子的哲学理念无法对他造成半分束缚，可他的威望却与曹操相去甚远，所以，他要想称帝，还必须付出更多更多……

路得一步一步地走，步子太大容易扯着蛋。曹丕很清楚，自己要达成这一愿望必须找人帮忙。

陈群的理想

“请尚书陈群来。”曹丕下令。

陈群出身颍川士族。前些年，当曹丕和曹植激烈争夺世子之位时，他果断地站到曹丕一边，与司马懿、吴质、朱铄合称为曹丕的“四友”，曾是一位铁杆太子党。

须臾，陈群匆匆而至。

“见过王上。”

王上，这个称呼让曹丕心头又涌出一丝遗憾。如果是“陛下”就好了。

曹丕的内心世界不会在脸上表现出来。他笑意盎然地对陈群说道：“长文（陈群字长文），我想再听你讲讲你前两天那个提案。”

就在几天前，陈群提出一项新的官吏选拔制度，这里面大有文章，当时曹丕觉得有风险，暂时压了下来。现在，曹丕意识到，这项提案或许正是能帮他登上九五之尊的门票。

陈群早料到曹丕会松口，他定了定神，遂将自己的提案娓娓道来。

“想当年，先王（曹操）推行唯才是举，一旦发现人才，不管对方出身多低微、品行多差，只要有一技之长，哪怕是鸡鸣狗盗之辈都会毫不犹豫授以官职。不可否认，唯才是举确是平定乱世的法宝。可时过境迁，如今中原和北方日趋安定，无论庶民还是士人均难有机会直接在王上面前展露才华，再者，纵横于乱世中的狡诈之徒往往德行欠缺，也不适宜治理国家。所以，臣认为，选拔官吏的制度应该规范起来……”曹操推行“唯才是举”是基于乱世重人才的现实，但这严重伤害了士族利益，把从政当作唯一出路的士大夫不可避免要跟庶民竞争有限的官位。

都是些废话！曹丕暗想。但他仍是装出饶有兴致的模样。

“嗯，你接着说。”

“王上应该知道二十年前许子将（许劭字子将）著名的‘月旦评’吧？”

曹丕点点头。他很清楚许子将的“月旦评”是怎么回事。自东汉时代，士人之间通过相互标榜提高名气和社会地位，倘若有幸得到名家赞誉，更等于拿到通往仕途的敲门砖。许子将每月初一都会品评士人，“月旦评”由此得名，就像今天的选秀节目一样，只要得到许子将佳评的士人无不身价飙升。那时节，无论在朝在野者都对许子将趋之若鹜，曹操早年为求得许子将的评语更是踏破铁鞋，许子将甩了句“治世之能臣，乱世之奸雄”让曹操声名鹊起，从此赢得闯荡世间的重要资本。许子将堪称当时的金牌品评师，乃是这一领域的绝对权威。

陈群接着说道：“不过，许子将品评士人的行为并非由官方发起。而臣提出的这项官吏选拔制度，其实是将‘月旦评’官方化、系统化。简要言之，即在各州、郡设置中正官。中正官根据士人的德行、才学、家世（父祖辈的官爵名望）三项指标为依据，定期品评本地士人。品评结果分为上上、上中、上下、中上、中中、中下、下上、下中、下下，总共九个品级。朝廷选拔官吏，根据士人的定品成绩择优录取。”

“那么，中正官又由什么人来做呢？”曹丕一句话问到了重点，无须多言，倘如陈群所说，各州郡的中正官无疑掌握官吏选拔的命脉。

“臣认为，中正官的人选务必是各州郡名望最高又兼具才德之人。”

什么“名望最高又兼具才德之人”？曹丕心知肚明，陈群所指无一例外都是地方上的豪门世家。说白了，这项官吏选拔制度乃是给像陈群这样的大家族谋取利益。

曹丕闭目沉思，半晌没有说话。

陈群也闭上了嘴，他知道这时候需要给曹丕留出思考的空间。过了片刻，他清楚地看到曹丕的胡须微微颤了一下。他意识到，自己接下来要说的话必须直击曹丕内心，突破曹丕最后的心理防线。

“天下的士大夫无不翘首盼望为陛……哦，为王上效力……”

这句话是压倒骆驼的最后一根稻草。

曹丕缓缓睁开眼，死死盯着陈群。“你说，我有没有天命？”

“王上自然有天命。”

“士大夫都明白天命的道理吗？”

“士大夫都明白，只是庶民在这方面感觉就相对迟钝了些。”陈群这么说也无可厚非，庶民能混口饱饭吃已属不易，更别提读书学习了，士大夫则凭借知识牢牢控制着社会舆论，而曹丕口中的天命，其实便是社会舆论的导向。

曹丕仔细琢磨着陈群的话。假如通过这项法案，放给士族足够的权益，士大夫肯定会全力支持自己登上皇位，可等自己登上皇位之后呢？士族的力量也会变得空前壮大，这无疑会削弱皇权。曹丕不傻，他知道这是一笔危险的买卖。盘算了许久，终于，他想出了一个既能赢得士族支持，又能在未来强化皇权的对策……

“长文，我同意了。明天，你就在朝堂上把这项法案重新提出来吧！”

陈群辞别曹丕，迈着稳健的步伐走出邺城王宫，他想起很多年前，当他还小的时候，他的爷爷——颍川名士陈寔（shí）曾一边摸着他的头一边说：“你这孩子日后必兴旺我陈家。”

是的，我要兴旺陈家，更要兴旺天下士族！

陈群的官吏选拔制度改革于公元220年正式实施，史称“九品中正制”，又称“九品官人法”，从此，魏国彻底推翻了曹操早年奉行的“唯才是举”，改由士族垄断官吏选拔权。刚开始，中正官评定士人尚依据德行、才学、家世三项考量，久而久之，士大夫为了维护自家利益，将家世这项指标的重要度定得越来越高，最终发展到“上品无寒门，下品无士族”的局面。

此时此刻，陈群当然不会想到，他这一番作为竟给全天下士族带来长达四百年的巨大利益，而他自己更成为左右历史进程的关键性人物。

曹丕拿九品中正制取悦士族，颍川陈氏、河内司马氏等世家豪门都因此捡了大便宜，作为利益交换，士大夫频频向皇帝刘协施压。

公元 220 年 12 月，刘协终于扛不住压力宣布退位，将皇帝宝座拱手让给了曹丕。延续四百多年的汉朝就这样被取而代之了。曹丕如愿以偿从邺城搬到洛阳，从此，他开创了一个新的朝代——魏朝。

接下来，曹丕将做出一系列大动作，所作所为只为一个目的——稳固皇权、压制臣权。

曹丕的布局

士大夫沉寂多年后，借由陈群的九品中正制越来越多地掌握政治话语权，算是重新崛起。在朝廷里，他们代表臣权势力，与之相对的，则是曹丕的皇权。曹丕是个强势皇帝，自然不会坐视臣权坐大不闻不问，他早想好了对策。

这里，很有必要介绍一下汉朝至魏朝权力架构的演变。西汉初期，经由萧何、曹参二位著名丞相的经营，相权越来越重，大有压过皇权的势头。汉武帝刘彻时开始刻意削弱相权，他将丞相职权一分为三，逐渐向三公制过渡。东汉时代，光武帝刘秀进一步削弱三公权力，为此，他创立了总揽政务的尚书台。尚书台中的大员包括最高统领尚书令、左仆射、右仆射（尚书令的两个副手）以及分管吏、民、军、后勤、外交的五位专属尚书。可后来，尚书台的权力又发展到不可控的地步，颍川名门荀氏的大佬荀彧作为东汉末年最牛的尚书令曾一度令曹操忌惮三分。

曹操为独揽大权重新恢复丞相制，曹操、曹丕父子亲自担任汉朝丞相。可汉朝既然都恢复了丞相制，作为汉朝藩国的魏国自不能搞特例，于是，资历甚高的重臣钟繇也当上了魏国丞相。

曹丕称帝后，为削弱臣权，首先宣布废除丞相制，恢复三公制。钟繇一下子被打回到三公，成了徒具虚名没有实权的荣誉重臣。

顺带讲讲钟繇。这位祖籍颍川的老牌士大夫，想当年是曹操麾下第一任关中都督（统领关中军权）。后来，曹操把关中军权交到亲信夏侯渊手上，钟繇官拜魏国丞相。可就在一年前，一个名叫魏讽的愤青阴谋发动政变，由于魏讽早先被钟繇举荐，钟繇受牵连遭罢免，这件事很可能是曹操、曹丕父子为削弱钟家势力采取的手段，以及让魏国由丞相制向三公制过渡所做的铺垫。曹丕继位后，钟繇虽被起用，但自从他登上三公高位，也就彻底和军政大权说拜拜了。再提一句钟繇在书法界的崇高地位。他堪称史上隶书最权威的巨匠，并创造出小楷。根据唐代张彦远《法书要录·传授笔法人名》中的说法，钟繇书法传承自蔡邕、蔡文姬（蔡琰字文姬）父女，一个世纪后，钟繇的书法精髓被东晋书法奇才王羲之习得。钟繇与王羲之齐名，史称“钟王”。关于王羲之其人，在讲到东晋时还是个重要角色。

三公（太尉、司徒、司空）完全沦为供那些声名显赫的老臣养老用的官位，尚书台重新成为最重要的行政机构。曹丕让他昔日的铁杆太子党陈群担任尚书令，这也是过往绝大多数强势皇帝的做法——让自己的亲信近臣打理尚书台政务。可仅仅这样还不够。由于人对权力的执着本性，那些原本深受皇恩的近臣一旦掌了权也就变了心，他们会越来越独立，最后难以控制。

曹丕使出了撒手锏。他创建了一个足以跟尚书台分庭抗礼的新机构——中书省。中书省相当于皇帝自己的秘书部门，主要负责撰写、颁布诏书，用来分割尚书台权力。由此，尚书台再不能凡事自己说了算。

中书省有两个最高统领，分别是中书监和中书令。至于魏国初建时中书监和中书令由何人担任，这里先卖个关子，在很久以后，这两位中书省大员将成为左右魏国命运的关键人物。补充一句，无论是中书监、中书令，还是尚书令，他们的品阶都不高，比起年俸一万石（古代容量单位，代表朝廷给官员发放谷米薪资的额度）的三公和年俸二千石的九卿，尚书令仅年俸一千石，中书监和中书令更低，仅六百石。可三公九卿基本没什么权，尚书台和中书省却是权力核心，也即是说，低级官员掌权，高级官员养尊，这是古代官僚系统一个相当普遍的格局，目的同样是为平衡臣子权力。

另外，曹丕还让极少亲信重臣担任录尚书事。按照正常程序，皇帝别说插手尚书台政务，就连尚书台的门槛都不能随便迈，可担任录尚书事的重臣却能直接进入尚书台参与政务决策，他们相当于皇帝插手尚书台政务的中间人。

以上，便是曹丕为了巩固皇权、限制臣权所做出的努力。

陈群帮曹丕赢得皇位，又给全天下士族卖了个大大的人情，官运自是飞黄腾达。他不仅担任尚书令，更手握皇宫禁卫军兵权，吃香的喝辣的，可以说是曹丕称帝的最大受益者。而司马懿和司马孚这对死抱曹丕大粗腿的兄弟也在曹丕称帝后官位猛蹿，赚了个盆满钵满。

除了位于天子脚下的朝廷，魏国全境还星罗棋布分散着无数曹氏藩王。这是另一股政治势力。藩王名头响亮，但说实在的，曹氏藩王混得着实不怎么样。

曹丕共有二十几个弟弟，这些人包括曹植在内大多晋爵为王，拥有自己的藩国。然而，因为早年那场令曹丕身心俱疲的世子之争，又因为曹氏以藩王的身份篡取汉室江山，这些都让曹丕对兄弟们心存极深芥蒂。他先后颁布了一道道禁令限制藩王权力，例如：藩王之间不得沟通交流；未经允许不得进京；不得拥有军队；不得干预政事；又在各藩国安插官吏监视藩王的一举一动。其中，曹操所有儿子中最具武略的曹彰在曹丕登基第四年暴毙，世人盛传他其实就是被曹丕毒死的。

原本，皇帝、臣子、藩王三者之间维系着微妙的平衡，当曹丕重整朝廷官僚架构，又压制了藩王后，他认为再没什么能威胁到自己的皇权了。

强大的皇室

说完魏国的权力架构，我们再看看魏国面临的国际环境。

一提起三国，很多朋友就会想到曹操、关羽、荀彧、周瑜……但严格讲，这帮人都活跃于东汉末年，而真正的三国其实是从汉帝刘协退位、曹丕称帝，也即是公元220年才开始的。三国时代，魏国占据长江以北的广大区域，它的两个敌国，分别是占据长江以南的吴国和占据巴蜀的蜀国。

魏国与吴国交界处有两大主要战区：东战区——扬州最北部的淮南郡（今安徽省淮南、合肥一带）；南战区——荆州中部长江沿岸（今湖北省荆州市一带）。

先来说魏国的东战区，算起来，扬州近九成土地在长江以南，归吴国所有，只有扬州最北部约一成土地在长江以北，归魏国所有。江北的扬州，按照当时的行政区域划分属于淮南郡，吴国对淮南频频发起攻势，却每次都铩羽而归，对魏国来说，因为有长江天堑的阻隔，也无力南下，只有固守淮南一途。

再说魏国的南战区——荆州同样被长江横贯，长江以南归吴国，长江以北归魏国。在长江沿岸一带，北荆州和南荆州的几个军事重镇隔江相望，彼此对峙。为了便于叙述，后面凡是提到魏国的扬州和荆州，均指长江以北的北扬州（淮南郡）和北荆州。提到吴国的扬州和荆州，则指长江以南的南扬州和南荆州。

魏国和蜀国的主战区集中在西部的雍州（今陕西省一带）和凉州（今甘肃省一带）。

东战区、南战区、西战区是魏国最重要的三处门户。出于安全考虑，镇守这三大主战区的最高军事统帅无一例外都是深得曹氏信任的重臣。而曹丕最信任的人，除了本家远亲（近亲是他的亲兄弟藩王，最不得曹丕信任）外，首推夏侯氏。

曹丕刚继王位不久，恰逢东战区统帅——夏侯氏大佬级人物——夏侯惇病故。夏侯氏和曹氏同乡，两家交情极深，世间甚至盛传曹操的老爸曹嵩原本就属于夏侯氏一族，是被夏侯氏过继给大宦官曹腾的，按照这个推论，曹操与夏侯惇当为同族兄弟，这说法最早源于吴国人撰写的小说《曹瞒传》，但必须要说，其可信度接近百分之零。

首先，曹氏和夏侯氏两族频繁通婚，曹操的妹妹嫁给夏侯渊（夏侯惇的族弟），曹操的女儿嫁给夏侯楙（夏侯惇的儿子），以曹操对儒家礼教观的重视程度看，若是同族，必定不会做出这种违背人伦的事。还有件事可以视作曹操并非夏侯氏后人的佐证。就在夏侯惇出殡那天，曹丕率领群臣在邺城东门吊唁（当时他还没搬到洛阳）。东晋史学家孙盛认为曹丕此举不合乎礼法，因为皇帝为同族发丧应该到宗庙，而非城门口。孙盛的态度代表东晋时代人们的普遍观点——曹丕就是夏侯氏后代。姑且不提曹丕当时的身份是魏王而非皇帝这个低级错误，单从这事来看，恰恰证明曹丕根本没把夏侯氏认作自己同族。有人猜测曹丕是欲盖弥彰，故意隐瞒自己和夏侯氏之间的关系，但这显然没有必要，因为夏侯氏属于一个历史悠久的名门世家（西汉开国功臣夏侯婴的后代），曹嵩过继给宦官当养子又世人皆知，倘若曹嵩真是出自夏侯氏，就算认了也绝不丢人。

那么，曹嵩原本的姓氏究竟是什么呢？

我们基本可以断言，他过继给大宦官曹腾应该只是曹氏同族内部的过继，这在古代实属家常便饭，见怪不怪。所以，诸如刘备、袁绍这些曹操的死敌，他们一提起曹操，总把“宦官孽子”挂在嘴头，却从没说他跟夏侯氏有什么瓜葛，直至小说《曹瞒传》问世才有了这一说法。

但话又说回来，因为夏侯氏对曹氏政权的鼎力支持、两族之间的深厚情谊，再加上频繁通婚，夏侯氏的确获得了和曹氏皇族近乎同等的待遇和信任，成为魏国“准宗室”成员。于是，由夏侯氏和曹氏担当东、南、西这三大战区最高军事统帅也就成了魏国很长一段时间的惯例。

夏侯惇死后，东战区和南战区一并划归宗室重臣曹仁（曹操堂弟）管辖。曹仁由此身兼扬州、荆州、豫州（豫州夹在扬州和荆州中间，也和吴国接壤，但非主要战区）三个州的军事统帅。魏晋时代的史书中，这一职权称作“都督某某州军事”，次一等的称作“监某某州军事”，为了后文叙述方便，除非特别需要，我们便统称为“某州都督”了，譬如：曹仁就是杨荆豫都督。

这个时候，一手包揽三个州军权的曹仁无疑将曹氏皇族的声势推向了顶峰。不过，夏侯惇、曹仁都算曹丕长辈，曹丕对他们总要礼敬三分，指使起来也不那么得心应手。待曹仁一死，曹丕才有机会提拔他自己的亲信。

在无数曹氏和夏侯氏族人中，有三个陪着曹丕从小玩到大的宗室亲戚，他们分别是曹休、曹真、夏侯尚（夏侯惇的侄子。准确地说，应该是算准宗室成员）。三人年轻时常跟曹操南征北战，在曹操的刻意培养下才略出众，这是曹操留给儿子最宝贵的一笔财富。待夏侯惇和曹仁这两个老家伙死后，曹丕任命曹休为扬州牧（东战区最高统帅），夏侯尚为荆州牧（南战区最高统帅），曹真为雍凉都督（西战区最高统帅）。

州刺史管行政，州都督管军事，州牧则相当于刺史兼都督。早先，曹操曾竭力避免任命州牧，要么是都督，要么是刺史，到了如今，曹丕因为跟发小关系铁得一塌糊涂，又因为东南两个战区战事频繁，便让曹休和夏侯尚都当上了州牧。当时，蜀国正被益州南蛮叛乱搞得焦头烂额，魏蜀交界的西战区静得像潭死水，于是，没多久曹丕便把曹真召回朝廷，任都督中外军事。都督中外军事也是个后文会频繁提到的重要官职，"中"指的是皇宫，"中外"即指皇宫以外的整个京畿地区，顾名思义，即是朝廷中央军最高统帅（不包含皇宫禁卫军和地方军）。

由此，魏国中央军和三大主战区的军权都被牢牢控制在曹丕最信任的宗室亲信手里，这是魏国皇室最强大的时代。很多年后，这三大主战区的格局将会发生微妙的改变，并像镜子般映射出魏国的命运。

公元 221 年 8 月的一天，天空出现日食。司法官员上疏，按汉朝旧例，有日食就要罢免三公。

这算什么奇怪逻辑？

我们解释一下，皇帝之所以称为天子，是因为皇帝代表天，日食便是老天爷对皇帝的警告：你干得有问题。

西汉初期，一旦出现日食，皇帝不仅要大赦天下，更须下罪己诏主动认错。实际上，这是儒家为压制皇权要的一个小把戏。到西汉中后期，皇帝逐渐琢磨过味来。朝政掌握在三公手里，天怒人怨凭什么让朕一个人扛？于是便把三公给捎了进去。皇帝不能辞职，无非是写篇自我检讨，但三公可就没那么简单了——直接罢免。由此，儒家这套日食理论在打压皇权的同时，也害苦了自己。

不过，从另一个角度看，这恰恰证明汉朝臣权的强大，三公既然能因为日食被罢免，就说明三公和皇帝一样代表老天爷，颇有点虽罪犹荣的意味。

此时，曹丕听罢司法的上奏，转了转眼珠，接着说出一句相当够水准的话。

"日食是上天给我看的，跟三公无关。以后再有日食就别弹劾三公了。但百官还须恪尽职守才行。"

曹丕一边卖给三公面子，一边垄断了自己与老天爷通话的权力，不过，政治出了问题还是要追究臣属的责任，反正曹丕够强势，罪己诏是不用下的。从此，因日食罢免三公的制度也就取消了。

司马懿的眼泪

曹丕登基短短两年间，司马懿已从区区一介世子幕僚蹿升到侍中（皇帝近臣）、尚书右仆射（尚书台二把手），成了朝廷举足轻重的重臣，这是他成功投资曹丕的回报。

公元 222 年春夏交接之际，曹丕率领群臣离开魏都洛阳外出巡查。

这一路上他本来心情大好，可当他走到位于荆州北部南阳郡的宛城县时，却因为一桩小事败了兴致。原来，宛城商贩听说曹丕要来，都怕惹麻烦，纷纷躲在家里不出来营业，导致集市异常萧条。曹丕心里觉得不爽，突然，他想到了一个人。

“宛城县属于南阳郡，南阳太守是不是杨俊？”

“启禀陛下，正是杨俊。”

曹丕一听这名字，登时怨气冲天。他牙根咬得咯咯作响，心道：这回一定要把杨俊搞死。这其中的原委还要牵扯曹丕和曹植间的世子之争。许多年前，曹操曾就世子人选向杨俊征询意见，杨俊谨慎地把曹丕、曹植二人评了个半斤八两。遗憾的是，就因为杨俊没刻意帮曹丕说话，让他从此遭到曹丕的嫉恨。今天，曹丕总算抓到了杨俊的把柄。

返回洛阳后，曹丕开始追究宛城事件。

“宛城集市冷冷清清，是怎么治理的？！”旋即，他向廷尉吼道，“把宛城县令和南阳太守都抓起来！”廷尉相当于今天的最高检察院，负责审理全国大案要案。

处理宛城县令也就罢了，这么点鸡毛蒜皮的小事居然要牵连南阳太守杨俊的确说不过去。

廷尉谨慎试探：“陛下打算怎么处置杨俊？”

曹丕没正面回答，他阴着脸反问：“你可记得，当年汉明帝杀过几个二千石的官员？”汉明帝是东汉光武帝刘秀之子刘庄，他以对臣子严苛著称。而杨俊的年俸正是二千石。这话的意思再明白不过，曹丕想置杨俊于死地。

公卿听罢，一片哗然，因为县集市不热闹就要处死所属郡的太守，这也太小题大做了，然而，曹丕是个强势皇帝，他的话等同于法律。一些跟杨俊私交深厚的公卿纷纷求情，在这批人中，就有杨俊的挚友司马懿。

“陛下三思！”司马懿扑通跪在曹丕面前。他与杨俊是同乡，二人颇有渊源。早年间，杨俊身为河内名士，曾给过司马懿极高评价，令其声名大震。前文讲过东汉末年金牌品评师许子将的“月旦评”。杨俊与许子将是同道中人，他虽不如许子将那么出名，但经他称赞的人，日后仕途基本也不用发愁。所以说，杨俊对司马懿有知遇之恩。

司马懿看出曹丕是公报私仇，他心里想说：杨俊不算曹植党羽。可这话没法说出口，否则就太不给曹丕面子了。他只能反复哀求：“陛下开恩，饶了杨俊吧！”不消片刻，司马懿额头就磕得通红。

纵然司马懿和曹丕交情不错，但曹丕全没打算卖司马懿面子。

“我不想再谈这事了。”说罢，曹丕起身往后宫走。

这时，散骑侍郎王象踉跄爬到曹丕脚下，一把扯住曹丕的衣角。“请陛下再考虑考虑！”这位王象小时候是一介放羊的奴仆，要不是杨俊帮他赎身又供他安身立命，他做梦都想不到会有今天的地位。

曹丕瞪了王象一眼，怒道：“我知道你们跟杨俊的交情，但这事由不得你们。今天有他没我，有我没他！”话说到这份儿上就算绝了。王象只好哭着松开了手。

司马懿抬起头，眼前一片模糊，泪水流过他的脸颊，滴在地上。他悲愤地望着曹丕。我想让你死，让杨俊活！这话，他只敢在心里想。

翌日，杨俊在牢里自杀。几天后，王象也忧愤而死。

杨俊惨死已有些日子，但这事始终像块巨石堵在司马懿的心头，憋得他喘不过气来。这天，司马懿借口要打理老家琐事向曹丕请了个短假。

他即将动身启程，临行前，他把长子司马师叫到跟前。

“我要离开京城几天。”

司马师年仅十四岁，眼神中透露着同龄人罕见的睿智。

“万一外人问起来，我该怎么回答？”

“我要去探望一位老朋友，但这事绝不能告诉别人，唯有你知我知。如果旁人问，你就说我回温县打理家务事了。”

“明白。”

司马懿离开京城返回河内郡。他没有去温县，而是悄悄来到附近的获嘉县，这里正是杨俊的故乡。不多时，他便顺着乡人的指引走到一处坟墓前。这是一个年俸二千石官员的坟墓，但看上去与旁边的平民坟毫无二致。遵循曹操提倡的简葬风俗，这里没有修建墓室，只是刨了个坑把棺材草草埋上了事。地面微微隆起一个小土包，坟头前也没有高大的石碑，仅有一个小石牌，上书“大魏南阳太守杨君讳俊字季才之墓”。

“杨君，我来看你了。”

司马懿坐在杨俊的坟前，轻轻拂去石牌上的尘土，喃喃低语。不知不觉间，泪水模糊了他双眼，他依稀看到石牌上杨俊的名字变成了自己的。司马懿吓了一跳，揉了揉眼睛，墓牌又变回杨俊的名字。

或许，有一天我也会步杨俊的后尘吧？

他曾仰仗和曹丕的关系获得今天的地位，甚至，他一度认为自己能一直这样安枕无忧，然而今天，他醒悟了，既然踏上仕途，就永远不可能安枕无忧。他无法预测自己未来的路究竟能走多远，但以他的个性，只要确定了方向，就一定会义无反顾地走下去。

司马懿缓缓站起身，抹干了泪水，转身向魏都洛阳而去。

两年后，司马懿荣升抚军大将军、录尚书事，成了跟陈群比肩的首席重臣。

借题发挥

关于魏国的局势暂且先告一段落，我们把目光投向南方。这个时候，表面平静的吴国正暗藏波澜，即将生出一起不小的震动。

就在公元 224 年的夏天，在益州（巴蜀）和南荆州的交界处，一队官兵正从蜀国往吴国缓缓行进。带队的是蜀国尚书邓芝，他是位杰出的外交家。自公元 219 年吴将吕蒙偷袭蜀国南荆州（即著名的关羽大意失荆州事件）后，吴蜀两国从同盟变成了仇敌，直到蜀国皇帝刘备死后，邓芝出使吴国提出结盟，才令两国化干戈为玉帛，重新携起手来对抗强大的魏国。如今，吴国礼尚往来，也派出使节来到蜀汉联络感情。邓芝所率领的这队官兵，正是恭送吴国使者回国的。按照礼节，邓芝只须送出成都（蜀国都）即可，但他奉丞相诸葛亮之命一直送到了两国边境。

眼看就要抵达南荆州西部的夷陵郡了，一名军吏小跑到邓芝的马前。“邓大人，前面就是吴国地界，不方便再走了。”

“嗯，知道了。”邓芝扬起手，示意部队停下，然后翻身下马。“张大人，送君千里终须一别。我只能走到这里了。”

这位邓芝口中的张大人即吴国使者张温，他年仅三十二岁，却在吴国声名极高，其家族更是江东势力一等一的豪族。现代人常说江南，江东这个词已经很少出现。但在三国时期，因为人类文明还没散布到整个中国大陆，江南大部分地区仍属于蛮荒之地，唯有长江从鄱阳湖到入海口这段南北走向流域的东岸才是经济文化中心，所以，也就有了江东这一专属名称。关于江东豪族，在下面的故事里将会详细讲述。

“您送我走了这么远，着实让我受之有愧。”

“哪里，哪里，丞相特意关照要沿途保证您的安全，这本属我分内之事。再说，还有什么能比我们两国重新结盟更令人欣慰的呢？”

二人相视而笑，旋即挥手告别。

张温一踏上吴国地界，便快马加鞭向吴国都城武昌狂奔。他心里惦记着一个人。

不知道暨（jì）艳那事办得怎么样了？

这位暨艳乃是张温的同乡挚友，因张温举荐踏上仕途，时任选曹尚书（人事部长）。就在张温出使蜀国前，暨艳和张温商量过一件事。

他对张温提议：“时下朝廷鱼龙混杂，大批功臣子弟无才无德却占着官位不做事，我想搞一次官吏考核，把不合格的庸吏都刷下去。”

“你这么干一定会遭到同僚抵制。”

“我明白，陆逊大人也提醒过我，但我这人眼里揉不得沙子，只懂得秉公执法。”

张温很了解暨艳的性格，他想了片刻后郑重言道：“既然你有这份心，我自当鼎力支持！”

二人志同道合。随后，张温出使蜀国，暨艳则开始着手推行官吏考核。

几天后，张温回到武昌，他一进城就觉得气氛不大对头。

亲朋故友纷纷相告：“您可算是回来了，暨艳惹出大麻烦了！”原来，暨艳的考核过于严格，竟导致十之八九的官吏保不住官位，闹得人人自危。

张温虽早有心理准备，但听到这结果也不免震惊。他定了定神。“先不提这事，我现在得去向王上禀报出使的情况。”

张温口言的王上即是孙权，当时孙权是吴王，还未称帝。提到这位吴国国君，不得不说，他绝对是三国时代最擅长利用外交手段为自己谋求生存空间和利益的国君。早在公元208年赤壁之战时，孙权与刘备联盟抗击曹操，后来，他背弃盟约跟魏国联手剿灭关羽，从刘备手里夺走了南荆州。公元221年，刘备发动复仇之战，但在夷陵被吴国重臣陆逊打得惨败，没过多久便郁郁而终。到了刘禅继位后，诸葛亮提议重新与吴国结盟，孙权答应，又背弃了魏国。

张温迈步进了武昌大殿，毕恭毕敬跪在孙权面前。

“臣拜见王上。”

孙权斜躺在王座上，半闭双目，并没有正眼去看张温。“说说吧，蜀国情况怎么样。”

张温遂将他在蜀国的所见所闻悉数禀报。“……这些日子，蜀汉朝廷对臣厚礼相待，对结盟表现得极有诚意。蜀汉丞相诸葛亮全权执掌政务，国内政治清明，经过多年的休养生息，国力恢复也很快……”

孙权本是想刺探蜀国国力，以此判断是否值得与之结盟，但他听到张温对蜀国连声称赞，脸色不觉变得阴沉起来。突然，他打断了张温的话：“哼！一口一个蜀汉，说蜀国不就行了！”巴蜀的刘氏政权一直是以继承汉室衣钵自诩，他们称自己为汉，后世为区别东汉和西汉，称之为蜀汉。然而，魏国既然已经取代了汉朝，即宣告汉已灭亡，自然不承认刘备、刘禅这个汉，只是蔑称他们为蜀国。而吴国，虽然在外交场合照顾面子称对方为汉，但私底下，还是习惯性地称其为蜀国。

张温察觉到孙权的情绪不对，不敢再随便说话。

孙权顿了顿，又阴阳怪气地问道："听说诸葛亮跟你称兄道弟，邓芝又亲自把你送到了边境，你们私交倒是很好啊！"

"这……"张温闻言汗毛倒竖，这是个相当危险的信号，很容易就能牵扯私通敌国的罪名。他颤颤巍巍地答道："诸葛亮、邓芝是为表达对我国的尊重。臣与他们并没什么交情。"

"狡辩！还有件事，暨艳最近搞的什么官吏考核，你知道吧！"

"他之前的确和臣提过……"

"这段日子朝廷人心惶惶，都是因他而起！"孙权越说越气，啪的一声，他的手重重拍在案几上，将案几上的书卷和笔震落一地。接着猛地站起身，指着张温疯狂咆哮："暨艳是什么人？当年，他父兄专门跟我作对，我听了你的话，宽宏大量才对他既往不咎。后来，你又跟我信誓旦旦举荐他做官，没想到惹出今天这么一堆麻烦。你们！你们都是蛇鼠一窝！"

听到这里，张温恍然大悟。孙权提到诸葛亮跟自己的交情不过是借题发挥，令他不爽的根源，其实全为暨艳。

暨艳的父兄缘何与孙权作对？这需要介绍一下吴国孙氏政权的发家史。

孙权的爸爸名叫孙坚，祖籍江东吴郡（今江苏省苏州、上海一带），孙坚一生辗转中原各地，也因此，他麾下将领多是中原人，而非江东人。孙坚死后，长子孙策率领老爸的宿将和大批新归附的江北士人又打回江东，建立起孙氏政权。孙策英年早逝，弟弟孙权继承权柄，后开创吴国。早年间，江东士大夫秉承儒家思想衣钵，渴望正统皇权统一天下，他们打心眼里排斥孙家割据势力，暨艳的父兄便属此列。那段时间，无论孙策还是孙权都杀过很多江东士人，只是到后来，孙氏政权逐渐稳固，江东士人才不得不接受这个既成事实。

"王上，那些都是陈年往事了。暨艳的确是心系社稷啊！"

"什么心系社稷，分明是颠覆社稷！我现在就要把他抓起来，送交司法判罪！"

"王上开恩！"

“你别再跟我提他了！还是想想你自己怎么办吧！”

俗话说：“水至清则无鱼，人至察则无徒。”像暨艳这种性格本就极难在官场生存。张温明白，如今谁都保不住暨艳了。

果不其然，没两天暨艳就被处死，官吏考核不了了之。但事情远没有结束。孙权心里盘算着一个更大的计划，他将目标锁定了张温。

吴郡四姓

在讲孙权和张温的故事前，我们需要特别讲一下孙氏的祖籍——江东吴郡，在吴郡有四大豪族，人称“吴郡四姓”，分别是张氏（代表人物张温）、朱氏（代表人物朱据、朱桓）、陆氏（代表人物陆逊）、顾氏（代表人物顾雍）。在南朝笔记小说《世说新语》中这样描述四姓的家风：张文，朱武，陆忠，顾厚。

“吴郡四姓”作为当地势力最强的豪族，和众多江东士族一样，早期大多对孙氏政权持不合作态度。尤其是陆氏，陆逊的祖父陆康当年即是死在和孙策的战争中，陆氏与孙氏算结有世仇。不过，随着孙氏政权越来越稳固，包括陆氏在内的“吴郡四姓”，为了家族能得以延续，必须做出妥协。时过境迁，“吴郡四姓”如今全成了孙氏政权的中流砥柱。陆氏大佬陆逊更放下仇恨，在夷陵之战中力挽狂澜，击败刘备，可以说是拯救了吴国。但即便如此，江东士族，尤其是“吴郡四姓”还是颇让孙权忌惮。毕竟，孙氏本是吴郡小豪族，若不是后来在江东称霸，原先根本没法与“吴郡四姓”相提并论，孙权面对“吴郡四姓”，免不了有矮人一头的卑微感。

对孙权来说，他最信任、倚重的人是早年跟着他父兄打天下的江北宿将和那些因躲避战乱从江北逃难到江东的士人，譬如从徐州琅邪流落至此的诸葛瑾（诸葛亮的大哥）即属于此类。

吴国当时的丞相，也是吴国第一任丞相孙邵，便是江北士人，他坐到这个位置上，最大的作用就是帮孙权压制江东本土士族，正因为此，他和江东士族之间一直冲突不断。两年前，孙邵遭到张温和暨艳联名弹劾，差点被赶下台，最后还是孙权亲自出面才把孙邵保住。再说此次处决暨艳的事，很可能就是孙邵与孙权联手发起的反攻。

孙邵身为吴国首任丞相，这么一位重臣，其事迹却几乎全部丧失，没在史书中留下哪怕是只言片语的描述。原因也很简单，他和张温是政敌，而编撰《吴书》的作者——与张温同乡的吴郡士大夫韦昭，因讨厌孙邵故将其人间蒸发了。再说《三国志》的作者陈寿，由于史料缺失，就算想给孙邵立传也是无从下手。

简要言之，吴国的内部矛盾就集中在孙氏政权和江东士族之间，尤其是实力雄厚的“吴郡四姓”更令孙权寝食难安。

这些年，江北士人在江东扎下根，其家族势力渐渐能跟江东本土士族比肩，但随着时间推移，江北重臣一个接一个死去，江东士族又有重新崛起的趋势。孙权越来越不爽，而今，他正希望借暨艳事件拿张温开刀，灭灭“吴郡四姓”的气焰。

“当初张温举荐暨艳惹出那么大乱子，这回他又趁出使蜀国私通诸葛亮。新账老账一起算！”

孙权将张温缉拿下狱，打算将其处死。

后来，经同僚百般求情才勉强保住张温性命。张温最后被贬为平民，他的两个弟弟也一并遭到罢黜，甚至连他的三个姊妹也都被勒令和夫家离婚。就这样，“吴郡四姓”中的张氏家族退出历史舞台。张温于六年后以平民的身份病死。

山梁雌雉

张温、暨艳事件后的第五年，孙权称帝，迁都到了建邺（今江苏省南京市）。在此之前，他一直是王，而且，即便吴王这个称号，还是他早先和魏国结盟时被曹丕册封的，也就是说，他名义上一直是魏国的藩王。多年来，他以外交手腕游走于魏蜀两国之间，他统领着三国中实力第二的国家，却是最晚才称帝的国君，其隐忍能力绝非常人能及。

讲到这里，再大致说说吴国的权力架构。到孙权称帝时，地位最高的重臣依次是上大将军（吴国特有的官位）陆逊、大将军诸葛瑾以及丞相顾雍（第二届丞相，首任丞相孙邵已死）。在孙氏政权的早期，重臣无一不是江北士大夫，到了如今，江东士大夫重新抬头，三个首席重臣里“吴郡四姓”就占了两个名额，这实在是孙权无力扭转的。

孙权只能尽可能平衡臣子的权力，吴国表面上是丞相制，但实际上和三公制差不多，因为丞相没军权，充其量相当于孙权的高级顾问，再加上顾雍又是个沉默寡言、相当低调的人（这也是他能当上丞相的主要原因），所以吴国丞相的权力并不重。

最大的实权派是上大将军陆逊，这全是因为他屡次建立撼世奇功。陆逊跻身吴国重臣之首，陆氏家族也成了吴国势力最强的豪族。自然，孙权不愿看到这种局面，这就需要有江北重臣与之抗衡，于是，诸葛瑾便被托了起来。基本上，这些年但凡陆逊升迁，诸葛瑾一定紧随其后，二人始终保持地位基本持平的状态。孙权迁都建邺后，陆逊留守武昌，诸葛瑾镇守江陵，二人构成吴国在南荆州抵御魏国的重要军事力量。

客观地说，诸葛瑾一生战绩乏善可陈，根本没打过什么胜仗，但官位却一路飙升，堪称吴国政坛不倒翁。究其原因，无非有两点：一、他是江北人；二、他深谙官场之道。在诸葛瑾的一生中，从没跟任何人发生过冲突，无论是劝谏孙权，还是平衡同僚间的关系，他都很有一套。再有，诸葛瑾性格谨慎也是出了名的。他出使蜀国时，只在公开场合谈及公事，从不私底下跟弟弟诸葛亮会面，是故，即便在吴蜀关系降到冰点的那几年，他的政治地位也未受到丝毫影响。不过，诸葛瑾绝非是个无所作为的谄媚庸臣，反之，他以自己优秀的情商维系着吴国政坛的安定与和谐。

除以上三位重臣之外，还有一位值得一提，他是诸葛瑾的至交好友步骘（zhì）。步骘也是江北人，早年间，他流落江东，跟诸葛瑾一道在江东游学，后加入孙权麾下，仕途也是平步青云。

这天，步骘兴冲冲地找到诸葛瑾。

“子瑜（诸葛瑾字子瑜），明天，我就要去镇守西陵了。”西陵位于南荆州的西部。孙权安排步骘守西陵，除了强化南荆州的军事力量外，也是为了提升江北派的实力。

步骘边说边伸手入怀，掏出一张地图：“你来看！”他指着地图上西陵峡一带。“长江从西陵峡急转向南，形成一个大转角。我打算在这转角处——长江西南岸边建一座城池，你觉得怎么样？”

诸葛瑾看罢，连连拍手称赞：“地势绝佳！绝佳！”步骘建城的地点就在今天宜昌市西陵区附近。这里东北两面被长江环绕，形成保护西陵城的天然屏障。

二人可谓意气风发，但遥想当初，他们流落江东时，落魄得连口饱饭都吃不上，绝想不到能拥有今天的显赫地位。

说话间，几只野山鸡从不远处的林间飞起。诸葛瑾眺望了一会儿，出神地说：“你看，我们是不是跟它们一样？”

步骘愣了一下，旋即领悟了诸葛瑾的意思，他会心一笑，应和道：“山梁雌雉，时哉时哉。”这话出自《论语》。一次，孔子见到两只美丽的雉鸡悠然自得落在山岗上，又联想到集市上待宰的家禽，遂借此感慨人处于不同环境导致天差地别的结局。

几个月后，步骘果真在他选定的地方开始督造西陵城，让他没有想到的是，这座城池未来对他的后代产生了巨大而深远的影响。

诸葛瑾、步骘协同陆逊镇守南荆州，三人可以说是吴国江北派与江东派相互制衡又彼此协作的一个典范。不过，诸葛瑾和步骘虽然被孙权刻意摆在江东派的对立面，但他们却从未与江东派产生过正面冲突，反而竭力维护同僚间的和睦。在恰当的时机，来到恰当的地方，正是这两位“山梁雌雉”的真实写照。而以张温为代表、深受孙权忌惮的江东士大夫则不幸沦为反例。

几年后，孙权利用校事官（相当于明朝的锦衣卫）吕壹打击江东士族，顾雍（“吴郡四姓”中顾氏大佬）、朱据（“吴郡四姓”中朱氏大佬）等人都遭到迫害。陆逊、诸葛瑾不敢管，最后还是步骘出面连番弹劾吕壹，才迫使孙权将吕壹处死。

在往后的很多年里，江东士族与孙氏政权的冲突仍会愈演愈烈，而以诸葛瑾、步骘为代表的江北士大夫则谨慎小心地维系着政治的平衡。围绕着他们三派之间的复杂纠葛，日后还会衍生出很多故事。

刻骨铭心的恨

曹丕自登上皇位至今已有五年，这五年里，他虽定都洛阳，却仿佛是为重温脚踩汉献帝刘协的荣耀感，频频搬去许昌刘协的故宫。洛阳和许昌两地相隔甚近，但皇帝搬家是个大工程，整个朝廷都要跟着搬，免不了煞费周章。

公元 226 年 2 月，曹丕又一次下达移驾许昌的诏令。散朝后，群臣交头接耳，内心叫苦不迭，只是无人敢提出反对意见。

几天后，大队人马浩浩荡荡前往许昌，眼看许昌城依稀可见，突然有臣属上奏："启禀陛下，昨日许昌城南门无故崩塌，臣认为是不吉之兆，不宜入住，望陛下详思！"

曹丕听罢，心头升腾起说不出的别扭。

"算了，返回洛阳！"

曹丕回眸望了许昌一眼，这是一座曾令他魂系梦绕的大都城。不知为何，他觉得这是自己最后一次看到许昌了。几个月后，曹丕得了重病。

左右侍臣安慰道："陛下无须忧虑，您记不记得很多年前，相术大师朱建平给您看过相，他说您到四十岁会有小灾，还说您能活到八十高寿呢。"

曹丕当然记得，这年，他刚好四十岁。可侍臣的话并没能重燃曹丕的希望，他觉得自己可能挺不过这关了。他嘀咕道："朱建平不敢明说，所以才用这话敷衍我。"

侍臣还想再说些什么，却被曹丕挥手打断。

"人说四十不惑，五十知天命，我不知道天命，却知道有件重要的事不能再拖了……让中书省马上颁布诏书，立嫡长子曹叡为皇太子！"

曹丕共有九个儿子，嫡长子曹叡被立为太子本该是顺理成章的事，但曹叡的生母甄氏早年失宠被赐死，因此，曹丕才迟迟没立曹叡。而今，病入膏肓的曹丕顾不上这些了。

6 月 29 日，曹丕虚弱地躺在崇华殿的御床上。床边，刚刚当上皇太子的曹叡大气都不敢出一声，生怕错过父皇的临终遗言。

“我死之后，你就是大魏国的皇帝了，你得小心……小心哪……”

曹叡现年二十一岁，生性聪慧。“儿臣一定会小心谨慎的。”他一边说一边脑子飞转，小心谁？小心权臣？小心敌国？

曹丕闭着眼，却像能洞穿儿子的疑问，他摇了摇头：“你不懂！你最大的敌人，是你的弟弟们……还有为父的弟弟们……”

曹叡低头屏息，不知道说什么才好。

曹丕猛地睁开眼，紧紧握住儿子的手。“那些藩王个个嘴上挂着骨肉亲情，其实心里头都在觊觎你的皇位！你听好，我现在要定下遗训——藩王永远，永远都不准入京参政！”

曹叡的手居然被虚弱的曹丕攥得生疼，他深深体会到了父亲对兄弟的恨，这恨，是十多年里为争夺世子之位留下的伤疤。

“儿臣谨记！”

曹丕长出了口气，缓了缓神，又言道：“还有件事……我死后，别忘了为父的谥号，谥‘文’。”许多年前，曹操还活着时，曾多次向曹丕暗示自己想像周文王那样，为儿子打下基业，然后以前朝臣子和新朝奠基人的身份离世，也像周文王一样谥号“文”。然而，曹丕并没有实现曹操的愿望，他最终追谥曹操为“武”，却把“文”留给了自己。要知道，周文王姬昌是周武王姬发的爸爸，曹丕居然把这给颠倒过来，这多少有报复的意味。老头子生前偏爱曹植，害我过了十几年胆战心惊的生活，现在，老头子死了，什么都要听我的。他只能当“武”，我要当“文”！

“记住了，谥父皇为‘文’。”

成功的报复让曹丕心头升起一阵满足感。他睡了片刻，恢复了些气力，随后宣召重臣准备托孤。

“传曹休、曹真、陈群、司马懿进来。”

这四人即是曹丕临终之际属意的托孤重臣。其中，东战区统帅曹休这两天才刚从驻地赶回朝廷。另外，若不是南战区统帅夏侯尚于一年前病死，他一定也会出现在这个托孤班子里。顺便讲讲，夏侯尚的死其实与曹丕脱不开关系。

夏侯尚的正室是曹真的妹妹，但他不爱老婆爱小妾。这本是夏侯尚的家事，可曹丕实在没把自己当外人，他要帮曹真的妹妹出头，手段绝对够狠，居然直接下令把夏侯尚的小妾处死。夏侯尚伤心欲绝，安葬了小妾后，又因思念过度把人从坟里刨了出来。之后，夏侯尚精神越来越恍惚，没多久便追随心上人驾鹤西去了。

再说这四位托孤重臣，曹休和曹真是宗室成员，陈群帮曹丕称帝立下汗马功劳，又是魏国士族的领袖。而司马懿也跻身其中，除了他十几年死抱曹丕大腿这个原因外，也因为他一年前运作了一笔极成功的政治联姻。早在夏侯尚过世前，司马懿就为长子司马师迎娶了夏侯尚的女儿夏侯徽。现在夏侯尚虽然死了，但夏侯氏根深叶茂，仍是魏国势力最强的豪族，况且夏侯徽的母亲还是曹真的妹妹，司马懿不仅跟夏侯氏攀上亲戚，更跟曹氏皇族拉近了距离。

曹休、曹真、陈群、司马懿一直寸步不离候在崇华殿外，四人听到宣召疾步入殿，跪拜在曹丕床前。

曹丕口齿含糊地向四位重臣安排后事，他竭力让自己思绪保持清晰，每说几句都要重复叮嘱一句话："拜托你们好好辅佐太子。"

最后，他又对曹叡言道："你要永远信任这四位大人。"说罢，瞟向四位托孤重臣。这话，与其说是给曹叡听的，毋宁说是给曹休、曹真、陈群、司马懿听的。

片刻后，曹丕停止了心跳。

崇华殿响起震天般的哭声。

曹丕在位七年驾崩，谥号"文帝"。必须要说曹丕极富政治谋略和才干，他重新调整了权力架构，其本意无一不是为了社稷稳定，可他永远不会看到这些举措引发的后果了。

士族派系

公元 226 年 6 月 29 日，魏国迎来了第二代皇帝——年仅二十一岁的曹叡。

曹叡继位第一年就把朝廷权力架构做了些调整。

四位托孤重臣中，曹休官拜大司马，位阶最高。不过，他原先的扬州牧被改成扬州都督，由此，他失去扬州行政权，仅拥有军权。往后，魏国几乎再没出现过州牧这一官职。

曹真官拜大将军（仅次于大司马）、都督中外军事（中央军最高统帅）兼雍凉都督。前两年，蜀国丞相诸葛亮刚刚平定益州南蛮叛乱，国内尚处于休养生息阶段。由于西线无战事，曹真得以继续留任朝廷掌管中央军。

陈群官拜司空（三公之一）、录尚书事；司马懿官拜骠骑将军（仅次于大将军），同样任录尚书事。前文讲过，录尚书事可以直接插手尚书台政务，自然，这两位重臣免不了磕磕绊绊。

转年开春，这大，司空陈群入宫觐见。

"陛下，近来臣心里始终挂着件事放不下。"

"哦？陈公请讲。"曹叡表面上对陈群毕恭毕敬，毕竟这是当年支持他爸爸登上皇位的股肱功臣，可暗地里曹叡很有一套，半年前他拜陈群为三公时，趁机剥夺了陈群手里的禁卫军兵权。可想而知，曹叡整天看着身边都是唯陈群马首是瞻的禁军侍卫肯定浑身不自在。

难道要跟我重提执掌禁军兵权的旧事？想都别想！曹叡脸上乐和，心里却这样想道。

不过，陈群并没如曹叡所料提到禁军兵权。他言道："我大魏与吴国边境有两大战区。东部，大司马、扬州都督曹休坚如磐石。但南部，自荆州牧夏侯尚死后一直无人接替。臣心系社稷，故想举荐一位重臣担任南线统帅。"

"说得也是……"曹叡点点头。半年前，就在曹叡刚继位不久，吴国即趁魏国国丧期大举入侵。北荆州险些不保，最后还是司马懿率中央军支援荆州，这才赶跑了吴军。"陈公举荐何人？"

"臣要举荐的人，正是骠骑将军司马懿！他与前任统帅夏侯尚是儿女亲家，又在半年前亲临荆州大获全胜，实在是镇守荆州的不二人选。"

曹叡嘴角微翘，竟没忍住笑意。你为何不毛遂自荐？他很想这么问，但他知道，如果这样问肯定弄得陈群下不来台，估计会把陈群逼到说"老臣实在不是打仗这块料"的尴尬境地。同时，曹叡更清楚陈群举荐司马懿的真正意图——把司马懿赶出尚书台，他自己好独揽尚书台政权。

陈群和司马懿的斗争，除了二人共为录尚书事这个原因外，还掺杂着地缘派系因素。

陈群祖籍豫州颍川郡，位于黄河以南，以他的地位，绝对称得上是（黄河）南派士族的精神领袖，另外，自九品中正制施行后，越来越多的士族吃到这个政策的甜头，使得陈群的影响力快速辐射到黄河以北。司马懿祖籍司隶州河内郡，位于黄河以北，由于他的官位拔到和陈群比肩的程度，他也顺理成章变成北派士族的精神领袖。但论及政治影响力，司马懿跟陈群相去甚远。

曹叡虽然对此心知肚明，但陈群所说的南战区统帅空缺问题的确存在，而他举荐司马懿的理由同样无懈可击。

此时曹真在旁。曹叡转头问曹真道："大将军也说说，陈公所言是否妥当？"

曹真是皇室重臣，在他看来，陈群和司马懿无非是南北两派士族争权夺利，而无论是士族内斗，还是尚书台政务都跟他没半点关系，自己正乐得作壁上观看个热闹。

"臣也觉得陈公所言在理，不过这事还须在朝廷上共议，看看群臣的态度。"

翌日，朝臣正式上疏举荐司马懿任荆豫都督。陈群自然不会直接出面。

有人支持，有人反对。司马懿则保持沉默，谨慎观察着局势。朝堂上就这么吵吵嚷嚷了好一会儿，陈群终于决定从幕后走向幕前。

"臣也觉得司马公才堪大任，若说司马公做不了荆豫都督，恐怕这重任就没第二个人能担当得了了。"话音落地，局面开始呈现出一边倒的趋势，越来越多的同僚向陈群靠拢。

眼下，魏国的士族（包括司马家族在内）十有八九都是九品中正制的受益者，陈群是当之无愧的士大夫领袖。司马懿就算再不爽也不敢跟陈群公开翻脸。他知道自己是无论如何都拗不过了。

司马懿缓缓起身，平静地说了句："臣责无旁贷。"

公元 227 年 7 月，司马懿卸去录尚书事职权，转任荆豫都督。

司马懿离京令陈群一家独大，成为朝廷里执掌政权的最高重臣。

而此刻，司马懿虽然一万个舍不得尚书台，但是他并没有意识到，担任荆豫都督不仅是他仕途的一个新起点，更成为魏国历史上至为关键的一笔，自魏国初建以来，一直由曹氏、夏侯氏担任三大主战区统帅的传统到现在终于打破了。

兵贵神速

公元 228 年春天，荆州西北部，新城郡上庸城内一片骚乱。

魏国新城太守孟达正加紧部署着城防。准确地说，他已经不属于魏国，而是归顺了蜀国。

八年前，孟达从蜀国叛逃到魏国，后官拜魏国新城太守，现在又暗通蜀国发起叛乱，全因他在魏国实在混不下去。近两年，一直罩着他的前荆州牧夏侯尚病故，赏识他的魏文帝曹丕又驾崩，他仅有的两大靠山全没了。如今，早就看他一百个不顺眼的司马懿却成了他新的顶头上司。

而孟达最终下定决心反叛，则是因为他与蜀国丞相诸葛亮联络的信使刚刚被魏国人截获。

事情败露，箭在弦上，不得不发。

但孟达并不太担心。他算准了日期，胸有成竹。

他在给诸葛亮的信中写道："司马懿的驻地宛城离洛阳有八百里，离上庸城一千二百里，若获悉我反叛，自当上奏朝廷，奏表往返要三十天时间，等率军真开到上庸的时候城防早已修建完成。何况上庸地势险峻，司马懿必不敢亲自来，若派遣偏将到此，我也没什么好怕的。"

给诸葛亮的信刚发出，孟达就接到了司马懿寄来的信："将军对国家的忠心天地可鉴。近日，有传闻说将军串通蜀国，料想这肯定是诸葛亮拙劣的离间计，我若信了，岂非让天下人笑掉大牙不成？"

孟达笑了。

司马懿仍被蒙在鼓里。自己至少有三十天时间筹备。

仅仅过了八天，孟达就笑不出来了。他站在上庸城头，望见了远处铺天盖地而来的魏军。不多时，魏军开到近前，鲜明的旗帜已清晰可见。旗帜上写着大大的"司马"两个字。

司马懿亲自来了，而且来得这么快。显然，他在上奏朝廷后并没有愚蠢地等待朝廷下达诏书即开始千里疾行。

上庸城防离完成还早得很，城外只搭建了一圈单薄的木栅栏。

“冲过木栅，全军攻城！”司马懿火速下令。

孟达只能据城死守，他唯一的希望就是拖延时日，等待蜀国援军的到来。

来不及了。

他发去向蜀国求援的信已经晚了时日。他更不知道的是，蜀国丞相诸葛亮出于地理因素等诸多考虑，早将战略方向定在北部雍州而非荆州，即便派出援军也只有小股部队，于事无补。

基本上，孟达算是被诸葛亮彻底放弃了。

“加紧攻城！”

魏军在司马懿的指挥下，向上庸城连番发起猛烈的攻势。夜以继日，丝毫没有停歇。

第十六天，上庸城被攻破，孟达被斩首。

司马懿盯着面前孟达的首级。他仍向往繁华的京都，仍向往权力核心尚书台。但现在，他意识到：成功的路并非只有一条。

“把首级献给朝廷。”

顺便，也让陈群看看。

太和浮华案

转眼间，曹叡继位已有几年。这几年他过得不太顺心。公卿朝臣总是抱着团跟他作对，但他对臣子的控制力却相当有限。毕竟，任免官吏完全靠定品成绩作为依据，而定品成绩则由各地中正官说了算。再有，曹叡越来越发现，只要随便拎出一个小官吏就有可能是某位重臣的亲戚，朝臣和地方官是一家子，上级和下级是一家子，还都是声名显赫、势力雄厚的大家族，惹一个就是惹一片。曹叡谁都惹不起。

魏国太和二年，即公元228年，曹叡忍无可忍发了封诏书："尊崇学问是士人的本分，可现在有太多官吏不堪其任。现敕命各州、郡推举士人务必以学问优先！"

用脚后跟都能想到，根本没人搭理曹叡。

然而过了一年，到太和四年，一件出乎曹叡预料之外的事发生了。

这天，司徒董昭突然上疏："臣认为，士人应推崇忠信，摒弃虚伪。臣见当今有些年轻官吏不以学问为本，反而热衷于交际。他们结党连群、相互吹捧，实在有碍教化！"

曹叡正为官僚抱团一筹莫展，他听到董昭的话不禁喜上眉梢，并急切盼望董昭能接着往下说。"说得好！董公不妨直言，想要弹劾谁？"

"臣弹劾散骑常侍夏侯玄、尚书诸葛诞、中书郎邓飏等十二人。他们在京城邀名射利，号称'四聪八达'。再有，中书监刘放之子刘熙、中书令孙资之子孙密、尚书仆射卫臻之子卫烈三人，仗着父辈的权势也结为一党，号称'三豫'（豫，指排在"四聪八达"之后的小跟班）。这十五人都是浮华党徒，请务必严惩，以正朝廷风气！"

董昭弹劾的"四聪八达"和"三豫"共计十五人，但史书中只记载了夏侯玄、诸葛诞、邓飏、刘熙、孙密、卫烈这六人的名字。至于说剩下几位究竟是谁，不要着急，我们还会在后文中进行分析。现在，我们先来介绍这六个明确记录在案者的背景。

先说排在"四聪八达"之首的夏侯玄，他是已故夏侯尚的儿子，不仅是夏侯氏年轻一辈中屈指可数的才俊，更是当时的大名士。董昭既然敢弹劾跟皇室关系铁瓷的夏侯氏，自是有恃无恐，因为他知道，夏侯玄并不太招曹叡待见。

前不久，曹叡设宴款待众公卿，作陪的有毛皇后一家人。

毛皇后的爸爸原本是卑贱的车工，因女儿得宠，毛氏全家都被封侯，一夜暴富。在酒席宴上，毛皇后的兄弟毛曾喝得醉醺醺，更忘乎所以喊道："我也成侯爷啦！我也成侯爷啦！"

毛曾失态的举止引得同僚暗暗讥笑，只是大家顾及曹叡的面子不敢表露。可唯有夏侯玄紧皱眉头，满脸都是鄙夷。曹叡心里别扭，从此和夏侯玄渐渐疏远。

接着说诸葛诞和邓飏，二人也都是大名士。顺带提一句，诸葛诞属于徐州琅邪诸葛氏一族，与吴国大将军诸葛瑾、蜀国丞相诸葛亮是同族兄弟。

再说排在“四聪八达”后面的“三豫”。“三豫”本人倒无关紧要，值得注意的是他们的爸爸。其中，刘熙的爸爸刘放和孙密的爸爸孙资，自曹丕创建中书省至今一直稳稳坐在中书监和中书令的宝座上，他们正是中书省两大最高统领。卫烈的爸爸卫臻则官任尚书右仆射，也是尚书台里的实权派。

由此，这批年纪轻轻的官二代凭着权势熏天的爸爸，官运已经亨通得一塌糊涂。

曹叡听完董昭这番云山雾罩的弹劾状没想太多，他只是觉得终于有人肯出头帮自己打击官僚的歪风邪气了。

“董公所言极是。诏令，将以上诸人全部交付廷尉审查。”

最后，除夏侯玄只做降职处分外，其余十四人一律罢免官位（毕竟还是给了夏侯氏一个面子）。这事在魏国历史上相当著名，因发生在太和年间，故称作“太和浮华案”。

董昭可谓摸准了曹叡的心思，他弹劾的众人中，唯一跟皇室关系比较近的夏侯玄也是不招曹叡待见的人，但谁也不曾想到此乃董昭暗中与陈群达成的共识。要知道，中书省与尚书台正是两个彼此制约的机构，身负录尚书事职权的陈群借罢免刘熙和孙密，狠狠敲打了中书监刘放和中书令孙资。而诸如尚书诸葛诞等人，充其量只算一群不服陈群管的文青加愤青。

前面说“四聪八达”和“三豫”共计十五人，以上六人记录在案，另有九人没被记下姓名，下面，我们将从史书中搜寻蛛丝马迹，尽可能填补这份空缺的名单。

《三国志》记载有四个人和夏侯玄等来往密切，且大多都在太和年间遭弹劾罢免。这四人分别名叫何晏、李胜、丁谧、毕轨。《魏略》中更直言李胜确是“四聪八达”之一。所以，他们极可能就在“浮华党”名单里。另外，还有一人嫌疑极大，他便是司马懿的长子司马师。《晋书》明确写道，司马师年轻时与夏侯玄、何晏齐名（别忘了，司马师娶夏侯徽为妻，是夏侯玄的妹夫），何晏也把司马师与夏侯玄相提并论。再者，《晋书》记载司马师首次获得官职是在距此八年后，也就是他三十岁的时候。对比众多重臣子弟二十多岁便踏上仕途，这实在晚得不可思议。由此推断，司马师很可能也被牵连进"太和浮华案"遭禁锢不能出仕，史官讳笔，故没有明言罢了。

就这样，陈群把司马懿排挤出朝廷后，又借着"太和浮华案"搞掉了司马懿的长子司马师。

这十五位被弹劾罢免的官二代（基本都是大名士）中，排除史书明确记载的六人，以及推断出的五人外，尚有四人姓甚名谁则实在无从查证了。

这里要补一句，在很多年后，这帮"太和浮华党"还会重返政坛，他们中的大多数，除了司马师（倘若真有他的话）外，都成了维护曹氏社稷的中流砥柱，这绝对是曹叡始料未及的。

说到底，曹叡并没通过"太和浮华案"捞到什么实惠，他被董昭着着实实给忽悠了一番。

曹叡渐渐醒过味来，不甘心，又对吏部尚书卢毓提议："录用官吏不能过分看重名声，名声就像画在地上的饼，没法吃。"曹叡所说的名声，指的就是中正官给士人的定品成绩。

卢毓是东汉名儒卢植的儿子，这位魏国老牌士大夫不仅担任朝廷的人事部长，还兼任着自己祖籍所在地——幽州的中正官。按说皇帝交代给你的事（其实是婉转建议），干没干好是能力问题，想不想干是态度问题。卢毓能力很强，但态度很差，他直接就把曹叡呛了回来："名声虽然不能鉴别那些隐姓埋名的奇人高士，但对于一般人还是有很大参考价值的，愚臣我没有识别那些奇人高士的本事（言外之意，我态度没问题，但能力有限）。再说录用官员的标准从来都是靠名声，也不宜改变。臣倒是建议应该把关注重点放在政绩考核上。"

这也不失为一个办法。但搞政绩考核就该由尚书台吏部挑头，卢毓却没了下文，显而易见，卢毓只是在搪塞曹叡。

曹叡很较真儿，他见卢毓光说不练，居然让自己的直属近臣——散骑常侍刘邵搞出了一套《考课法》。老板要定业绩考核，员工自然有抵触情绪，在全体公卿的一致反对下，这套《考课法》最终也没能推行下去。

至此，曹叡终于看明白了，一切让他憋屈的根源都来自陈群的九品中正制。

颍川陈家

在九品中正制施行初期，中正官还是比较收敛的，品评士人基本兼顾家世、德行、才学三方面。但搞着搞着，中正官的品评依据就不由自主向家世这方面倾斜了。这是因为中正官自己就是世家高门，谁都想把自家人推向锦绣前程。所以，既然有法律保障士族利益，其结果自然是有背景的豪门子弟更容易获得佳评，而家世单薄的寒门子弟再难有出头之日。

再者，士族与士族之间频繁通婚，中正官一人得道，全郡甚至全州的士族都跟着鸡犬升天。

各地中正官，也就是那些豪门望族垄断了起用、晋升士人的通道，促使臣权越来越强，足以跟皇权分庭抗礼。而且，自曹叡继位以来，陈群更是屡屡冲在第一线，动不动就挑皇帝的毛病。虽然《魏书》中写道，陈群的奏疏但凡是不顺曹叡心意的，从来都私底下呈递，尽量给曹叡留足面子。但即便如此，史书中还是随处可见陈群批评曹叡的言论。

曹叡简直恨透了陈群。

可陈群恰恰认为自己给魏国带来了健康的政治体制，皇权与臣权相对平衡，士族的利益也得到了保障。

对三国时代有所了解的朋友大概都知道曹操著名的谋臣荀彧和钟繇。说是谋臣，其实二人的分量远不止于此。荀彧给曹操举荐过无数人才，魏国大半官吏七分看曹老板脸色，三分还得听荀彧的，正因为此，曹操深忌荀彧，导致荀彧晚年备受压迫郁郁而终（有一种传说系自杀）；钟繇则担任过魏国第一任关中都督和丞相，后官拜太傅（位阶高于三公），成为魏国最高荣誉重臣。荀家、钟家，再加上陈群家族都属豫州颍川郡（今河南省禹州市）的名门望族，三家世代通婚，关系亲密，其中荀氏家族更是战国末期大思想家荀子（荀卿）后裔，迄今已延续四百多年。由此可知，颍川派是魏国早期政坛最强大的政治派系。

随着荀彧、钟繇相继死去，以及九品中正制的实施，陈群不仅被推为颍川派领袖，更赢得全国士大夫拥戴。但同时，他也不可避免地被摆在和曹叡针锋相对的立场。

在陈群的心里，无论是曾经的主子——汉朝刘氏，还是现在的主子——魏朝曹氏都不重要，他骨子里的士族精神，或者称之为士族利益才是根本。陈群在儒家道义和士族利益之间寻求着微妙的平衡点。这正是绝大部分士人所信奉的处世准则和价值观。

基于这样的价值观，陈群的所作所为很容易理解。

就在"太和浮华案"发生后没多久，幽并二州都督吴质（曹丕"四友"之一）被召回朝廷做了侍中。按照惯例，藩镇重臣年岁大了回京任闲职养老并不奇怪，但此时吴质才五十三岁，正处于事业上升期，离退休还早得很，不用说，朝廷里的掌权派让他提前卸任了。

吴质很郁闷，不过连日来，他也敏锐地嗅出了些风头。

其一，他从曹叡话里话外明显听出对陈群的抱怨；其二，他接到了老朋友——荆豫都督司马懿寄来的书信，信中暗示他被召回朝廷乃是因陈群做了手脚。毋庸置疑，二人都把矛头指向陈群，且都希望自己能替他们出头。

那么说，曹叡和司马懿为什么敢把这副重担交给吴质？吴质又凭什么有胆子跟陈群作对？原来，吴质虽位高权重，却因品行卑劣又出身寒门，始终没被祖籍所在地的中正官授予士人的身份。换句话说，吴质正是九品中正制的受害者。而且，吴质生性嚣张狂妄，从不把任何人放在眼里。眼下，假手吴质打击陈群绝对算找准人了。

果不其然，吴质正为自己被贬恨得咬牙切齿，又有曹叡和司马懿两大后台撑腰，马上就开始疯狂弹劾起陈群，罪名无非是不勤于政、无所事事、挂羊头卖狗肉之类。同时，他还不忘大肆称赞司马懿，并请朝廷召司马懿回京取代陈群辅政。

曹叡正想整治陈群，遂借着吴质的话头向陈群开骂。

陈群也不辩解，只顾低头认错。可他内心一点都不害怕，因为他知道自己背后有着比皇帝还要强大的靠山。不出所料，陈群的低姿态激起全国士大夫的愤怒，公卿大臣纷纷力挺陈群，抨击吴质。

没过两个月，吴质就被全体公卿的口水淹死了。这还不算完，他死后被公卿强烈要求追谥为"丑侯"，这是个十足的恶谥。而司马懿，最终还是没能如愿回京。

这事让曹叡再次见识到了士族领袖拥有的巨大能量。

宗室的支柱

魏都洛阳最庞大的建筑群自非皇宫莫属，除皇宫外，最豪华、最壮丽的一栋宅邸是属于大将军曹真的。

公元 230 年的一天，曹真府门外的牌匾由大将军府换成了大司马府。这一切，都是因为前任大司马曹休死了。

两年前，大司马、扬州都督曹休意外收到吴将周鲂发来的密信，信中，周鲂主动提出要在曹休进攻吴国时做内应。曹休怕错失良机，连番上奏朝廷请求准许他出兵伐吴。曹叡出于谨慎考虑，不希望曹休轻举妄动，故一拖再拖，最后实在拖不过去，只好就此事向荆豫都督司马懿征询意见。没想到司马懿也力主伐吴，更提出荆州、豫州、扬州三路出兵，并让曹休在东线做诱饵吸引吴军主力的战术。曹叡见东、南两个军区统帅全都求战心切，心知这事无论如何都压不住了。公元 228 年秋天，曹休终于得到曹叡的首肯，即刻挥师南下，却没料到正中周鲂的诈降计。周鲂引诱曹休孤军深入，当曹休进军至石亭的时候遭到吴国名将陆逊伏击。曹休被打得溃不成军，逃回淮南后自觉无颜面对朝廷，没几天就在羞愧中病死了。

曹休死后一年多，曹真坐到了大司马的高位上。此刻，他正独自一人待在府邸内厅发着呆。

一名仆役进来禀报："大人，府门外的牌匾已经换完了，您要不要出去看看？"

"不用了。你下去，把门关上。"曹真挥挥手，将仆役打发走。他很想一个人静静。

在这间内厅的中央有一张台案，台案上并排供奉着两个牌位。

左边的牌位上写着：显养考（指已故的养父）曹公讳操字孟德武皇帝之灵位。

右边的牌位上写着：显考（指已故的父亲）秦公讳邵字伯南之灵位。

原来，曹真本不姓曹，他的生父名叫秦邵。秦邵是曹操的至交好友。三十多年前，也就是公元 195 年，一次，曹操被袁术军围追堵截，只身逃到秦邵住处寻求庇护。秦邵把曹操藏了起来，自己冒名顶替曹操，终被袁术追兵杀害。曹操感念秦邵救命之恩，遂将他的遗孤秦真收为养子悉心栽培。后来，秦真改作曹真。

这些年，曹真一边管着中央军，一边兼顾西线战事，在他的指挥下，雍州驻军两次粉碎了蜀国诸葛亮的入侵。不过，纵使曹真居功甚伟，他也明白，自己本是外姓，在皇室中的分量和地位永远不可能超越曹休。要不是因为曹休死了，他也绝当不上大司马。可是，曹真看上去却没有外人想象得那么兴奋，他心里翻江倒海，五味杂陈。

亡父秦邵用自己的命换来养父曹操的命，这让曹真对魏国夹杂了太多特殊的感情，他坚信这个国家承载着亡父的精神。而他自己，本来跟曹氏毫无血缘，如今却成了皇室成员，这种优越感让曹真很愿意把身家性命与国家利益绑在一起。原先，曹真为自己手握中央军权自信满满，但眼下，继曹休死后，名将满宠接任扬州都督，再加上荆豫都督司马懿，魏国三个最重要的前线军区有两个都落入外姓重臣之手，这意味着什么呢？

曹真隐约有种感觉，魏国变得和以前不太一样了。

同时，曹真也意识到，自己已是举国上下地位最高的宗室重臣。这真是讽刺，曹氏和夏侯氏两大家族成员不计其数，自己一个外姓竟成了宗室中的代表，更是曹叡唯一能指望的亲戚。他想到这里忍不住苦笑。自尊心告诉他：整个宗室都在看着自己，对自己寄予厚望。但事实上，或许别人并没想那么多。

曹真身材肥胖，他坐了大半天，不觉腿都有些发麻。“不行，我得做点什么。”他艰难地支撑着身子，颤颤巍巍地站了起来，然后垂下头向亡父秦邵和养父曹操的牌位拜了拜，转身推开了内厅的房门。时已近黄昏，夕阳的余晖洒在庭院中，照在曹真的脸上，晃得他有些睁不开眼。

曹真揉揉眼，又捶捶发麻的双腿，高声传令下去：“备车，我要入宫觐见！”

子午谷的雨

公元230年夏天，大司马曹真为巩固自己在宗室中的地位，同时也为提升宗室在朝廷里的分量，上奏疏请求伐蜀。

“蜀寇连年进犯雍州，臣这次想主动出击，经由斜谷直取汉中，汉中若攻陷，蜀国必亡！”汉中盆地位于益州最北部，是蜀国最重要的防线。汉中有三条路连通雍州，分别是子午谷、斜谷、骆谷，这三条路都是崎岖狭窄的谷道，但凡大军通过，势必被拉成一条长蛇，首尾不能兼顾。另外，蜀国汉中都督魏延利用地理优势，在三条谷道与汉中盆地接口处修建了不计其数的防御堡垒，他的策略是将敌军堵在狭长的谷道中，令敌军无法进入汉中盆地集结。魏延营造的防御体系，让汉中成为一道无法逾越的铜墙铁壁。

曹叡并不认为伐蜀有十足把握。自从曹休死后，宗室的分量明显削弱，他怕再出闪失，可又不愿因为这个问题跟曹真产生正面冲突，于是，他把皮球踢给了陈群。

“你跟陈群商量商量吧。”曹叡知道陈群肯定不支持伐蜀。这下，就算曹真要怨，也是去怨陈群了。

如曹叡所料，陈群苦劝曹真道：“当年太祖武皇帝（曹操）攻打汉中时，在旁边的阳平关囤积大量军粮，可即便如此，粮食依然告急。现在阳平关被蜀国占据，运粮只能经由斜谷，斜谷道路艰险，进退不便，又容易被蜀军偷袭，还望大司马三思。”

“那还可以选择子午谷这条路。”

“子午谷同样难走，实话实说，在下认为现在并不是伐蜀的最佳时机。”

但曹真很执着，别说一个陈群，十头牛也拉不回来。

公元230年秋，曹真打理好朝廷里的事务，便准备启程前往雍州关中地区整军备战。临行前，他向曹叡提出了一个请求。

“臣的同族曹遵、同乡朱赞早年跟臣一起侍奉太祖（曹操），但他俩都不幸早亡，留下遗孤无依无靠，臣请求从自己的食邑中分出一些给他俩的子嗣。”食邑是国君赏赐给功臣的土地，受赐者可以永久享用这块土地的租税。这不同于俸禄。说白了，俸禄相当于薪水，食邑相当于股份分红。如此宝贵的东西按说不能随便送人，但曹叡为了让即将远征的曹真踏实安心，又被这份情义感动，二话没说就答应下来。

曹真见故人的遗孤有了着落，心里一块石头也落了地。

待曹真出发这天，曹叡带着一众公卿把他送出洛阳城西门外又走出好远，这把曹真弄得有些不好意思。

“陛下别再送了，请回宫吧。”

劝了好几番，曹叡总算停住了脚步，他依依不舍握着曹真的手一个劲儿地叮嘱：“切记要慎之再慎！”

曹真双手被曹叡攥着，甚至连行揖手礼都不行，他觉得很是尴尬，遂想说两句宽慰的话。“陛下放心，臣一定不会重蹈曹休覆辙。”

这不提曹休还好，一提反而让曹叡更揪心了。“快别说这么不吉利的话！”

“臣失言，陛下勿怪。”

“这回，我让荆豫都督司马懿协助你，他从荆州出发，沿汉江走水路，在汉中跟你会师。”

曹真心里嘀咕：上次曹休战败时也有司马懿协同作战，可司马懿根本没起到什么作用，更没伸手援救曹休。不过，考虑到曹叡用心良苦，曹真的鼻子不觉有些酸楚，他向曹叡拜了拜。“臣定能凯旋！陛下珍重！”随后，他毅然往关中而去。

几天后，曹真抵达关中集结雍州驻军。9 月，曹真兵分两路，分别进入子午谷和斜谷。与此同时，刚刚升任大将军的司马懿也从荆州出发，他沿汉江溯流而上。两军齐头并进逼向汉中。

子午谷和斜谷本就难走，不巧的是，曹真大军刚刚开拔，天空便淅淅沥沥下起了雨。这下，两条谷道瞬间变成了泥坑。

“走背运！”曹真低声嘟囔着。阴沉的天气让他心情相当不爽，而多年的军事常识更让他明白，雨会直接导致军队战斗力下降。曹真竭力鼓舞着士气：“明天雨就能停了，大家不要放慢速度！”

然而，曹真的话并没兑现。第二天雨依旧在下，第三天、第四天、第五天……雨时大时小，有时带给曹真一些希望，更多时候则把曹真的心情打落至谷底。比曹真心情更糟糕的自然是那些魏军士卒，他们的皮质甲胄被雨水浸泡缩得紧巴巴，连抬手迈腿都很不自在。抱怨声在军中逐渐蔓延开来，还没有临敌，士气就低得一塌糊涂了。

正当曹真大军深一脚浅一脚在泥泞中艰难挪动的时候，另一路司马懿大军正行驶在汉江上。此刻，司马懿端坐船头，满脸惊诧地听完了曹真信使的叙述。

子午谷和斜谷居然连日降雨……司马懿有种不祥的预感。当即，他派出一支偏师，扫荡了蜀国的朐忍县和新丰县。这两个县在益州巴东郡，也就是司马懿大军的南方，可是，司马懿的首要目标是去西北的汉中跟曹真会合，他这么干似乎有点不务正业，然而，在他的筹划中，已经确信汉中攻不下来，自己只要别无功而返就是最好的结果了。

半个多月里，子午谷的雨时断时续，曹真的军队就这么一直穿着湿漉漉的衣服在谷中艰难行进。终于，前锋夏侯霸（魏国初代名将夏侯渊的儿子）第一个走出子午谷。但他还没来得及集结兵力就遭到汉中蜀军迎头痛击，再度被打回谷中。

整整一个月过去了，子午谷的雨仍下个没完没了。曹真的主力军始终没能走出子午谷。

当司马懿大军快到汉中的时候，他也遇到了大雨。

“驻军，等雨停了再走。”

司马懿在等，他等的不是雨停，而是朝廷诏书。按他的判断，不出几天，朝廷下令撤军的诏书就要传来了。

果不其然，朝廷得知子午谷连日下雨的消息当即下诏曹真和司马懿撤军。声势浩大的伐蜀战役就这样惨淡收场。

这场雨把曹真浇出了一场大病，更令他一世英名尽毁。他万万没想到，自己居然真的步了曹休的后尘。几个月后，曹真郁郁而终。

短短两年时间，曹休和曹真便相继死去，魏国再也没有能提得起来的宗室重臣。公元 231 年春，诸葛亮第四次北伐雍州，曹叡不得不派司马懿转任雍凉都督，那么，司马懿原先的职务——荆豫都督又由谁来接替呢？曹叡左挑右挑，好不容易拣出一个打过两场仗的夏侯儒，这才勉强补上南战区的缺口。

敌、友

公元 231 年 3 月，大将军司马懿从荆豫都督转任雍凉都督。他是临危受命，因为此时，诸葛亮已经率蜀军侵入了雍州西部的祁山。

司马懿火速整军备战。很快，他意识到要想打赢这场仗绝不会像三年前打孟达那么简单。因为他面对的不仅有蜀军，还有来自内部的巨大压力。

他能清楚地察觉出雍州诸将对他的不信任，尤其是当地最强实力派将领——车骑将军张郃看他时，眼神中更是充满了不屑。

一个太子党，彻头彻尾的投机者，凭着跟先帝的关系跃居成了托孤重臣。

没错。在张郃心里，司马懿的形象就是这样的。

张郃看不起司马懿并不奇怪。

论品阶，车骑将军张郃仅比大将军司马懿低一级，但若论在军界的资历，他远比司马懿要早出道三十年。这还是往保守了说，事实上，早在公元 200 年官渡之战张郃归顺曹操前，他就已经不知道在战场上摸爬滚打多少年了。

而且，自公元 211 年开始，张郃便长期活跃于雍州战场，公元 228 年到公元 229 年，他又接连两次粉碎了诸葛亮的入侵。要说在雍州军界的威望，绝对没人能比得过他。

此时，张郃年逾七十，在他眼里，五十多岁的司马懿只算个后生晚辈。

仗怎么打，还是让老夫来教你吧！

张郃向司马懿提出兵分三路的策略。

处在司马懿的立场，他能否在雍州立足，取决于他能否压得住张郃。司马懿当即否决。

随后，张郃又提议派出一支军队救援被困在祁山的魏军，司马懿再度否决，坚持将大军集合在一起。

从张郃两番提议分兵可以看出，他希望脱离司马懿的掌控，各打各的，谁也别管谁。而司马懿坚持合兵则处于相反的考虑，自己初来乍到，毫无根基，雍州诸将又都唯张郃马首是瞻，把他们聚在自己眼皮底下尚且难控制，倘若再分兵，自己的控制权将所剩无几。

于是，魏军始终集结在一起，并在祁山卤城与蜀军展开了对峙。

6 月，司马懿命令张郃率偏军进攻蜀军侧翼，他自己则率主力攻打诸葛亮主军。

张郃怒了。

多年来，他早已习惯在战场上当主角，从来都是他指派诸将，今天，他居然要亲自帮司马懿牵制侧翼。然而，无论张郃再怎么不忿，司马懿毕竟是朝廷委派的雍州最高统帅，他必须遵从号令。

张郃气冲冲地出发了。半天后，铩羽而归。

张郃侧翼失利，导致司马懿的主力军也被诸葛亮击败。他确信张郃未尽全力。

原本，司马懿打算以持久战拖垮蜀军，输一两场仗无关大碍，只要能坚守，蜀军必定撤退。可战事已经持续了三个月，终于，最让司马懿担心的事发生了。魏军军粮告急。

就在司马懿一筹莫展之际，军吏来报：

“大将军！雍州刺史郭淮运来了军粮！”

“啊？”

雍州已无存粮，郭淮到底从哪儿搞到的粮食？司马懿快步跑出营帐，果然见大队运粮车络绎不绝开进营中。

“郭将军，这……”司马懿惊得目瞪口呆。

这位郭淮，自曹丕登基时便任雍州刺史，迄今已有十年，在当地很有威望。他面对司马懿的疑问，只是轻描淡写地答道：“在下跟羌、氐那些部族酋长有些交情，听闻大军断粮，所以让他们支援了些。”

“哦……”司马懿内心的感激无以言表。此时此刻，他清晰地意识到：这人是自己的朋友。

魏军有了粮食，总算撑过难关。

8 月，蜀军断粮，诸葛亮从祁山向汉中撤退。

颇具戏剧性的是，在这场战役中，双方主帅几乎都遇到了同样的内耗。司马懿和张郃内斗，导致魏军凝聚力不高，而诸葛亮之所以断粮，则是因为负责粮食运输的人，正是他最强大的政敌——蜀国重臣李严背后下了黑手。事后，李严即遭罢免。

司马懿望着渐渐退去的蜀军，心头感慨万千。战争整整持续了四个多月，在这四个多月里，他认清了敌人，也结识了朋友。

郭淮提议："蜀军败退，下臣请求追击。"

司马懿按住他的肩膀："你不行，你担不起这重任啊……"

郭淮略感诧异，却也不再坚持。

继而，司马懿转头盯向张郃。

"张将军久经战阵，经验丰富，还是请张将军去追击蜀军吧！"

张郃听罢，紧皱眉头言道："兵法讲归军勿追。何况诸葛亮生性谨慎，每次撤军都不留破绽，我觉得不该追击。"

"张将军。"司马懿的表情瞬间变得异常凛然，他没等张郃反驳，直接扔出了军令。"我认为应该追击蜀军！"

张郃这辈子从未像今天这般屈辱过。四个多月里，他处处受到司马懿的压制，更没立下半分战功。想到自己年过古稀，也不知道今后还有没有机会再率军作战。张郃赌气迈步走出营帐，飞身上马。

既然要追击，必须大获全胜，一雪前耻！

以张郃的地位，他本该坐镇最安全的中军指挥战斗，可今天，他仿佛又回到了年轻时身先士卒的年代，他要把这场追击视为此生最后一战。

张郃策马狂奔，不知不觉竟跑到了队伍的前列。

两旁的树林中早埋伏着诸葛亮布下的弓弩手。待张郃跑进伏击圈，箭矢飞射，张郃右膝中箭，跌落马下……

不多时，败讯传回司马懿主营。

"启禀大将军，追兵几乎全军覆没，张将军临阵战死！"

司马懿平静地点了点头。

是的，他在雍州最大的敌人没了。他又看了眼郭淮。

可朋友还在。

现在，司马懿再也不会为当初被赶出尚书台感到遗憾。他知道，自己或许永远回不到尚书台了。他不需要回去了，因为他已经成了魏国最强大的藩镇重臣。

士族领袖

魏都洛阳，朝廷接到了来自雍州的捷报——蜀军被雍凉都督司马懿击退。但捷报也伴随着噩耗。魏国资格最老且一生功勋卓著的名将张郃在这场战争中阵亡了。

曹叡为西境安定欣喜之余不免惋惜。

“蜀寇还没彻底扫平，怎奈张将军不幸身殒，这可如何是好！”

司空陈群也附和着叹息道：“张将军不愧为名将，确是国家的依靠啊……”

陈群只是顺着曹叡的话头随口说几句无关痛痒的话。此言一出，朝堂上顿时传来阵阵唏嘘感叹，仿佛叹气叹得声音越响，就跟皇帝和首辅重臣靠得越近似的。虽然，这君臣二人实在不算同一个阵营。

就在这时，卫尉（九卿之一）辛毗突然开口，说出了一句令陈群相当下不来台的话：“陈公！您这话可说得不太合时宜啊！当年，世人都觉得天下不能没有武皇帝（曹操），后来文皇帝（曹丕）继位国家照样安泰。世人又觉得不能没有文皇帝，现在陛下临朝，国运更加兴隆。少一个张郃，不损我大魏一丝一毫！”

辛毗驳斥陈群旨在振奋朝廷士气。

多年来，陈群稳坐朝廷首辅重臣的宝座，更是全天下士族的精神领袖。除了像吴质这种出身寒门，看他一百个不顺眼的人之外，即便是受他排挤的司马懿都不敢说半句顶撞的话。而出身颍川世家的辛毗，拿着九品中正制的好处不说，更跟陈群有同乡情谊，竟敢在朝堂上公然唱反调，这实在让人意想不到。

陈群听毕，心里一惊，愕然瞪向辛毗。这人怎么敢跟我作对？他脑细胞飞速运转，只在一瞬间，他就敏锐地找出辛毗话里一个破绽——辛毗拿张郃一个武将跟曹叡的爸爸和爷爷两代国君相提并论，绝对有大不敬之嫌。

陈群刚要借题发挥攻击辛毗，却见曹叡毫不介意，反而笑盈盈看着辛毗。这一笑，让陈群即将脱口而出的话又咽了回去。

苗头不对。

接着，辛毗不紧不慢又补了一句："何况，雍州不是还有司马公镇守吗？"

更让陈群没想到的事发生了。众公卿听闻辛毗这话，一改先前的态度连声附和。

陈群明白了。是司马懿。公卿不是在挺辛毗，乃是在挺司马懿啊……他曾认为把司马懿挤出朝廷，自己就可以独霸首辅之位。但万没料到，司马懿在边境屡立战功，经过这些年，其影响力正不声不响地超过自己，且直接动摇了自己士族领袖的地位。

陈群知趣地低垂下头，以惯有的低调态度说了句："辛君言之有理，老臣方才失言了，请陛下勿怪。"

曹叡当然明白司马家和陈家的竞争关系，他正是想借着抬司马懿来压陈群，见陈群示弱又揶揄道："陈公怎么像根墙头草，真是善变！"

这要搁在往昔，早有无数同僚站出来帮陈群说话，但这回谁都没出声，更有几个人偷偷冷笑。

陈群什么话都没说。

他能清楚地察觉到曹叡此刻的愉悦。可他也清楚地知道，赢的不是曹叡，而是司马懿。

正如陈群所想的那样，曹叡没能高兴多久。

遗诏的枷锁

次日，司马懿的三弟——时任度支尚书（掌管后勤）的司马孚在朝堂上朗声读着一封奏疏。

"……雍州守备薄弱，蜀寇每次进犯总得靠朝廷派兵支援，朝廷中央军疲于奔命不说，更是延误战机。臣建议从朝廷调派二万军队长期驻扎在雍州。"

曹叡听罢，浑身哆嗦了一下。他是气的，也是吓的。把朕的中央军拨给司马懿，这老狐狸可真会调度军资。曹叡忍着没有发作，板起脸问道："还有吗？"

“还有，雍州连年饱受战祸，军粮储备不足，臣建议从冀州调遣五千户百姓去雍州务农。”前文讲过，早在汉朝时，汉献帝刘协册封曹操为魏公，将冀州十个郡划入魏国，冀州乃是魏朝的发源地，冀州重镇邺城更是魏国五都（洛阳、许昌、邺城、长安、谯郡）之一。总而言之，司马孚这番上奏，说白了就是一句话——帮二哥挖皇帝的墙脚。

近些年，司马懿在外打仗，司马孚在内周旋。哥儿俩不仅军事上默契配合，更在政治上相互提携，又因为有九品中正制的保障，司马家族的势力得以迅速崛起，早跻身魏国第一等豪族的梯队。

曹叡憋着一肚子火，几次都想跳起来指着司马孚的鼻子骂，可他最终忍住了，因为他发现，公卿全都在力挺司马孚，而陈群则一言不发。

曹叡沉默了。“朕要好好想想。”

“臣一心为社稷考虑，望陛下三思！”

曹叡听他爸爸说过，当年司马孚也是这样自诩为曹植忠臣，而司马孚这副大义凛然的表情几乎成了他的金字招牌。曹叡强压怒气，咬着牙说道：“调中央军长期驻扎雍州万万不可！从冀州调遣农户……准了！”

曹叡一直把陈群当成头号敌手，但这个时候，他隐约有所察觉，司马家族的声势正赶超陈家，而屡立战功的司马懿，更成为魏国最不可或缺的实力派藩镇。这种不可或缺性对曹叡而言相当危险，这正是造就权臣的土壤。

司马懿这是要取代陈群啊……

按理说，遍布魏国全境的藩王正可以起到制约权臣的作用，可如今，藩王都成了被软禁的囚犯，要平衡臣子的权力根本是痴心妄想。这完全是曹丕酿成的恶果，曹丕临死前还特别下过遗诏，叮嘱后代既定藩王政策万年不变。

多年来，曹叡始终牢记曹丕临终前的警示。

“那些藩王个个嘴上挂着骨肉亲情，其实心里头都在觊觎你的皇位！”每当曹叡想起这话，总能感觉到曹丕把自己的手攥得生疼。魏国藩王的藩国多选在地少人稀的贫瘠之处，即便如此，他们还是屡次被强制迁徙，这是为了避免他们在一个地方待得太久形成稳固势力。譬如曹植，从曹丕登基至今总共被迁徙过六次封地，食邑也从一万户逐渐削减到三千五百户。

曹叡恪守着曹丕的遗训，但渐渐地，他也不免心生疑问：这么压制藩王究竟对不对？自己年纪轻轻，就要独自面对那些混迹官场数十年的老狐狸，倘若有藩王介入，自己面临的压力会不会有所缓解？眼下，藩王的实力越来越弱，而魏国的士族却被九品中正制养得越来越肥。

此刻，曹叡幡然醒悟，压制藩王根本就是个天大的错误。

是到改变的时候了！

公元 231 年 9 月，曹叡出其不意下了封诏书："先帝曾说不准藩王进京，但朕与藩王理应彼此仰仗。想来朕也有十二年没见过诸位藩王了，毕竟血浓于水，朕打算让所有藩王遣送嫡子入朝。"此举，一是为了更好地控制藩王，二是希望从这些藩王的儿子中寻找忠诚可造之才。

这只是第一步。

还没过半年，曹叡又下诏："册封藩王是为了拱卫京都，藩王对皇室意义重大。大魏自建国以后，藩王政策只是仓促间草草制定，绝非一成不变。从今日起，藩国的行政级别由县提升为郡。"

这封诏书犹如晴天霹雳，立刻激起群臣的反对。

曹叡心里跟明镜似的，这帮公卿拿先帝遗诏当幌子，实则是怕藩王实力增强与臣权抗衡。他毅然说道："这事我已经定了，希望诸位顾念皇室骨肉之情别再阻挠。"

诏书下达后，共有十六位藩王提升了藩国的规模。

藩王被压制了这么多年，曹叡想仰仗他们，绝非一朝一夕之功。为此，他必须要做好充足的准备。

最伟大的推销员

我们先把郁闷的曹叡放到一边，来看看蜀国的局势。

众所周知，三国中的蜀汉是由刘备创建的。刘备前半辈子完全在流亡中度过，当他流落到荆州，寄宿在他的同族——荆州牧刘表处时，充分发挥其超凡的个人魅力，吸引无数荆州士人竞相投奔。诸葛亮即是在这一时期加入刘备麾下的。赤壁之战后，刘备占据南荆州，然后假借援助同族——益州牧刘璋为名西入巴蜀（益州），并以诡诈鲸吞刘璋的领地，三国鼎立的局面由此形成。

刘备将国都设在巴蜀腹地成都，那些从他流亡时便追随他的荆州人和中原人也以胜利者的姿态把家搬了过来。对益州人而言，这无疑是鸠占鹊巢。再加上刘备抢夺益州的手段着实不算光彩，不难想象益州人心里是何等抵触刘备政权，这与早期吴国江东士族敌视孙氏政权的态度颇为相似。由此，决定了蜀汉的政治结构——从建国伊始，掌权者基本都是荆州派。补充一句，诸如关羽、张飞、赵云这些大半辈子跟随刘备四处流亡的宿将，因为长期扎根于荆州，也早就跟荆州人抱成一团，大体可以算作荆州派。而益州派，则完全处于被压制的地位。

接下来，我们要说一件对蜀国影响至深的大事——史上著名的“大意失荆州”事件。

“大意失荆州”的主角是关羽，他在刘备政权的鼎盛时期担任南荆州最高统帅。公元220年，关羽攻打魏国北荆州战败身亡，其后果是南荆州沦陷，蜀汉国力骤减。至于说关羽的失败，自然是他接二连三的昏招所致，而非简单的“大意”。譬如说，关羽对盟友孙权相当藐视，甚至屡次出言恐吓，这给孙刘联盟的瓦解埋下伏笔，而关羽北伐魏国时也是盲目冒进，他从南荆州一路向北，直接越过魏国重镇襄阳都毫不理会，却去攻打更北部的樊城（今湖北省襄阳市樊城区），与曹仁僵持不下。关羽这种横冲直撞的战术缘于他好大喜功的性格，虽说势头很猛，但实则陷入腹背受敌的局面。而后孙权撕毁盟约，与魏国联手夹击关羽。关羽战败被杀，南荆州也被吴国接收了。

关羽的故事并非重点，要着重讲的，是蜀国失去荆州后，那些客居益州的荆州派臣子的复杂心态。

他们本就和益州人关系紧张，故乡沦陷更让他们觉得自己像断了线的风筝。由此，夺回荆州的呼声甚嚣尘上。要知道，荆州派支撑着蜀国政权，刘备不可能漠视这些人的意愿，只能倾其所有向吴国发起复仇之战，结果被吴国名将陆逊打得惨败。最后，刘备退守到益州和南荆州的边境——白帝城中凄惨地死去了。

刘备死后，他的儿子刘禅继承皇位。自此，蜀国军政大权集中在丞相诸葛亮手中，蜀国也成了当时唯一名副其实的丞相制国家。蜀国最弱，却同时跟魏、吴二国为敌，这么搞下去，灭亡是迟早的事。诸葛亮必须要给国家找一条出路，于是，他不再纠缠南荆州问题，派邓芝重新与吴国缔结盟约。这就引发了一个新的问题。客居益州的荆州人心知再没希望夺回故乡，便真的把益州当成了自己家，他们和益州本地人的矛盾愈演愈烈。

这么搞还是个死。诸葛亮决定给蜀国灌输一个新的信仰——北伐魏国，复兴汉王朝。这是一个转移内部矛盾，一致对外的信仰，同时也是一个听上去伟大却遥不可及的梦想。而且，像那些全世界最杰出的推销员和传教士一样，诸葛亮要想把这个信仰推销出去，首先他自己得对此坚信不疑，从这点上来说，他做得很到位。诸葛亮开始对北伐抱有一种常人难以理解的执着和热情。

公元227年的春天，诸葛亮给刘禅上了一篇言辞恳切、流芳千古的《出师表》。现代人自可以怀着对诸葛亮的崇敬之情来看待《出师表》，但在一千八百多年前刘禅的心里想来却不是这样。

这篇七百多字的上表，笔者特意数了一下，提到“先帝”竟然有十三处之多。在刘禅听来，其大意无非是这样的：你爸当初如何，我当初如何，你爸对我如何，我对你爸如何，你爸都跟我说过什么，我跟你爸又都说过什么，我现在不辞辛劳是图的什么？是为了你爸和你啊……《出师表》不仅仅是为教育刘禅，它有很深的政治目的。诸葛亮即将长期驻扎汉中筹备北伐事宜，在他远离成都的日子，必须要告诫刘禅该听谁的话，当然，是要听诸葛亮的嫡系亲信——蒋琬、费祎这些荆州派重臣的话。

必须要说《出师表》写得感人肺腑，可当诸葛亮沉浸在对刘备的怀念中时，刘禅则听得如坐针毡。他脑子只有一个想法——怎么丞相的权力竟大到这种地步？

诸葛亮安顿好成都的事后，毅然决然带着大军和幕僚团前往益州北部，与魏国雍州接壤的战略要地——汉中。从此，蜀汉的军事政治中心也连同诸葛亮搬到了汉中。

一直到公元234年，诸葛亮已在汉中驻扎了七年，这七年他从未回过成都，且其间总共发起过四次北伐魏国的战争。

这里简略叙述一下诸葛亮之前发起的四次北伐战争。第一次，他出其不意地攻陷了雍州近半数土地，后来在魏国名将张郃与曹真的反攻下前功尽弃。第二次，他出兵雍州陈仓（今陕西省宝鸡市陈仓区），但被曹真麾下猛将郝昭击退。第三次严格意义上不算北伐，诸葛亮为挽回前两次战败受损的声望和士气，捡了个软柿子捏。他向西进军，吞并雍州最西部的武都和阴平两个郡，这里几乎没有魏军驻守，是氐、羌等游牧民族的聚集地，这也是诸葛亮唯一成功的“北伐”。第四次，他进驻雍州祁山，但被新上任的雍凉都督司马懿击退。

公元234年的初春，诸葛亮即将开始第五次北伐。

必须要说，靠北伐化解国内矛盾的手段相当成功，经过这些年，荆州人和益州人早已逐渐融合。可是，新的矛盾也慢慢产生。蜀国臣民迫于诸葛亮崇高的个人魅力和权威，只能把反战情绪深埋在心底。而诸葛亮依旧对北伐锲而不舍，大概是由于长期自我洗脑，错把手段当成了目的。先前，出于理性制定的基本国策变得越来越非理性了。

临出征前，诸葛亮把年仅八岁的儿子诸葛瞻唤到身边。“再给为父背诵一遍《论诸子》吧……”《论诸子》是诸葛亮流传后世的众多文章之一，内容是评论古代先贤的优劣秉性。

诸葛瞻乖巧地背诵起来：

“老子长于养性，不可以临危难；商鞅长于理法，不可以从教化；苏张（苏秦、张仪）长于驰辞，不可以结盟誓；白起长于攻取，不可以广众；子胥（伍子胥）长于图敌，不可以谋身；尾生长于守信，不可以应变；王嘉长于遇明君，不可以事暗主；许子将……许子将……”

“怎么又忘了，许子将长于明臧否，不可以养人物。此任长之术者也。”诸葛亮平静地补充道。他心头陡然闪过一丝困惑：不知道百年之后，世人将会如何评价我呢？

智者对峙

公元 234 年 4 月，蜀军从汉中出发进入斜谷，十几天后来到魏国雍州境内的郿县。六年前的第一次北伐战争中，蜀将赵云曾率领一支偏师在这里牵制曹真。今天，诸葛亮的目的并非要占领郿县，他只是路过。

与此同时，魏国也获知诸葛亮到达郿县的消息。

有人担心诸葛亮会直取东部关中，遂向雍凉都督司马懿提议："诸葛亮声势浩大，我们不如退到渭河北岸避开蜀军锐锋，然后以渭河为屏障和蜀军作战。"

司马懿摇头道："绝不能把渭河以南拱手让人！诸葛亮谨小慎微，他肯定没胆量深入关中，我料他会去西边的五丈原安营。传令诸军，在渭河南岸迎敌！"

诸葛亮在郿县短暂停歇了一会儿，他面临一个选择，向西，还是向东？东边是雍州最重要的关中地区，若能拿下，足以撼动魏国半壁江山，但也会陷入魏军的包围。西边是雍州偏远地区，就算攻下来也对魏国造不成太大损伤，但稳扎稳打不会有什么风险。

魏延强烈建议："咱们只要向东疾进，不出几天就能兵临长安城下！"魏延自刘备时代任汉中都督，性格好大喜功，曾三番五次向诸葛亮提议由子午谷奇袭长安却不被同意。

诸葛亮向东眺望着，他的目光径直越过司马懿的大军，甚至越过长安，仿佛能看到洛阳，看到了故乡徐州琅邪。然后，他毅然掉转了马头。

"全军向西，屯兵五丈原！在那里准备和魏军决一死战。"诸葛亮的战略部署和司马懿预测的分毫不差。

在这片开阔的平原上，诸葛亮扎下了营寨，司马懿则驻扎在五丈原东边不远处，两军皆以渭河保护自己的侧翼，双方的军阵皆布置得毫无破绽，谁都不想贸然出击。诸葛亮派出一支偏师渡到渭河北岸，打算伺机攻略雍州北部，打破僵局，但被雍州刺史郭淮挡了回去。

随后，诸葛亮开始在渭河南岸屯田耕种，摆出一副要打持久战的姿态。

魏军众将按捺不住，纷纷请缨出战。司马懿不想耗损兵力，又不好直接违背众将的意愿，便推托道："坚守避战是朝廷定下的策略，诸位不要急，容我向朝廷禀明情况。"当即，他装模作样地呈上一封奏疏，请曹叡准许出战。

半个月后，卫尉辛毗带着曹叡的答复来到雍州。

"诸将听旨！陛下禁止出战，只能坚壁据守，等过些日子蜀军就会因军粮耗尽退兵。"

魏军诸将一片哗然。

辛毗并不慌张，他朝身旁的侍从招了招手。"呈上来！"

侍从毕恭毕敬端过来一个托盘。辛毗缓缓揭开托盘上的盖布，将其中的物件高举过头顶。

这物件由纯金打造，长约八尺，最上部装饰着黄色旄羽，名叫节钺，正是代表皇帝权力的信物。见节钺如见皇帝。

辛毗这架势，官方称作使持节，乃是极高权力。使持节重臣无须上报可自行对两千石以下官员处以死刑。我们在看历史题材的电影、电视剧时经常会见到这样一幕，将领随随便便对违反军令的下属喊道："来人哪，给我拖出去斩了。"这让我们形成了一种错觉，似乎古代草菅人命，其实不然，即使在战争时期，获得使持节的重臣也屈指可数，而普通将领根本没有生杀大权。使持节还有其他称呼——持节、假节、假节钺、假黄钺等，魏朝时，这些称呼都是一个意思，到了晋朝才又细分出三六九等。

辛毗亮出节钺不怒自威，谁再敢嚷嚷，项上人头不保。群情激奋的魏军眨眼间鸦雀无声。

司马懿偷偷朝辛毗会心一笑。他正是想借曹叡之口来压制诸将请战意愿的。

在不远处的蜀军大营中，蜀将姜维也获悉魏军的情况。他失望地说："辛毗持节而来，这下魏军更不可能出战了。"

诸葛亮苦笑了几声："司马懿本来就没想出战，高调请战只为安抚众将。将在外，君命有所不受，如果他真要打，还用得着上奏朝廷吗？"

秋天的流星

诸葛亮和司马懿谁都不想主动出击，全都静待对方露出破绽。就这么一晃，两军不知不觉僵持了近半年。

这天，全副戎装的司马懿偷偷爬上一座山头，向蜀军大营处眺望，只见在大营中央，有个人独坐在白色的木轮车里，不仅没戴头盔，甚至连士大夫常备的头冠都没有，只在发髻上包了一块葛巾，手拿羽扇，气定神闲地下达着军令。

"那人想必就是诸葛亮吧……"

这段来自《世说新语》中的描写，塑造了诸葛亮的经典形象。当时在野隐士崇尚纯洁的白色，喜好飘逸的服饰，这体现了他们对自由的追求。在诸葛亮长达二十七年的军政生涯中，他被迫做过很多自己不情愿却又不得不做的事，然而他内心最深处，却依然保留着当初隐居时那份自由和纯洁。

诸葛亮潇洒的气质让司马懿看得如痴如醉，他忍不住感叹道："诸葛君真不愧有名士风采啊！"

而诸葛亮，全没注意到远方的敌军统帅正满怀仰慕地欣赏着自己。他一心只想北伐曹魏，绝没有料到自己为司马懿贡献了多少仕途的铺路石。

当诸葛亮进驻五丈原的时候，地上的青草才刚刚冒出头，时下却已变得枯黄了。一阵秋风吹过，诸葛亮打了个寒战。兄长诸葛瑾的音容笑貌不知怎的浮现在他眼前。

诸葛亮提笔先是给诸葛瑾写了封家书。接着，又给吴国重臣陆逊写了封信，信中言道："家兄年老，诸葛恪性格又粗枝大叶，我听说吴主让他掌管粮草，粮草乃重中之重，我虽远在雍州，可一想到这事心里就不踏实，希望您能代我向吴主转达。"诸葛恪是诸葛瑾的长子，不知为何，诸葛亮总对侄子放心不下。

连日来，诸葛亮无比怀念自己在荆州隆中草庐时结识的至交好友——孟建、石韬、徐庶。曹操攻略荆州时，诸葛亮随刘备逃难，三个好友则出仕曹操。三人依然健在，现都在魏国仕官。于是，诸葛亮派出一名使者前往司马懿的军营询问三位故交的近况。

“我家丞相近日愈发思念故人，特差在下来此询问孟建、石韬、徐庶三位大人的情况。”

“哦？诸葛君什么时候变得这么多愁善感啦？”司马懿淡然一笑，随后，他将所知道的毫无保留据实相告：“孟建官拜征东将军，石韬官任郡太守，徐庶官任御史中丞，三位大人身体都还安好……”

猛然间，司马懿好像想起了什么，他向使者问道：“两国交战已半年，想必诸葛君一定很操劳吧？”

使者不假思索地答道：“我家丞相早起晚睡，即便杖罚二十这样的小事都会亲自批阅，每天吃饭不过几升米。司马大人，若没有其他事，在下就告辞了。”

司马懿点了点头。一个念头从他脑海中闪现出来：诸葛亮怕是要不久于人世了吧？

在蜀军大营中，诸葛亮听着使者的回禀，不禁沉浸于往事的回忆中。当年在荆州时，孟建总想返回中原故土，诸葛亮劝道：“士大夫当四海遨游，何必一定要扎根故乡呢？”不想此时，他自己却无比怀念在徐州琅邪度过的童年时光。

真想再回家乡看一眼啊……

又是一阵秋风吹过，诸葛亮感到一阵头晕目眩。

“快来人！丞相昏过去了！”蜀军大营顿时嘈杂起来。

诸葛亮终因为长期操劳病倒了。

9 月，一颗流星从诸葛亮的营寨上空划过。

诸葛亮在病榻上躺了近一个月，可病情依旧没有好转的迹象。他预感到自己即将离开这个世界了。

名相的遗言

远在成都的刘禅得知诸葛亮病重的消息后，赶忙派遣使者李福前往五丈原探望。

“你见到丞相后，一定要向他咨询朝政得失，回来后详细转告于我。”算起来，刘禅和诸葛亮阔别已整整七年。在刘禅心里，诸葛亮的形象早就模糊不清，他只是知道，在遥远的北方，有个老人一直在为自己打仗。如今，他有种强烈的预感，自己再无缘见到这个老人了。

李福见到诸葛亮后事无巨细地讨教，并把每一句都记在纸上方才告辞离去。可他回程的路上总觉得心里不安稳，想了又想，他终于记起漏了一件最重要的事没问。旋即，他掉转马头又折回五丈原。

“我猜到你会回来……”

李福刚要说话，却被诸葛亮打断了。

“我明白，你是来跟我诀别的，而且你还有个很重要的问题……”诸葛亮顿了顿，“你要问的这个人是蒋琬。”

李福愕然：“丞相，我还没说话，您怎么就知道啦？”他想问的正是诸葛亮死后，该由谁来接掌蜀汉政权。

“蒋琬为政崇尚无为而治，以安民为本，绝不会做出劳民伤财的事。他是最合适的后继人选。”七年来，物是人非，很多事都发生了改变。连年北伐的确转移了国内矛盾，荆州人不再整天嚷嚷着要夺回荆州，益州人也懒得再抱怨被荆州人压制。可是，一个新的国内矛盾渐渐升起，即巴蜀臣民的反战情绪和北伐大战略的冲突。

此刻，诸葛亮也意识到自己在北伐道路上越走越远，他决意把权力移交给反战派重臣蒋琬，借此扭转局面。

李福认真做了笔记，又问道：“那么，蒋琬之后由谁继任？”

“费祎。他擅长协调同僚，和吴国关系又好……”诸葛亮知道，费祎也是最反对北伐的人。

“容我再问，那费祎之后呢？”李福继续追问。

“费祎之后，就不是我所能预料的了。”

蒋琬和费祎，这两个和诸葛亮政治理念截然不同的人被诸葛亮选为执掌政权的后继者，他晚年纠结的心态尽显无遗。

诸葛亮躺了好久，总算积攒下一丝残存的气力。“叫费祎、杨仪、姜维过来。”费祎和杨仪都是荆州人，姜维则出身雍州天水郡豪族，原是雍州小官吏，诸葛亮第一次北伐时归降蜀国，他在历次北伐中出力颇多。

三人进了大帐，静听吩咐。

“我死后，你们三个协调各军撤回成都，让魏延殿后，如果魏延不服从军令，你们就自己回成都去，不要管他。”魏延自刘备时代便担任汉中都督，他是汉中防御体系的最初创建者，也是蜀国屈指可数的实力派名将，同时，在北伐这个问题上，他的热情度比诸葛亮还高，属于极少数鹰派将领。诸葛亮绝不能把军权交给魏延，否则北伐战争势必会延续下去。出于这番考虑，他才把军权交给杨仪，只盼蜀军能平安回国。不过，魏延与杨仪私交极差，可谓水火不容。如果魏延不听杨仪的军令，可以让他独自留守汉中。诸葛亮确信，魏延的忠心不容置疑，不管出什么事，他都不会叛变到魏国去。

接下来，诸葛亮给刘禅上了最后一封奏疏：“臣禀性拙笨，出师北伐未获全功，无奈命在旦夕。愿陛下能清心寡欲，爱护百姓，尊崇孝道，施以仁政，纳贤良，远奸佞。臣在成都城外还有八百棵桑树和十五顷薄田，这已足够臣的后代生活。这些年臣一直在汉中，没什么特别花销，日常衣食也仰赖朝廷供应，臣不喜欢经营产业，也不想死后留有余财，辜负陛下的信任……”

公元 234 年 10 月 8 日，蜀汉丞相诸葛亮停止了呼吸，享年五十四岁。朝廷追谥他为“忠武侯”。遵循其遗愿，诸葛亮的遗体并没有送回成都，而是直接埋葬在汉中定军山，继续守护着蜀汉。

自刘备死后，诸葛亮执掌蜀汉政权整整十二年，这十二年来，朝廷从未进行过改元和大赦。改元大多只为图个吉利，以往有什么不顺心的事，改元之后意味着重新开始。改元会对国民的生计平添诸多麻烦，劳民伤财。再有，改元通常会伴随大赦，在押犯人无论犯过什么罪全部赦免，这是一种非常不利于法治建设的政策。

早在东汉末年，流亡中的刘备曾拜访过陈纪（陈群的爸爸）请教治政之道。陈纪谈到大赦时说：“大赦是导致社会不安定的罪魁祸首。”刘备谨记，最终将这一理念传给了诸葛亮。

二狂士

遵照诸葛亮的安排，杨仪、费祎等人着手准备撤军事宜。

“该怎么跟魏延讲呢？”杨仪抓耳挠腮，很是发怵。想了半天，他决定让费祎出面协调。“文伟（费祎字文伟），就你能跟魏延说得上话，你去告诉他撤军的事吧。”

费祎应承下来，亲自前往魏延的营帐。“丞相遗令撤军，希望你能为大军殿后。”他尽量避免提及让杨仪统领全军的事。

“你把话说清楚，谁统领全军？”魏延揪住不放问道。

“这……丞相让杨仪暂时代理统帅之职。”

“什么！难道让我帮杨仪殿后？”魏延的怒火一下子被撩了起来。他官拜前军师、征西大将军，杨仪则只是丞相府的幕僚，官位上差好几个档次。何况，他仍然想继续跟魏军作战。“丞相虽死，但我还在，你们带着丞相灵柩回去安葬，我要继续率诸军北伐！”

“你别胡闹！丞相有遗令！”

“遗令我是没见过！费祎，你别走，你就在这里替丞相再写一封军令，说让我统领全军。”

费祎听罢，汗毛倒竖，他知道魏延已经失去理智，眼看就要闯出大祸了。他急于脱身，佯装镇定道：“其实……杨仪只是个文吏，根本就不懂军事。我也觉得应该让你统领全军。不如这样吧，我回去劝劝他们。”言讫，他不等魏延反应过来，飞身上马逃回杨仪的营寨。

费祎打心眼里反感北伐，而魏延对北伐的狂热让他极度不满，再加上魏延意图挟持他伪造军令，迫使他选择站到了杨仪一边。

“传令全军，即刻拔营返回成都，别管魏延了。”当日，蜀军便在杨仪的率领下从五丈原退入斜谷。

魏延得知，做了一个出乎所有人意料之外的决定。“拔营！抢在杨仪前头赶回成都！”他的思维简单且直接。只要先到成都，就能先发制人弹劾杨仪。于是，他也向成都撤军，并在斜谷这条路上超过了杨仪。

杨仪不甘落后，两拨蜀军仿佛赛跑一般向成都狂奔。魏延军稍稍领先，他在跑过蜀山栈道后将栈道一把火烧成了灰。杨仪则死咬住不放，一边修缮栈道，一边步步紧追。同时，二人相继往成都发出奏疏状告对方谋反。

同一天里，刘禅接到了魏延和杨仪的两封奏疏。

“臣魏延上疏状告杨仪谋反，他烧毁蜀山栈道，企图叛逃魏国！”

“臣杨仪上疏状告魏延谋反，他烧毁蜀山栈道，阻止臣返回成都！”

显然，这两个人谁都没有谋反。

刘禅向蒋琬和董允询问道：“到底该信谁的？”说实话，魏延和杨仪的人缘都不怎么样，但相比起来，魏延更具破坏力。蒋琬、董允均倾向于相信杨仪。

刘禅仍心存疑窦：“没这么简单吧？魏延骁勇善战，以他的能力足以打败杨仪，他既谋反，不去投靠魏军，反掉头往南跑，又焚烧栈道，图的什么？”他当然不知道，魏延做出这么出格的举动完全是赌气。

魏延走出斜谷后，停住了脚步，他决定和杨仪做个了断。

“全军列阵！准备突击杨仪！”

杨仪派王平迎战魏延，两军对垒之际，王平带着部下高声呐喊：“魏延叛国！魏延叛国！”

魏延军自知理亏，这一喊，顷刻间士气崩溃，四下逃散。魏延被马岱临阵斩首，他的全族也随同被夷灭了。

一生为蜀国立下了汗马功劳的魏延最终被冠以谋反的罪名。尽管谁都清楚魏延并没有谋反，但是，像费祎、王平、马岱这些人，既然一开始选择站到杨仪一边，也只能一条路走到黑了。

十几年前，刘备授命魏延任汉中都督的时候，魏延曾说出这样的话：“若曹操举天下而来，臣为大王拒之；若只是偏将率十万之众，臣为大王吞之。”如今，这气贯山河的话仍久久回荡在汉中。魏延死后，汉中得益于他创建的防守策略和防御工事，一直坚挺地守卫了蜀国数十年之久，而继任的汉中都督也从未对这套完善的防御体系做出任何改变。这种局面一直持续到姜维掌权。姜维试图更改汉中防御体系，可随之而来的，是他很快就尝到了自己酿成的恶果，这些都是后面的故事了。

此时，成都城里的蒋琬放心不下，遂亲率中央军出城北进几十里以防不测。两天后，他接到魏延的死讯。蒋琬脑子里是和刘禅同样的疑问。

“不对啊……魏延是走出斜谷后被杀的？他若叛国，理应北投魏国，为什么要越过杨仪往南跑？”

没多久，蒋琬便将魏延“谋反”案调查得水落石出，但他没法给魏延平反。这事缘于杨仪和魏延之间的私怨，最后却在杨仪的导演下变成魏延谋反的冤案，而蜀汉众多将领也都被牵扯进去，他们因为各自的理由不约而同地站到杨仪一边，甚至因剿灭魏延获得了功劳和利益。倘若将真相告白于天下，那么王平、马岱这些杀死魏延的“功臣”该怎么处理？他自己当初力保杨仪又怎么解释？费祎怎么办？蜀汉政坛很可能会因此引发轩然大波。

蒋琬心有戚戚地回到了成都，只能昧着良心奏道：“魏延谋反确凿，已被斩首，全族俱被杨仪夷灭。”

“全族都被灭啦……”刘禅也听说了背后的隐情，心里颇觉得过意不去，可他明白这事没法翻案。“事已至此，再说什么都没用了。魏延毕竟立过大功，赐棺椁将他厚葬了吧！”

“陛下，至于杨仪……要不要封赏？”

“等他把大军带回成都再说吧！”

几天后，杨仪率领大军开进成都。“陛下，臣把全军安然带回，并在途中诛杀了逆贼魏延！”

“安然？”刘禅听得来气，“蒋琬，你说该给杨仪什么官职？”

蒋琬想想，言道：“臣觉得，让杨仪担任中军师比较合适。”中军师既不掌兵也不执政，仅算个军事顾问，相当于闲职。

“好！就任命杨仪为中军师。”

杨仪傻眼了。退朝后，他满腹牢骚抱怨朝廷待之不公，可没人愿意搭理他。他实在咽不下这口气，又找到费祎抱怨：“朝廷赏罚不公啊！当初如果我举大军投降魏国，岂能落败到今天这步田地！”

费祎听罢，心头一震：“杨仪……你这可是真心话？”

“是又怎么样！”杨仪全没意识到这话的危险性，仍是一副须发怒张的表情。

起初，费祎因反感魏延好战，又因为有诸葛亮的遗令迫不得已站到杨仪一边，但他也不赞成杨仪以极端手段置魏延于死地，没想到杨仪竟会流露出叛国的想法。费祎不动声色，好言安抚道：“没事，没事，回头我去跟蒋琬说说。”他的确去找蒋琬说了，但不是为杨仪求情，而是把杨仪的话一五一十转告了蒋琬。

蒋琬裁定，将杨仪贬为平民。

杨仪仍是不依不饶，上疏争辩。

蒋琬决定彻底铲除这个祸害，遂勒令杨仪自裁。

魏延死后第三个月，杨仪自杀了。尽管到最后，还是没有一个人站出来还魏延一个清白。

魏延和杨仪的事件表面上是两个政敌私斗，内里却夹杂着主战派与主和派之间的冲突。现在诸葛亮死了，蜀汉将何去何从？刘禅考虑这事已不是一天两天。丞相的权势实在超出可控范围，一个健康的体系不应该依托于某个人的道德操守。他决心要改变蜀汉的政体。

刘禅让蒋琬担任大司马，同时让费祎担任尚书令，实行军政分权。蒋琬死后，费祎晋升大将军，董允任尚书令，军政权力依旧是分开的。而无论是蒋琬还是费祎都始终没有官拜丞相。刘禅彻底废除了丞相制。诸葛亮成为蜀国第一个丞相，也是最后一个，在他死后，蜀国便再没有谁能拥有如此之大的权势了。

隐　忍

大将军司马懿在坐镇雍凉的这些年总听到有人背后嘀咕：“司马懿是在养寇自重。”

不管司马懿承不承认，诸葛亮的存在确实起到这样的作用，他凭借两次击退蜀军积累了丰功伟绩。继曹休、曹真死后，司马懿的地位愈发稳固。他在军界的威望早已盖过扬州都督满宠，而被曹叡硬扶上墙的荆豫都督夏侯儒更是连给他提鞋都不够格。

公元 234 年 12 月的一个夜晚，魏都洛阳地动山摇，曹叡从睡梦中惊醒。“护驾！护驾！”左右近臣慌忙把皇帝搀扶到寝宫外，只见整个皇宫都在晃悠，瓦砾尘土纷纷落下，地底传出轰隆隆的巨响。地震的级别不高，却足以令整个京城谈之色变。

翌日，曹叡和公卿仍惊魂未定。

“昨夜突然地震，是不是上天有所喻示？”

朝臣议论纷纷，这时，一位老臣站出来言道：“地震是某些臣子势力过强导致的，上天以此警示陛下，不可不提防。”发话者名叫高堂隆。他曾当过曹叡的老师，和曹叡感情笃深。当魏国的士大夫因利益驱使越来越靠近司马家族的时候，高堂隆始终坚定地站在曹叡一边。

高堂隆的话分明指向雍凉都督司马懿。朝堂上鸦雀无声，曹叡不动声色，也没再说什么。散朝后，曹叡召见高堂隆入宫觐见，君臣二人秘密筹划了一个月。

而后，曹叡突然颁布诏书，任命大将军司马懿为太尉，雍凉都督的职权维持不变。从大将军转任太尉，实际上算降了半级。一时间朝野哗然。值得注意的是，曹叡为此特别编出了一个理由。

“朕本打算拜司马懿为大司马，不过考虑到在司马姓氏前加大司马有些不妥，又想到柏人和彭亡的典故。经慎重考虑，还是决定拜司马懿为太尉。这是出于对司马公的尊敬。”

曹叡提到的柏人和彭亡是什么意思？

楚汉争霸时代，一次，汉高祖刘邦打算在赵国柏人县留宿，却不知道赵相贯高正预谋行刺。

“此地叫什么名字？”刘邦问道。

“柏人县。”

“柏人，有受人胁迫的意味，不吉利。”刘邦想到这里，当天便离开柏人县，无意中躲过一劫。

而东汉开国之初，名将岑彭最后安营驻军的地方正巧叫彭亡，他没有介意，当晚竟遭刺杀。

柏人和彭亡，乃是古代两则关于避讳的典故。

曹叡的意思是说，司马懿本应晋升大司马，出于避讳，只能降级太尉，这理由实在牵强，如果晋升大司马不合适，难道不能维持大将军不变？但是，大将军、大司马历来有执掌兵权的惯例，三公则属于没有实权的荣位。曹叡这么干的目的很明显：他要夺司马懿的兵权。

不过，司马懿仍继续以三公的身份留守魏国西战区，只是不能随意征调军队。一方面，曹叡不敢冒着激起雍凉军界震荡的风险强召司马懿入朝。另一方面，倘若召司马懿入朝，他也找不出第二个靠谱的人选坐镇雍凉防御蜀国。因此，曹叡采取折中方案，作为逐步剥夺司马懿权势的预演和缓冲。

诸葛亮死后，公元 235 年的春天，累建功勋的司马懿荣登三公之位，同时失去了兵权。

搞定司马懿让曹叡心里舒坦了很多，可是，还有另一块巨石压在他头顶，那就是曹丕当年定下的遗令——藩王不得参政。

高堂隆常对曹叡说："藩王身为皇族，理应起到护卫皇室的作用，如今却都被软禁在藩国，无兵无权，又不能参政，这对社稷稳固一点好处都没有。"

近些年，曹叡已经开始着手修复和藩王的关系，他曾接连颁布两封诏书提升藩王地位，现在是到彻底变革的时候了。曹叡顶着来自公卿朝臣的巨大压力，宣召燕王曹宇入朝参政。曹宇是曹操幼子，论辈分是曹叡的叔叔，年龄则跟曹叡相仿，二人打小关系很好。

曹宇虽然进了京，可参政参得很不顺利，他每天都要承受来自朝臣的舆论谴责，动不动就被弹劾。他不知道自己在这样的逆境下能坚持多久。

曹叡竭力稳固皇权，而身在雍州的司马懿也愈加谨小慎微，他一方面要体现自己的价值，另一方面则要避免功高震主。

公元 235 年秋，饥荒席卷关东。这天，曹叡和满朝公卿目瞪口呆地望着一队运粮车浩浩荡荡从洛阳西门鱼贯而入，横穿过城，又从东门开了出去，原来是司马懿主动从自己辖区——雍州征调了五百万斛粮食运往关东赈灾。

来年，司马懿又给曹叡送去一匹白鹿做礼物。曹叡很无奈，不冷不热地给司马懿回了封信："从前周公姬旦辅佐周成王时献雉鸡以显忠心，今天您给我献白鹿同样是忠臣！"

司马懿是不是忠臣此时下断言还为时过早，但毋庸置疑，随着曹叡对他的防范日益加深，他开始越来越多地牵扯进政权纷争。而最让司马懿放心不下的是，远在魏都洛阳，他自己家里，很可能正潜伏着一个政敌眼线——他的儿媳——夏侯徽。

早年间，夏侯氏实力最强的时候，司马懿为长子司马师迎娶了夏侯尚的女儿夏侯徽。但如今，司马家族的权势早已压过夏侯氏，这段政治联姻也就过气了。不仅如此，由于司马家族和皇室的关系愈加紧张，作为曹氏亲族的夏侯氏自然不可避免地成了司马家的眼中钉。

多年来，司马师和夏侯徽总共生有五个女儿，但司马师从未把夏侯徽当成过自家人，乃至处处提防。就在司马懿隐忍雍凉的这段时间，突然有一天，夏侯徽暴毙。有人揣测她其实是被司马师毒死的。

在葬礼上，夏侯徽的哥哥夏侯玄悲痛欲绝，他隐隐感觉妹妹死得蹊跷，却没办法查明事实真相。

过了段时间，司马懿为司马师迎娶吴质的女儿，可自从吴质死后，吴家势力渐渐衰败。没多久，失去价值的吴氏又被司马师休掉。司马师的第三任夫人是羊衜（dào）的女儿羊徽瑜。羊氏九代均活跃于政界，早在汉朝便是闻名天下的望族，因祖籍泰山，故称为泰山羊氏。羊衜的夫人是“建安七子”（活跃于汉末建安年间的七位著名文士）之首孔融的女儿，原配死后，羊衜续弦汉末名儒蔡邕的女儿（蔡文姬的妹妹）。仅通过这两段婚姻即可看出羊氏在当时的社会地位。

司马师总算盼来了一场门当户对的婚姻。往后，泰山羊氏将成为司马家族的坚实后盾。

这天，司马懿像往常一样巡视军营，他步履悠闲，任谁都看不出他内心复杂的思绪。忽然，身后一名将校叫住了他。

“司马公！有事禀报。”

司马懿回头看去。他身躯只是微转，脖子却极灵活地扭转近一百八十度，脸直接朝向将校。司马懿这副姿态相当奇特，军营中的熟人大多见怪不怪，但这名将校大概是新来的，两眼直勾勾望着司马懿，惊愕得忘了要说什么。

早先，曾有相面者告诫司马懿：“你这是狼顾之相，拥有狼顾相的人野心大，会激起主君怀疑。”多年来，司马懿虽刻意改变自己的习惯姿势，但时常还是会在不经意间显露出来。

瞬间，司马懿意识到自己这副样子引起了对方的注意。他慌忙扭转过身躯，以看上去显得正常。

将校定了定神，这才开口。而司马懿，他偷偷咬了下舌头，心底暗暗立誓：今后再不能让人看到自己的狼顾之相了。

魏室的老臣

魏国就这样度过了平静的两年。公元 237 年初，司空陈群到了弥留之际。

晚年的陈群内心一直很矛盾，他看到一股不可阻挡的大势，不仅压过皇室，更压过了颍川陈氏。他能隐约觉察到自己给魏国带来了什么。他当然不希望自己成为葬送曹氏社稷的初因，甚至，他始终以忠臣自诩。而他代表臣权和皇权的抗争，从维护权力平衡这方面讲也无可厚非，说到底，他没什么非分之想。

然而，在很多人眼里，陈群的确为士族做得太多了，这建立在牺牲皇权的基础上。

此时此刻，在陈群的床边站着两个人。一个是他的儿子陈泰，另一人名叫荀顗（yǐ）。早先，陈群娶了汉末名臣荀彧的女儿为妻，这位荀顗便是荀彧最小的儿子，也即是陈群的内弟（小舅子）。荀彧死时荀顗年纪尚幼，这些年一直是陈群照顾他的生活。是故，荀顗对陈群感情笃深，丝毫不亚于陈泰。

陈泰哭哭啼啼道：“我一定尽忠社稷，绝不会辱没了陈家的名声。”

他这话本是让陈群放心，可陈群听罢却觉得如鲠在喉。他不知道该怎么跟儿子解释，想了半天，他攥着陈泰的手叮嘱道：“你舅舅比你有见识，以后有什么想不通的，一定要听他的建议。”陈泰在史书中评价颇高，荀顗则评价极低，晚年更是尸位素餐，他究竟哪方面比陈泰出众？那恐怕就只有他和司马家族的亲密关系吧。荀顗打小就跟司马家族走得很近，成年后又多次得到司马懿的举荐提携。陈群清楚地意识到，司马懿取代自己成为士族领袖的趋势不可避免，而自己现在唯一能做的，就是寄希望于荀顗跟司马懿的交情，将来能更多地照顾陈家，保住儿子。

“姐夫，您放心，我一定会像当初您照顾我一样照顾好陈泰的。”

听荀顗这么说，陈群才安心点了点头。

很多年后，荀顗实现了自己的诺言，几乎可以说挽救了陈家，只是实现的方式却不那么美好。

魏国初年的名门望族以颍川荀家、钟家、陈家等为首。政治派系中地缘关系至关重要，因此，这三家世代通婚，彼此扶持，并一度形成魏国政坛最强的颍川派。如今，三家代表人物荀彧、钟繇、陈群相继故去，荀、钟、陈虽依旧声名显赫，但也过了鼎盛时期，其后代为了保障自家利益都跟司马家越走越近，而一心尽忠社稷，同时肩负家族未来的陈泰，将来则会跟司马家维持一种相当微妙的关系，他们之间还会发生很多故事。

随着陈群亡故，曹叡时代的四位托孤辅政重臣，到现在只剩下司马懿一人。包括颍川派在内的绝大部分士族全转投到河内司马氏伞下。

在皇权与臣权的较量中，喜欢直言进谏的陈群成了曹叡火力的焦点，司马懿则一门心思建功立业，那些不牵扯自己利益的事他一件没干过，容易顶撞曹叡的话他也一句都没说过。等曹叡注意到司马懿的时候，他已经强大到谁都动不了了。

这年夏天，曹叡召司徒陈矫入宫。

陈矫是魏朝老臣，他刚刚官拜三公没几天，得知曹叡要见自己，心里头七上八下。

儿子陈骞（qiān）问道：“您怎么心神不宁？”

“你是不知道。前阵子刘晔背地里说我坏话，陛下要听信了，肯定少不了一顿责罚。”刘晔也是魏朝元老，素以智谋著称，但极爱搬弄是非。

陈骞笑笑：“就算最坏的情况，无非就是当不成三公。况且，陛下是个明白人，我猜他肯定不会听刘晔的蛊惑。”

“好，好……有你这么说，我就踏实了。”

陈骞自幼聪慧。陈矫听了儿子的话，这才敢入宫觐见。

曹叡见了陈矫满脸堆笑道：“陈公请入座，不必拘礼。我就是想跟您叙叙旧。”

陈矫心神稍稍落地。接着，这君臣二人从曹操创业的逸事聊到当今朝政得失，半天的光景一晃就过去了。

突然，曹叡话锋一转："最近，朕可听到一些不利于您的流言蜚语……"

陈矫浑身一颤，只觉得脑子空白，竟不知道该如何回答。

曹叡看陈矫这副可怜相，紧跟着补了句："不过，朕知道是刘晔背后诬蔑，那都是些谣言，您不必理会。"他一扬手，旁边的宦官端出一盘金器，"这些，请陈公笑纳。"

陈矫还没回过神来，哪里敢收，只是连连推辞。"老臣愧不敢当……愧不敢当……"

曹叡含笑道："您是理解朕的心意，可您家里人恐怕还不放心呢！朕没别的意思，就是希望用这些礼物换您家人一个踏实。"

陈矫听毕，百感交集，不由得老泪纵横。

对于驾驭臣子这方面，曹叡不愧得其祖父曹操与父亲曹丕的真传，他间或以情利，间或以权威，掌控娴熟。曹叡见时机成熟，微微正了正身子，总算说到了正题。"陈公，有件事一直困扰我很久了。"

"陛下请讲。"

"公卿都说司马懿忠心正直，可朕想听您说说，司马懿到底是不是辅佐我曹氏的社稷之臣？"言罢，曹叡咄咄逼人地盯着陈矫的双眼，仿佛能洞穿对方内心最深处。

陈矫身躯僵直，半天无法动弹。面对这个问题该如何回答？一个刘晔尚且把自己搞得狼狈不堪，更不用提权倾天下的司马懿了，但曹叡恩威并施又让他难以抗拒。

须臾，他颤颤巍巍地答道："臣只知道司马公是朝廷众望所归，至于说到社稷，臣就不知道了……"他抛出了一句明显有所保留的话，似没明说，又似说得很明。而后，君臣二人之间的空气像是凝固了一般，半晌再无声息。

这天，陈矫像丢了魂似的走出皇宫，他心力交瘁，几近虚脱，一到家便突发重病，这场病最终要了他的命。

一个月后，陈矫的病依然没有任何好转，他知道自己快不行了。前番和曹叡谈话的情景时不时在他脑海中回映。“陛下……陛下……”陈矫病得晕晕乎乎，自言自语地念叨：“臣能力低微，但臣一生对魏室忠心可鉴，即使在九泉之下也无愧面见先帝，之前那句话，就当是臣最后一次为社稷尽忠吧。”

陈矫从昏迷中醒来，扭头望着床边侍候的陈骞，心里顿觉安稳了许多。为父的路是为父的，你们的路是你们自己的，今后好自为之吧。几十年后，陈骞成为晋朝最重要的开国功臣之一，后文还会讲到。

陈矫这家人，基本代表了当时魏国绝大部分臣子的心态，老一辈在司马氏和曹氏之间纠结徘徊，到了他们子孙后辈，则义无反顾地抛弃曹氏，将自家利益和司马氏牢牢地绑在一起。

阙上喜鹊

近些年，曹叡疯狂痴迷于一项劳民伤财的娱乐活动——扩建皇宫。这天，曹叡向负责督造的官员问道：“陵霄阙建得怎样了？”

“还算顺利，只是近日有好多喜鹊在梁上筑巢，给工匠添了点麻烦。”

“哦？”曹叡抬头观望，只见在刚刚搭建的房梁上果然有鸟窝，几只喜鹊飞进飞出。“有意思……”他并没太放在心上。

这个时候，身旁的侍中高堂隆悠悠说道：“喜鹊霸占皇室居所，难道不正预示着外姓权臣掣肘魏室吗？这是上天对陛下的警示啊……”

曹叡看了看高堂隆，若有所思地点了点头。他知道高堂隆所指何人。

没过多久，这位屡次向曹叡进谏忠言的老臣便一病不起。

高堂隆躺在床上喊道：“取笔墨纸砚，我要上疏！”

家人哭劝：“您连握笔的力气都没有了，还怎么写字啊……”

“我口述，你们代笔。”

继而，高堂隆挣扎着用尽最后的气力口述他要上奏的内容：“……请陛下严防鹰扬之臣祸起萧墙，应该准许心系皇室的藩王在藩国建立军队，让他们星罗棋布，拱卫京畿的安全，只有这样皇室才能长治久安……”这番建议属于极敏感话题。

要知道，朝臣私通藩王属于重罪。所以，朝臣为了避嫌，对藩王犹恐避之不及，更别提帮藩王讲话了。

即便是高堂隆，虽然他常提醒曹叡提防权臣，但让藩王掌兵这种话也是不敢随便说出口的。而今，他即将离开这个世界，再没任何顾虑，总算把压在心头多年的话讲了出来。

几天后，高堂隆病逝。

曹叡得知此噩耗，备受打击。近一年来，公卿对曹宇入朝参政的口诛笔伐就从没停过。高堂隆是屈指可数支持曹叡和曹宇的臣子，他这一死，曹叡和曹宇都扛不住了。

果不其然，曹宇很快迫于压力，向曹叡提出辞呈："臣辜负了陛下，臣想回藩国去。"

曹叡挽留不住。但他要是让曹宇就这么灰溜溜地回藩国，两年的努力将付诸东流，他考虑再三，提议道："要不，你搬去邺城住吧。"邺城是魏国五都之一，虽然不是朝廷，但也算个颇具政治影响力的都市。曹叡希望曹宇在邺城积累些政治资望，以后再找机会让他回来。

曹宇走了。曹叡更郁闷了。他回想着高堂隆临终前的话，连让曹宇参政都没法实现，让藩王掌兵又谈何容易？

曹叡心力交瘁，只觉身体状况越来越差，他祈祷别再出现战争，别再给司马懿建功立业的机会。可最终，他的希望还是落空了。

不可或缺的权臣

就在高堂隆和陈矫去世的同年秋天，辽东太守公孙渊举起反旗，自称为燕王。

公孙家族的崛起可追溯到东汉末年，当时董卓秉政，任命公孙度为辽东太守。后来整个天下乱成了一锅粥，但公孙度两耳不闻窗外事，踏踏实实窝在辽东当起了土皇帝。三国时期，魏国对辽东公孙家族采取怀柔政策，只要别造反，爱怎么折腾都行。可到公孙度的孙子公孙渊一上位便接连搞出越轨举动，时不时还跟吴国皇帝孙权勾勾搭搭。公孙渊也明白魏国对自己的容忍是有限的，这才自立为王。

这么一来，魏国被东、南、西、北四条战线包围起来，而有实力的军事统帅，当时就只剩扬州都督满宠和雍凉都督司马懿二人了。

在魏国初期，几大主战区的统帅都由曹氏和夏侯氏担任，后来逐渐替换成外姓重臣，到了今天，甚至连外姓重臣都补不上缺漏。

该派谁去讨伐公孙渊？曹叡只能从满宠和司马懿二人中择其一。现实情况是，和吴国接壤的东部边境远比西部边境吃紧，满宠是无论如何不能调离扬州的，而自诸葛亮死后，西部边境平静了很多，因此，所谓人选其实只有司马懿一人而已。

司马懿沉寂三年多，重新崛起的机会终于等到了。

几天后，他被曹叡宣召入朝。君臣二人虚情假意地寒暄过后，曹叡转入正题。

“朕希望能尽快结束辽东战事，您估计公孙渊会采取什么策略？”

司马懿脱口而答：“对公孙渊而言，他放弃辽东逃往北方是上计；凭借辽河（今辽宁省浑河）地利阻挡我军是中计；龟缩在辽东襄平城（今辽宁省辽阳市）死守是下计。想来公孙渊这人贪婪至极，以他的秉性，断不会采取上计。臣料定他会先据守辽河天险，兵败后退守襄平城，最后必被臣擒获。”

“好！那么战事会持续多久？”曹叡问话间突然咳喘不止。

司马懿注意到了曹叡的病态，他有些惊讶，不过还是迅速将思绪转移到曹叡的问题上。“去一百天，战事持续一百天，回程再一百天，中间预留六十天休养，这么算来，一年足矣。”

公元 238 年 2 月，曹叡下诏，命司马懿带着胡遵、牛金等雍州宿将，率总计四万大军征讨辽东。关于牛金这个人，他和司马家族之间有着说不清道不明的传说，其源头均指向当时一本流传甚广的谶书《玄石图》中的一句神奇预言——牛继马后。牛即牛氏，马即司马氏，暗示牛氏会取代司马氏。据传说，司马懿看到“牛继马后”这句话后，为免除后患，用毒酒谋杀了牛金，但这基本没什么可信度。

就在曹叡下诏后，散骑常侍何曾上奏道：“自古率军出征者必须要设置监军，一方面作为主帅的辅佐，另一方面也为防备主帅出现变故（意指主帅举兵谋反）。如今太尉统率数万劲旅却没有监军，他麾下将领皆是他多年的僚属。人心非金石，这实在太危险了。”

这里，我们要着重讲一下监军这个官职。顾名思义，监军的职责是专门监视出征在外的最高统帅，防止其率全军叛变，这不同于监某某州军事（监某某州军事是级别低于都督某某州军事的地方军事统帅），如果放到今天，监军就相当于军队里的政治委员。政委和军队长官（例如连长、团长、师长）平级，且彼此制约，这种制度称作双长官制，举个例子，师长要叛变，政委不答应，当场就能开设军事法庭处决师长。

何曾的奏疏让我们发现一个重要细节，司马懿的军队中居然没有监军，可谓极不正常。曹叡当然不是因为信任司马懿才这么做，他对司马懿的忌惮无以复加。然而，他放眼朝廷，却找不出一个能有效防范、制衡司马懿的亲信重臣。处在这样的窘境下，如果还在司马懿的军队中设立监军，不仅于事无补，更会让司马懿心存芥蒂，而眼下，能最快速度解决公孙渊才是当务之急。

“朕与司马公之间的信任天地可鉴！监军一事，何卿就不要再多言了。”曹叡沉思片刻，又下令道，“命何曾即刻出任河内郡太守！”

曹叡为讨好司马懿居然把何曾赶出了朝廷。这事很耐人寻味。要知道，司马懿的老家正在河内温县，曹叡虽然没法给司马懿设监军，但他知道何曾是一心一意对自己尽忠，所以才让何曾去管理河内郡，也算拐弯抹角起到了制约司马懿的作用。

可对于何曾来说，他本是皇帝近臣，却因为这一句话被赶到地方，绝对是热脸贴了冷屁股。更重要的，通过这事让他明白了一个道理——谁都惹不起司马懿。在很多年后，何曾还会重返朝廷，不过，他再也不会干出类似的傻事了。

曹叡为安抚司马懿花尽了心思，他重新起用司马懿的长子司马师为散骑常侍。此时司马师年已三十岁，他因牵涉“太和浮华案”遭禁锢，至今已度过八年无所事事的光阴。

就在司马懿出征那天，曹叡亲率群臣送别。眼看快走到西明门了，曹叡刻意放缓脚步，慢慢落到了司马懿的身后，突然，他放声喊了一句。

“司马公！”

这突如其来的叫声令司马懿身体微微一颤，他本能地想转头，可在这一瞬间，他觉得舌头被牙咬得生疼。旋即，他自然地转过身子，面向曹叡垂头揖手。

“陛下。”

曹叡早先曾听说过司马懿有狼顾之相，他正是打算试探，但见司马懿体态正常，心里这才略感踏实了些。

“朕就送到这里了。望司马公早日凯旋！”

随后，曹叡特准司马孚、司马师继续把司马懿送到河内温县，让这一大家子衣锦归乡风光一番。

在河内温县，司马懿接到了曹叡给他准备的又一份厚礼——朝廷恩赐的牛酒（古代馈赠、犒劳、祭祀的物品）。

司马懿在家乡大摆筵宴，可谓风光无限。此刻，他不禁回忆起早早过世的大哥司马朗。当年，司马朗为躲避权臣董卓带着全家逃出洛阳，如今，司马家族举手投足皆能震撼天下，再也不用畏惧权臣，因为他自己已经成了魏国最大的权臣。不对，司马懿还是怕一个人，他怕皇帝曹叡。

酒席宴上，司马懿内心澎湃，他站起身，面对家乡父老引吭高歌：

天地开辟，日月重光。
遭遇际会，毕力遐方。
将扫群秽，还过故乡。
肃清万里，总齐八荒。
告成归老，待罪舞阳。

这首诗前几句豪气万丈，可最后一句“告成归老，待罪舞阳”却颇值得回味。司马懿为何要待罪？想必是曹叡的忌惮令他心存恐惧。如同历史上那些功高震主的权臣一样，结局多不美好。自己或许也将以戴罪之身终结仕途甚至生命吧？司马懿想到这里，不禁有些惆怅，不过，他并不是个甘于束手待毙的人。

在家乡的最后一晚，司马懿醒了酒意，屏退左右侍卫，只留下弟弟司马孚和长子司马师。

“散骑常侍可是陛下近臣。”司马懿看着司马师言道，“为父远征在外，你要做什么不用我多嘱咐了吧？”

“父亲放心，我自会坚守本分，陛下的一举一动都会随时向您禀报。”

司马懿点着头，若有所思道：“陛下的病情似乎越来越重了。”他能有今天的权势，很大原因是他在曹丕临死时成为托孤重臣，他有些担心，若自己远离京都时曹叡病故，托孤重任很可能被其他人截获。

司马孚明白司马懿的意思，遂低声应道：“倘若陛下病危，我一定会通知二哥……”多年来，司马懿笼络了大批如郭淮、胡遵这样的地方将领，朝中关系则靠司马孚打理，兄弟二人配合得天衣无缝，司马家族的势力也因此愈发强大。

司马懿听到这话，总算稍稍安下心来。

武 略

公元238年春，司马懿意气风发地行进在前往辽东的路上，他虽年逾六十，身体却异常硬朗。

“看，那是司马公！”道路两旁的百姓纷纷拜揖。三年前中原闹饥荒，司马懿调集雍州军粮赈灾。从那时起，他的大名便响彻中原。

司马懿频频向百姓点头致意，他似乎继承了亡兄司马朗爱民如子的美名，但实际上，司马懿对百姓的感情并非像司马朗那样发自真心。这些支持他的百姓，只是加重他权势的砝码。

“到哪儿啦？”司马懿询问军导。

“启禀大人，已到孤竹，往前是碣石，再之后，就到辽河了。”

三十年前，曹操北征乌桓时途经此地，在碣石诗兴大发，写了一首《观沧海》，至今广为流传。正是在那次远征途中，曹操麾下素以智谋闻名于世的郭嘉因水土不服死在路上。想到这里，司马懿随手抄起一件衣服披在身上。在他脑海中，曹丕、夏侯尚、曹休、曹真、诸葛亮……这些人的相貌一一浮现出来，都死了，他们都在比现在的自己还要年轻的时候就死了，或许连曹叡也会死在自己前头吧？司马懿欣慰地笑着。

一阵凉风袭来，他打了个寒战，又将身上的衣服裹得更严实了。能活到最后的才是胜利者。

当晚，司马懿算了算日程，唤来一名部将低声吩咐：“你带几个亲信先赶赴辽东，乔装成平民混进襄平城里去……”

半个月后，襄平城接连出了几件怪事。在公孙渊家中，一只狗穿着人的衣服冠帽在屋顶狂吠；有人在厨房的锅里发现一个被蒸死的婴儿；城北的地里挖出一块奇怪的肉，似是活物，却没有手足（这大概是民间俗称的太岁，现今时有发现，是一种类似真菌的原生物）。往后的几天，襄平城中算卦占卜者不约而同地传播这样一句话：“有形不成，有体无声，其国灭亡。”显然，司马懿派去的间谍成功达成了使命，魏军还未到，襄平城中就闹得人心惶惶、士气涣散了。

6 月，魏军逼近辽河。

在辽河对岸，公孙渊的部将卑衍早已扎下营寨，并在岸边挖了几十里的壕沟，打算借此将魏军挡在辽河西岸。部署停当，卑衍更趁魏军刚刚抵达西岸，立足不稳的时候发起突袭。但是，纵然卑衍准备充分，但他从未经历过真正的战争洗礼，而他的对手，魏军前锋胡遵，则在雍州多次与蜀军对阵，经验丰富。一战下来，卑衍即被胡遵击败，他退回辽河东岸，再也不敢主动出击了。

辽东军和魏军展开了对峙。

坚守避战正是当年司马懿对诸葛亮惯用的战术，这方面，司马懿比卑衍不知要老练多少倍，他很清楚，企图坚守避战的一方最怕的是什么。

“鸣鼓！全军开拔！”司马懿不再理会对岸的辽东军，而是沿着辽河西岸向南行进。

卑衍惊觉：“莫非司马懿要从南边绕过辽河？”他只能拔营尾随魏军。于是，在南北流向的辽河两岸，两支军队彼此顾望着向南行进，除了司马懿之外，再没第二个人知晓何处才是目的地。

就这样走了很多天，一个深夜，司马懿突然下令：“将旗帜插在岸边，五百人留守这里虚张声势，其余人掉头向北疾行，敢有喧哗者，立斩！”魏军主力悄无声息地沿路返回，而对岸的辽东军全然没有发觉。随后，魏军主力将早就准备好的木筏推下水，以迅雷不及掩耳之势渡到了辽河东岸。

翌日清晨，卑衍才察觉到魏军的动向，他所仰仗的辽河屏障已荡然无存。

司马懿渡过辽河后并没有向卑衍发起攻击，他一面修筑防御工事，一面做出打算进军襄平城的姿态，借此引诱卑衍主动出击。

如此一来，局势瞬间逆转。司马懿变成守势，而卑衍不得不转守为攻，他向魏军接连发起三轮攻击均以失败告终，最后仓皇溃逃进襄平城中。

紧随卑衍之后，司马懿也进驻到襄平城下。迄今为止，公孙渊的每一步战略部署无不正中司马懿下怀。

这个时候，司马懿唯一担心的就是公孙渊弃城逃跑，他开始紧锣密鼓地部署襄平包围圈。然而，不巧天降暴雨，襄平城下变得一片泥泞，有的地方水位高达数尺，给驻军带来诸多不便，士气也随之动摇。

有人提议把营寨转移到高处，可这样一来，襄平包围圈势必出现缺口。

司马懿下令："谁再敢提议移营立斩不赦！"他清楚地看到己方士气日复一日地跌落，但他深知敌军士气也同样如此。不怕士气下降，只要下降的速度比敌军慢，扛到最后就能赢。

没过两天，部将张静就把司马懿的话当成了耳旁风，再次提议转移营寨。

司马懿不由分说将张静斩首示众。这下，多日来怨声载道的魏军总算安静下来，大家头顶暴雨，脚踩泥水，再不敢有怨言。

如果公孙渊得知司马懿为了把自己困在襄平城中所承受的巨大压力，一定会佩服得五体投地，可此时此刻，他却在城楼上望着魏军泡在雨水中的惨状偷笑。倘若他趁机突围出城，或有一条生路，可是，这场暴雨影响了公孙渊的判断。他心存侥幸地想：过不了几天司马懿就该退兵了吧。就这样，雨水冲走了公孙渊最后的逃生机会。

襄平一带的暴雨一连下了半个多月仍没有转晴的迹象，公孙渊每天满怀期待魏军会撤走，可魏军迫于司马懿的高压威慑，依旧默默地泡在雨中。

司马懿稳住了军队，但他也意识到，朝廷得知襄平连降暴雨的消息一定会对战况失去信心，十之八九会责令撤军，如果那样，所有的努力都将付诸东流。

为了让朝廷重拾信心，他给司马孚写了一封信："公孙渊困守襄平城，我唯一担心的只是他弃城逃跑。正好襄平下大雨，我故意让军队显露疲态迷惑公孙渊。公孙渊误认为局势会有转机，已经打消了逃跑的念头，平定辽东指日可待。"

司马懿确信，自己的战略意图一定会借司马孚之口传达给朝廷里的掌权派。

辽东京观

与此同时，远在魏都洛阳，公卿果然对辽东战况持悲观态度，纷纷上疏言道："当年曹真伐蜀就遭遇连日降雨导致士气崩溃。如今辽东局势比曹真那会儿更加不妙。请务必召司马懿撤军！"

曹叡有些拿不定主意。散朝后，他宣召中书监刘放和中书令孙资觐见。

前文曾经讲过曹丕为制约尚书台的权力，特别设置了中书省，时至今日，中书省的权力早已压过尚书台。中书监刘放和中书令孙资，自中书省创建至今十几年里一直稳坐中书省首席大员的宝座，其权势之大可想而知。

刘放、孙资对曹叡详细分析了局势，二人侃侃而谈，仿佛亲临战阵一般。其实，他们对战局的了解完全是从司马孚那里道听途说，而这正是司马懿想传达给朝廷的意思。刘放和孙资十几年来坐镇中书省，本来是皇帝借以平衡尚书台的砝码，可是，不知从什么时候开始，这二人却都成了司马家族的政治盟友，他们的关系在许多年来从不为人所知。

曹叡听完二人的分析，一颗悬着的心总算落了地。

翌日，曹叡对满朝公卿信心满满地言道："司马懿临危制变，不日即可擒获公孙渊，大家坐等捷报吧！"

众人面面相觑，不知曹叡为何如此肯定。

曹叡既对平定辽东有了信心，接下来，他要为司马懿凯旋做准备了。

"宣召燕王曹宇入京参政！"

曹宇是曹叡强化皇室力量的重要棋子。三年前，他奉诏入京参政，一年前不堪压力请辞，这才刚走一年，他又被拉回朝廷。不用想也知道，曹叡是顶着满朝公卿的口诛笔伐强行为之，曹宇则心不甘情不愿地来了走，走了又来。

让我们把曹叡和曹宇放到一边，再回到辽东战场上。这段时间，暴雨已经连续下了一个多月，辽河暴涨，水位最高的时候，船甚至都能开到襄平城下。公孙渊始终没有选择逃跑，他一直寄希望魏军会主动撤退。

但是，魏军还是苦撑了过来。

8 月，天终于转晴，襄平城外再次露出土地。

“围城！”随着司马懿一声号令，魏军迅速完成合围，并对襄平城展开猛烈的攻势。

公孙渊终于要面对现实了，他错过了最佳逃亡时机，现在再想出城已不可能，而城中的粮食也几乎吃尽。大批人饿死，人吃人的惨剧每天都在上演。叛逃者越来越多。

这天深夜，一颗硕大的流星划过天际。辽东军和魏军抬头仰视，同样的景象在每个人心中生出截然相反的感觉。

“天象喻示要败亡了！”辽东军无比恐惧，士气完全崩溃。

“天象喻示要胜利了！”魏军依旧穿着湿漉漉的衣服，士气却万分高涨。

9 月初，绝望的公孙渊从襄平城东南突围，于乱军中被杀。

公孙渊一死，襄平城即被攻破，统治辽东近五十年的公孙家族至此灭亡。

这半个世纪以来，辽东人只知道他们头顶上的公孙家族，全不知有魏国。司马懿决定采用极端手段，让辽东人牢牢记住支持公孙家族的下场。

司马懿攻进襄平城后，处死了辽东两千多名官吏，可事还没完，紧跟着，他又下令将襄平城中十五岁以上的男子全部斩首。于是，七千平民被杀。随后，司马懿将这些尸体筑成了“京观”。所谓“京观”，即是古代战争中将敌军尸体堆砌，用土封筑而成的高冢。

辽东人吓得魂飞魄散。

司马懿在辽东花了大半个月处理善后事宜，10 月班师回京。

11 月，他途经河北蓟县时遇到曹叡派来慰劳军队的使者。魏军将士都获得丰厚的赏赐，可是，司马懿的官位已没有再晋升的空间，除了往昔几位曹氏亲贵能坐到大司马之外，那些外姓重臣，位列三公基本算仕途的顶点。顺便提一句，辽东之战结束后，中书监刘放和中书令孙资也因谏言的功劳被封侯，这二人即将做出一件震惊天下的大事。

梦

司马懿盘膝坐在一片虚无缥缈的幻境中，恍惚间，他感觉有人枕在自己的腿上。低头一看，居然是曹叡。

曹叡就这么仰视着司马懿，过了一会儿，他开口道："爱卿，仔细看看朕的脸。"

司马懿感到背后飕飕冒着冷风，他吓得一动都不敢动，只能顺从地盯着曹叡看。曹叡的表情渐渐变得狰狞恐怖，他诡异地笑了。

"陛下，您的脸……怎么……"司马懿发现曹叡的脸上居然裂开了一道口子，继而，脸上的肉竟开始腐烂，一块接一块地碎掉，而曹叡的双眼始终直勾勾地瞪着自己……

"曹叡！你！"司马懿浑身一个激灵猛然惊醒。原来是一场梦。瞬间，他意识到自己刚刚脱口而出的梦话。旁边有没有侍者？有没有听到自己直呼曹叡名讳？他以常人难以企及的反应速度同时闪现出这两个念头，根本来不及左顾右盼，遂在一瞬间改口："陛下……"说罢，他才转头扫视周遭，所幸，什么人都没有。司马懿长长地吁了口气，呆卧好一会儿，才发觉周身早已被汗水浸湿。

司马懿做了这样一个奇怪的噩梦，连日来，梦境无时无刻不在他脑海中萦绕，挥之不去。司马懿的梦被记载在《晋书·宣帝纪》中，倘若以现代心理学分析，我们则可以通过这场梦窥探他的内心世界。

毋庸置疑，司马懿清楚地知道曹叡对自己有所忌惮，相比魏国其他臣子，他有更多跟皇帝谈判的筹码，但再怎么说，他的前途命运乃至身家性命依然牢牢攥在曹叡手里。司马懿是惧怕曹叡的。

另外在现实中，臣子绝无可能居高临下俯视皇帝，司马懿却梦到这样一个情景。大概在他的潜意识里，认为自己本该跃居曹氏之上。

再有，司马懿很期待曹叡死掉，这不奇怪，任何功高震主的臣子都是皇帝的眼中钉，他们会各自在心里诅咒对方千百次。不过，司马懿又不希望在自己出征时发生这样的意外，他之所以能获得今天的地位，皆因他在曹丕临死时位列托孤重臣。若曹叡暴毙，托孤重任能否再次落到他头上？这有一个重要的先决条件，那就是曹叡临终之际，自己能否守在曹叡身边。

公元 239 年 1 月下旬，司马懿在从辽东返回洛阳的途中收到了三弟司马孚发来的密函。

“陛下突然病重，望兄尽快返京。”

莫非梦境成真？司马懿加快了行军速度。

两天后，他再次收到司马孚的密函：“陛下册立郭夫人为皇后，并拜燕王曹宇为大将军，局势发展恐怕对咱们不利。”几个月前，曹宇二度入京参政，短短数月官位便跃居司马懿之上。郭夫人又被仓促立为皇后，这莫非是曹叡打算让曹宇辅佐新帝登基，郭皇后垂帘听政之意吗？如此说来，曹叡果真生命垂危。司马懿不由自主地焦躁起来，他不断催促军队加快返程速度。

第二天，司马懿接到曹叡发来的诏书：“西部边境战事频频，司马公不必来洛阳，直接回关中即可。”

司马懿惊得险些从马上跌落下来，曹叡明令禁止自己进京，其意图不言自明。不过，纵然去关中也仍然要途经洛阳，他抓住了这个破绽，丝毫没有放缓脚步，继续向着洛阳的方向疾行。

又过了三天，司马懿第三次收到司马孚的密函：“曹宇被罢免，曹爽（曹真之子）继任大将军。二哥千万别停，望速返京。”这短短几天，洛阳政局可谓瞬息万变。曹宇只当了四天大将军就被罢免了。这到底是怎么回事？

托孤燕王

让我们回到魏都洛阳的皇宫中，看看发生了些什么，就从几天前，曹叡病重说起。

在洛阳皇宫的嘉福殿内，传来阵阵咳喘声。适逢寒冬，寝宫内的炉火烧得很旺，但曹叡还是冻得浑身哆嗦，随着一阵猛烈的咳嗽，一大口血喷到御床上。他知道自己再也好不起来了。

“芳儿，过来。”曹叡虚弱地伸手召唤，一个幼童忙走到他触手可及的地方。曹叡抚摸着幼童的脸。“可记得，你是谁的儿子？”

“是父皇的儿子！”这幼童以坚定的语气答道。他名叫曹芳，但其实，他并不是曹叡的儿子。

多年来，曹叡总共育有五个孩子，但其中四个都夭折，只有一个女孩活了下来。为了不至后继无人，他被迫从某个藩王家秘密挑选了两个孩子作为自己的养子，一个叫曹芳，另一个叫曹询。这件事内宫办得非常隐秘，没有任何人知道两个孩子究竟是哪个藩王所生。

考证曹芳的年龄，应该是公元 231 年至 232 年出生，但是这两年完全找不到任何曹氏藩王生子的记录。在《魏氏春秋》中记载了一个传闻，说曹芳是任城王曹楷之子。如果此传言属实，那么曹楷一定会受到格外的恩宠，但在三年前，曹楷还因犯法受到削减食邑二千户的处罚。再者，曹楷乃是被曹丕逼死（或毒杀）的曹彰之子，曹叡又怎么可能从一个对自己亡父怀有刻骨仇恨的宗室成员中挑选继承人？由此，这种说法应该只是为凸显戏剧效果的演绎罢了。

曹叡望着曹芳，嘴角浮现出一丝微笑。“从今天起，你就是皇太子了。”曹芳，无论你的亲生父亲是谁，你要记住，你的身份是我曹叡之子，也是我大魏国的皇储。

不过，曹芳年仅八岁，尚不能亲自执政。曹叡遂把曹芳托付给了郭夫人。那么，先前造成夏侯玄失势的毛皇后如今又在哪儿呢？很显然，毛皇后因失宠被郭夫人取而代之了。

公元 239 年 1 月 16 日，曹叡下诏册封郭夫人为皇后，这意味着曹叡死后，郭皇后将晋升为皇太后，垂帘听政辅佐曹芳。

郭皇后哭得泪眼婆娑，心里怦怦直跳，她一边为自己成功晋级欣喜若狂，一边又对将来要面临的状况而忧心。此时，她只是一个年方二十的女子，后来，她垂帘听政二十余年，牵涉多起政治黑幕，而她与司马家族的关系，更是令人侧目。

同日，曹叡传燕王曹宇、领军将军夏侯献、屯骑校尉曹肇、武卫将军曹爽、骁骑将军秦朗入宫。夏侯献身份今天已不可考，相传是夏侯渊的孙子，曹肇是曹休的儿子，口碑不错，曹爽是曹真的儿子，秦朗是曹氏三代宠臣，乳名阿稣，总被曹叡“阿稣”“阿稣”地呼来唤去。

五人听到宣召即刻觐见。

“曹宇，朕拜你为大将军，朕死后，你就和夏侯献、曹肇、曹爽、阿稣一起辅政吧！”燕王曹宇一跃成为权位最高的重臣。于是，四位皇室亲族（包括夏侯献），加上一位外姓宠臣，构成了曹叡的托孤班子。这五人当中，曹宇总揽军政大权，其余四人则执掌皇宫禁军，成为曹宇的助力。

夏侯献和曹肇向曹叡献策：“司马懿位高权重，手握重兵，切不能让他进京，陛下可以让他回雍州去。”

曹叡采纳，马上给司马懿下了一封诏令：“西部边境战事频仍，司马公不必返回洛阳，直接回关中即可。”这也就是前面所讲司马懿获知曹叡禁止他进京的缘由始末。

曹宇等人放心地离开了。可他们没注意到，这时候有两个人正贼头贼脑地守在嘉福殿外。这两位，正是中书省首席大员——中书监刘放与中书令孙资。中书省作为皇帝的秘书部门坐落于皇宫内，中书监和中书令更能自由出入皇宫，这是中书省与其他政府机构最显著的区别之一。

中书省大员

“曹宇走了，这是千载难逢的机会！孙资，马上跟我去面见陛下！”刘放不由分说便拉着孙资要闯嘉福殿。

孙资踌躇不决：“太危险了，别轻举妄动！”

刘放一听这话，脸色瞬间骤变，“倘若错失良机，恐怕我们以后都要面临灭族之祸，你到底明不明白？千钧一发之际，还有什么不能干的？！”刘放如此紧张，是因为他二人跟夏侯献、曹肇关系恶劣。一旦曹叡驾崩，夏侯献、曹肇上位，刘放和孙资必受打压。

说罢，他拽着孙资闯进了嘉福殿。

二人跪在曹叡床前号啕大哭：“陛下身体这么虚弱，万一有不测，今后谁来辅政？”

曹叡病痛难忍，不耐烦地答道：“你们没听说我让曹宇、曹肇等人辅政吗？”

“陛下您难道忘了先帝遗诏？藩王不能辅政！”

曹叡心头腾地涌出一股无名怒火。这份先帝遗诏已经让他尝够了苦头。

“出去！让我睡会儿！”他烦躁地把刘放和孙资打发了出去。

而与此同时，五位托孤重臣的核心人物——曹宇心下正忐忑不安。这两天他听到不少风言风语，更有人时不时对他旁敲侧击。

“您在朝廷里一点威信都没有，却位极人臣，这可不是明哲保身的路子。”

“您忘了先帝是如何压迫藩王的吗？”

曹宇本没什么政治野心，他渐渐萌生退意。当年曹丕对藩王的种种压迫，更坚定了他这个念头。

翌日，曹宇向曹叡哭诉：“臣不才，不堪辅政重任，请求辞去大将军重任。”如今到了朝纲不振、皇权旁落的时候才想起藩王吗？这种想法让曹宇稍稍减少了些对曹叡的愧疚感。

居然又打起退堂鼓来了……曹叡失望至极，“朕再考虑考虑吧”。他挥挥手，将曹宇打发出去。

神经一直高度紧绷的曹宇说出这个决定后，瞬间觉得无比轻松。曹氏社稷？先帝早不把藩王当亲人对待了。曹宇走出嘉福殿，把曹叡远远甩在身后，头也不回地阔步迈出皇宫大门。曹宇退缩对曹氏社稷而言绝对是一次毁灭性打击，可对曹宇个人很可能是件幸事。日后，曹宇成为魏国藩王中食邑最高者并得以善终，并且二十年后，曹宇的家族又发生了一件颇出人意料的事。

刘放见曹宇出宫，又拉着孙资折返回嘉福殿。

二人开始哭天抹泪：“陛下！臣进宫时见曹肇、夏侯献、秦朗在外面和宫女嬉戏调情，曹宇又阻挠臣等觐见陛下，他们分明跟古代的奸臣竖刁（春秋霸主齐桓公病危时，竖刁乱政）、赵高（秦始皇死后，赵高乱政）没两样。当今太子年幼，社稷危如累卵，臣心痛啊！”

哭对于皇帝是个很灵的招，尤其是对于病重的皇帝。你想想，他本来就难受，旁边还有人要死要活，哭得比驴叫还难听，烦都能烦死。曹叡的神智越来越不清晰，病情减弱了他的判断力，再加上曹宇有心退出，他实在没法勉强了。

“那你们说谁能辅政？”

“太尉司马懿！”二人异口同声道。

这个时候，五位托孤重臣中只有曹爽侍候在曹叡身边，他一直屏息观察着局势的变化。当他听到刘放、孙资提出让司马懿辅政时，正犹豫要不要反驳，突然听到曹叡发问。

“那谁能平衡司马懿的权力？”

刘放侧目看了看曹爽，随即应道：“曹爽可以！”

曹爽浑身一震。他和曹宇、曹肇等人同为皇室宗亲，本是一派，可关键时刻，他的思想经过激烈的斗争，最终个人利益战胜了集体利益。“臣……以死奉社稷！”曹爽声音发颤地应承下来，这么一来，他等于把曹宇等人彻底出卖了。

曹叡见曹爽和刘放、孙资站在同一阵营，无话可说。“你们先退下。容朕再想想。”曹叡继续昏睡过去。刘放和孙资暂时离开。

曹肇得知此消息立刻入宫，将昏睡中的曹叡叫醒，恳求道：“请陛下千万不要答应刘放和孙资！”

“你们说什么就是什么……”半昏迷状态的曹叡同样答应了曹肇。

1 月 19 日（曹爽官拜大将军受托孤重任的第四天），刘放、孙资趁曹肇不在第三度冲进嘉福殿。他们不能允许再出变故了。

曹叡刚刚睡着，忽听耳边又想起一阵撕心裂肺的号哭声。

“你们怎么又来啦？”

二人哭得死去活来，直到把曹叡哭烦了。“请陛下马上颁布诏书，罢免曹宇、夏侯献、曹肇、秦朗四人，拜曹爽为大将军，宣召司马懿入京。”

或许是仅存的一点神智在支撑着这位皇帝。他死死抱着玉玺言道：“朕想睡觉，朕不下诏！”

刘放听罢，当即做出了一个惊人的举动，他爬到曹叡床边，抓起曹叡的手在已经拟好的诏书上加盖玺印。随后，刘放就在宫外大声宣读：“陛下有诏，罢免曹宇、夏侯献、曹肇、秦朗四人官位，不得继续滞留宫中。曹爽官拜大将军，诏太尉司马懿入京，辅政！”

《汉晋春秋》中描写刘放强执曹叡手写诏书。这则夸张的记载或许是为了烘托戏剧效果，实际上，中书省的职能便是撰写诏书，按照惯例，刘放和孙资根本不需要强迫曹叡亲自写。不过，他们趁曹叡不省人事之际私盖玉玺的确是可能的。

之后，刘放又相继写了五道诏书让曹叡盖上印玺，内容都是急召司马懿入京。那一刻，可怜的曹叡唯希望早点死掉，不要再受这份折磨了。

这段历史，在《三国志》《晋书》《汉晋春秋》《魏略》《世说新语》中均有记载，细节各有偏差，矛盾之处也不少。而在《孙资别传》中，甚至还对孙资不吝溢美之词。这里顺便提一句，当时很多名人均有《别传》，基本都是自家人或仰慕者所著，可信程度大多很低。

就这样，从 1 月 16 日到 19 日短短四天里，魏国政局瞬息万变，最后来了一个大逆转，原本五位托孤大臣中的四位遭到罢免，曹真的儿子曹爽成为新任大将军，与司马懿共同辅政。刘放和孙资的骇人之举，不禁挽救了司马懿的政治生涯，也埋葬了曹氏皇族的未来。

嘉福殿内的叹息

再回到司马懿这边，此时，他正马不停蹄地向洛阳行进。他坚信，事情不到最后一刻，都会有逆转的可能。

两天后，司马懿抵达距洛阳仅四百里之遥的河内郡汲县，在这里，他一连收到五封诏书，其内容和之前那封大相径庭。

“盼公速至，入京后直接见朕。”这五封简明扼要像电报一样的诏书将司马懿迅速拽向洛阳。我们不知道这是曹叡的意思还是刘放的意思，无论如何，这根本不重要了，因为司马懿入京辅政已是既成事实。

“准备追锋车！”追锋车堪称古代的超级跑车，以速度迅捷著称，皇帝常会以此作为厚礼赏赐给重臣。司马懿，这个六十岁的老头子，果断舍弃了大军，在坑坑洼洼的土路上坐着木轮车，以每小时二十公里的速度连夜狂奔，如此拼命皆是为了能保住手中的权力。

拂晓时分，司马懿看到了洛阳城。再快点！千万不能晚！他内心忍不住呐喊，乞求上苍的庇佑。终于，他冲进都城，踩着晨曦向皇宫疾奔而去。

这个时候，曹叡正安静地躺在嘉福殿的御床上，他剩下的时间几乎可以用分秒来计算。在他旁边，是陪侍多时的曹爽。

“曹爽，朕拜你为大将军、假节钺、都督中外军事（中央军最高统帅）、录尚书事（监管尚书台政务），望你今后好自为之……”该做的我都做了，这样，你总能跟司马懿抗衡了吧？曹叡赋予曹爽足够压倒司马懿的权力。

曹爽痛哭流涕：“臣必不负重托！”

曹叡听到这话，恍惚间想起了曹真。当初曹真执意伐蜀，临出征前也是这么保证的……曹叡闭上双眼，尽量不去想这些伤感的往事。然后，他默默等待着司马懿的到来。

外面传来一阵急促的脚步声。司马懿带着一股冷风奔进嘉福殿，扑通一声跪倒在曹叡床下。

“陛下！恕臣来迟啦！”

曹爽斜眼偷瞄向司马懿，这是他第一次这么近距离观察这位魏国最具权势的三朝老臣。司马懿胡须花白，脸上皱纹罗织，虽然老迈沧桑，但双目炯炯有神。曹爽想到了鹰眼，不，又不太像，这似乎更像一双狼的眼睛。

司马懿与曹爽并肩跪拜，曹爽只感到一股强大的气场压着自己，令自己几乎喘不上气来。这股气场，是司马懿数十年浸淫险恶政坛，以及在更加残酷的军界摸爬滚打中历练出来的。

先前，曹爽还曾为曹叡赋予自己最高职权欣喜不已，而此刻，他突然意识到司马懿拥有着自己无法比拟的能量。曹爽低垂着头，一句话都不敢说。

曹叡毕竟有足够的职业素养，他无法阻止司马懿进宫，唯有想好最后的话该怎么说。

“司马公，您可算赶到了。”曹叡一边说，一边伸出枯瘦如柴的手牢牢握住司马懿，好像握着天下最亲的人一般。“朕今天才知道，人哪……心里若是有放不下的事，就连死都能忍住。朕忍着没死就是为见您一面，现在终于见到，朕也能死得安心了。”

接着，曹叡又指了指一旁的曹芳。“司马公，您好好看看他，就是这孩子，朕把他托付给您和曹爽，请一定悉心辅佐。”

曹芳走到司马懿身边，依照事先编排好的剧本，死死抱着司马懿的脖子不放。

司马懿已是泣不成声：“陛下您难道不记得了吗？当初先帝也是这样把您托付给臣的啊！”

多希望当初先帝没把我托付给你！曹叡无力地看着司马懿，又望向曹爽。我只能做到这一步了。最后，他看了一眼曹芳，心里想着：以后再不会有人知道你的亲生父亲是谁了。当皇帝虽然可以玩命盖房子，可说起来，也实在是份苦差事。

公元 239 年 1 月 22 日，深陷在遗憾和不安中的曹叡在嘉福殿驾崩，卒年三十六岁。谥号“魏明帝”。

回想十几年前，曹丕为避免尚书台权力过大设立中书省，十几年后，被他提拔的中书监刘放和中书令孙资却一脚把曹氏的社稷踢向了火坑。又是十几年前，曹丕竭力打压他的兄弟以避免皇权被藩王篡夺，十几年后，因为藩王的软弱，最终让权臣把持朝政。曹丕所做的一切皆是希望他的血脉能流传下去，他万万没料到曹叡居然不得不将皇位传给了他某个兄弟的后代，由此，魏国皇帝也就不是曹丕的后人了。

事与愿违这个词，在曹丕身上体现得淋漓尽致。

政治舆论

公元 239 年 1 月，年仅八岁的曹芳继位。在权力的天平上，臣权彻底压过皇权。

大将军曹爽都督中外军事、录尚书事；太尉司马懿则没这些权力，完全处于下风。年轻的郭皇后晋级为郭太后垂帘听政，她虽有后宫斗争的经验，但从今天开始，她将面对大批混迹政坛几十年的老狐狸。该何去何从？郭太后完全没什么思路，她只能小心谨慎地观察，夹在皇帝和权臣以及各派官员之间寻觅生存的空间。

多年以来，数不清的世家豪门都跟司马氏建立起千丝万缕的利益关系。反观曹氏皇族的地位则日趋没落，曹爽的老爸曹真死得早，人走茶凉，曹爽与那些士族的关系也就淡了。有两件小事可以看出公卿对司马懿和曹爽截然不同的态度。

每当司马懿见到同乡长辈常林，总是一揖到地，口中自称“晚生”。要知道，司马懿位居三公，常林仅是九卿，官位上差了几个档次。司马懿谦卑的姿态登时赢得所有人的好感。

曹爽当然也希望争取公卿支持，但他却处处碰壁。他打算跟四朝元老重臣卫臻结成亲家，被卫臻断然回绝。他又推举卫臻担任尚书令，卫臻照样推辞不受。结果，尚书令一职最终落到了司马孚手里。

曹爽无论干什么都会受到莫名其妙的抨击，他空有录尚书事的名头，但整个尚书台根本没人买他的账，全听尚书令司马孚的。他觉得仿佛有一堵巨大的不可逾越的高墙耸立在自己面前。曹爽很憋屈。对于他来说，满朝公卿，甚至包括郭太后在内，几乎全是政敌。司马懿则不这么认为，他知道所有人都可以争取过来，甚至包括曹爽，就算成不了朋友，至少也能稍加安抚，让对方敌视自己的情绪没那么强烈。

司马懿很低调，不用他开口，总会有无数同僚主动冲在前头替自己跟曹爽干仗。而他只须表现得尽可能谦逊，与曹爽维持面子上的友好就够了。

那么，郭太后和皇帝曹芳又处于什么角色呢？

郭太后干的事很简单，她整天待在曹芳身边，静静地观赏着朝堂上激烈的争吵，然后看哪方人数多就支持谁。曹芳干的事更简单，郭太后恩准了，曹芳便有模有样地跟一句——“准奏！”仅此而已。

自曹芳继位后的这几天，朝廷里吵架声就没停过。每天吵架的内容都不一样，但吵架的形式都差不多，基本是一票公卿跟曹爽作对，曹爽争得脸红脖子粗，司马懿则躲在旁边一句话都不说。

这天，大批公卿突然联名上奏，请朝廷授予司马懿都督中外军事、录尚书事的权力。

曹爽一看这架势就明白根本抵挡不住，再看看旁边的司马懿，依旧是沉着一张死脸默然无语，好像这事跟自己全没关系。

郭太后听着朝廷里一边倒的声音，目视曹爽问道：“大将军有什么想法？”

“臣……”曹爽在踌躇。他心想：争怕是争不过了。如果自己同意，或许会缓解一下同僚的敌对情绪吧。他咽了口吐沫，艰难地开了口：“臣，也赞同。”

郭太后有点不理解，为什么曹爽会主动放权？她身居后宫多年，明白权力和生存的关系。但听到曹爽这么说，便点了点头：“准奏。”

曹芳像往日一样扯开喉咙紧随其后喊道：“准奏！”

曹芳登基的第一个月，在政治斗争中尚显稚嫩的曹爽架不住满朝公卿的舆论压力，授予司马懿跟自己等同的军政权力。曹叡临死前帮曹爽营造的优势地位就这么没了。

散朝后，曹爽垂头丧气地回到府邸，把一肚子苦水都倒了出来。

“这帮公卿，只认得司马懿，根本瞧不起我！”

弟弟曹羲言道：“依我看，兄长不如索性就拜司马懿为太傅和大司马。一来彰显兄长尊崇长辈，公卿肯定说不出话；二来，司马懿为人低调谦逊，料也不会把咱们怎么着。”这位曹羲是曹爽最依仗的嫡亲。他是个著名的文化人，相当有学问，但政治谋略上实在比曹爽还嫩。

曹羲话音刚落，一旁的散骑常侍丁谧（mì）开口了：“把司马懿抬上高位不是不可以，但我们也得换来好处才行。依我看，不如借机夺了司马懿录尚书事的权力。给他来个明升暗降。”丁谧跟曹爽私交甚笃，是曹爽为数不多的亲信之一。而且，他与性格柔弱的曹羲不同，主张以退为进。

曹爽皱着眉头，心里迟疑不决：“这么干，公卿肯定又会抨击我贪恋权力。”

丁谧满不在乎：“何必在乎公卿的抨击？再说，先帝临终前可没让司马懿录尚书事，往好听了说，这权力本来还是您让给他的呢。”

曹爽点点头：“这么讲也在理……”

丁谧又接着说：“还有件事。让他当太傅没问题，他和大将军一文一武，尚算平衡。但让他当大司马却不太妥当。大司马是武官，又掌兵权，将来肯定跟您冲突不断。您别忘了，当年公卿嚷嚷着要让司马懿当大司马，先帝想了个辙，愣是搬出柏人和彭亡的典故让司马懿做了太尉，这不是没有道理的。”

“话是没错，可只拜司马懿为太傅……”先前，魏朝只有钟繇担任过太傅，这是一个比三公还要高的官，但和三公一样都是属于养老用的荣誉官位。

丁谧知道曹爽又在顾忌朝廷舆论了。他想了想说："这样吧，明天上朝，大将军奏请朝廷拜司马懿为太傅、大司马，卖他个人情，然后由下臣出面，驳回大司马之议。"

曹爽、曹羲颔首应允。

翌日上朝，曹爽、曹羲联名推举拜司马懿为太傅、大司马。奏疏中有这样几句话："……臣曹爽以低微的名望跃居太尉之上，天下人都说这全因我身为曹氏宗族，又指责我不懂谦恭退让。臣请拜太尉司马懿为太傅、大司马。一来昭明陛下举贤任能，二来彰显司马公文武韬略，三来令臣免于受到贪图权力的讥讽。"这几句话，真实道出了曹爽迫于舆论压力的无奈。

曹爽、曹羲话音刚落，丁谧紧跟着上奏："近日尚书台政务迟缓，臣建议减少中间环节，录尚书事的重臣还是应该遵循先帝临终前的安排为妥。另外，先帝也曾想拜司马懿为大司马，但因顾忌柏人和彭亡的典故才作罢。再者，历届大司马都死在任上，也不大吉利，臣建议拜司马懿为太傅！"

丁谧这理由比当初曹叡的理由还要牵强，历届大司马死在任上不假，但钟繇还死在太傅任上呢。不过，丁谧把先帝曹叡抬了出来，其他人也不好再说什么。就这样，司马懿官拜太傅、大司马的事不再提，录尚书事的权力也蔫不出溜地削除了。丁谧在这起事件中主动唱了黑脸，正因为此，在曹爽的几个亲信里，他是最被司马懿痛恨的一个。

史书中对曹爽一党的诋毁比比皆是，基本都定性曹爽为一个沉溺于物欲的腐败官僚，可是，倘若真如史书中的记载，曹爽又何必那么在意舆论？他的为政理念到底跟司马懿及众公卿有什么冲突？我们从《三国志·夏侯玄传》中大约能找到些线索。

夏侯玄是曹爽的姑姑的儿子，二人之间有这样一层亲缘关系。多年以前，夏侯玄身陷"太和浮华案"而致仕途惨淡。随着曹爽执政，夏侯玄总算迎来了曙光，他历任散骑常侍、中护军（执掌皇宫外围禁军兵权），官位一路飙升。

毫无疑问，夏侯玄是曹爽坚定的政治盟友，而他的政治理念也在很大程度上代表着曹爽。

沉寂已久的夏侯玄怀揣满腔抱负，与司马懿针对时政展开过一番讨论。夏侯玄提出三项改革措施。

其一，自九品中正制建立以来，各地中正官一手包揽本地士人的选拔权，造成地方世家豪门势力膨胀，建议削弱中正官权力，将士人选拔交由尚书台执行。

其二，郡太守权势过重，建议取消郡制，只保留州和县，这样不仅能提高行政效率，还可以限制地方豪强势力的发展。

其三，改革服饰车舆制度，严格限定级别，禁止奢华逾制，改善社会风气。

夏侯玄这篇议论原文甚长，名为“时事议”。《时事议》中的三项改革，其主旨无不是强化中央权力，矛头更直指士族。不用想也能猜到，夏侯玄的满腔热血根本得不到支持。不过，我们有理由相信，夏侯玄正是曹爽的喉舌。若曹爽只顾沉溺于物欲，夏侯玄又怎会说出禁止奢华的话？

根据《春秋》中的礼法规定，皇帝驾崩后必须等到第二年才能改元。于是，在公元 240 年，也就是曹叡驾崩的翌年，2 月 8 日，正值农历立春这天，魏朝宣布改年号为正始。随着正始年的开始，司马懿与曹爽的斗争也将正式拉开序幕。正始年会持续十年之久，这十年将成为魏国历史上一个至关重要的转折点。

正始年：樊城解围

魏国在曹爽和司马懿共同执政下度过了两年，这表面上的平静突然被吴国打破了。

正始二年（241）夏，吴帝孙权派出四路大军分别入侵魏国扬州和荆州境内。

第一路，全琮攻打扬州淮南郡；第二路，诸葛恪攻打扬州庐江郡；第三路，诸葛瑾、步骘（zhì）攻打荆州襄阳郡以南；第四路，朱然攻打荆州襄阳郡以北。

首先说第一路，全琮进军至淮南郡的芍陂（今安徽省淮南市以南四十公里处）。这个时候魏国的扬州都督名叫王淩，他没用几天就把全琮击退，结束了芍陂之战。顺便提一句，这位王淩正是几十年前刺杀董卓的汉末名臣——王允的侄子。王氏家族是个极其庞大的家族，称为太原王氏，这一家族，包括王淩都会在后面的故事里占据重要分量。而芍陂之战在多年后更会牵扯进一场惨烈的吴国政坛倾轧，在此留下伏笔。

全琮败退后，另外两路——诸葛瑾、步骘与诸葛恪也都无功而返，唯一对魏国造成威胁的只剩下吴国名将朱然这支军队。

此时，朱然已经成功包围了襄阳郡重镇樊城。

魏国荆豫都督夏侯儒并不在樊城驻扎，他收到樊城军情告急，火速出兵救援，但进军至樊城七里远的地方却停住了脚步。

“驻军！鸣鼓示威！”

樊城守军见到远处夏侯儒的大军顿时士气高涨。但很快他们便发现，夏侯儒根本没打算跟吴军开战，只是摇旗呐喊而已。

鸣了大半天鼓，夏侯儒撤离战场，樊城守军傻眼了。第二天，夏侯儒又这样敲锣打鼓地来，敲锣打鼓地去。一连数日，到最后，无论魏军还是吴军都不再搭理夏侯儒，他们已经习惯了这支随风而来，又随风而去的啦啦队。

樊城战事进入胶着状态。

远在洛阳的朝廷不能这么干等着。公卿展开讨论——到底该不该派中央军救援？

不消说，这又是司马懿与曹爽两派的吵架干仗。

曹爽认为樊城守备坚固，夏侯儒又在城外牵制吴军，以目前的形势看，吴军很快会撤退，没必要出动朝廷中央军。

这次，司马懿不再保持缄默，他绝不放过任何一个让自己积累战功的机会，当场站出来驳斥曹爽：“边境军心不稳，朝廷不能袖手旁观！臣决定亲自率军救援樊城！”

或许曹爽的判断没错，但很遗憾，他没有机会去验证了。几天后，司马懿率中央军出征。

司马懿抵达樊城后，朱然连夜撤军。司马懿对吴军展开掩杀，取得巨大战果。因为此项战功，他受朝廷赐封五千户食邑，算上之前的食邑，总计高达一万户。另外，司马家族子弟十一人都被封侯。

这里大概介绍一下食邑与俸禄的区别。俸禄即薪水，与官位挂钩，做什么官拿多少俸禄，有严格规定不能乱改。食邑则是官员立功后的额外奖励，即一块地区老百姓的税租，这相当于分到了国家的原始股，永久享受股份红利。一万户食邑到底是个什么概念呢？让我们列举几位魏国重臣的食邑数量就清楚了。

在王淩之前的扬州都督名叫满宠，他是四朝老臣，镇守扬州淮南郡十余年，一生战功累累，死前食邑九千六百户，这个数额曾是魏国所有功臣中拔尖的；以机智变通著称，在雍州多次成功抵御诸葛亮的名将张郃死前食邑四千三百户，远远超越与他齐名的张辽、徐晃、乐进、于禁，也算魏国中型股东。

再来说那些宗室重臣，曾手握扬、豫、荆三州兵权的曹仁死时食邑三千五百户，他在同族重臣中拔得头筹；曹丕临终时托孤的四位辅政重臣里，曹真死前食邑二千九百户；曹休死前食邑二千五百户；陈群更少，他在曹叡即位时一千三百户，后来直到死都没再增加过，这完全是因为他处处跟曹叡作对。

最后不得不提那些可怜的曹氏藩王。其中命运最跌宕起伏，最受曹叡信任，又主动弃权的燕王曹宇，在往后几十年中累次追加食邑，死时达到五千五百户，位列藩王之冠。其他藩王基本维持在两三千的水平。

由此得知，司马懿这一万户食邑不仅超过当时所有顶尖的功臣名将，更远远超越所有曹氏藩王，绝对算得上是魏国大股东。而樊城一场胜仗就给司马懿带来了五千户的食邑，相比其他功臣毕生才积累几千户（事实上，司马懿之前打过无数胜仗，也只有五千户食邑），这实在太不正常了。究其原因，只能说朝廷里有一大票人在抬他。

正始年：等价交易

樊城解围令司马懿的声势空前高涨，他决定趁热打铁，把碍眼的夏侯儒从荆州连根铲除。几天后，铺天盖地的谴责纷纷指向夏侯儒。夏侯儒是无论如何都没法坐镇荆州了，很快就被调回朝廷做了闲职。

那么继夏侯儒之后，荆、豫二州都督由谁来担任？司马懿不失时机地提拔了一位重要的政治盟友——王昶（chǎng）。

这并不是司马懿第一次帮王昶的仕途铺路。早在五年前，曹叡下过一封《求贤令》，那时司马懿就举荐过王昶。司马懿与王昶的交情可以追溯到曹丕还是世子的时代，二人都当过曹丕的幕僚，关系处得相当不错。如今，司马懿凭借救援樊城的功勋，掌握了优先话语权，顺利让王昶当上荆豫都督。这是一个意义非凡的时刻，从此，魏国三个重要军区之一被司马懿的亲信掌控了。

王昶上任后干劲十足，他一改前任龟缩在荆州北部的传统，将驻军地点南迁以离前线更近，同时加紧厉兵秣马，几年下来成绩斐然。补充一句，扬州都督王凌和荆豫都督王昶乃是同族兄弟，都属于太原王氏。一个家族控制了魏国半壁江山，不能不令人刮目相看。然而世事难料，很多年后，这两兄弟却走上了截然相反的两条路……

从夏侯儒倒台到王昶上任，这难道是司马懿预谋好的吗？很难讲，或许一切都只是顺势而为吧。

原先，曹爽把司马懿抬到太傅位子上，是想把他像钟繇那样高高地供起来养老，可没料到司马懿的进取心谁也挡不住。对于曹爽来说，司马家族的势力就像魏国内部一个恶性肿瘤，悄无声息地吞噬着曹氏势力。曹爽愈发不安，隐约察觉到了危险的苗头。

“这么下去可不是个办法……”洛阳令李胜向曹爽提议，“大将军也得建立军功，否则很难打破这局面。”

这位李胜，正是当年“太和浮华案”中遭到罢免的“四聪八达”之一，正始年间，他经曹爽提拔才得以重返政坛。

建军功说起来简单，真做起来却困难重重。曹爽没打过仗，在军界一点根基没有，可是，他要用兵就必须得跟地方军事统帅配合。曹爽把魏国三大主战区的统帅逐个捋了一遍。

东战区，扬州都督王凌，年逾七十，魏国四朝元老。

南战区，荆豫都督王昶，刚刚上任，干得顺风顺水，且跟司马懿关系铁瓷。

西战区，雍凉都督赵俨，年逾七十，魏国四朝老臣。

这三位，无论谁他都支使不动。曹爽颓了。

李胜早有对策。

“那些都督们不配合，大将军可以考虑换掉……”

“换掉？换谁？”

李胜分析道：“王淩刚刚在芍陂大败全琮，风头正盛，肯定换不了。王昶是司马懿提拔的嫡系，一时间也换不了。唯有赵俨可以考虑。这几年西线风平浪静，而且我听说赵俨有心逊位。索性顺势召他回朝做三公吧。”

“嗯……那赵俨之后让谁担任雍凉都督合适？”

“太初（夏侯玄字太初）可以。”

李胜提议让夏侯玄出任雍凉都督，一来是因为他和夏侯玄私交好，二来也是因为夏侯玄官任中护军，在曹爽为数不多的亲信里，这是唯一能跟军事沾点边的。

几天后，赵俨官拜司空，回京养老，雍凉都督空了出来。下一步，就是如何把夏侯玄抬到这个位子上了。魏国有个不成文的惯例，州都督多由州刺史提拔上来，可夏侯玄是京官，直接空降到雍州实在有些说不过去，再加上司马懿肯定从中作梗，这事要想办成也不简单。

不给司马家点好处，夏侯玄怕是做不成雍凉都督啊……

曹爽苦思冥想，最终决定与司马懿进行一项交易。他要把夏侯玄现在的官位——中护军让给司马师，可谓下足了血本。

在这里，我们要讲到两个后文会频繁提到且权势极重的武官——手握皇宫内外禁卫军兵权的中领军和中护军。

东汉末年，曹操为有效控制汉朝皇帝，任命亲信担任中领军和中护军，手握皇宫禁卫军兵权。中护军驻守皇宫外围，中领军驻守皇宫内，他们不分昼夜监视着汉献帝刘协的一举一动，是曹操秉政的两把利器。到了魏朝，因为汉朝已不复存在，中领军和中护军改为负责护卫曹氏皇室安全，成为皇宫内外两道安全屏障。自然，历任中领军和中护军者无一例外都是皇室亲信或权臣党羽。

夏侯玄成功当上了雍凉都督，司马师则得到中护军的官位。这起人事变动为将来的一系列变故种下了隐患，但曹爽没别的办法，一来，在藩镇重臣的配比上，他必须要与司马懿持平；二来，他也要为自己下一步计划铺平道路。

随后不久，中领军一职又空了出来，曹爽趁机让弟弟曹羲获得了这个炙手可热的位子，以此跟中护军司马师平衡。

至此，让我们来总结一下。司马懿的嫡系王昶任职荆豫都督，曹爽的嫡系夏侯玄任职雍凉都督。曹爽的弟弟曹羲任职中领军（执掌皇宫内禁军兵权），司马懿的长子司马师任职中护军（执掌皇宫外围禁军兵权）。双方在军界就这样你争我夺地角逐着。

正始年：背后的阴刀

李胜主张让夏侯玄担任雍凉都督的初衷是为弥补地方军事统帅与曹爽不配合这个先天缺陷，但这就意味着曹爽只能选择在西线讨伐蜀国。按理说，讨伐敌国的最好时机是等敌国出现破绽，可李胜、曹爽的思路却反其道而行之——因为只有西战区统帅赵俨能被夏侯玄替换，也只有夏侯玄会支持曹爽，所以只能讨伐蜀国，进而必须讨伐蜀国。

根据这个逆向思维的神逻辑，正始五年，公元 244 年 2 月，曹爽上疏伐蜀。

不用问，两派又开始了争吵。司马懿持反对态度。李胜等人则鼎力支持。

最后，伐蜀计划还是敲定了。曹爽要率军出征，但他一想到把司马懿留在朝廷心里就不踏实，于是，他给司马懿次子司马昭挂了个征蜀将军的名头，命司马昭随军同行，算作提醒司马懿安守本分的人质。

3 月，曹爽率中央军进驻关中长安城，雍凉都督夏侯玄极配合地调集了七万雍州驻军，统一归曹爽指挥。

在三个国家中，最弱小的蜀汉能矗立不倒，重要原因就在于占据地理优势。从关中连通汉中只有斜谷、子午谷、骆谷三条路。当年曹真伐蜀兵分两路，经子午谷和斜谷攻向汉中，不期遇上瓢泼大雨致使无功而返。这次，曹爽大概是想刻意避开斜谷和子午谷这两条晦气的道路，故决定从骆谷走。

进攻路线选定后，夏侯玄亲自率领司马昭及雍州诸将开进骆谷。曹爽则以总帅的身份坐镇长安城，担任夏侯玄的后援。

此时，驻守汉中的诸将听说魏军势大，纷纷提议把军队收缩到临近盆地中央的汉城和乐城，等蒋琬、费祎的援军赶到后再发起反攻。

汉中都督王平摇晃着脑袋。他是个没文化的粗人，却对战争天生有股敏锐的直觉。“不妥，如果退守汉城、乐城，等于是放弃了地理优势。我觉得应该按照既定战术，把魏军堵在骆谷里。他们人再多，只要挤在谷里就没胜算。”王平秉承的正是初代汉中都督魏延定下的战略部署。随后，他将军队部署到临近骆谷出口的兴势，并在附近竖起连绵百里的旗帜以迷惑魏军。

夏侯玄在骆谷中缓慢行进。连日来，他愁眉不展。他已经察觉到，自己虽然挂着雍凉都督的名号，但那些雍州诸将却根本不把自己当回事。

走在魏军最前头的前锋将领正是雍州刺史郭淮。这位大半生历经战阵的名将一路上暗自腹诽：夏侯玄一个黄口孺子，凭着跟曹爽的关系竟一跃而成自己的顶头上司。这口气无论如何都咽不下！郭淮敌视夏侯玄有两个原因。首先，早在诸葛亮北伐时代，他和司马懿就有过多次默契配合，并顺理成章转变为司马懿的坚定支持者。其次，依照魏国传统，州都督多由州刺史晋升而来，郭淮自曹丕时代便担任雍州刺史，迄今已逾二十年，算起来，他早该升任都督，万没料到夏侯玄竟然空降过来。

郭淮纵使有千百个不愿意，仍不可避免地走出了骆谷。

“不知道那位‘名士大人’可有破敌良策？”

夏侯玄的确没什么良策，他唯有全权委托郭淮负责。可他没想到，郭淮的良策竟是撤军。

郭淮当然不打算拼命。拼命干什么？难道给夏侯玄作嫁衣？于是，他在骆谷口刚一露头就又撤回谷中。这场战争在《三国志·郭淮传》中有简略描写：“淮度势不利，辄拔军出，故不大败。”当年曹真伐蜀失败的原因是下雨，但这次可没下雨。再怎么说魏军的人数也是蜀军的两倍，郭淮连打都没打就得出了一个所谓“势不利”的结论。

夏侯玄完全指挥不动郭淮，更何况，郭淮的情况绝非个例。诸葛亮北伐时，雍州诸将都是跟司马懿一起在战场上摸爬滚打过来的，而夏侯玄在《时事议》中公然提出削弱地方势力，可想而知他与地方将领的矛盾有多深。

和郭淮一样使劲打退堂鼓的还有随军人质司马昭，他劝夏侯玄道：“蜀国援军已抵达汉中，形势不利，建议赶紧撤军。”

直到今天，夏侯玄才明白，指挥皇宫禁军跟指挥那些真正混在刀口上吃饭的地方军是不一样的。战争远非他想象得那么简单。

坐镇长安的大将军曹爽一点不比夏侯玄轻松。他正对是否往前线继续追加兵力迟疑不决。

参军杨伟苦劝："现在撤军还来得及，否则肯定会导致更大的失败！"

李胜、邓飏（"太和浮华党"，曹爽亲信）怒叱杨伟，坚持要把这场仗打完。

曹爽陷入两难境地。

与此同时，远在洛阳的朝廷也已经获知前线的颓势。公卿纷纷建议下诏责令曹爽撤军。

司马懿给夏侯玄写了一封言辞犀利甚至带有恐吓色彩的信："当初太祖武皇帝（曹操）打汉中时就险些溃败（指曹操攻伐汉中张鲁之役），这你是知道的。如今，地势险要的兴势已被蜀军占据，我军败迹连连，你打算怎么承担战败的责任？"

散骑常侍钟毓也给曹爽写了一封类似的信："知难而退乃自古常理，希望大将军详加斟酌。"钟毓是魏国名臣钟繇的儿子，和颍川名门荀氏、陈氏是世交。颍川派没落后，他成为司马懿坚定的政治盟友。

曹爽愤怒地将钟毓的信撕得粉碎。然而，即便他再不甘心却也明白，这场战争真的只剩撤退一途了。

"让夏侯玄撤回关中。"

骆谷之战彻底以失败告终，曹爽声望跌落低谷。可是，前锋统帅郭淮却因主张撤军受到朝廷的嘉奖，获赐假节钺。

曹爽看透了，他最大的敌人并不是蜀军，而是以司马懿为首的庞大势力。自然，战败之责曹爽难辞其咎，但我们也和曹爽本人一样确信，他结结实实地让人从背后捅了一刀。

魏国正始五年，公元 244 年 9 月，曹爽满怀沮丧和愤怒，踏着沉重的步伐从长安回到洛阳。

至此，正始年间，曹爽和司马懿的第一回合较量就这样告一段落。曾经，曹爽无比在意舆论，甚至不惜主动放权给司马懿，随后自食恶果。今天，那些令他追悔莫及的往事，终于迫使他成长为一个勇猛的斗士。从此以后，再没有任何人、任何事——包括他无比在意的舆论，能阻止他对司马懿展开反攻了。

南鲁党争：挑唆者

曹爽与司马懿的斗争会持续很久，现在，让我们先把这对政敌放到一边，视线转移到吴国。公元 244 年，即曹爽举军伐蜀失败的同年，吴国政坛暗藏刀光剑影，即将有数位重量级大员毙命，陆逊、步骘等重臣全部身陷其中。

前些年，孙权的长子孙登和次子孙虑相继早夭，三子孙和顺理成章继任吴国太子。孙和虽当上了太子，但他却惶惶不安，因为种种迹象表明，他的弟弟——鲁王孙霸似乎更得父亲宠爱。这直接表现在二人所受的待遇上，孙霸地位比孙和低，却能跟孙和平起平坐，甚至有过之而无不及。渐渐地，孙霸有了非分之想，开始觊觎太子的宝座，而孙和也确实不招孙权喜欢。之所以出现这样的局面，乃是因为有人背后挑唆。

这位挑唆者便是孙权的女儿——孙鲁班。她的第一任丈夫是周瑜的长子周循，周循死后改嫁给卫将军全琮，人称全公主。

孙鲁班给孙和使绊，又撺掇孙霸威胁孙和的地位，究竟是图什么呢？这要从孙权的后宫开始说起。在孙权的众多嫔妃中，我们只需要记住两位即可，第一位是步夫人，第二位是王夫人。

先说步夫人，在唐代《建康实录》中记载其名为步练师，乃是吴国骠骑将军步骘的同族，最得孙权宠爱。这里，顺便也进一步剖析步骘的背景，这位年轻时和诸葛瑾同游江东的落魄士人，因为步练师被孙权纳为嫔妃成了吴国最具权势的外戚。孙权一直想立步夫人为皇后，无奈遭到群臣阻拦，理由是步夫人没有儿子，只生下两个女儿，长女即是刚刚提到的孙鲁班，次女名叫孙鲁育。吴国群臣与孙权辛苦抗争了十几年，总算以步夫人去世而告终，大家到最后卖了孙权一个面子。你想立她当皇后就立吧，反正人都死了。

孙权得偿所愿，把已过世的步夫人册封为吴国皇后，为此最感到欣慰的就是步夫人的女儿和步骘。孙鲁班，自然极不希望亡母的皇后地位被其他人取而代之。

再说王夫人，此时还健在，她便是太子孙和的生母。在《三国志·孙霸传》的开头写道，孙霸与孙和都是王夫人所生，二人一母同胞，但史实上这是一个巨大的错误，孙霸实为孙权的另一位嫔妃——谢夫人所生。这最早被清代史学家何焯发现，在《三国志·孙霸传》最后一段讲孙霸儿子的时候，言其祖母（即是孙霸的母亲）是谢姬，此为明证。知道孙和与孙霸不是一母所生非常重要，只有这样，后面发生的故事逻辑才会更加清晰。

俗话说母以子贵，孙和既然都当上了太子，王夫人也该是皇后了，但她却未能得偿所愿，因为早已化成灰的步夫人仍牢牢占据着皇后的宝座。之所以出现这样的局面，正是因为孙鲁班常在孙权面前诋毁王夫人。

不过孙鲁班也明白，自己管得了一时，管不了一世，早晚有一天孙权归西，孙和继位，到那时候，王夫人也就用不着再去争什么皇后，直接可以晋升为皇太后了，而她孙鲁班，当然不会有好果子吃。要想一劳永逸地根除祸害，唯有把孙和从太子位上踢下去才行。

“孙和不孝，他当上了太子，这会儿正心急火燎盼着您死呢！”

孙权听了孙鲁班的话有些生气。“他都干什么啦？”

“前些日子您生病，孙和假装去宗庙祈福，但我亲眼看见他鬼鬼祟祟去了张休家一整夜都没回来，肯定是图谋不轨。”张休是已故重臣张昭的次子，他的侄女是孙和的妃子。因此，张休与孙和是有姻亲关系的。

孙鲁班看孙权沉思不语，继续自顾自地数落着：“孙和经常跟重臣勾勾搭搭，那个王夫人也不是好东西，她一听说您病了就欢天喜地，盼着自己能母仪天下。”

孙权皱起眉头，不想再听这些后宫恩怨，他的注意力完全被孙和与重臣的关系吸引住了。“除了张休，他还跟谁勾搭啦？”

“姓陆的，姓顾的，姓朱的……江东那些豪族有谁不是上赶着跟孙和打好关系的。”孙鲁班很了解孙权，她有种感觉，只要孙和与江东豪族扯上干系，也就离垮台不远了。

“江东豪族都亲近孙和，那你夫家呢？不也是江东豪族？”孙鲁班的夫家全氏，早先根本没法和“吴郡四姓”——张、陆、顾、朱同日而语。但随着孙鲁班嫁给全琮，全氏声势蒸蒸日上，已有超越“吴郡四姓”的势头了。

"我夫家才不会跟孙和勾搭呢。"正如孙鲁班所说，全氏的确没有勾结孙和，但全琮却把儿子全寄派到孙霸身边做了近侍，堂而皇之抱紧了孙霸的大腿。丞相陆逊不希望同僚在孙霸与孙和之争上推波助澜，遂警告全琮说："你把全寄安置在鲁王身边，恐怕将来会惹上祸患。"全琮不予理睬，更对陆逊有了敌意。因此，孙鲁班对"吴郡四姓"，尤其是对陆氏很没好感。

孙权听了孙鲁班一席话，心里很别扭。之后，他对孙和日渐冷落，对孙霸则愈加宠爱。原本太子已经定了下来，可经过孙鲁班没完没了地搬弄是非，太子的人选再次出现不确定性。

"难不成陛下想让孙霸取代孙和当太子？"

孙权的举动招致举国上下的揣摩。这可害苦了群臣。

就如同曹操时代，魏国群臣在曹丕和曹植二人之间站队一样，如今，吴国群臣也面临着同样的难题。要么支持孙和，要么支持孙霸。吴国政坛的震动远比当年魏国要剧烈得多，史书中用这样一句话形容这场政治风波——"将军大臣举国中分"，也就是说，吴国半数的臣子成为太子（孙和）党，而另一半则成为鲁王（孙霸）党，根本没人能保持中立。这场党争便是三国时代著名的"南鲁党争"，也被称为"二宫之争"。客观地讲，虽然太子党和鲁王党均有政治投机的成分存在，但是，孙和继续当太子意味着社稷安定和谐，孙霸争位会引发政治动荡，再加上孙和本身就比孙霸贤德，因此可以这样判断，太子党处于正义的立场，鲁王党则反之。

下面，我们简要列举几位吴国重臣在两派当中的归属。

太子党：以丞相陆逊（"吴郡四姓"）为首，包括了顾谭、顾承兄弟（"吴郡四姓"，已故重臣顾雍的孙子）、朱据（"吴郡四姓"）、张休（徐州人，已故重臣张昭次子）、诸葛恪（徐州人，已故重臣诸葛瑾的儿子）、滕胤（青州人）、朱绩（朱然的儿子，与"吴郡四姓"中的朱氏非同族）、吾粲（江东吴郡人）等人。

鲁王党：以步骘（徐州人，诸葛瑾的挚友）、全琮（江东吴郡豪族，但不属于"吴郡四姓"之列）为首，还包括吕岱（徐州人）、吕据（豫州人，吕范之子）、孙弘（江东会稽人）、杨竺（徐州人）等人。

以上几位重臣的出身背景和他们各自的结局密切相关，同时也是揭开"南鲁党争”根源的重要线索。

可以看出，为何名声很好的步骘会选择加入鲁王党，原来他和孙鲁班有着共同利益——阻止王夫人当上皇后。全琮是孙鲁班的丈夫，二人当然一个鼻孔出气。

孙权费力地整理他杂乱的思绪。

陡然间，他从这错综复杂的派系划分中摸出了一条重要线索——江东“吴郡四姓”中的三家（张温家族在孙权的压迫下早已没落）和当初吴国辈分最高的重臣张昭（并非张温家族）的子嗣全都抱成了一团。

陆氏、顾氏、朱氏、张氏……这帮人都聚在孙和周围，盼着我死呢！等我一死，这吴国到底是姓孙的，还是姓陆的，姓顾的？……

绝不能让这几大家族借孙和继续膨胀下去了。太子之争会引起吴国动荡不假，但这也是一个难得的机会，甚至将“吴郡四姓”一网打尽都说不定。为此，即使牺牲掉自己儿子也无所谓。孙权下定决心。他本就是个薄情寡恩的人，随着年龄变老也愈发残暴，“南鲁党争”也就此揭开了序幕。恐怕连孙鲁班都没有想到，最初，她出于嫉妒心和私怨挑起的后宫争端竟不断升级，最终演变成一场长达近十年的政治大清洗。

南鲁党争：孙权的大网

公平地说，江东豪族尾大不掉，让孙权消耗了无数心力，但多年以来，江东豪族也为稳定吴国社稷贡献出巨大力量，吴国正因为有江东豪族的支持才得以走到今天。孙权对江东豪族，尤其是“吴郡四姓”的仇恨，大约多是来自莫须有的臆想。

“孙弘，我让你查办的事有结果了没？”

“启禀陛下，都已经查实了。”

孙权点点头，他期待已久的政治清洗终于要开始了。

翌日，孙弘和全琮，这两位鲁王党的干将联名上疏弹劾太子党成员张休（张昭之子）和顾承（顾雍之孙），罪名是在三年前的芍陂之战（即公元241年，全琮攻入淮南，后被魏国扬州都督王凌击败的那场战争）中虚报军功。那么说，到底有没有这回事？根据史书中的记载，是因为张休和顾承的战功高于全绪（全琮长子）和全端（全琮侄子），由此激起全琮的嫉恨，遂捏造罪名诬告二人。

“虚报军功……哼！居然都瞒了三年了。”孙权心想：我对你们，也忍了大半辈子啦！

当即，张休和顾承被缉拿下狱。

孙权还不满足，他又责问顾谭（顾雍长孙，顾承的哥哥）道：“顾谭，有没有这回事，你认个罪，我就考虑开恩赦免你们。”

顾谭义愤填膺：“陛下！这都是谗言哪！”

孙权勃然大怒，不由分说将顾谭也拿下了。几天后，张休、顾谭、顾承三人全被流放交州。交州就是今天的广西、越南一带，当时还是不毛之地。

孙弘和张休有私怨，他打算置对方于死地，便对孙权说：“张休非但没感谢您不杀之恩，反而口出怨言，比他爸爸张昭还过分！”

张昭脾气执拗，经常仗着辈分高顶撞孙权。有次，孙权和张昭大吵了一架，孙权恐吓道：“吴国士大夫进宫拜我，出宫拜您，我对您的尊敬也算到头了。可您对我还是这么无礼，我真担心握不住手里这把剑！”张昭虽然是江北士人又德高望重，但因为他的坏脾气至死都没当上丞相。

“比张昭还要过分？”孙权冷哼一声道，“既然这么不识好歹，就让他自裁吧！”

由此，张休被赐死，顾谭、顾承兄弟也在流放交州两年后病死。这件事发生在张昭死后八年，顾雍死后一年，两位吴国重臣的后代均遭到残酷迫害。有个值得关注的细节，顾谭、顾承兄弟还有另一个身份——陆逊的外甥。由此，孙权借孙弘、全琮（鲁王党）和张休、顾谭、顾承（太子党）之间的斗争，剪除了陆逊的重要羽翼——以厚重著称的顾氏家族。

南鲁党争：网中的大鱼

这天，孙权和杨竺（鲁王党）在寝宫中进行了一次极为私密的谈话。

“你说说，太子和鲁王谁更有才略？”

杨竺回答：“鲁王天资英才，兼通文韬武略！”

“嗯，全公主（孙鲁班）也常跟我说孙和不适合当太子。”孙鲁班诋毁孙和是源于她和王夫人的私怨，孙权也有自己的目的，他要借此搞垮围绕在孙和身边的江东豪族。于是，倒霉的孙和成了姐姐和父亲为达自己目的必须要牺牲掉的棋子。

就在孙权和杨竺谈话的时候，二人都没有察觉到，竟有一个东宫内侍偷听到了一切。

待孙权和杨竺离开后，这名内侍失魂落魄地飞奔回太子东宫，将所听到的话告诉了孙和。

“父皇当真要这么干？”孙和简直不敢相信自己的耳朵，怎么办？他也一时没了主意。

恰在此时，内侍禀报，陆逊的侄子——陆胤来访。

“他找我什么事？”

“陆胤要去武昌拜见陆逊，他想在临走前向您辞行。”

“哦……”孙和明白眼下局势凶险无比，必须小心谨慎，遂对内侍悄声吩咐：“你告诉陆胤，让他到皇宫外城墙东北角的僻静处等我，坐在车里，千万别出来！”

内侍一字不差向陆胤传达了孙和的意思。

陆胤不敢有丝毫疏忽，依照孙和指示而行。

在皇宫外，城墙东北角落见不到一个人影，只有一辆孤零零的马车停靠在路边，车里坐的，正是心急如焚的陆胤。

过了许久，一个穿着粗布衣服，与平民无异的年轻人缓慢朝马车走去，他紧张地四下张望，看看没有旁人，便一溜烟蹿上了车。

“太子殿下！”陆胤惊诧万分。

孙和一把捂住陆胤的嘴：“别嚷！”

陆胤稳住心绪："到底怎么回事？"

孙和深深吸了几口气，以让自己冷静下来，接着，他将孙权打算废掉自己立孙霸的消息一五一十地告知陆胤。"陆君，你此去武昌见到丞相，一定请他搭救我啊！"孙和将希望全寄托在陆逊身上。

"殿下放心，陆氏一族都会支持您，我家陆公必亲自上疏，请陛下打消这荒唐的念头。"

孙和心里这才稍稍踏实了些，可他万万没想到，让陆逊出面无异于火上浇油。

陆胤来到武昌后，将孙和所处的困境尽数转告陆逊。

这段时间，陆逊也连连接到太子太傅（孙和的首席教师）吾粲的密报。原来，吾粲觉察到孙和地位堪忧，一面上疏劝谏，一面委托陆逊出面干预。

无论是吾粲还是陆胤都犯了一个错误，他们是朝臣，却联络手握兵权的藩镇外臣，这种事若被人翻出来，就算扣上谋反的罪名都是百口莫辩。

陆逊并没想那么多，他听罢陆胤的诉说义愤填膺道："党争日益激烈，社稷危如累卵，我不能不管了！"顾雍去世后，丞相尊位自然而然落在陆逊头上。相比起前任丞相顾雍，陆逊显得不那么低调。随后，他向孙权连番上疏："太子是正统皇储，应该稳如磐石，鲁王只是藩王，恩宠当有高下之别，只有这样国家才能安泰。"

陆逊也犯了个错误，他是外臣，宫廷内的事他本来就不应该知道。不知不觉中，他走到一个极其危险的境地。

南鲁党争：收网

几天后，杨竺上疏弹劾吾粲暗中勾结陆逊。

吾粲因此被处死。孙权的网开始越收越紧。

杨竺提醒孙权说："陆逊对宫廷秘闻知道得这么清楚，恐怕，陆胤也脱不了干系。"

孙权将陆胤缉拿下狱。

陆逊就像一条被孙权盯上的大鱼，只因孙权忌惮陆逊的实力，不便直接下手。如今，随着吾粲、顾氏兄弟、陆胤一个个被捏，孙权终于要收网了。

“吴郡四姓”，哼！继张氏、顾氏之后，也该轮到你陆氏了！

“杨竺，交代你的事办得怎么样啦？”

“臣列举了陆逊二十条罪状，都写得清清楚楚。”杨竺递上一篇弹劾状，这上面所列的罪名都是些欲加之罪何患无辞的说法。

“好！”孙权看毕，满意地点了点头。他心里盘算着：当陆逊看到这些罪状后会做何反应？若换作别人，自知死路一条，大概会举兵谋反都说不定，可陆逊断然不会，陆氏家大业大，族人多在建邺，对他来说，家族安危远比他的命重要得多。

想到这里，孙权唤来一名使臣，吩咐道：“你拿着这封罪状书，去武昌找陆逊问个明白，让他自己看着办吧！”这样的手段在中国历史上屡见不鲜，君主给臣子下罪状书，结果无非有两种——要么逼死，要么逼反。孙权正是料定陆逊不会反，才敢使出这样的手段。

使臣来到武昌后，使尽浑身解数责难陆逊，然后回建邺复命。

“陆逊有什么反应？”孙权询问道。

“他什么都没说。”

“再去质问他！”

就这样，孙权几次三番派出使者前往武昌责备陆逊。

陆逊心里拔凉拔凉的，他年已六十三岁，忍受不了这样的屈辱，没几天便气病了。陆逊病得越来越重，事实上，他心底里早已放弃了活下去的念头，他盼望能马上病死，因为对他来说，这已算是最体面的死法——至少没让孙权直接下手，也没落到自杀的地步。

五十年前，陆逊的族祖父陆康在孙策的围攻下破城身亡，诸多陆氏族人也死于此役。虽说当初孙策是在受制于袁术的情况下和陆康开战，但陆氏对孙氏的仇恨却是实实在在的。

“比起陆氏的繁盛，仇恨又算得了什么呢？”这是年幼的陆逊最后一次听到陆康的话。

此时此刻，陆逊不知是在梦里见到了陆康，还是在诉说临终遗言。“比起陆氏的繁盛，仇恨又算得了什么呢？”他闭着眼睛，反复念叨着。

“陆氏的繁盛……”

陆逊的儿子陆抗伏在父亲的床边，痛苦地点着头。

公元 245 年的春天，江东最大豪族陆氏的大佬，就这样以莫须有的罪名被孙权逼死了。

陆逊死后，孙权又拿出这封罪状书质问陆抗。陆抗强压怒火，不卑不亢逐条辩驳。在《世说新语》中描述江东“吴郡四姓”中的陆氏以忠著称，可是，没有人能真正理解陆氏背负的“忠”有多么沉重。

孙权听完陆抗的辩驳佯装懊悔，“我起初听信谗言，辜负你父亲的忠义，今天，我把这罪状书烧掉，以后再不想看到了。”说罢，他强挤出几滴眼泪。

陆抗垂着头，面无表情。他知道孙权的眼泪根本廉价得一文不值。所有屈辱和仇恨自己都必须忍下，因为只有这样才能换来陆氏的安泰。多年后，陆抗成为吴国末期的名将，后面还会讲到他的故事。

这个时候，陆逊的侄子——陆胤仍被关在监牢中饱受严刑拷打。

“说！你从谁那听到鲁王要当太子的？”

一定不能做出背叛太子的事。陆胤咬紧牙关，誓死没有出卖孙和。最后，他实在忍受不住折磨，遂大声喊道：“我招供，是杨竺告诉我的，全都是杨竺说的！”

杨竺泄密？！孙权当即将杨竺下狱。杨竺被屈打成招并处以死刑。

陆逊之死，标志着“南鲁党争”第一回合结束。陆逊死后第二年，孙权拜步骘为丞相、吕岱升任上大将军、全琮升任右大司马，以上三人全是支持鲁王孙霸的重臣。貌似局势已经了然，孙权是有意拿太子党开刀，力挺鲁王党。但先别忙下结论，继续往下看，身为太子党中流砥柱的诸葛恪（诸葛瑾的儿子）升任大将军，驻军武昌，接替陆逊镇守荆州，而同是太子党的朱然也升任左大司马。

孙权内心到底是偏向太子党还是鲁王党？吴国群臣被搞得云里雾里。我们对这几位获得升迁的重臣身世稍加分析即可一窥究竟。

诸葛恪，徐州琅邪人；步骘，徐州淮阴人；吕岱，徐州广陵人。显然，孙权在大力提拔江北士族。

有点疑问的是朱然，表面上看他是江东人，但考证他的身份可以知道，他原本姓施，只是后来过继给江东丹杨郡的朱治为养子（丹杨朱氏和吴郡朱氏并非同族），另外，在昌黎所作的《太学博士施士丐墓铭》中又记载施然（朱然）祖籍非江东。所以，朱然的身份也确定了，他过继给朱治前是江北人，即便过继后也不属于“吴郡四姓”中的朱氏。

可全琮却是江东吴郡实打实的豪族，他排在孙权提拔的名单里，一是因为他非陆逊一党，二是因为他老婆孙鲁班的关系。由此可以看出，孙鲁班在“南鲁党争”背后的巨大能量。

至此，吴国一些明眼人总算恍然大悟，原来孙权并非在太子党和鲁王党之间画线，而是一门心思要整垮以陆逊为首的江东豪族，同时力挺那些非江东籍重臣。

往后的几年里，“南鲁党争”依然会继续下去，孙权也没有停止他的杀戮，我们会在后面继续探究这场吴国政治浩劫的始末。不过现在，我们还是把目光转移回魏国，因为那里正在酝酿着一场更加夸张，而且是天翻地覆的巨变。

正始年：曹爽亮剑

曹爽伐蜀失败后，怀着满腔怒火回到朝廷，他与司马懿的暗斗日趋升温，终于不可避免地到了白热化阶段。曹爽不再顾及舆论，他将采取一系列极强硬的手段把那些阻挡他的人踢出局。在这场对抗中，不存在正义与邪恶之分，两派都有奸佞小人，也都有品行高洁之士，所有人无不为了自己的政治利益奋斗。当然也有人，仅仅出于个人好恶，或是学术流派等原因被卷了进去。现在，让我们来看看魏朝司马懿和曹爽两大派系的权力架构对比，顺便，也让双方的重要角色露露脸。

	司马懿派	**VS**	**曹爽派**
尚书令（尚书台首席）	司马孚		
吏部尚书（人事部长）	卢毓		

河南尹（京畿郡行政官）	王观	
洛阳令（京都县行政官）		李胜
中护军（皇宫外禁军统领）	司马师	
中领军（皇宫内禁军统领）		曹羲（曹爽弟）
武卫将军（中层禁军统领）		曹训（曹爽弟）
散骑常侍（皇帝近臣）	司马昭、钟毓	曹彦（曹爽弟）、丁谧
藩镇统帅	王昶（荆州、豫州）	夏侯玄（雍州、凉州）

由此可见，双方大致势均力敌，不过这只是表面上的，在司马懿的背后，有强大的士族集团作为后盾，但曹爽背后，却只有少数被他拉拢的政坛新锐（大多是“太和浮华党”）。不言而喻，曹爽派系的政治资望远逊于那些老牌士族。曹爽看得很明白，因此，他没有将矛头直接指向司马懿，而是采取迂回策略将司马懿的政治盟友逐一肃清，这很类似前面孙权对付陆逊的方式。

曹爽首先盯上了朝廷最大的行政机构——尚书台。不过，他为了避免和司马懿的冲突过早激化，并没有碰尚书令司马孚，而是将目标锁定在吏部尚书这个重要职位。吏部尚书相当于今天的人事部长，负责官员考核、升降、调动，只要能控制吏部，就等于控制了魏国官吏。当时担任吏部尚书的正是卢毓。可卢毓是魏国老牌士族，早年在官吏任免问题上敢跟曹叡公然叫板，又跟司马懿沆瀣一气劝曹爽退兵，曹爽自然指使不动。

这天，曹爽奏请朝廷，提议让卢毓晋升尚书仆射。尚书仆射是尚书台二把手，反正曹爽动不了尚书令，索性把卢毓和司马孚归到一堆。而且从吏部尚书到尚书仆射算升迁，这样卢毓和司马懿自然说不出什么话。可这么一来，吏部就空了出来。接着，曹爽举荐何晏继任吏部尚书。这才是他的真正目的。

这位何晏大有来头，他是汉末遭宦官刺杀的大将军何进的孙子。何晏父亲早亡，母亲尹氏后来被曹操纳为夫人，他便自幼跟在曹操身边。曹操很喜欢何晏，一次，曹操问他：“我想收你为养子，你改姓曹，好不好啊？”

年仅七岁的何晏听罢，什么都没说，只是蹲在地上画了个圈，然后默默地站在圈里。

曹操不解："你这什么意思？"

"这是我何氏之庐！"何晏一本正经地答道。

"是个不忘本的孩子啊！"曹操对何晏更加喜爱，让何晏改姓也没再提。

何晏成年后，娶了曹操的女儿金乡公主为妻，成为皇族的女婿。十几年前，他卷入"太和浮华案"中遭罢黜，而后，他依附曹爽东山再起。可能一些人对何晏有所了解，无论在《三国志》还是在《晋书》中，都有关于他卑劣龌龊言行的记载。不过在下面的故事里，让我们先把那些对何晏的固有观念暂时忘记，尽可能挖掘历史的真相，还原一个全新的、更加真实的何晏。

何晏任吏部尚书后，削弱中正官（负责品评士人的地方豪强士族）的权力，扩大吏部职能，这正是此前夏侯玄在《时事议》中所倡导的，也是当年魏明帝曹叡和卢毓争论的焦点。何晏一边打压老牌士族，一边尽其可能提拔新锐士人。自九品中正制建立以来，魏国士族在九品中正制的滋养下已经变成一只巨兽，而曹爽、何晏则希望变革官吏任命制度，将这只巨兽再度束缚起来。如今，士族的权力首次被成功压制。

曹爽通过何晏掌控官吏任免权，得以起用新人、打压旧臣。

其中，曹爽亲信丁谧、李胜、邓飏、毕轨相继被安插进尚书台做了尚书，以此跟尚书令司马孚相抗衡。顺便补一句，这四位中，除丁谧、毕轨不确定外，李胜和邓飏确凿无疑就在"太和浮华党"名单里。按说曹爽应该不算个文青，为什么他能笼络到大批"太和浮华党"成员？想必，这要归功于他两个亲戚——著名文青曹羲和大名士夏侯玄的关系了。

有了这些亲信控制尚书台实权，尚书令司马孚被彻底架空。由此，曹爽得以大刀阔斧地布下他的棋局，他开始向整个京畿地区扩张势力。

开篇曾讲过，全国十几个州的最高行政长官是刺史（州牧已被取消）。不过，在这十几个州里却有一个特例，那就是京都洛阳所在的司隶州。司隶州的最高行政长官不叫刺史，而叫司隶校尉。司隶校尉与其他州刺史有明显区别，他手握一千二百人的武装力量，主要职责是纠察、弹劾、逮捕京官。司隶州下的河南郡，因为囊括了洛阳在内的京畿地区，其最高行政长官也不叫河南太守，而叫河南尹，大致相当于今天的北京市长。无论是司隶校尉还是河南尹，恐怕是全天下权势最大的地方行政官了。

曹爽要想控制京畿政权，自然不能放过司隶校尉和河南尹这两个职位。

考虑到尚书台已经被牢牢控制住，此后不久，他又让尚书毕轨转任司隶校尉。

毕轨一上台即疯狂弹劾尚书仆射卢毓、散骑常侍钟毓、河南尹王观等众多朝臣。随后，卢毓被调离尚书台，转任廷尉、光禄勋，钟毓被直接轰出朝廷任魏郡太守，王观转任少府、太仆。由此，这几个跟司马懿一条心的老牌重臣都被踢出权力核心。

接下来，曹爽又让李胜当上了河南尹。李胜摒弃旧法，倡导新法，将河南郡七百余名官吏中的一大半全部裁撤替换。

经过这一轮角逐，曹爽完全控制了官吏任免权和京畿行政权，那些魏国旧臣大多像皮球一样被曹爽踢来踢去。司马懿逐渐陷于被动。

曹爽没有停止脚步，他的目标又瞄向了魏国最大的几个军事重镇。

正始七年（246）夏，幽州刺史毌（guàn）丘俭远征辽东半岛，大破高句丽部族领袖王位宫（王位宫是人名）。顺便提一句，中原人的足迹也随这次远征延伸到了今天俄罗斯滨海地区。以下是为冗笔，高句丽约在公元前100年出现于史料记载，长期活跃在辽东半岛。毌丘俭摧毁高句丽丸都城，王位宫逃窜到沃沮（今朝鲜境内），又过了七十年，高句丽重建丸都城，反攻辽东，直到唐高宗时代，这支在历史长河中存在了七百余年的少数民族被李勣、薛仁贵征讨灭亡。最后，约三十万高句丽人迁移到中原被汉族同化，另有十余万高句丽人流落到今天的韩国境内，融入朝鲜民族。

毌丘俭打了大胜仗让曹爽相当振奋。要知道，曹爽、毌丘俭跟曹叡都是从小玩到大的哥们儿。曹爽敏锐地抓住这个契机举荐毌丘俭任豫州刺史兼豫州都督。原本，刺史管政务，都督管军务，不该一人身兼二职，可曹爽却打破了这一惯例。刺史加都督，完全等同于州牧了。

另外不得不讲，曹爽把豫州拨给毌丘俭可谓冒了极大风险，别忘了，豫州原属司马懿的嫡系亲信——荆豫都督王昶掌控。曹爽这么干，等于将王昶管辖的一半领地生生剥夺。为避免王昶造反，曹爽先行征召王昶的儿子王浑、侄子王沈做了自己幕僚，由此握住了王昶的命门。

从此，魏国南战区被分拆为南（荆州）和东南（豫州）两个战区。四个军事重镇统帅中，雍凉都督夏侯玄、豫州都督毌丘俭均属曹爽派系；荆州都督王昶属司马懿派系。而立场莫测的扬州都督王淩则官拜司空，失去了兵权。但因为王淩在淮南根基稳固，暂时没被召回朝廷，继续以三公的身份镇守边境。

曹爽虽暂时动不了王淩，但还是把手插进了扬州。曾被王淩弹劾罢免的庐江太守文钦，因为跟曹氏同乡（祖籍兖州谯郡）受到曹爽保护，重新当回了庐江太守，另一名“太和浮华党”成员诸葛诞则被曹爽任命为扬州刺史。根据刺史多会升迁到都督这个惯例，曹爽极可能准备让诸葛诞将来接替王淩做扬州都督。

总之，在藩镇重臣的配比上，曹爽压过司马懿。而毌丘俭、文钦、诸葛诞这三个被曹爽竭力提拔的人，在很多年后也的确不负曹爽所望，成了与司马家族抗衡的重要力量。

到这个时候，早年“太和浮华案”中的涉案者——夏侯玄、诸葛诞、邓飏、李胜，以及疑似涉案者——何晏、丁谧、毕轨诸人，除司马师外，全部投奔至曹爽门下且个个官运亨通。司马师又做何感想呢？他曾单纯地认为大家同是士大夫（虽然“单纯”这个词用在司马师身上有些不太合适，但谁没有过年轻的时候呢），应该拥有相同的理念，直到今天，他终于看清，“浮华友”因为各种各样的理由全成了自己的政敌。司马师心里只有说不出的恨。

何晏曾说过一句话：“深不可测，能通达天下至理者唯有夏侯玄；细致入微，能把握天下事务者唯有司马师。”当时，夏侯玄是当之无愧的名士楷模，何晏拿司马师与夏侯玄相提并论，可谓推崇备至。

然而，司马师再也不会在意那如同浮云一般的虚名了，那些年，和他一起名声响彻京师、一起遭到罢黜的“浮华友”，从此以后势不两立！

司马师独自游走于洛阳的市井，他看起来仿佛漫无目的，但事实上，他却是一个目的性极强的人。几年来，他挥金如土，靠财力和权力扶助了很多走投无路的人。有些人感恩戴德，成为他门下的食客。在这些食客中，又有一部分人，或因知遇之恩，或因救命之恩，即便为他牺牲性命也在所不惜。

这样的人称为死士。

正始年：老臣的立场

就在曹爽不遗余力排挤旧臣、起用新人的时候，司马懿则把那些被曹爽踢飞的同僚一一笼络到自己身边。

在曹爽的众多幕僚中，孙礼地位很特殊，他是曹氏三朝老臣，曾受曹叡之托辅佐曹爽，可他与曹爽的关系处得并不融洽。

孙礼经常在曹爽面前说司马懿的好话，更劝曹爽与司马懿和睦相处。

若不是考虑到当初曹叡亲口跟自己说过——“孙礼为人耿直坦诚，只是说话不太招人爱听，你得多担待”这样的话，曹爽简直怀疑孙礼是司马懿派过来的奸细。

孙礼不会说话的毛病让他的仕途颇多坎坷，无论在哪个位子都坐不稳。早在正始初年，他被曹爽外派任扬州刺史。当时正值芍陂之战，孙礼与扬州都督王凌共同抵御吴将全琮。而后，孙礼被召回朝廷担任少府，没多久，他离开朝廷出任荆州刺史，紧接着，又转任冀州刺史。

正当孙礼准备前往冀州赴任之际，司马懿好意叮嘱：“冀州境内的清河郡和平原郡因为地界纠纷已争执了八年，之前历经两届刺史都不能解决，这回就看你的本事了。”

孙礼早有准备，他回答：“清河郡拿祖坟的位置说事，平原郡又抬出当地宿老反驳，但我认为那些都不足以成为地界划分的依据。当年先帝（曹叡）年幼时被封为平原王，正好有一幅地图明确划出平原郡的地界，这才是最合理的官方证据。”

司马懿欣然称赞。

旋即，孙礼埋头钻进府库翻箱倒柜，找到了这幅有些年头的地图。他拂去厚厚的尘土，果然见平原郡的地界清晰地标注在地图上。孙礼得到了答案——“有争议的地方应归属平原郡。”争执八年的地界纠纷眼看就要彻底了断，他心里无比畅快。然而，曹爽先前倾向把有争议的地方划给清河郡，而孙礼的裁定结果却与曹爽相悖。这事把曹爽惹得很不高兴。

一根筋的孙礼根本不理会曹爽，他拿着地图前往冀州裁定二郡疆界。不难想象，他遭到了清河郡官员的集体抵制。

“大将军许诺过，这块地属清河郡！”

孙礼发现自己的政令根本推行不下去，便犯起牛脾气，上奏朝廷道：“我用官方地图作为证据裁定郡界，地方官员都敢抗命，我还有什么脸再拿朝廷的俸禄！”随后，他也不等朝廷答复直接辞官卸任。

曹爽见孙礼这么不给面子，索性判处孙礼禁锢五年不得为官。孙礼的仕途戛然而止。

不过，孙礼没有苦等五年。刚过一年，他就重新被朝廷起用为城门校尉。

孙礼很诧异，自己明明被判五年不能做官，这到底是怎么回事？

原来，是司马懿拼命求情才让孙礼的刑期提前结束。过了没多久，司马懿又举荐孙礼当上了并州刺史。孙礼总算咸鱼翻生。

孙礼即将远赴并州，临行前，他来向司马懿辞行。他本该为重返仕途高兴，但他见到司马懿后却是满脸怨气。

“孙礼，你本来被判禁锢五年，现在这么快当上并州刺史，还有什么不知足的吗？”

“我再不济，也不是斤斤计较官位的人！我只是替太傅感到羞愧！”

“哦？”

“我原以为您能匡扶社稷，可没想到您眼睁睁看着朝廷乱作一团却不闻不问！”

“唉！你的意思我明白，但现在咱们只能忍……”

“忍？还要忍到什么时候！”孙礼气鼓鼓地离开了洛阳。

司马懿望着孙礼远去的背影，他深切地意识到，士大夫对曹爽的怨恨已经越积越深了。

谯郡的豪族很多，除曹氏、夏侯氏外，最负盛名的当属桓氏。大司农（九卿之一）桓范即出自这一家族。

早在魏明帝曹叡时代，桓范就历任中领军、青徐都督、兖州刺史、冀州刺史，是个名副其实的权贵重臣。不过，他因为跟同僚闹纠纷屡次遭到罢免。

正始年间，曹爽想起赋闲在家的桓范，便把他召进朝廷做了大司农。曹爽对这位同乡长辈毕恭毕敬的态度让桓范感激涕零。

桓范任大司农期间写了本书，名为“世要论”。在一次群臣集会的酒宴中，他兴冲冲地把《世要论》递给同僚传阅，观者无不称赞。眼看这本书就要传到太尉蒋济手里了，桓范的心怦怦直跳，他越来越激动。要知道，蒋济乃是四朝元老，资历甚至比司马懿还高，倘若得到蒋济赞许，那对桓范来说可是莫大的荣耀。

《世要论》递到蒋济面前。蒋济非但没伸手接，更把脸扭向一旁。“懒得看！”他毫不客气地说道。

场面无比尴尬，桓范的脸色一阵青一阵白。

蒋济为何这么不给桓范面子？原来，他也是被曹爽一党得罪的人。曹芳登基时，蒋济官任中领军，可曹爽硬是拜蒋济为太尉，借机让弟弟曹羲顶替蒋济当上了中领军。很多年前，蒋济和曹真是至交好友，如今，他被故交的儿子这么折腾，心里着实别扭。另外，他也看不惯曹爽搞的政治改革，曾多次抨击时政，渐渐地，他和司马懿越走越近。

蒋济不想搭理桓范，转身去跟王肃聊天。这位王肃和司马懿是儿女亲家。二人聊得甚是投缘。王肃越说越来气，突然，他忍不住破口大骂：“何晏那伙人全都是佞臣！”

此言一出，满座鸦雀无声。同僚纷纷告退。

几天后，王肃被罢免。

正始年：王学 VS 玄学

王肃的爸爸王朗是汉魏时代儒学巨匠，王肃继承其才华，十八岁跟荆州名儒宋忠求学，之后，他相继给《尚书》《诗经》《论语》《三礼》《左传》等典籍作注解，文化底蕴深厚。十年前，司马懿正是看到王肃在学术领域的巨大影响力，便为次子司马昭迎娶王肃的女儿王元姬，两家结为亲家。

王肃对自己被罢免一事倒显得无所谓，他正好有闲暇得以把王朗所著的《易传》整理成册。

司马懿看完这本书后赞不绝口道："真是一部集众家所长的巨作，依我看完全可以供普天之下的学者钻研学习。"

王肃和王朗毕生的夙愿，正是将自家的学术理论教授给天下学子。他听了司马懿的话无比欣慰。"若果真如此，那一定可以告慰亡父在天之灵了！"

翌日，司马懿上奏，将已故司徒王朗所著《易传》申报为太学院的官方教材。

这项提议得到通过。在往后的十余年中，王肃越来越多的著作陆续进入太学院，其自成一家的学术流派被后世称为"王学"，王肃由此成为魏国经学界的官方领袖。

所谓经学，指的是以儒家为主，兼含道家、墨家、纵横家、法家、阴阳家等学派的统称。东汉时代有三位最著名的经学巨匠，他们分别是贾逵（和三国时魏国的贾逵同名同姓）、马融、郑玄。三人的学术思想在汉末三国时期相当兴盛。

下面，我们要着重讲一下王学开创者王肃，他自幼喜好贾逵和马融的学术流派，但排斥郑玄学说。王肃在以儒家为主体的前提下，将道家观点融入儒学，其理论和政治联系相当密切。王肃认为道家提倡的无为而治是让社会安定的根本，如果社会过度追求利益只会让百姓生活更加艰辛，百姓为了生存不惜铤而走险最终导致社会动荡。"王学"之所以被司马懿大加称赞，除了王肃和司马懿有姻亲关系外，更重要的原因是王肃提倡的无为而治正和曹爽愈演愈烈的政治改革针锋相对。此后，"王学"逐渐成为魏国官方的主流学派，并直接导致自东汉时代以贾逵、马融、郑玄为代表的学术流派走向衰亡。

何晏提醒曹爽道："司马懿打算把王肃的理论灌输给学者，从此，学者都将成为司马懿的党徒。况且，王学崇尚无为而治，这与政治改革也不合拍。"

曹爽点点头："说得没错。对了，你那本《道论》写完没有？"《道论》是何晏的著作，论述玄学理论。

"已经写完了。"

"好！从明天起，太学院定期开办讲经论坛，就由你组织讲授。"

何晏算中国历史上相当著名的哲学家，他与夏侯玄一起开创了魏晋玄学的先河。从此，玄学与"王学"彼此竞争、针锋相对。而这两派学术观点的背后，则是曹爽和司马懿两大权臣。

王肃的学派到底与何晏、夏侯玄的玄学有什么区别呢？我们可以这么解释："王学"以儒家为主，道家为辅，跟政治结合紧密。何晏等人的玄学则以道家为主，追寻纯精神层面的哲学，探究宇宙和人性本源，基本跟政治不相干。

提起玄而又玄的"道"和"无"，绝大部分人都会觉得是一种虚头巴脑的无聊玩意，在这里，笔者只以个人粗浅的理解大致解说一下。何晏等人认为，宇宙的本源是一种超越人类认知的概念，称之为"无"，这个"无"说起来很玄，其意思绝非代表什么都没有，而是超越了"有"和"没有"的概念，因为实在没办法命名，所以只能姑且将之命名为"无"。而"道"，则是"无"的特性，代表这个世界万事万物的规律和法则。世间的一切，都是从"无"中衍生出来的。何晏的玄学流派，被后世总结为"贵无论"。

《易经》讲"太极生两仪，两仪生四象，四象生八卦"，可以这样理解，世界从太极（也就是"无"）生出了两仪，所谓两仪，即是指阴阳、有无、正反、奇偶等概念，由两仪又生出世间万物。了解电脑程序的人都知道，无论是个小小的 TXT 文件，还是个庞大的网络游戏，每一段代码其根本都是由 0 和 1 构成，我们可以把 0 和 1 理解为两仪，正是这简单的 0 和 1，衍生出无比复杂的程序。

很多人会说，古人是不是闲得发疯整天研究这些无聊的玩意。但实际上，人类对于世界本源的探知从来没有停止过。有史以来最伟大的物理学家爱因斯坦晚年致力于寻找一种统一理论来解释所有的物理现象，这被称作"大一统理论"，他的出发点，与何晏其实没本质上的区别，只是一个处于物理层面，一个处于哲学层面罢了。

正始年间，政治环境异常险恶，只要做官就必须得在两派间站队。士大夫整天过得如坐针毡，于是，他们开始热衷于讨论纯哲学层面的玄学，以得到短暂的精神放松。正因为这样，虽然"王学"占据着官方主导地位，但玄学却成为一股地下文化，日渐兴盛起来。

正始年：阶段性战果

到了这个时候，司马懿和曹爽两大派系的权力架构再次发生改变，让我们来看一下。

	司马懿派	VS	曹爽派
尚书令（尚书台首席）	司马孚		
各部尚书			何晏、丁谧、邓飏
司隶校尉（京畿州行政官）			毕轨
河南尹（京畿郡行政官）			李胜
中护军（皇宫外禁军统领）	司马师		
中领军（皇宫内禁军统领）			曹羲（曹爽弟）
武卫将军（中层禁军统领）			曹训（曹爽弟）
散骑常侍（皇帝近臣）			曹彦（曹爽弟）
藩镇统帅	王昶（荆州）		夏侯玄（雍凉）、毌丘俭（豫州）

不难看出，曹爽占据绝对优势。王昶被削弱了一个州，司马昭更被彻底踢出权力核心，由散骑常侍降为议郎。司马孚虽依旧担任尚书令，但被何晏、丁谧、邓飏等人彻底架空，只能选择蛰伏，完全不敢跟何晏等人发生正面冲突。

司马孚过得很憋屈，但他唯有忍耐，因为他的二哥——司马懿也在忍耐着。

若说司马懿、司马孚等人无所作为其实也不尽然。他们私底下笼络了大批被曹爽排挤的旧臣。这些旧臣要么削权，要么罢免，虽然大多失势，可他们背后拥有庞大的家族势力，足以影响朝野间的舆论导向。

不知从什么时候开始，朝廷里传出一句顺口溜："台中有三狗，二狗崖柴不可当，一狗凭默作疽囊。"三狗指的是何晏、丁谧、邓飏这三位尚书。这种读起来顺口且颇有韵律的话很容易传诵开，继而像广告语一般深入人心。事实上，纵然史书中对“台中三狗”损得一塌糊涂，但何晏和丁谧并没什么出格的恶行。只有邓飏被记载收受过色情贿赂。于是，又有了一句专门损邓飏的顺口溜：“以官易妇邓玄茂（邓飏字玄茂）。”

过了些天，一句新的顺口溜开始流传：“何邓丁，乱京城。”何邓丁即指何晏、邓飏、丁谧，这比“台中有三狗”更加简明扼要，便于传播。司马懿在等待，他确信，压抑在士大夫内心的愤怒就要爆发出来了。

曹爽当然知道自己在士大夫眼里的形象，不过自伐蜀战役失败后，他再也不会做出讨好政敌这种无谓的举动了，他相信，只有强权能解决一切。

这天，曹爽突然宣布裁撤掉皇宫禁卫营中的中垒营和中坚营，然后将两个营的禁卫军全部划拨给弟弟——中领军曹羲统领。如此，曹爽凭借兵势，在朝中的实力骤然增强，这是曹爽又一次重大胜利，可是，他没有意识到背后潜在的风险。

自魏国建立至今，中垒营和中坚营的统领除了皇室贵胄便是外戚，考证这段时期，究竟是谁被曹爽夺了兵权呢？

从史书中只言片语的模糊记载基本可以推测出，当时统领中坚营是甄德，统领中垒营的则是郭建。

郭建正是当朝郭太后的堂弟。甄德的分量更重，背景更复杂。

甄德本来姓郭，他是郭建的哥哥，也和郭太后同族，早年间魏明帝曹叡因怀念亡母甄氏（传说中跟曹植有暧昧的美女），便让小舅子（妻弟）郭德过继给甄家，从此改叫甄德。故此，甄德身兼郭氏和甄氏两朝外戚，身份尊贵至极。

两位皇亲国戚就这样被曹爽剥夺了兵权。不消说，他们被踢到了司马懿阵营。很多年后，甄氏和郭氏两大外戚家族全成了司马氏对抗曹氏的利刃。

讲到这里不得不提一句。外戚本来能作为一支强大的政治势力牵制外姓权臣和藩王。然而，魏国的外戚力量却相当薄弱，这是有历史原因的。要说人类社会能不断进步（当然是缓慢进步，其间也不乏倒退），就在于人总能从前辈的经历中吸取经验和教训。东汉时宦官和外戚轮流掌权，而整个魏朝，从没出现过一个强权宦官。再说外戚，曹叡当年有个妃子总结过一句话：“曹氏好立贱。”这意思是说，姓曹的立皇后从来都挑寒门女。曹操的正室卞夫人出身歌伎。曹丕先后立过两个皇后，一个甄皇后本是袁绍的儿媳妇，算打仗抢来的战俘，另一个郭皇后

（并非曹叡的郭皇后）打小父母双亡，更是连口饭都吃不上。曹叡的毛皇后前文讲过，出身车工，只有郭皇后（现今的郭太后）勉强算出身贵族，但也是因家族卷入叛乱，战后以俘虏的身份被劫到宫里的。

现如今到了曹芳时代，甄氏、郭氏这些前朝外戚才好不容易积累了一点实力，却不想又被曹爽一脚踢飞了。毋庸置疑，曹爽把甄德和郭建的后台老板——垂帘听政的郭太后得罪不浅。

不多久，郭太后便被曹爽强行迁到永宁宫，失去垂帘听政的权力。

另外，宗室曹冏（曹操堂侄，曹爽堂叔）曾建议曹爽强化藩王实力，但曹爽并没有采纳。此时，他认为自己已经稳操胜券，再无须借助藩王的力量了。

正当曹爽如日中天的时候，中书省的两位大员——中书监刘放和中书令孙资不约而同递上辞呈，他们以实际行动向所有人表明自己非曹爽一派。

曹爽确实取得了巨大胜利，司马懿则陷入被动，至少表面看是这样的。

深夜，在一片黑暗的太傅府中唯有一间密室点着蜡烛。昏暗的烛光下，司马懿与司马师父子正筹划着对付曹爽的策略。

“算算，你养的死士有多少人啦？”

“一千来人。”

“还不够啊……”

“远远不够。”

司马懿看着儿子，沉声说道：“明天，我要生病了。”

正始八年，即公元247年6月，司马懿称病不朝。不是请一两天病假，而是从此再也不上朝了。正始年间，曹爽和司马懿第二回合角逐，至此以曹爽全面胜出告一段落。但是，人永远没法预知到未来会发生什么。曹爽正乐得屁颠屁颠，他完全没有料到，这仅仅是一个阶段性胜利，而最终的结果远超出他的想象之外。

竹林之乐

就在这年盛夏的某个深夜，在河南郡一所简陋的房屋中，一张大床上躺着两个人，其中一人睡得死沉，另一个却辗转反侧，他因克制不住狂乱跳跃的思绪而无法安眠。

终于，这个饱受失眠煎熬的人再也忍不住了，他用脚狂踹在一旁酣睡的同伴。“快醒醒！醒醒！都什么时候了，你就知道睡觉！”这人名叫山涛，任职河南郡从事，被他狂踹的同伴名叫石鉴。

石鉴从美梦中惊醒，他勉强睁开困倦的双眼，一脸茫然地望向山涛。

“夜深人静的，吵什么吵？”

“你猜猜，太傅卧病不朝是什么意思？”山涛看着睡眼惺忪的石鉴，冷不防冒出这么一句。

石鉴很崩溃，他没好气地答道：“你发什么神经？太傅卧病，跟你一个小小的郡吏有什么关系？”

“唉！你就没听到战马的嘶鸣？你就没看到暗藏的刀光剑影？”

“莫名其妙！”石鉴倒头接着睡。

山涛觉得这一脚算是白踢了。

翌日清晨，彻夜未眠的山涛忙忙叨叨收拾起行囊。

“你要干什么？”石鉴问道。

山涛不假思索地回答：“辞官！归隐！”

石鉴目瞪口呆。

几天后，山涛果真辞去郡中官职，返回故乡河内怀县开始了隐遁生涯。

怀县的西边邻接温县，也就是司马氏的故乡，北边则邻接山阳，东汉王朝最后一个皇帝刘协，在禅让帝位后徙居于此被封为山阳公。去山阳走走吧，无所事事的山涛尽情呼吸着自由的空气。

他来到山阳县后，不知不觉走进一片竹林中。

这真是一个幽静的地方。山涛陶醉在竹林中，觉得自己永远都不想再出去了。这时，他耳畔边传来一阵优美缥缈的琴音。山涛顺着乐声寻觅而去。在竹林深处，一所草庐透过薄雾逐渐显露出来，草庐前小溪潺潺，旁边的空地上坐着一个人手指抚弄琴弦，琴音正由此而来。这人约莫三十岁，相貌英俊，弹琴弹得浑然忘我。山涛不敢打扰，径自找了一块大石安静坐下，不多时，他便完全沉浸在这美妙的音律之中。

曲终，山涛仍久久不能自拔。

“美啊！”

忘情的弹琴者听到赞美声，才注意到身旁多了个人。

“先生是？”

“在下山涛，字巨源，禁不住琴音的诱惑，冒昧打扰先生，还望见谅！”

“知音难觅！知音难觅！在下嵇康，字叔夜。”弹琴者爽朗地说道。

“刚刚那首曲子中仿佛有拼杀之意，又激昂壮烈，能否告知曲名？”

“好！好！”嵇康连声称好，又言道，“既是知音，我先给你讲讲这首曲子的来由！”

山涛坐定，静心倾听起嵇康的故事。

几年前，嵇康在洛水西岸游览，夜宿华阳亭。他一边观赏着星空下的洛水，一边抚琴弹奏。这时，一个仙风道骨的老人悄然来到嵇康身边。听了一会儿，老人开口："把琴借我弹弹？"

嵇康将琴递给老人。老人当场弹了一首他从未听过的曲子，曲风激昂、沁人肺腑。

“这是什么曲子？”

“这曲子名叫‘广陵散’，描述的是战国时代著名刺客聂政的事迹，所以旋律中多有刀剑之音，曲风刚劲，又悲壮不幸……”

“能否传授给我？”

“教你不是不行，但你要保证绝不把这曲子再传给别人。”

“我发誓，绝不传给外人！”

旋即，老人将《广陵散》传给嵇康，随后飘然而去。

嵇康精通音律，除了擅长弹奏《广陵散》外，还写有《长清》《短清》《长侧》《短侧》四首琴曲，史称“嵇氏四弄”，与汉末名儒蔡邕的“蔡氏五弄”合称“九弄”。另外，嵇康还著有《琴赋》《声无哀乐论》等论述音乐的文章。

嵇康曾官拜中散大夫，妻子乃是曹操的曾孙女长乐亭公主，但他却在曹爽声势最盛的时候辞官隐居。嵇康和山涛都放弃了仕途，同样的价值观让二人很快变成知己。

这天，山涛照旧坐在嵇康旁边，一边喝酒一边听琴。忽然，远处响起一阵悦耳的口哨声，与嵇康的琴声此起彼伏，遥相呼应。在魏晋时代，口哨被称作啸，配有独特的乐谱，很多人擅长此技。

“巨源，你听，那阵啸音清脆嘹亮，响彻云霄。”嵇康兴奋起来，他拨弄了几下琴弦，意在邀请吹啸者的到来。

口哨声果然越来越近。须臾，一位风度翩翩的士人出现在嵇康和山涛面前。

“在下阮籍，能遇到二位高士真是三生有幸。”

这位阮籍，乃是“建安七子”中阮瑀的儿子。他和嵇康一样谙熟音律，吹起口哨据说能传好几百米远。正始年间，阮籍被蒋济征召为尚书郎，后担任曹爽幕僚。但是和山涛、嵇康一样，他也在曹爽声势最盛的时候辞官归隐。山涛、嵇康、阮籍三人均精通玄学，俱是何晏、夏侯玄的忠实信徒，他们在政治立场上也倾向于曹氏，但他们为何在曹爽如日中天的时候纷纷选择隐居遁世的生活？这有很多原因。首先，他们向往自由，对激烈的政治斗争犹恐避之不及；其次，他们也感觉到，曹爽的手段过于强硬，一场腥风血雨即将到来。

自此之后，山涛、嵇康、阮籍结为挚友，三人整天在竹林中饮酒作乐，畅谈音乐和玄学。《世说新语》中记载了一段趣闻描写他们甚笃的私交。

山涛的夫人韩氏眼见丈夫和嵇康、阮籍整天混在一块儿不免心生疑惑问道：“你们三个每天形影不离，可我都还没见过嵇康和阮籍，他们究竟是什么样的人？”

山涛笑道：“在这世上，能做我朋友的唯有他们两位。”

韩氏好奇心起。

“我想见见他们！”

“好！好！我请他们来咱家。”

翌日，嵇康和阮籍来到山涛家中做客，见天色已晚，韩氏借机劝二人留宿。

“我们留宿不太方便吧？”

“没关系，我去隔壁空房睡便是了。”韩氏笑盈盈地端上丰盛的酒菜，然后静悄悄退入隔壁，不再打扰他们。

其实，韩氏早在隔壁墙上钻了个孔。整整一宿，她就隔着墙洞偷窥嵇康和阮籍二人的言谈举止。

次日天明，二人辞别后，山涛兴冲冲地问道："你看他们够不够格当我朋友？"

韩氏抿嘴一笑："要我看，你才思比他们差点，不过见识和气度还行。"

很搞笑的是，一千六百年后，荷兰籍汉学家高罗佩在《中国古代房内考》中提到这段故事，煞有介事地认为山涛、嵇康、阮籍三人乃是活脱脱的断背山同志关系。显然，高罗佩的论点受限于东西方文化隔阂。若仔细分析，便知这纯粹是无稽之谈。因为没有哪个女人会被同性恋男人吸引，倘若三人有这种倾向，韩氏何以能通宵达旦地偷窥，恐怕早将二人踢出门外，并从此严格约束山涛不许跟二人鬼混了。事实上，山涛和韩氏感情美满，总共生有六儿四女，嵇康也和长乐亭公主生有一儿一女，这在后面会讲到。

补充一句，嵇康有个哥哥名叫嵇喜，兄弟二人性格截然不同。嵇康追求隐居遁世，嵇喜则精通为官之道，正因为此，嵇喜无法融入嵇康、阮籍等人的小圈子。不过，这丝毫不影响嵇康和嵇喜兄弟二人的感情。

一天，山涛提议："我有个朋友叫向秀，也是同道中人，我想邀请他来竹林。"嵇康和阮籍听罢欣然接受。

随后，向秀应山涛之邀来到竹林，并和嵇康、阮籍结为挚友。而且，向秀和嵇康均不约而同对打铁产生了浓厚兴趣。关于二人打铁的逸事被载于史册，嵇康负责敲锤，向秀负责鼓风，玩得其乐融融。

向秀同样热衷于玄学，且对《庄子》研究极深。

有次，他把自己掖了很久的想法告诉嵇康："我想给《庄子》作注解。"

嵇康说："《庄子》玄妙精深，倘若注解反而会弄得言辞僵滞，失去本意，不如不注。"

可向秀依然坚持，待写完后，他把书拿给嵇康看。嵇康看毕大为叹服："真是庄周再世啊！我之前不让你写，算我说错了。"

渐渐地，竹林中又进来了几个志同道合的人。

刘伶是阮籍的酒友，但他喝酒的心境和阮籍截然不同。阮籍心存远大政治抱负，却郁郁不得志，借酒抒发抑郁；刘伶喝酒则满是奔放与豪迈，他喜欢"裸喝"。

在家的时候，他常常脱个精光纵情狂饮，有时候客人来找他，正好撞见这不雅的场面，便讥讽刘伶行为放荡。

刘伶反唇相讥："我以天地为家，屋舍为衣裤，你随便钻进我裤裆里还嫌我不雅？"

阮籍又把自己的侄子阮咸拉进了这个妙趣横生的小团体。阮咸和叔叔阮籍一样知名，号称"大小阮"，他也精通音律，尤其擅长弹琵琶，到了唐代，由西域传过来的乐器被命名为琵琶，而魏晋时代阮咸所弹奏的乐器就以他的名字命名为阮咸。这种乐器被后世简称为"阮"。

阮咸天生有交际障碍，不擅长与人沟通。他放荡不羁的行为，更比他叔叔阮籍有过之而无不及。一次，阮咸和族人饮酒，他把普通的酒杯扔在一边，以大瓮盛酒，几个人就这么围坐一圈，抱着大瓮畅饮。这时，一群猪也寻味而来，把头伸到瓮中喝酒。阮咸毫不介意："你们也是好酒的同道啊！"他索性跟着猪群共饮起来。

最后一个走进竹林的是王戎，他比其他六人年龄都小，和嵇康是忘年交。与众人淡泊名利不同，王戎极贪财吝啬。他家有几棵品质极佳的李子树，他想把李子拿去卖，又担心别人得到树种，于是把每个李子的核都钻了孔。这故事未免夸张，但王戎的吝啬确实到了令人咂舌的程度。

当王戎走进竹林的时候遭到阮籍的调侃。

"俗人来败兴喽！"

王戎揶揄道："你们能受俗人影响，可见不过如此嘛！"

像王戎这样的市侩人为何也能融入竹林团体？这是因为他们有诸多共同点。比如，他们均对玄学钻研极深，多年以后，嵇康、阮籍、向秀更接替何晏与夏侯玄成为魏晋玄学领袖；他们都在当时杀机四伏的政治环境中采取避世的态度；他们的政治立场，也多是亲近曹氏，排斥司马氏；而最重要的是，他们都对自由有着强烈的渴望。

嵇康、阮籍、山涛、向秀、刘伶、阮咸、王戎，一共七人，被后世称为"竹林七贤"。这七位名士，身处竹林之中，与外界的刀光剑影形如隔世，他们整天喝酒打铁、吟诗作赋、讲经论道，充满了欢声笑语。可是，这神仙一般的生活没能维持多久。没过几年，“竹林七贤”不得不再次卷入纷乱的尘世，并迎来各自迥然不同的命运。

正始八年（247），山涛的一个远方亲戚去世了。他这位亲戚身份极尊贵，乃是太傅司马懿的正室，也是司马师和司马昭的生母——张春华。

“巨源（山涛字巨源），你怎么不去吊唁？”众人的撺掇让山涛颇有些尴尬。

“亡者是我父亲同族姑姑的女儿，血缘很远，平素尚且没有来往，现在去吊唁，难道要外人指责我贪恋权势吗？”山涛不耐烦地解释道。

“那么多不着边际的人尚且挤破头去，你竟不去？”

“就是啊，你这有血缘的晚辈去吊唁，于情于理都是应该的吧。”

山涛犹豫再三，最后还是去了洛阳。

这个时候，张春华的葬礼正轰动京城。

“太傅节哀。”前来吊唁的人摩肩接踵，几乎将司马懿府邸的门槛踩烂。其中大部分人司马懿从未见过。

这位张春华生前性格强硬、手腕狠辣。东汉末年，她还只有十几岁时就为帮司马懿装病躲避曹操延揽，手刃家中婢女以封锁内情。然而，随着张春华年老色衰，渐渐失去了司马懿的宠爱。

有次司马懿生病，张春华好心探望，不想司马懿指着她骂道：“你个又老又丑的东西，以后别在我跟前晃悠！”最近这段时间，司马懿的心思都花在了宠妾柏夫人身上。

张春华顿觉五内俱焚，从此不吃不喝。

司马师、司马昭、司马榦（gàn）三兄弟见母亲受苦内心不满，他们不敢明着违拗司马懿，便只好陪着一起绝食。

司马懿这才向张春华低头道歉。事后，他愤愤言道：“老东西死不足惜，我只担心害苦了那三个好儿子！”

在祭奠的厅堂，震天的哭声响彻云霄，仔细看去，却只有司马师、司马昭、司马榦是发自真心的悲痛。其他人，甚至连司马懿都丝毫没有哀伤之情，他斜眼瞟了一眼灵堂，悻悻道：“老太婆终于归西了。”

不过，值得一提的是张春华的母族——势力庞大的山氏家族。尽管司马懿冷落张春华，但这并没有影响到司马氏和山氏的亲密关系。魏晋时代，山氏乃是支撑司马氏政权的重要力量。

这一家族中的佼佼者——山涛，此时此刻，他当然不会预料到将来发生的事。

正始年：演技派

正始九年（248），曹爽在政权上完全压倒了司马懿。而司马懿称病不朝至今已一年多了。

“听说司马懿身患重病快死了。”

对于这样的传言，曹爽无从确认，他很想知道，司马懿躲在家里究竟在搞什么名堂？

这年冬天，河南尹李胜转任荆州刺史。毫无疑问，曹爽开始为将来替换荆州都督王昶做准备了。

李胜临行前，曹爽叮嘱道：“你去向司马懿辞行，趁机观察他的病情。”

李胜肩负重任叩开了太傅府的大门。

府中仆役见来者是李胜，慌忙向司马懿禀报。

“请到我寝室来。”司马懿也打算充分利用这绝佳的良机。他对婢女低声吩咐了几句，随即解掉发髻，披头散发躺到床上。

时隔一年半，李胜总算见到了司马懿。只见司马懿满头乱发、目光呆滞，完全是一副病入膏肓的模样。

“启禀太傅，下官得蒙恩宠，受命回本州任职，特来向太傅辞行。”李胜原籍荆州，又出任荆州刺史，故说本州，他毕恭毕敬地坐在司马懿床边，不时偷偷抬眼观察司马懿的神情。

司马懿仿佛没听到李胜的话，口齿含糊地对婢女吩咐：“更衣……更衣……”婢女帮他披上衣服，他吃力地从床上坐了起来，一不留神，衣服滑落到地上。“唉，老了，不中用喽。”

司马懿又指了指嘴，喉咙里发出嘶嘶沙哑的声音。婢女会意，赶忙端过来一碗粥，一勺一勺喂给司马懿。

“咳……咳！”随着一阵咳嗽声，粥从司马懿嘴里喷出，顺着他的胡子流淌到胸前。

此番情景，就连李胜看了都不禁黯然伤感，他怎么也不会想到，当年那个意气风发的权臣如今竟变成这么一副可怜相。

“陛下年纪尚幼，天下还仰赖太傅，没想到太傅病得如此厉害。”李胜自顾自地叹息，他确信司马懿根本没听到自己说了什么。

司马懿深深吸了几口气，嘴里含混嘟囔：“我命在旦夕之间，只怕今后再无缘相见了。听说你要去并州，并州接近胡人领地，你得小心应付。”

“太傅大人，下官是去本州，不是并州。”

“我知道，我知道，你去了并州，一定要好自为之。”

李胜无奈，只好换了个说法：“太傅大人，我是去荆州，不是并州。”

“哦……”司马懿发了好半天呆，似乎才反应过来，他显得有些不好意思，“我耳背了，脑子又糊涂，原来你要去荆州，一定努力建功立业。今天与君一别，后会无期，我把司马师、司马昭兄弟托付给你，还望以后尽力提携他们。”说罢，他命侍女把儿子唤来。

司马师、司马昭兄弟进了父亲的卧房，毕恭毕敬地向李胜施礼。“拜见李大人。”

李胜赶忙扶起兄弟二人。

司马懿看着此情此景，不由得老泪纵横，却什么都说不出来，唯有呜呜哽咽。

“太傅大人，如果没什么事，在下就先告退了。请您一定保重身体！”

李胜怀着复杂的心情辞别了司马懿，他满怀悲凉，心想：纵是政敌，但眼见沦落到这步惨状，昔日的矛盾也可以一笔勾销了。待见到曹爽后，他将府中见闻尽数告知，说着说着忍不住眼圈发红。“亲眼看见太傅病成那样，着实令人怆然。”

此事之后，曹爽彻底放松了对司马懿的戒备。

这段记载取自《魏末传》，从李胜伤感的情怀，隐约可将曹爽党羽的心态窥知一二。然而，李胜以己之心度他人之腹，遗憾的是，司马懿不是这样的人。四十年前，司马懿曾装病躲避曹操的征召。四十年后，司马懿再次装病，这次，他却是为了彻底剿灭曹氏宗族最后的力量。

正始年：忧虑的何晏

在寂寥的太傅府中，司马懿若有所思地对儿子们说了这样一句话："凡事都不可过满，盛极而衰正是道家忌讳的。"

与司马懿有同样想法的人是何晏，近来，他常常失神一样自言自语道："盛极而衰，道家所忌啊！"

这天，曹爽幕僚应璩所著的《百一诗》被同僚竞相传阅。这本诗集中多有对当今时政的讽刺。

"这是谤书！应该烧掉！"众人看毕纷纷谴责。

唯有何晏无奈地表示："烧掉大可不必，我看写得蛮有道理嘛。"然而，面对曹爽强硬的做派，他也没法扭转了。

散朝后，何晏意兴阑珊地回到家里。他怔怔地望着妻子金乡公主，仿佛是要做最后的诀别。

"你这几天怎么魂不守舍的？"金乡公主满脸不解地问道。

"倘若有一天我何家面临灭族之祸，你和孩子可怎么办才好？"

金乡公主瞪圆了双眼："你说什么呢？"

何晏叹了口气。他左思右想，终于将藏在心里很久的一个计划向妻子和盘道出。

翌日，金乡公主抱着孩子离开何府返回娘家，并当着下人的面在母亲跟前声泪俱下地埋怨何晏的种种不是。没几天，何晏与金乡公主感情不睦的事就在街头巷尾传得沸沸扬扬。

《魏末传》中说金乡公主是何晏的同母妹妹。若是这样，何晏无疑被扣上了乱伦的帽子。但《三国志》中则明确记载何晏的母亲是尹氏，金乡公主的母亲是杜氏（也被称作沛王太妃）。从这里不难看出，晋朝人对何晏的诋毁到了什么程度。

在何晏诸多流传下来的劣迹中，最言之凿凿的，便是关于他服食五石散的记载。

自魏朝时，何晏疯狂迷恋五石散，从此带动了名士对此药趋之若鹜，并一直流行了五六百年之久。五石散又叫寒食散，由东汉名医张仲景发明，最初功效是用来治疗风寒，可这味药副作用极大。服食后皮肤燥热，必须喝热酒、狂奔出汗散发药性，否则很容易猝死。倘若只是这样当然不会赢得名士连续数百年的追捧青睐，据说，五石散还有类似伟哥的功效，服后不仅神清气爽，更能增强性能力。何晏将自己的肉体和精神寄托在五石散的药性上，大约要归结于他承受的巨大心理压力。

连日来，何晏饱受失眠和多梦的困扰，对五石散的依赖也越来越强烈。

“五石散！快！给我拿来！”

仆役赶忙将五石散递给何晏。

嗑药后，何晏总算觉得舒服多了。可药性并没有持续很久，过了两天，比上一次更加剧烈的消极、悲观、厌世的情绪重新涌现出来。

明天会发生什么？后天又会发生什么？何晏陷入极度恐惧和抑郁中。

正始九年，即公元249年2月初，何晏把当时最著名的命理学大师管辂请到府里，他满腹忧虑地问道：“我最近总梦到很多青色苍蝇聚集在鼻头，怎么轰都轰不走，这有什么预兆吗？”

“物极必反，盛极必衰。青蝇聚在鼻子上乃是大凶之兆。”管辂直言不讳。

旁边的邓飏听得不爽：“无稽之谈！”

“唉！勿对先生失礼。”何晏打断了邓飏，接着，他又跟管辂探讨了些命理学问题，试图缓解尴尬的气氛。

管辂被邓飏奚落得有些不爽，没聊几句即起身告辞。

何晏恭送管辂出府：“再过几天就开春了，来年一定再向先生请教。”

“好！好！在下告辞。”管辂随口应承下来，但他心知再没机会与何晏相见了。

正始年：政变前夕

就在何晏向管辂寻求解答的同时，在太傅府里，尚书令司马孚、中护军司马师、议郎司马昭、司徒高柔、太仆王观这五人正与司马懿筹划一件惊天大事。

五人中，太仆王观前文曾经提到过，他曾任河南尹，后来像皮球一样被曹爽踢来踢去。而司徒高柔则是初次提到，他是魏国四朝老臣，魏文帝曹丕时代，他官任廷尉（最高司法机构），曾因曹丕擅自诛杀大臣跟曹丕吵过一架。曹爽秉政后，他转任太常（掌管宗庙礼仪），手握几十年的司法大权遂被剥夺，后又官拜三公。

“过两天，陛下拜祭高平陵，曹爽、曹羲、曹训兄弟全部随同。”

“确定了吗？”

“确定了，先前大司农桓范还屡次告诫曹爽不能带着自家兄弟一起离开京城，曹爽开始还听，但自从李胜探望过太傅病情后，他就把这茬忘得一干二净了。”

“好。”司马懿又转头问司马师道，“你准备得怎么样啦？”

“总计三千死士，全部蛰伏在洛阳城市井，只等号令一下，半天内即可集结完毕。”司马师此言一出，听者无不暗暗心惊。这件事，别说是高柔、王观，就连司马孚、司马昭也毫不知情。

“嗯！三弟，奏表拟好了吗？”司马懿又询问司马孚。

“已经拟好了，请二哥过目。”

这是一封弹劾曹爽的奏表。大意如下：

“臣昔日从辽东赶回京都，先帝（曹叡）在床前拉着臣的手，嘱咐以托孤重任。臣答应先帝：‘武皇帝和文皇帝也曾把后事托付给臣，臣也从未辜负圣意，答应二祖以死奉诏。’（在这里，司马懿明显说了谎话，曹操临死前并未授命司马懿托孤辅政）如今大将军曹爽背弃顾命遗诏，败坏国事，僭越礼法，作威作福，擅自破坏诸营（指废中垒营和中坚营一事），将禁军据为己有，朝中要职皆安置亲信，结党营私，离间二宫骨肉（指将郭太后迁至永宁宫，和曹芳分离一事），导致天下动荡不安。臣受命讨伐逆贼，尚书令司马孚等人认为曹爽目无君上，其兄弟执掌皇宫禁军甚为不妥。因此，臣已奏明永宁宫郭太后（当然此时还并未奏明郭太后）。郭太后敕命臣率军废黜曹爽、曹羲、曹训兄弟兵权，将之罢免归家。”

司马懿看了一遍，他的眼睛盯在一句话上久久不动：“……尚书令司马孚等人认为曹爽目无君上……”

“有什么问题吗？”

“……尚书令司马孚等人……”司马懿总感觉有点不对劲。突然，他问道：“陛下祭拜高平陵那天，太尉蒋济去不去？”

“蒋济留在朝中，不会随行。”司马孚答道。

“好！那就在你的名字前加上太尉蒋济！”这份奏表不能给人司马氏讨伐曹氏的意味，有了四朝重臣蒋济挑头，将会把己方置于正义的立场。

“可是，蒋济没参与咱们这事呀？”

“你放心，到时候蒋济根本没有回旋余地。”

“谨遵兄命！”

旋即，司马懿对高柔和王观躬身而拜：“高大人、王大人，明日可要多加仰仗了。”

高柔、王观颔首还礼：“太傅尽管安心。”

司马懿、司马孚、司马师、司马昭、高柔、王观六人，便是即将到来的高平陵政变的核心策划者。

转眼到了曹芳拜祭高平陵的头天，司马懿一切准备就绪：“子元（司马师字子元）、子上（司马昭字子上），早点回去休息，养足精神，明天就要迎来一场巨变了。”

这天夜里，司马懿穿过层层庭院，溜达到儿子的住处。他隔着司马昭房屋的窗户，看到屋里的蜡烛一会儿熄灭，一会儿点燃，他知道，这是司马昭因过度紧张睡不着觉。他又走向司马师的屋子，还没到近前，只听屋里鼾声如雷。司马懿欣慰地笑了笑，不禁由衷赞叹司马师的沉稳。他回想起四十年前，司马师刚刚出生的那天，自己曾立下宏愿，誓要将司马家族发展得无比壮大。

子元，为父绝不会食言的。

正始年：兵变高平陵

魏国正始十年正月初六，即公元 249 年 2 月 5 日拂晓时分，曹芳带着大批朝臣浩浩荡荡地出了洛阳城南门，前往高平陵祭拜，曹爽、曹羲、曹训兄弟悉数跟从。

高平陵位于洛阳城外南边的大石山，魏明帝曹叡长眠于此。

上午时分，司马孚、高柔、王观悄悄来到司马懿的府邸。

“时机已到！十年的隐忍终于到头了！”司马懿犹如蜷缩的飞龙，即将直冲上云霄。

随着司马师一声号令，蛰伏在洛阳城市井中的三千死士仅仅一个上午便集结于司马懿的府邸中。

“大哥，这……”司马昭惊愕得一句话都说不出来。

在中领军曹羲、武卫将军曹训离开洛阳后，中护军司马师率领本部千余亲信禁军，再加上他暗养的三千死士，迅速形成洛阳城中一股庞大势力，这支军队以司马懿为首，声势浩大地往皇宫方向而去。很快，他们将要路过蒋济府邸。

“前头不远就是太尉府了。”司马师向司马懿附耳说道。

“好！全军列阵在太尉府门外。”司马懿坐在车里发出了号令。

数千人齐刷刷站住，府内的蒋济早已听到门外震耳欲聋的步伐声。兵变？他明白了。

是针对我吗？

应该不是……

这位官阶仅次于太傅和大将军的魏朝元老重臣此时浑身颤抖，他几次伸手欲开门，却又不由自主地缩了回来。

他知道，无论来者何意，自己必须要面对。终于，蒋济缓缓打开府门，只见大批军队摆开随时准备进攻的架势，在大军前头的，正是自己多年的同僚司马懿。有那么一瞬间，蒋济仿佛忘记了司马懿的容貌，他看到那张略带笑意的脸充满杀气，竟变得完全像陌生人一般。

蒋济竭力让自己显得平静，可实际上，他的心脏都快要跳到嗓子眼了。

“原来是太傅大人，怎么闹出这么大动静？”

司马懿表情冷漠。“子通（蒋济字子通），你我历经四朝，半生相互提携，今天我要奉诏讨伐朝中逆臣，特来邀请你随我进宫面见太后。”说罢，他从车里站了起来向蒋济伸出右手，示意请蒋济上车，然后又转过头瞟了一眼身后的军队。这眼神分明是提醒蒋济已无退路。

蒋济一动不动。

“敢问谁是朝中逆臣？”

“曹爽！篡逆意图败露无遗！”司马懿仍然伸着右手，双眼直勾勾地盯着蒋济，静得宛如一尊雕像。

蒋济愣住了。昔日，曹爽排挤自己的往事，以及曹爽的爸爸曹真跟自己大半辈子的深厚情谊全部浮现在脑海中。

他缓缓开口。

“请问太傅，事后打算如何处置曹爽。”

司马懿想了片刻，答道：“罢免他的官职，驱逐出朝廷，让他回家养老，保他后半生衣食无忧！”

蒋济缓缓吁了口气，心中暗思：子丹（曹真字子丹），倘若你在天有灵，可知我绝没有害你后代之意，我今天身不由己，但我发誓保你儿子平安，不会让你家绝了后。

“太傅一言九鼎。”他咬了咬牙，向司马懿伸出了手。

司马懿一把握住，把蒋济拉到自己车上，一直走出很远，他还牢牢地攥着蒋济，手心不知不觉早被汗水浸湿，不知是忘记了还是不敢松开。

这一行人，官位最高的是太傅司马懿，和他同乘一辆车的是三公之首——太尉蒋济，后面还有一辆车，同样是位列三公的司徒高柔，再后面，是尚书令司马孚和太仆王观并马齐行，队伍的两旁，是中护军司马师和议郎司马昭二兄弟。大队人马引得道路两旁的平民百姓掀起一阵骚动，有极少数人认得这几位重臣面孔，更是震惊得不知所措。

“走在最前的不是太傅和太尉二位大人吗？后面还有司徒大人。”

“尚书令、太仆和太傅的二位公子也在啊？他们打算干什么？”

天下要大变了！

司马懿等人并没有去皇宫正南门，那里守卫最森严。他们从皇宫外一路向东北方而去。他们的目标，即是位于洛阳城东北角，存放武器装备的军事要地——武库。

去武库的路上不可避免要途经曹爽府邸。

这时候，曹爽的夫人留在府中，她已获悉洛阳兵变的消息，急得坐立不安地问帐下督道：“司马懿趁大将军不在发动兵变，如何是好？如何是好？”

“夫人勿忧！”帐下督说罢奔出厅房，径自登上府邸的门楼，他抄起弩，搭上箭矢，瞄准了正从府门外经过的司马懿。

在一旁的偏将孙谦见状赶忙拽住帐下督的胳膊。“你可别莽撞啊！”

“有何不可？”帐下督怒斥道，重新瞄向司马懿。

“天下大势，你还看不透吗？”孙谦一再拉扯，几次三番阻止帐下督射出箭矢。

帐下督动摇了。“天下大势……要变了……”他沉吟着，缓缓放下紧握的弩。

司马懿抬眼看着曹爽府中高高的门楼，他向孙谦和帐下督点了下头，一挥手，大军继续向武库而去。

不多时，武库被司马懿控制了，三千死士换上皇宫禁军的军服和武器。

司马懿率军从洛阳城东北角的武库就近来到皇宫北部的司马门。

“三弟、子元。”司马懿把司马孚和司马师叫到跟前，“你们率一千五百人守卫司马门，除了我们的人，谁都不准通过，否则立斩不赦！”

接着，司马懿与其他人继续往郭太后居住的永宁宫行进，其威势无人敢当。

皇宫宦官惊慌失措地跪在大军前，试图拦下司马懿。“敢问太傅要去哪里？”

“觐见太后，奉诏讨伐朝中逆臣！”司马懿随口应道，却未因此停住步伐，军队眼看要从太监身上碾压过去。太监见阻拦不住，只得闪身避开，然后慌不择路地奔向永宁宫禀报。

俄顷，司马懿等人来到永宁宫外。

“子上，你率五百人守卫永宁宫，任何人不得出入，包括太后在内。”司马昭领命，率五百人将永宁宫围得水泄不通。

司马懿拉着蒋济、旁边跟着高柔、王观，这四人在几十名死士的簇拥下直接闯入永宁宫内面见郭太后。

“太傅，你……你要干什么？”郭太后的声音忍不住发颤。

“臣弹劾大将军曹爽，败坏国事，僭越礼法，心怀篡逆……”

郭太后几乎没听到司马懿说了些什么，她只是隐约听到“曹爽”这个名字。看来不是要害我。郭太后只有这一个念头，她的心绪稍稍平复了下来。继而，她又看到了司马懿身后的太尉蒋济，有这位老臣在场，让她有了些许安全感。

“太傅要弹劾曹爽？”郭太后小心翼翼地问道。

“正是！”

在曹叡临死前才刚刚得宠的郭太后并不算个成熟的政治家，更何况，不久前她刚刚被曹爽强迁到永宁宫，失去了垂帘听政的权力。虽然此刻她的身份俨然是被武力胁迫的人质，但她的立场却不知不觉向司马懿靠拢，脑海中浮现出和司马懿站在同一阵营痛击曹爽的局面。这似乎就是斯德哥尔摩综合征的反应——被胁迫者常会对胁迫者产生不合情理的依赖，进而萌生和胁迫者共同加害他人的想法。

“准奏，只是陛下跟曹爽在一起，太傅要对付曹爽可以，但须注意别伤了陛下。”

“臣领旨！还有一事。请太后任命司徒高柔代理大将军职务（指行使、取代曹爽的职权）；太仆王观代理中领军职务（指行使、取代曹羲的职权）。”

“一切听凭太傅定夺。本宫这就传中书省下诏。”

“不必了。事态急迫，恕臣无礼，诏书已经拟好，只须太后恩准即可。”言讫，司马懿拿出事先写好的诏书呈献在郭太后面前。

郭太后点点头，也没太仔细看，顺从地在诏书上盖了印玺。这份诏书便是司马氏将曹氏踩在脚下的许可证。

司马懿昂首阔步地走出永宁宫外，随即，他根据诏书所写，让高柔代理大将军，王观代理中领军，分别稳住京都各营士兵。

二人领命而去。半个时辰内，驻守在皇宫内的禁军全部改旗易帜，成了王观的部下，而留在京都的曹爽亲兵也纳入高柔之手。

这年，高柔已经七十五岁高龄，他的堂叔名叫高幹，乃是袁绍的外甥，在官渡之战后被曹操剿灭。高幹死后高柔归顺曹操。起初曹操对高柔很不信任，甚至多次想找借口把他杀了，可因为高柔忠勤职守而作罢。史书中的高柔，在归顺曹操后的四十年来一向以魏国忠直正臣的形象出现，可在正始年间却摇身一变成了司马懿的亲密党羽，且亲身参与高平陵政变，不能不令人侧目，想来似乎与他体内流淌的士族之血不无关系吧。在高柔心中，名门袁氏和高氏被曹操剿灭的情景仍历历在目，或许这四十年里，他一直在等待着这一刻的到来。

至此，司马孚和司马师率一千五百人守卫皇宫司马门；司马昭率五百人包围郭太后的永宁宫；王观控制了整个皇宫内禁军；高柔接管了曹爽的兵营。这几位高平陵政变的主谋者均已占据京都最关键的要地，在拿下曹爽之前，就算天塌下来他们也不会擅离半步。

司马懿则紧紧攥着蒋济的手，率军从皇宫正南门鱼贯而出，同时下令将洛阳十二座城门全部戒严。他靠着太后诏书、武力镇压以及太尉蒋济的影响力，将这场政变朝着合法化顺利过渡。

正始年：曹爽的忠臣

这个时候，部分忠于曹爽的官吏正想方设法逃出城给曹爽通风报信。

“辛敞，快出来，跟我一起出城辅助大将军。”曹爽的幕僚鲁芝带着几名亲兵，在辛敞府门外招呼道。辛敞是在诸葛亮最后一次北伐战争中持节钺阻止雍州诸将出战的名臣辛毗的儿子。

辛敞没有立即回应鲁芝的邀请，他无比恐惧，慌忙向姐姐辛宪英求助。“太傅全城戒严，似乎图谋不轨，怎么办？”

辛宪英虽是一介女流，却有着过人的智慧。几十年前，她还仅有二十来岁的时候，正逢曹丕被立为魏国世子。曹丕得知喜讯，兴奋地抱住辛毗欢呼雀跃。辛毗一回到家就把这事告诉了辛宪英。没想到辛宪英连声叹息：“世子肩负治理国家的重任，理应心怀忧戚、谨慎小心，反而这么得意忘形，国运恐怕不能兴隆了！”

辛宪英可谓见解不凡。如今她已年近六十，见弟弟一脸慌张，只是镇定地说道：“太傅是想诛灭大将军。”

“那我到底要不要出城投奔大将军？”

“怎能不去？尽忠职守乃人之大义，即便看到陌路之人有难，也应该伸手援助，更何况你是大将军幕僚，抛弃主君违背道义这种事不能干。不过，你并非大将军亲信，所以，你只要随大溜，略尽职责也就够了。”辛宪英判断：司马懿剿灭曹爽后，眼前第一要务肯定是收揽人心，必不会牵连无关紧要的人，此举不至于让弟弟涉身险地，反而能成全弟弟忠义的名声。

“好！我听姐姐的！”辛敞相信姐姐的见识总是高人一等，二话不说就与鲁芝逃出城外。

与此同时，大司农桓范接到了一份诏令。

“大司农桓范，官拜中领军。”先前司马懿已经让王观行使中领军的职权接管曹羲兵营，他让桓范挂名中领军，乃是意图拉拢。

倘若接旨，应该会有一线生机，可这么干，道义何存？桓范思绪翻腾。

桓范的儿子劝道：“陛下现在洛阳城郊外，您理应去投奔大将军平定兵变！”

义士难做啊！桓范在儿子的劝说下艰难地做出了决定。

“备马！跟我出城！”

桓范带着儿子骑马飞奔至洛阳城南的平昌门前，却发现门口早已戒严。他勒住缰绳，对守城门候喊道：“陛下有诏命我出城，速开城门！”

“太后命令全城戒严，十二座城门皆不得放任何人通过。”守城门候答道。所谓太后有令，自然是指司马懿的指令。

“混账东西！你难道忘了当年是我提拔的你吗？”这名守城门候乃是桓范昔日的故吏。

趁门候迟疑之时，桓范一把抢过门候手中的长戟，夺路奔出城外往曹爽的方向而去。

“启禀太傅，大司农桓范从城南平昌门逃出！”

司马懿听罢一惊：“智囊逃了！”桓范素多智谋，故而司马懿以智囊相称。

一旁，蒋济感慨了一句：“驽马恋栈豆。”这话的意思是说曹爽顾恋洛阳的家人，肯定不会做出极端行为。他既反感曹爽，又顾念当初和曹真的交情，内心无比纠结。

司马懿点了点头："是啊，纵使有桓范出谋划策，料想曹爽也难成事。"

在这场兵变中，除了被载入史册的桓范、鲁芝、辛敞之外，还有众多官吏也逃出洛阳投奔到曹爽身边。

正始年：伊水之誓

曹爽驻军在洛阳南郊的伊水河畔，他已经从那些投奔自己的官吏口中得知京城兵变的消息。

眼下，洛阳城内的皇宫禁军和受朝廷直接管辖的各中央军营无不被司马懿控制，曹爽只有征集驻扎在城外的屯田兵临时充当禁卫军。东汉末年曹操创业伊始在各州郡屯田，现今这些洛阳郊外的屯田兵成了曹爽仅有的依靠。随后，曹爽在伊水河岸边构筑起防御工事。他知道，司马懿很快就会跟自己兵戎相见。

之前，大司农桓范曾多次告诫曹爽道："曹氏兄弟万万不能同时离开京城。"可曹爽把这话当成了耳旁风，现在他只有后悔的份儿。

要是当初听进桓范的话就好了。

曹爽正想着，只见远方尘土飞扬，两匹快马向自己这边飞驰而来。是桓范父子！

桓范跑到曹爽跟前滚鞍下马，顾不得擦去脸上的汗水，急切言道："请大将军赶紧护送陛下移驾许昌，并召集各州郡将领勤王，剿灭司马懿！"许昌作为魏国第二都城，驻扎着大批可供调遣的军队。

曹羲在一旁听了，心想：这样干势必会造成内战，况且，身在洛阳的家人可如何是好？他狐疑道："这事非同小可。目前我们尚不知道司马懿到底要干什么，这么做是不是太冒失啦？"

桓范一听急眼了。"都到这个地步，你还看不出司马懿要干什么？曹家门户眼看就要崩塌了！去许昌是唯一的生路啊！"

曹爽的心思和曹羲差不多，他冲桓范摆了摆手："桓范，容我们再好好想想。"

“都被逼到绝路了，你们还以为能全身而退？你们的书都白读了吗？就算是一介匹夫也不会自投死路，你们！你们简直连匹夫都不如！”桓范气得暴跳如雷。

除了桓范之外，之前和辛敞一起逃出洛阳的鲁芝也力劝曹爽：“陛下在咱们这边，您奉皇命号令天下谁敢不听从？不能束手待毙啊！”

该如何是好？也许桓范和鲁芝说得对。可这想法在曹爽脑中刚一闪现就熄灭了。

不对，桓范和鲁芝一定是做出了错误的判断。

与其说这是曹爽的分析，莫如说是曹爽为放弃抵抗虚构出的理由。别看他在跟司马懿争权夺利时闹得鸡飞狗跳，但真到了临危之际，他还是暴露出了自己的本来面目——他本就不是一个能豁得出去的人。

与此同时，司马懿正苦口婆心地劝侍中许允、尚书陈泰和殿中校尉尹大目：“拜托诸位一定要说服曹爽让他放弃抵抗，避免伤及陛下的安危。”陈泰是陈群的儿子，许允是夏侯玄的挚友，尹大目（大目是他的字，其名已无从考证）是曹爽心腹。他们都是深受曹爽信任的人。

“太傅打算怎么处置曹爽？”陈泰等人问出了和蒋济一样的问题。无论如何都得留下曹爽一命，这是大部分魏国臣子心里的底线。

司马懿手指洛水言道：“我对洛水发誓！只罢免曹爽的官位，绝不会伤害他性命。”接着，他又跟三弟司马孚说，“陛下风餐露宿，可别伤了身子，你赶紧准备帐幔和食物给陛下送过去。”

这举动让陈泰等人误以为司马懿仍心系皇室，而且，他们自己的家族都被司马懿控制，此时也由不得他们反抗了。旋即，陈泰、许允、尹大目星夜赶赴曹爽营帐。

三人走后，司马懿又把蒋济请了出来：“子通，麻烦你再给曹爽写封信劝他投降吧……”

少顷，陈泰、许允、尹大目来到了曹爽营中。

“请大将军以社稷为重，放弃抵抗！倘若魏国因此引发内乱，您怎么面对九泉之下的令尊和先帝啊！”陈泰和许允反复劝说。

尹大目也信誓旦旦地说：“下官亲眼见太傅手指洛水发誓，绝不会害您性命……”

曹爽仍在两难间徘徊，但他心中的天平已逐渐倾斜。

须臾，侍卫禀报：“太尉蒋济有书信送到。”

曹爽慌忙拆开信，只见上面写道：“……太傅亲口许诺，只想罢免您的官位，绝无加害之意……”

在这场政变中，司马懿强行拉上蒋济入伙这招棋走得相当漂亮。蒋济，这位魏国极具重量级的资深元老，自打上了司马懿的车，就身不由已地帮司马懿贡献了不可估量的成功条件。现在，他这封劝降信对曹爽产生了巨大影响。而无论是蒋济，还是陈泰、许允、尹大目也并非昧着良心说这番话，他们乃是在得到司马懿的承诺后，确信曹爽放弃抵抗会是最好的选择。当然，他们或许有些吃不准，但在武力的胁迫下也只能强迫自已相信司马懿了。

曹爽反复读着蒋济的信，内心也在劝说自已：眼前只有投降一条路可走了。可眼前明明有两条路？不！只有投降一条路！

2 月 6 日凌晨 4 时左右，曹爽营帐内仍烛火通明。曹羲、曹训以及众多幕僚公卿仍在七嘴八舌地争论不休。

到底该怎么办？曹爽只觉得心绪凌乱，他有一种强烈的逃跑欲望。我想远离这一切……他的手摸到了腰间的佩剑，缓缓拔剑出鞘……旁人见状，顿时鸦雀无声，齐刷刷盯着曹爽的举动。

曹爽抽出宝剑。

桓范等人期待着。举起来吧！只要振臂一呼，我等必誓死相随，不惜跟司马懿拼个鱼死网破！

然而，咣当一声，曹爽将宝剑扔到地上。

“放弃抵抗！”

“大将军请三思啊！”

最无法接受的是桓范。他原本是司马懿笼络的对象，却为了道义，冒死前来投奔曹爽，如今竟被告知放弃抵抗。桓范万念俱灰，指着曹爽怒叱：“我这回就因为你招来了灭族之祸啊！”

曹爽不敢直视桓范。他步履沉重地走进魏帝曹芳的帐中：“请陛下免去臣大将军之位。”

“准……准奏！”曹芳十七岁，自继位以来，他几乎从没有机会说过一句“不准”。可此刻，即便如他这样稚嫩的头脑也隐约感到，这绝不算是个明智的决定。

司马懿得知曹爽放弃抵抗后，深深地松了一口气，他回忆起五十年前的往事。当时，司马朗苦劝家乡父老逃出河内，可乡人执意不肯，最终身陷兵劫。“世道太残酷了，大部分人都不敢面对呀！”司马朗这话深深烙在司马懿的记忆中。他冷笑了一声：“曹爽，与当年那些乡人一样，终归只是个凡庸匹夫罢了！”

而另一边，曹爽正宽慰着自己：只要能活下去就行，司马懿绝不会食言的。归根结底，他缺乏拼死一搏的魄力，强迫自己相信司马懿。这其实是大部分人的思维定式。

曹爽、曹羲等人回到洛阳后马上就被软禁起来。史书中记载，司马懿派了八百民兵围住曹爽的府邸。为何是民兵？而非皇宫禁军？想必，这是因为皇宫禁军隶属曹爽多年，不被司马懿信任的缘故，而这些民兵，如果没猜错，正是司马师豢养的死士。八百民兵在曹爽府邸外围修筑高楼，昼夜不停地监视着曹爽兄弟的一举一动。

“曹爽往东南墙去了！”

“曹爽回到厅堂了！”

无论曹爽干什么，高楼上的民兵都会高声叫喊。曹爽惶惶不可终日，急于想知道司马懿会如何处置自己。在巨大的心理压力下，他决定主动试探司马懿的意思。于是，他给司马懿写了一封言辞卑微的信：“贱子曹爽诚惶诚恐，前几天家仆买粮至今未归，特向太傅借粮以解燃眉之急。”

曹爽的试探手段幼稚又缺乏骨气，甚至司马懿都觉得这实在有辱他亡父曹真的脸面。他当即派人给曹爽送去一百斛米。

米是有了，曹爽却没有命把米吃完。然而，司马懿毕竟当着那么多同僚的面指着伊水发过誓，他绝对要杀曹爽，但怎么才能杀得名正言顺又不脏了自己的手呢？

正始年：冤案

曹爽被俘后，司马懿起用卢毓担任司隶校尉，钟毓担任廷尉。前面说过，司隶校尉负责监察弹劾京官，廷尉负责审理重大案件，眼下，魏国最大的案件便是如何裁定曹爽的罪名。卢毓和钟毓都饱受曹爽排挤，二人对曹爽恨之入骨。此刻，二人彼此心知肚明，向曹爽一党报仇的机会就摆在面前。

曹爽到底有什么罪？结党营私、擅权自重、收受贿赂，想来想去也就是这些了。姑且不用提几乎所有官员都会结党营私，即便这些罪名属实，说实在的，也不足以判处死罪，更何况之前司马懿还发誓说不会取曹爽性命。卢毓和钟毓暗中筹划了一番，最后，他们决定给曹爽及其党羽安上一个无论如何都没有活路的罪名——谋反。

魏国建国至今，最大的一桩冤案即将出现了。

两天后，司隶校尉卢毓弹劾宦官张当贿赂曹爽，廷尉钟毓依法将张当缉拿，开始审理这桩贿赂案。

在廷尉大牢内，张当饱受酷刑拷打："我招供，我当年曾贿赂过曹爽，我全都招供了！"

"还有什么隐瞒的？"行刑者并不甘心。

"我贿赂过曹爽，除了这事之外再无隐瞒。"

就这样拷打了许久，张当已经皮开肉绽，案情仍滞留在收受贿赂这个问题上。

"不对，曹爽、何晏他们企图谋反，你知不知情？"

张当吓傻了："从没听说过啊……"

"继续打！"

张当几度昏死过去又几度被冷水泼醒，他痛苦难耐，最终屈打成招："我招供，曹爽是篡逆谋反，我全知道……"

"谋反定在什么时候？"

"我不知道啊……"张当实在无言以对。

"是不是定在三月？"

“是，是定在三月，曹爽密谋三月称帝！”张当痛苦得唯求一死。

“同谋者有谁？”拷问仍然没有结束。

你说有谁就有谁吧……张当再没有力气说出一句话了。

案情审理完毕，朝廷火速将曹爽及其亲信全部收监下狱。

钦差给桓范戴上枷锁，牵着他急匆匆地往廷尉走。

“不要推搡！我乃义士！”桓范大义凛然，内心却在哀叹：义士难做啊！

最终，廷尉正式公布此案定论——曹爽、曹羲、曹训兄弟，以及何晏、邓飏、丁谧、毕轨、李胜、桓范、张当等人密谋三月谋反，证据确凿，按律夷灭三族。

《魏氏春秋》中描写司马懿让何晏审理曹爽，何晏尽其所能给曹爽党羽罗织罪名，以期得到宽赦，但最后自己还是被下狱定罪。这段故事是对何晏最大的诬蔑。《通鉴考异》中对此提出质疑：司马懿怎么可能让何晏审理曹爽？首先，何晏官拜吏部尚书，并不负责司法审案。而曹爽就范后，也明确记载是由廷尉负责审理案件。再者，何晏难道不知道自己和曹爽关系最近？奢望苟活完全不合情理。

所谓夷三族，根据东汉名儒郑玄的解释指父族、子族、孙族，也就是说，以上这些人再无后代留存于世了。不过，有一个例外，便是何晏年仅五六岁的幼子。

早在高平陵政变发生前，金乡公主曾带着儿子亲自面见司马懿。

“我夫君为非作歹，我想把这孩子托付给太傅大人。”金乡公主哭哭啼啼地恳求。她与何晏感情不睦早已传得人尽皆知。

有先见之明的到底是这位金乡公主还是何晏呢？司马懿揣测着，他不再深究，只是笑笑，接受了金乡公主的托付。

“看在沛王太妃和金乡公主的分儿上，就留下这孩子一命吧。”司马懿最终放过了何晏的后代。

连日来，太尉蒋济一直为曹爽苦苦求情：“曹真是大魏元勋，不能让他绝后啊！”然而，没有一个人搭理他。

2 月 9 日，也就是曹爽向司马懿束手就擒的第三天，在魏都洛阳东市，号哭声、叫骂声响彻云霄。

“司马懿骗了我！”曹爽恨得咬牙切齿。

在曹爽旁边，何晏一言不发地跪在地上，他的目光沿着自己身体周围的地面画了一个圈。此是我何氏之庐……然后，他静静等待生命的结束。

这天洛阳东市地上血流成河。魏国的权臣、改革者、曹氏社稷的支柱——曹爽，和他的党羽——义士桓范、玄学领袖何晏等八族总计数千口人，无论老幼妇孺皆被屠戮殆尽。

桓范的宗族——谯郡桓氏因为跟曹氏、夏侯氏同乡本属一等士族之列，但由于桓范牵扯进曹爽谋反案，这个庞大家族从桓范到他的子侄辈基本被杀光，只有极少数人逃脱性命。至此，谯郡桓氏完全走向没落。不过在很久以后，我们仍会见到一位桓氏后人的惊天壮举。

以上，就是魏国高平陵政变的始末。在魏晋时代，这场政变也被称作"典午之变"。明朝著名学者胡应麟在《少室山房笔丛》中解释道：典，意即司；午，十二地支中为午马，故此，典午隐指司马。

在这里，我们可以将曹爽、何晏等人做个总结了。

无论任何史书都把曹爽描绘成贪婪奢靡的腐朽势力。曹爽一党作为失败者，尤其是何晏，在史书中尽显小人丑态，他和邓飏、李胜等人都被冠以"结党营私"的恶名。客观来说，只要涉足政界就必然要结党，孑然一身根本无法立足，所谓"结党营私"，也就成了那些失败者的罪名。

回过头来说，曹爽的手段确实值得商榷，比如他对待郭太后、外戚甄德郭建、重臣蒋济、幕僚孙礼等人，因为他强硬的风格，将这些本可以拉为盟友的人直接踢到对立阵营。说到底，从曹爽最后束手待毙可以看出，他只是一个心存远大政治抱负，充满干劲，却缺乏权谋的平庸者而已。

可能有人要问，曹爽是魏国权臣，甚至是曹氏社稷的支柱，这都不假，何以将他拔升到改革者的高度？曹爽究竟改革了什么？确切地讲，他改革的是官吏任免制度，也就是九品中正制。很多年前，曹丕和士族达成交易，以九品中正制作为筹码换取到皇帝的宝座。从那时开始，魏国的豪门世家逐渐演变成一个个官吏加工厂，得益于此，士族的实力愈发壮大，而司马家族则演变成士族中的巨擘。到了正始年间，曹爽要切断滋养士族的源泉，他在夏侯玄的倡导下推行激进的政治改革，并由吏部尚书何晏负责执行，将官吏任命权收归尚书台。可是，历史上的变法者大多结局很惨，比如著名的"商鞅变法"，商鞅最后被处以车裂酷刑，再如“王安石变法”，王安石被当时人骂成“乱臣贼子”，后遭罢免郁郁而终。这不奇怪，所谓变法，即是改变人们业已接受的习惯和规则，会让大批既得利益者蒙受损失，这肯定要遭人恨。

鲁迅曾说过这样一句话：“中国人向来喜欢中庸，如果你想要开窗户就得宣称要拆屋顶，这时候中庸者才会冒出来同意开窗户。”那么曹爽干了什么呢？他真的把屋顶给拆了。因此，他遭到士族群起而攻之，最终导致败亡。

再说何晏，他任吏部尚书多年，执掌官吏任命大权，就事论事，他在这个位置上政绩如何？史书中有截然不同的两种评价。

黄门侍郎傅嘏（jiǎ）贬损何晏说：“何晏看上去沉稳但内心躁动，热衷于逐利，不求务本，我看他一定会祸乱朝纲。”

傅氏一族是曹爽政敌。不用想，傅嘏对何晏恶语相向完全是由于双方政治理念出现分歧所致。

《魏略》中写道，何晏选拔的官吏都是和他有私交的故人，也就是说，何晏任人唯亲。这成为当时的主流声音。可是，让我们继续在浩瀚如海的史籍中搜寻何晏的行迹，《晋书》中记载，西晋著名的直臣傅咸在一封奏疏中似乎是不经意间提到何晏，他是这样说的：“正始年间，何晏选拔的官吏，无论朝廷内外都各得其才，被当时人交口称颂。”傅咸的爸爸傅玄、叔叔傅嘏都是何晏的政敌，傅氏一族跟曹爽的矛盾极深，倘若何晏没做出什么突出成绩，是绝不可能被政敌后代赞扬的。再者，这句话是出自傅咸给皇帝的奏疏中，可信度方面也毋庸置疑。所以，何晏这个吏部尚书应该做得很称职，曹爽推进的政治改革也成效颇丰。

正始年间在魏国历史上相当特殊，然而，史书中对这十年中的主要执政者——曹爽、何晏等人的描述可谓惜字如金，基本只有奢侈腐败、结党营私、嗑药吸粉等劣迹残留下来。

《三国志》的作者陈寿一方面迫于政治压力，另一方面，即便他想对曹爽、何晏等人有正面描写也无从下手，因为高平陵政变至《三国志》成书的这几十年里，有关曹爽、何晏等人的事迹早被付之一炬，追随其人化为灰烬了。不过，在《三国志·曹芳纪》中却颇显突兀地收录了一段何晏写给魏帝曹芳的上疏。这封上疏几乎成了肯定何晏人品的重要旁证，其大意如下：

“善于治国者一定会先治身，治身的前提是学习世间正道，身正则天下人会跟从……因此，作为君王，同游者必选正人君子，阅览的书必为正理，远离淫邪之声和奸佞小人，如此心无邪念方可弘扬正道……”这样一段话，很难想象是出自一个品行卑劣的小人之口。

清代史学家何焯认为：“陈寿没办法给何晏平反，故特别收录这封上疏隐藏在曹芳传记中，让后人得以从其言中探知其行，以免何晏的形象在政敌口中被污蔑无法翻身。”

正始年：落幕

正始年间，傅嘏、蒋济、卢毓、钟毓、孙礼等人都或多或少地受到过曹爽的打压，他们被迫倒向司马懿一边。不过在这场政变中，则只有高柔、王观是政变的主要筹划者和执行者。这批人的心态也都不尽相同。

其中，卢毓、钟毓、傅嘏从此义无反顾地投身到司马氏麾下。日后，钟毓仍担任廷尉，继续执掌魏国司法大权，卢毓在检举张当后取代何晏成了吏部尚书，手握官吏任免权。但与何晏不同的是，卢毓，这位吏部尚书同时还兼任着自己祖籍所在地幽州的中正官职务，因此，他自然会继续力挺九品中正制了。傅嘏接替李胜成为新任河南尹，他摒弃李胜创立的新政，恢复正始以前的旧法。由此，曹爽、何晏等人历经数年经营的变革就在一夕之间付诸东流了。

卢毓、钟毓、傅嘏等人内心隐隐有种担忧：“百年之后，世人会如何评论我呢？”事实证明，这种担忧未免多余。因为历史向来是由胜利者书写的，在史书中，这三人均以正臣和名臣的形象被载入史册，只有在只言片语中，才能模糊窥探其背后的隐情。

这里要讲几句。很多人认为所谓的正史虚假成分太多，更不乏偏激者认为全不可信。我们力求探究历史背后的隐情，但不能矫枉过正，凡事都需要谨慎甄别。通常情况下，政敌称赞政敌可信度较高，哥们儿称赞哥们儿基本可以当没看见。反之亦然。再有，若某人家族权势延续数代之久，那么他干的好事就得打个折扣，而要找出他干的坏事则需要花些心思。若某人官场失意战场失利，且子孙后代没权没势（更有甚者被灭族，譬如曹爽之流），那么，对于扣在他脑袋上的无数屎盆子就可以呵呵一笑了。要知道，政客一贯喜欢痛打落水狗，打死了都不忘踩上两脚。

再回过头来说孙礼。他先前被司马懿举荐为并州刺史，曹爽死后被召回朝廷，接替卢毓成为司隶校尉。如今孙礼什么都明白了，他和曹爽之间的私怨被司马懿利用，可他也不敢公然反对司马懿，唯有把愤恨转嫁到卢毓身上，以此弥补内心深处的懊悔。

"是卢毓把曹爽置于死地的！"孙礼反复这样告诉自己。他和卢毓本是同乡，但相互仇视。未及一年，他便在忧愤中死去了。

当初，司马懿借助蒋济的资望赢得了政变，事后，他极力安抚蒋济的情绪，又连连上疏请朝廷嘉奖蒋济："曹爽谋反伏诛，太尉蒋济立下大功，特晋爵都乡侯以示嘉奖。"

蒋济坚决推辞："曹爽伏诛全赖太傅独断。若论谋划我没有事先参与，若说战功我也不曾统率诸军，无功不受禄。"这番话确实印证他没有深入参与高平陵政变，同时，他也希望能通过拒绝爵位让自己的良心稍微好受些。

子丹（曹真字子丹），我失信了，九泉之下再无颜跟你相见。蒋济陷入对故友深深的愧疚中，两个月后郁郁而终。

魏国东战区统帅——扬州都督王凌早在正始年间便已官拜司空，高平陵政变后，司马懿为笼络王凌，又让他接替已故的蒋济晋升太尉，并授予他假节钺的权力。王凌的待遇跟先前司马懿差不多，以三公的身份镇守边境。那些功勋卓著的藩镇重臣，尤其是东、南、西三大主战区的最高统帅，除个别突然死亡的以外，到了老年被授予三公高位解除兵权已成惯例，这是他们的必经之路。

西战区的雍凉都督夏侯玄就没王凌这么幸运了。他身为曹爽亲戚，更因为夏侯这个曾经给他带来无比荣耀的姓氏，让他成为司马懿重点打击的目标。

几天后，朝廷敕使来到雍州，宣召夏侯玄回洛阳任京官，并让雍州刺史郭淮升任雍凉都督。郭淮终于实现了自己多年的夙愿，荣升西战区最高统帅。

郭淮上任后，自然引起当地部分亲曹爽将领的恐慌。雍州将领夏侯霸是夏侯玄的叔父，他与郭淮关系很不融洽，得知郭淮上台后愈发不安，便企图拉侄子一起逃亡到蜀国。

“回京无异自投罗网！不如跟我逃奔蜀国吧！”早年间，夏侯霸的父亲——魏国名将夏侯渊在与蜀国争夺汉中时阵亡，蜀国对夏侯氏有着深仇大恨，可眼下，夏侯霸察觉到危机临近也顾不得那许多了。

夏侯玄回绝道：“我绝不在敌国苟且偷生！”言讫，他从容坦荡地回到了魏都洛阳。要死要活，悉听尊便吧！

说实话，夏侯玄让司马懿相当为难。

到底杀不杀他？这人名望颇高，若草率处死不仅会激起夏侯氏的反弹，更会让世人不满。思来想去，司马懿最后只是收缴了夏侯玄的兵权，让他在朝中担任太常闲职（九卿之一），却没有害他性命。

夏侯玄离开雍州后，夏侯霸彷徨顾望着洛阳的方向，内心惆怅万分。司马氏早晚会成篡国者，现在的魏国今非昔比，我也没必要再有所留恋。想到这里，他抛弃了在魏国的一切——家人、官爵、回忆以及曾经逝去的荣耀，只身南逃到巴蜀，这全因他不想死在政敌手中。

半个月后，在益州北部阴平郡，一个衣衫褴褛的老乞丐蜷缩在路旁。他左顾右盼，期望能获得路人的帮助。

“请问，这是什么地方？哪条路通往成都？”夏侯霸迷失了方向，他饥困难耐，却无人回应。

就算爬也要爬到成都去，绝不能死在这穷乡僻壤。夏侯霸步履蹒跚，总算找到一处府衙：“我乃魏国宗室重臣，要觐见大汉皇帝！”

官府不敢怠慢，很快验明夏侯霸的身份送往成都。

魏国宗室重臣夏侯霸居然只身逃难到了巴蜀。刘禅和满朝文武大感惊诧之余也立刻意识到，这是一桩值得大书特书的政治事件，正好可借此对魏国展开口诛笔伐的舆论攻击。

“你就是夏侯霸？”

夏侯霸落魄地点了点头。

刘禅起身相迎，亲切地搀扶起这位亡命之人，并言道：“令尊（夏侯渊）当年并非被我父亲手刃，乃是在乱军中不幸遇害。”他试图排解夏侯霸心中的芥蒂。接着，又指着皇子对夏侯霸说：“你看，他是你外甥啊！”

这是怎样一层关系？原来，五十年前，蜀国名将张飞无意间劫持了一名女子，一问之下才知道这女子竟是夏侯霸的堂妹，张飞喜得名门之女，遂把这女子娶来做了老婆。后来，张飞和夏侯氏所生的女儿又嫁给刘禅做了皇后。

夏侯霸年已六十有余，他的父亲夏侯渊死在和蜀国的战争中，故国又沦为司马氏的囊中之物，内心凄凉不言而喻。这姓刘的皇子是夏侯氏外甥？夏侯霸暗自苦笑，曹氏和夏侯氏的时代都已经过去了，早晚有一天，蜀汉的刘氏也会消逝，天下将尽收于司马氏之手。他对此深信不疑。

夏侯霸叛逃到蜀国后，他的儿子遭流放，亲戚为了避祸也都和他断绝了关系，可有一个例外。夏侯霸的女婿羊祜（hù）没有因此休掉妻子，反而一如既往地恩爱。这位羊祜的姐姐羊徽瑜正是司马师的正室。故，有人赞叹羊祜重情守义之余，也有人揣测：或许羊祜自恃与司马家族的关系才敢这么干吧。

除了以上这些重臣之外，那些在高平陵政变中站错了阵营的官吏基本没受到株连。司马懿法外开恩，将鲁芝、辛敞等曹爽故吏全部赦免。

不出辛宪英所料，辛敞等人未受到惩治。难道因为司马懿心存仁慈？当然不是。倘若他将曹爽一派的臣子尽数诛灭，恐怕魏国要处死一多半的官吏，司马懿势力再强大，也不敢犯这样的众怒。

辛敞不由得感慨：“我的见识的确远不如姐姐，险些就背负了不义之名。”得益于辛宪英的智慧，不仅辛氏受益匪浅，就连辛宪英的夫家——羊氏子嗣也在日后无比显赫，刚刚说的羊祜就是辛宪英的侄子。关于辛宪英的子侄辈，到了晋朝时还会有很多故事。

高平陵政变后，蜀国大将军费祎为此特别举办了一场别开生面的辩论大赛。

正方论点：“曹爽兄弟都是凡庸之辈，骄奢淫逸、私树朋党、图谋社稷，司马懿将之剿灭，无愧于朝廷栋梁。”

反方论点：“即便曹爽为政有不当的地方，也从未听说司马懿有过善意规劝，反而趁其不备将曹爽全族屠戮殆尽，这难道是恪守忠臣之道吗？倘若曹爽真要谋反，司马懿兵戎相向，就是毫不顾忌魏帝曹芳的安危。以此推论，曹爽绝非大奸大恶，可司马懿竟将他满门诛灭，致使魏国元勋曹真绝后，连身为曹操养子的大名士何晏也被杀害，的确有失世间公道。”

这场辩论终未有结果，公道也没有任何意义了。

正始十年，公元 249 年 2 月 18 日，朝廷派太常王肃（高平陵政变后，王肃重返政坛）为使者，拜司马懿为丞相，赐食邑二万户。司马懿接受了食邑，但不接受丞相官位。随后，朝廷又要授予司马懿九锡之礼。九锡之礼是皇帝赐给功臣的最高荣誉，不过自从西汉权臣王莽、东汉权臣曹操接受九锡之礼后，这基本上已经成了篡逆权臣的代名词。司马懿坚决推辞。他暗想：还不到时机，而且，这个时机恐怕自己有生之年都赶不上了。

当年，魏国臣子劝曹操称帝，曹操借用《论语》中的一句话加以回绝：“施于有政，是亦为政。”意指施加政治的影响力就是执政，并非一定要有执政的名分。此刻，司马懿的心态也变得和曹操一般无二。既然有了执政的实权，要不要这个名分又有什么所谓？司马懿确信，虽然曹爽已死，但魏国还潜藏着支持曹氏的庞大势力。短期内他不想再去刺激那些人的敏感神经。

曹爽一党被夷灭三族转眼过去了三个月，5 月，魏帝曹芳颁布改元诏令，持续了整整十年的正始年号宣告结束。在正始年间，魏国的政治环境发生了一系列巨变，正始年后，魏国再没谁能压过司马家族了。

第二章　盗亦有道

淮南一叛：知遇之恩

正如司马懿估计的那样，反抗的火焰并未随着曹爽的死而熄灭。

公元 249 年，曹爽死后没多久，一天深夜，一个平民装束的人骑着匹快马，正从平阿城（今安徽省蚌埠市西二十五公里）向着淮南寿春城（今淮南市西寿县附近）疾奔。

这人名叫令狐愚，官任兖州刺史，从他这身装扮来看，他显然不希望让别人发现自己的身份。此时，他脑子里只有一个念头：大将军被老贼司马懿灭族，曹氏社稷危如累卵。是可忍，孰不可忍！必须要赶紧见到舅舅商议对策。说起来，曹爽对他有提携之恩，他能当上兖州刺史全靠曹爽举荐。而他的舅舅，便是扬州都督、太尉王淩。

令狐愚快马加鞭来到寿春，天刚蒙蒙亮。他进了城直奔王淩府邸。来到府门外，令狐愚压了压头顶宽大的斗笠，把脸遮住一大半，这才上前敲门。

王淩被一阵急促的敲门声惊醒。“什么人这么早？”他一边嘟囔一边吩咐仆役去开门。

俄顷，仆役领着令狐愚来到王淩面前：“大人，他死活要见您，说有要事禀报。”显然，仆役并没认出令狐愚的身份。

王淩见来者一身粗布衣裳，宽大的斗笠半遮着脸，也没认出是谁。

“你是？”

令狐愚把斗笠稍稍扬起了一些。

王淩惊诧地认出这人正是自己的外甥，本想问：你怎么穿成这样？可刚要开口却被令狐愚打断了。

“拜见王大人。”

令狐愚低垂着头，没管王淩叫“舅舅”。

瞬间，王淩反应过来，他脸上重新恢复镇定，挥手将仆役打发走，然后把令狐愚领入后房。

舅甥二人走进府邸的一间暗室中，转身将房门紧锁。

“你到底有什么事？”

令狐愚一五一十将自己的想法和盘托出。原来，他此番是劝王凌起兵讨伐司马懿的。

相比起雍州都督郭淮和荆州都督王昶（chǎng）这两位对司马懿忠心耿耿的藩镇统帅，王凌立场并不明朗。

在《魏氏春秋》中记载了这样一桩事。前些年，蒋济无意间和司马懿提到王凌，他称赞道：“王凌才兼文武，他的几个儿子，尤其是长子王广，才略志向更是远大。”可他刚说完便追悔莫及，“我失言了，这句话恐怕会给人家带来灭族之祸啊！”蒋济内疚不已。没多久，司马懿征召王凌的长子王广入朝为官，以此制约王凌。

王凌也明白司马懿并不太信任自己。

他听罢令狐愚的话，对外甥能冒出这个想法并没感到太意外。自高平陵政变发生后，他很清楚令狐愚对司马懿恨之入骨。而他自己，内心其实相当纠结。

王凌属于太原王氏成员，和王昶是同族兄弟。五十多年前，董卓迁都长安后被王允刺杀，很快，董卓余党李傕、郭汜反攻长安又杀了王允。王凌正是王允的侄子。在那场浩劫中，王允、王凌全家十几口被满门抄斩。唯有王凌和他一个哥哥侥幸逃脱（王昶当时不在长安，故免遭劫难）。王凌二十来岁时因牵涉官司获罪，曹操感念王允的故人之情，特别赦免王凌，并聘他为幕僚，再之后，王凌仕途坦荡，扶摇直上。

在王凌心里有杆秤，一边是曹操的恩情、令狐愚的苦劝以及司马懿对自己的忌惮，另一边则是谋反的危险。

当时，王凌已经七十七岁高龄，再无所图，他的儿子又在洛阳为官，若他举兵反叛，无疑会让儿子身陷险境。然而，王凌最终还是被令狐愚说动了。那么说，王凌到底是图什么才会做出这样看似得不偿失的荒唐事（或称之为壮举）呢？

利益驱使是肯定有的，但是，这舅甥二人，尤其是令狐愚，能中兴曹氏或许真是最大的愿望了。

王淩捋着自己雪白的胡须低声沉吟："你的意思是希望我举兵勤王？"

"非也！"

"那是？"

"外甥认为，当今陛下年幼，被司马懿牢牢控制在手里，无论如何都扶不起来了。所以，为了曹氏社稷，我想拥立一位新皇帝！"

"啊？"

虽然令狐愚自幼志高人胆大早在宗族中传得有口皆碑，但他仅仅一介兖州刺史，就敢说出废立皇帝的话，着实让王淩吃了一惊。

"你要立谁为帝？"

"立楚王！"

"你是说……曹彪？"

"正是！"

王淩缓缓地点了点头："若要立新帝，楚王确是最合适的人选。"

楚王曹彪是曹操的儿子，时年五十多岁。曹丕压迫藩王，曹彪一生六次改易封地，最后从白马被转封到楚，也就是淮南，他所在的藩国就在王淩辖区，联络方便。历史上权臣但凡废立皇帝，大多会选择立年少无知的孩子，以方便控制。但是，令狐愚和王淩却选择了藩王中年龄最大、辈分最高的曹彪，不能不说他们中兴曹氏的诚意。

淮南一叛：出师不利

王淩固然有心为曹氏社稷出力，但摆在他眼前的最大难题是他空有扬州都督的名号，却官拜三公没有兵权，这意味着他没法自行调动扬州兵马。

"可是，我没有扬州兵权啊！"

"无妨！舅舅身处边疆，只要吴国一有风吹草动，您就上疏奏请朝廷授予您临时兵权对抗吴国，到时候我再调动兖州驻军，和舅舅联手举义！"

"单凭我们怕是对付不了司马懿！"

“舅舅您忘了吗？雍凉都督郭淮是您的妹夫，荆州都督王昶是您的族弟，真到举义的时候这两个人都有可能拉拢过来，如果一切顺利，您的淮南军，再加上我的兖州军、王昶的荆州军、郭淮的雍州军，四股大军包围京都，赢面还是很大的！”

郭淮和王昶当然是司马懿的嫡系亲信，但他们同时也是王淩的亲戚。这的确不失为一个办法。“好！只是，郭淮、王昶那边没有十足把握就先别声张。我们可以先联络楚王！”

主意已定，舅甥二人各自准备。

公元 249 年 10 月，令狐愚派亲信张式拜见楚王曹彪。

一番寒暄后，张式欲言又止的样子被曹彪看在眼里。

曹彪试探道：“张式，你对本王有什么话要说吗？”

“殿下，令狐大人近来很为社稷忧心……”

“哦？”曹彪心跳加速，他期待张式继续说下去。

可是张式没再多说半句，他向楚王辞别，临行前留下一句隐晦的话：“天下大势瞬息万变不可预知，希望殿下自勉！”

张式话里有话啊！曹彪心领神会。就这样，曹彪和令狐愚、王淩达成了初步意向。

随后，令狐愚开始不遗余力地给曹彪造势，兖州不断出现各式各样的奇闻怪事。

“听说昨晚白马河中跳出了一匹神马，在牧场狂奔，当地牧马全都跟着这匹神马跑，神马跑了几里又跳回白马河里了。”楚王曹彪昔日被封为白马王，这是附会之意。

没几天，又流传出这样一句童谣：“白马素羁西南驰，其谁乘者朱虎骑（曹彪字朱虎）。”

这些造势方式，无异于天命神授之说，如昔日刘邦起义之初剑斩白蛇，如陈胜让人往鱼肚子里塞进一张字条，写着“陈胜王”，略无新意。令狐愚刻意散播这些光怪陆离的奇闻自有目的，他们要干的事无异于蚂蚁撼大象，非凡人力所能及，大概只有通过神的帮助才能让他们成功。他们的神就是舆论，或者称为民心。

与此同时，王淩也给长子王广写信告知此事，劝儿子早早准备脱身。

“这是取祸之道啊！”王广大惊失色，他回了一封信，希望父亲打消这念头。

王淩看到儿子的回信有些失望，但转念一想，这样也好，万一失败，王广这番劝阻或许能保他不死吧。王淩小心翼翼地将书信封存起来，不再试图拖王广下水了。

12 月，令狐愚二度派张式密见曹彪。这回，张式毫无保留地将计划告知了曹彪。

“确定要干了吗？”曹彪内心渴望和恐惧并存，他想起几十年前相术大师朱建平曾给自己算过命：“您在五十七岁的时候恐有刀兵之灾，请一定要谨慎预防。”这一年，曹彪五十五岁，即将迎来五十七岁大劫。

可他又转念一想：当年朱建平还说我兄长曹丕有八十高寿呢，却不想四十就死了……那是因为朱建平不敢冒犯曹丕吧？……不对，全是一派胡言！纵使九死一生也得试试。曹彪进行着激烈的思想斗争，但坐上皇位这个诱惑实在太大了。

若能登上帝位，不枉此生！

最终，曹彪言道：“感谢王太尉和令狐大人的厚意，若能中兴社稷，我万死不辞。”

得到曹彪的答复，张式心急如焚地跑回平阿。一定要尽快回禀令狐大人。他这么着急，是因为令狐愚最近突发重病，眼看撑不了几天了。不幸的是，令狐愚未能听到曹彪的答复，赶在张式到来之前病死了。

令狐愚刚把这事开了个头就死了，王淩很堵心，只好把计划暂且搁置下来。

淮南一叛：泄密

令狐愚死后，其心腹幕僚——同被牵涉进谋反案中的杨康正在前往魏都洛阳的路上。杨康内心恐惧至极，只盼望永远不要走到洛阳，但他不敢不去，因为召见他的乃是当朝三公——司徒高柔。

高柔为何要召见杨康？原来，这位曾全力协助司马懿剿灭曹爽的人，在高平陵政变后便不辞辛劳地监视着曹爽的亲信故吏。高柔拥有敏锐的政治嗅觉，他深信令狐愚有不轨企图，在获悉令狐愚死讯后，他立即召杨康入京，希望能查出令狐愚生前都做过什么。

纵然杨康千百个不愿意，他还是惴惴不安地进了洛阳城，迈进司徒府的大门。

“小人拜见司徒大人。”

“不必多礼。”高柔表情平淡冷峻。

杨康偷偷抬起头，望了望高柔那张布满皱纹形同枯木的脸，一不留神与高柔的目光交会。他慌忙又低下头，完全不敢直视对方，哆哆嗦嗦地问道：“不知司徒大人召在下来有什么事吗？”

“我听说令狐愚生前做过些不太好的事。我想问问你。不过……”高柔顿了顿，继续言道，“你不用着急回答，先找个地方休息两天，等想明白了再跟我说。”

杨康几乎确信，高柔什么都知道了。

两天来，杨康在恐惧中寝食难安。最终，他把令狐愚、王淩、曹彪的密谋向高柔悉数招认。

“嗯，我都知道了。”高柔依然不动声色，“你虽犯下重罪，但能迷途知返，我不会亏待你。这段时间，你就待在洛阳不要到处走动了。”

“当真？”杨康仿佛重获新生。

“当真。”

继而，高柔把杨康软禁起来，急匆匆地跑到司马懿的府邸。

“太傅，杨康已经招供，前任兖州刺史令狐愚和太尉王淩密谋废掉陛下，另立楚王曹彪为帝……”

“胆子真大啊……先压下来，暂且别惊动王淩。”此时是高平陵政变后的第二年，司马懿很明白，想为曹爽报仇的人比比皆是，杀是杀不过来的。他唯求不去刺激那些人的神经。况且，令狐愚的死让王淩独力难支，王淩又没兵权，谅也掀不起什么风浪。

高柔问道：“令狐愚死后，让谁继任兖州刺史为好？”

“黄华这人怎么样？”

高柔颔首。“黄华是个聪明人，把他安插在王淩旁边正合适。”

几天后，黄华上任兖州刺史，他最重要的任务就是赢得王淩的信任，并紧盯王淩的一举一动。

而王淩也谨慎小心地观察着黄华，他想：倘若有朝一日举兵起义，和他近在咫尺的黄华是必须要拉拢的军事力量。

南鲁党争：没有胜利者的战争

王淩在不安中等待着举义的时机，趁这段时间，让我们把注意力转到吴国，因为，已经持续八年的“南鲁党争”即将步入尾声。

当初孙权册立步练师为皇后，除了宠爱之外，也是要和江北士族步氏结为同盟，以此来制约江东士族。可不想步骘命不长久，于公元 247 年病逝了。

步骘是继孙邵、顾雍、陆逊之后第四任丞相。他一死，无论资历、名望，还是朝野舆论，都将下任丞相的人选指向了朱据。这位朱据正是江东“吴郡四姓”中以“武”著称的朱氏家族大佬。而且，和已故的陆逊、顾谭、顾承等重臣一样，朱据也是太子党中流砥柱。朱据这种背景绝非孙权心目中理想的丞相人选，但他迫于舆论，只能取了个折中方案，让朱据代理丞相职权，却没有正式拜朱据为丞相。

这对朱据来说绝不是好事。

孙权借“南鲁党争”打压重臣，尤其是打压“吴郡四姓”，已经到了不计后果的地步。

公元 250 年夏，这天，孙权突然颁布诏命。

“幽禁孙和，让他闭门思过。”孙和究竟要静思什么错？恐怕就连孙权自己都说不清，不过他对此毫不关心，他的真正目的，乃是要引出太子党重臣朱据。

果不其然，朱据等十几个大臣上疏求情：“太子仁孝，没犯过错，不该无端遭受责罚！”

孙权当即打了朱据一百廷杖，并罢免其官位，其余跟在朱据屁股后头据理力争的大臣全部处死。在孙权疯狂的外表下，倘若还保留着一丝理智，那就是他仍清晰记得自己的初衷——把江东“吴郡四姓”逐一击垮。

在张氏、顾氏、陆氏被打压后，终于轮到了朱氏。

这事还不算完，紧接着，当年陷害张休、顾谭、顾承的中书令孙弘又跟孙权嘀咕朱据的坏话。

孙权责令朱据自杀。

这里要着重提一句，朱据的老婆正是孙鲁班的胞妹孙鲁育。按照常理，既然有这样一层关系，被孙权宠爱的孙鲁班为何没有试图保住妹夫一命呢？事实情况没这么简单，前些年，孙鲁班曾想拉孙鲁育加入鲁王党，却遭到妹妹断然拒绝。之后，孙鲁班便视妹妹一家为政敌。

孙权甚至不记得自己对江东豪族这种刻骨的仇恨缘起于什么时候了。到了如今，江东“吴郡四姓”——以文著称的张氏、以武著称的朱氏、以忠著称的陆氏、以厚著称的顾氏，其家族大佬无一例外遭到孙权的残酷迫害。半个世纪后，顾雍的孙子顾荣（顾谭、顾承的堂弟）帮助琅邪王司马睿建立东晋，定都建邺，顾荣成为东晋开国功臣，顾氏家族在江东的声望空前壮大，而另外三姓——张、朱、陆则或多或少有所没落。如此看来，文、武、忠、厚，还是厚重最有用，这难道不是反映人生哲学的至高智慧吗？

近些年，吴国老资格的重臣诸葛瑾、顾雍、陆逊、步骘、全琮、朱然均相继亡故，诸葛恪一路攒升，已经升到大将军高位。不过，诸葛恪在经历了这场旷日持久的“南鲁党争”后，越来越觉得孙和被废已成定局。

不能再死抱孙和不放了。他悄悄地抽身而退，另外，他的长子诸葛绰大概是得到了他的默许，更名正言顺地投身到鲁王孙霸门下。

孙和与孙霸之间只有一个胜利者，孙和败局已定，孙霸必成新任太子。包括诸葛恪在内的众多吴臣都对此深信不疑。

然而世事难料，所有人都猜错了。孙和与孙霸之间，并非一定要有胜利者。

父亲，父王，父皇。这么多年来，孙权在孩子口中的称谓不断升级，但同时，他和亲人的感情也在不知不觉中消弭殆尽。就在这年秋天，孙权决心将“南鲁党争”彻底做个了断。

“废除孙和的太子身份，流放故鄣！”吴国半数的臣子大惊失色，还没等他们回过神来，孙权紧跟着又下令："鲁王孙霸，赐死！" 另一半臣子几乎昏死过去。孙和与孙霸都是孙权的亲生骨肉，既然废了孙和，为什么又要杀孙霸。孙权居然做出这么个荒谬的决定，吴国政坛登时掀起轩然大波。

几十个孙和、孙霸的死忠派臣子，或被诛杀，或被流放。当时，鲁王党中实力最强的全琮已死，他虽不属于"吴郡四姓"之列，但毕竟也是吴郡豪族，在"南鲁党争"的尾声中，孙权没有忘记全氏，顺带将全琮的次子全寄处死。这回，连孙鲁班也是两眼干着急，一点劲都使不上了。

诸葛恪也没能在这场动荡中全身而退，孙霸被处死后，孙权冷冰冰地甩给诸葛恪一句话："听说你儿子诸葛绰阿附孙霸，你自己看着办吧！"

诸葛恪闻言汗流浃背。

他神情恍惚地回到家，把诸葛绰叫到身边。他耷拉着脑袋，甚至不敢抬眼看儿子，也不知道如何开口，最后他叹了口气道："陛下觉得你和鲁王走得太近了。"

诸葛绰瞅见父亲惨白的脸色，心下已经明白了一切。他什么都没说，只是静静等着诸葛恪的决定。

"眼看咱们家就要面临一场大祸了……" 诸葛恪缓缓言道。纵然千百个不忍，但他最终还是狠下心，说出了那句心如刀绞的话："为父希望你能以自己的性命，换来咱们全家的安全。今夜，咱们父子就一醉方休吧！"

在父子二人之间摆着两樽酒。诸葛恪拿起其中一樽，痛苦地闭上了眼睛。诸葛绰泪流满面，他颤抖着拿起了另外一樽，一饮而尽。

是夜，诸葛绰饮毒酒身亡。

孙权对诸葛恪的做法相当满意，他没再为难诸葛恪。而诸葛恪在牺牲掉长子后，即将迈向他人生的巅峰。

持续近十年的"南鲁党争"总算是结束了，从时间线上讲，这场发生在吴国的浩劫几乎和魏国正始年间的派阀之争并行。不过，魏国的派阀之争最后以司马懿获胜而告终，但吴国的"南鲁党争"，可以说，这是一场没有胜利者的战争。孙鲁班因嫉妒心挑起了一场几乎毁灭吴国社稷和孙氏皇族的大动荡，却出乎意料地得到了孙权的支持。如果说起初，孙权是为了打击"吴郡四姓"还勉强有点道理，那么在最后，孙权居然诛杀孙霸，又流放孙和，并将两派臣子尽数处以重刑。

他究竟图的什么？没人能猜得透。后世有人分析说这是孙权获悉魏国高平陵政变的消息，担心吴国也发生类似的事才对重臣痛下杀手，这种说法全然没有道理。因为陆逊、顾谭等重臣是在高平陵政变四年前就被孙权整死的，就算他要搞朱据，也没必要搭上自己两个儿子，况且，他最后还把一直围着自己转的全氏和诸葛氏两家得罪不浅，实在不可理喻。

南鲁党争：余震

“南鲁党争”过去了两个月，孙权总算敲定了新的太子人选——最年幼的儿子——时年八岁的孙亮。

孙亮一成太子，孙鲁班便对孙权言道：“父皇，我看全尚的女儿（全琮的孙女）聪明伶俐，美艳非凡，不如就许配给弟弟孙亮吧。”

这话的言外之意是，将来全氏家族能成为孙亮的靠山。孙权应允。这里先提一句，吴国孙氏皇族向来不重视婚姻伦理，论辈分，孙鲁班等于把孙女嫁给了弟弟。往后，我们还会多次讲到孙氏皇族内部乱七八糟的婚姻关系。

孙鲁班把吴国政坛搅得天翻地覆后，为她的夫家——全氏家族（当然也是为她自己）运作了这笔一本万利的买卖。可她万万不会想到，这看似成功的政治投资将来会带给她怎样的后果。

显而易见，孙权没有吸取魏国的前车之鉴，魏国社稷之所以落入司马懿手中，正是因为皇帝幼弱。而他立个八岁的孩子当太子，不啻为日后权臣独揽大权创造了有利土壤，他难道是打算让吴国重蹈魏国的覆辙吗？这年孙权已六十八岁高龄，唯一的解释，或许也只能归咎于他晚年日益严重的老年痴呆了。

孙亮被立为太子后，吴国政坛经过十年腥风血雨后趋向于平静，不过就在第二年，孙权册立孙亮生母潘夫人为皇后，又引发出一桩祸事。

某天，潘皇后向中书令孙弘（陷害张休、顾谭、顾承、朱据的主谋）问道：“您能给我讲讲西汉吕后的故事吗？”吕后在汉高祖刘邦驾崩后专权，引发西汉初年一系列政治动荡。潘皇后这个问题问得相当露骨。

孙弘听罢，心里一揪。

没过多久，潘皇后竟被几个宫女合谋刺杀了。宋元史学家胡三省对这件事提出质疑，潘氏位居皇后之尊，得孙权宠幸，政治前途不可限量，左右下人正该曲意逢迎，怎么可能会杀她？史书中记载，潘皇后性妒，曾陷害过多位嫔妃。有可能她遭到那些嫔妃的报复，但也不排除是某位重臣，抑或是孙鲁班、孙弘担心孙权死后无法制约潘皇后，防患于未然先下手为强。潘皇后的野心和暴毙都因太子孙亮年幼，这也算是“南鲁党争”之后的余震了。

淮南一叛：求生

自公元249年底令狐愚死后，扬州都督王凌就陷入了无法自拔的焦虑，起兵讨伐司马懿的计划已经开始部署，他的众多幕僚或多或少都有参与，人多口杂，这事难保不会败露，越拖延危险系数就越高。然而，要真的付诸实施，他得先得到扬州兵权才行。

公元251年初，南战区统帅——荆州都督王昶上疏请求伐吴。提议得到司马懿的鼎力支持。王昶兵指南荆州重镇江陵，虽然没有攻下来，却把江陵守将朱绩（吴国重臣朱然的儿子）打得惨败。而与此同时，吴国派兵十万在东线堂邑修筑涂塘（今江苏省南京市西北五十公里处的滁州市一带）堵塞涂河，洪水将魏国淮南很多地区淹没。

眼看南线王昶出兵，东线又起了波澜，王凌抓住契机上奏朝廷，请求出兵讨伐吴国。只要朝廷一答应，王凌立刻就能拿到调动扬州军的兵权。

司马懿本来就怀疑王凌，自然不会给他兵权。他答复王凌道：“吴军已经把涂塘修建完成，这时候不宜出兵。”

王凌提议被否，他更加不安。是继续隐忍下去，还是拼死一搏？他前思后想，或许是迫切希望从恐惧中解脱的心理作祟，最后，他终于按捺不住了。

拥立楚王曹彪为帝，中兴大魏！

可谈何容易？

王淩决定先联络附近州郡，尤其是离自己最近的兖州刺史黄华。近一年来，黄华已逐渐赢得王淩的信任。王淩暗想：只要黄华加入，下一步就可以联络妹夫雍凉都督郭淮和族弟荆州都督王昶这两个亲戚了。

那么说，黄华是否靠得住？王淩觉得似乎没必要去考虑这个问题了。事已至此，再无退路。他决定孤注一掷。

王淩派人给黄华发出信函。

负责传信的人名叫杨弘，他也参与谋反，对王淩的计划了如指掌。可经过这段时间的观察，他断定王淩根本没有胜算，而自己见到黄华后又该如何应对？杨弘怀着忐忑不安的心情飞马疾驰出寿春城，半日后，他见到了黄华。

“拜见刺史大人，下官受太尉之命前来……”杨弘恭敬地将信函递上。

黄华接过信，阅毕，神色骤变。

“杨弘，你知道这信里写的是什么吗？”黄华凝视杨弘的双眼，在屋外，早已埋伏下数十名佩剑的侍卫，只等一声令下便要将杨弘缉捕。

“下官知道！”杨弘如实答道，他做出了抉择。

“哦？”

黄华瞪圆了双眼，正要下令拿下杨弘，只听杨弘言道：“下官打算将王淩谋反的企图上奏朝廷，不知刺史大人是否也有这打算？”一路上，杨弘将这句话谙熟于心，他坚信唯有这样才能保全身家性命。

黄华点了点头。

两天后，魏都洛阳的司马懿接到了黄华和杨弘的联名密报。

公元251年6月初，司马懿调集数万中央军，发兵淮南。他顺颍河走水路疾行，仅九天就走了全程一半路程，抵达豫州项城。司马懿这番行军可谓神速，他必须要赶在王淩毫无防备，且来不及串通雍凉都督郭淮和荆州都督王昶的情况下兵临淮南。

途中，司马懿命令随军出征的王广给王淩写一封劝降信。

王广无奈，只得遵照司马懿的意思写信，并声明司马懿承诺留下王淩一命。

这几天里，王淩一直没等到杨弘和黄华的消息，他几乎放弃了希望。继而，他琢磨着要不要联络郭淮和王昶，至于说二人能否起兵响应，只能听天由命。说实在的，王淩太高估了情感的影响力，虽然郭淮和王昶是他的亲戚，但二人的政治利益早跟司马懿绑得紧紧的。

正在踌躇间，王淩接到儿子的来信。

莫非京都有事发生？他狐疑地拆开信，瞬间吓得面如死灰。

信中写道：“兖州刺史黄华密报您谋反，司马懿亲率数万大军不日将兵临淮南，朝廷已发出赦免诏书，声称若放弃抵抗，可保父亲性命无虞……”

王淩明白一切都完了。自己遭到亲信背叛，既没有争取到兖州刺史黄华的支持，又无法调动扬州兵马。残酷的现实摆在他眼前。

或许还有一线生机。他的目光停留在最后一句话上：“……可保性命无虞！”这话听上去是那么耳熟，他不禁想起两年前司马懿对曹爽的许诺，可身陷绝境，加上赦免诏书，让王淩之前立誓为社稷而死的决心消弭殆尽，此刻，他唯有求生这一个念头了。

是夜，王淩掌灯执笔，给司马懿写了一封言辞卑微的忏悔信：

“令狐愚妖言惑众，曾遭到臣的呵斥责骂，但这大逆不道的话还是传了出去，令臣无地自容。听闻太傅亲率大军将至，罪臣身陷穷途末路，纵使身首分离也无以为恨。又听闻承蒙恩典赦免臣死罪，罪臣决定只身乘船相迎，期望能亲自面见太傅谢罪。”王淩手握这封信反复读了好几遍，仿佛抓着最后一根救命稻草，接着，他又在信的末尾加了一句：“生我者父母，全我性命者太傅！”

这封信被记载于《魏略》中，王淩写毕，命人快马加鞭送交司马懿，然后他携带着印绶和节钺，乘船沿颍河溯流而上，亲自拜见司马懿谢罪。

淮南一叛：负卿不负国

几天后，颍河之上，一只单薄的孤舟迎着数十艘巨大战船缓缓划去，在船头站着的正是王淩，他不住地向前眺望，试图找到司马懿的身影。愈加逼近的战舰压迫得王淩几乎喘不上气。

“快，把我绑起来！”王淩对身边的随从吩咐，接着，他扑通一声跪倒在船头，向司马懿的方向叩拜，口中高呼："罪臣王淩来迟！"

"那人是王淩吧？"战船上的军士伸手指着不远处的小舟议论。

司马懿闻言向船头踱了几步，冷冷瞟了一眼道："把他接过来，解开他的绳索，好生安顿。"

一队军士驾船向王淩迎面驶去，头前的将领问道："来者可是王太尉？"

"正是罪臣。"王淩依然自缚着跪在船头。

"请上船。"

将领把王淩客气地接到朝廷战船上，并解开他的绳索。

"太傅在哪儿？"王淩惶恐地询问，却无人应答，旋即，他拿出自己的印绶和节钺递给禁军将领。"劳烦将军交还给太傅。"

将领略一迟疑，没有伸手去接："太傅没吩咐我索要您的印绶。"

莫非司马懿真打算宽恕我？将领不经意的话让王淩更加心存侥幸，他迫切地恳求道："快带我去见太傅，我要面见太傅谢罪！"王淩想：只要能亲眼见司马懿一面，也就能知道自己的命运了。

"太傅大人！太傅大人！"王淩左顾右盼地呼喊。终于，他瞧见司马懿的身影，遂向前小跑几步，企图离司马懿近些。"太傅大人！罪臣王淩承蒙圣恩，前来谢罪！"

王淩心里苦苦哀求：当初，我和你大哥司马朗是至交，盼你顾念旧日情分，饶我一命吧。

"莫名其妙！"司马懿不屑地哼了一声，"挡住王淩，别让他过来，我不想见他！"

数名侍卫竖起长戟横架在王淩面前，将他拦在距司马懿十余丈开外。

司马懿还是没有原谅我……王淩恍惚间明白过来，可仍希望奇迹发生，于是，他遥望着司马懿喊道："太傅，您只须一纸令下，我怎敢不听命，何必亲率大军到此！"

司马懿冷笑道："恐怕你不是简简单单就能召之即来的人吧！"

王淩总算清醒了，他知道自己必死无疑。

"太傅负我啊！"

“我宁愿负卿，也不负国家！”所谓不负国家，分明是指司马家族的权势。接着，司马懿命人押送王淩返回洛阳，自己则继续往淮南收拾残局。

王淩独坐在船舱中，对死亡充满了恐惧，他还是有些不甘心，打算最后再试探一下司马懿的意思。

“能否劳烦将军帮我给太傅传句话……”王淩对看守他的侍卫轻声述说着自己的请求。

侍卫听完即去面见司马懿。

“太傅大人，王淩向您索要些物件。”

“他要什么？”

“他想要钉棺材的钉子。”

司马懿领会了王淩的意思，这让他回想起两年前曹爽被囚禁后向他乞求粮饷的情景。“拿去给他。”

侍卫回到王淩所在的船舱，将钉子撒落到王淩面前。

王淩万念俱灰，知道自己再无活路。他怅然望着船舱外颍河岸边的景色，自顾自念叨：“这是什么地方？”

“豫州项城。”不远处一名朝廷官吏应声而答，语气中似流露出一股傲气。

“哦……”王淩无意间扫了那人一眼，只见他面色黝黑，长相奇丑，似曾相识但又实在想不起来。王淩不想在他身上浪费太多时间，继续向颍河岸边眺望。

一座祠堂赫然出现在他的视线之内。

王淩全神贯注地凝视，这不是故交贾逵的祠堂吗？他记起当年和贾逵的友情。猛然间，王淩想到，莫非那黑脸的官吏便是贾逵的儿子贾充？贾逵早在二十多年前就死了，那时贾充年仅十一岁，相隔多年，也难怪王淩认不出来。贾逵生前官拜豫州刺史，死后豫州百姓追思怀念，遂在当地给他设立祠堂，那黑脸官吏说起豫州项城颇为自豪，恐怕也是这个缘故吧。

那人确是贾逵之子——贾充，他官拜黄门侍郎，早已成为司马家族的心腹亲信。

王淩认出贾充，当即伸手入怀，掏出之前那封儿子王广劝阻自己的信笺，递到贾充面前。

“请把这信交给太傅。”

贾充接过信，点点头。

继而，王淩继续遥望向岸边，心境沉浸在几十年前和贾逵、司马朗两位挚友欢声笑语的时光。突然，他对着岸边的贾逵祠堂放声高呼：“贾梁道（贾逵字梁道）！王淩乃大魏忠臣，唯你泉下有知，能明了我一片忠心哪！”

听到王淩的喊话，站在后面的贾充忍不住浑身一震，很快，他又恢复镇定，心底充斥着对王淩的不屑。可笑可叹，我父早已故去二十余年，你对社稷的忠心，还是到九泉之下跟他老人家去诉说吧！

公元 251 年 6 月 15 日深夜，七十九岁的王淩在船舱中服毒自杀。这位汉末名臣王允的后人，在没有兵权的情况下企图拥立曹彪对付司马懿。希望如此渺茫，王淩为何一意孤行？可以这样说，他高估了魏国臣子对曹氏的忠诚。以王淩的判断，他认为纵使自己手无寸铁，只要振臂一呼，仍能带动淮南及周边驻军为魏室社稷尽忠。结局令人叹惋，他死前的种种表现似乎也缺乏骨气，但人皆有求生之心，不能苛全责备，更何况，他独自面对司马懿的数万大军，这种心理压力确是常人难以承受的。最后，王淩在彻底绝望中，变回一个畏惧死亡的平凡老人。

王淩死后，王淩的长子王广被押送到司马懿面前。

司马懿言道：“听说你当初曾劝过你父亲，倘若他听了你的话也不至于落得这个结局。我念你一片忠心，想赦免你的死罪。”

王广回答说：“我当初之所以劝阻家父，皆因时机不成熟。家父是太傅口中的叛贼，实乃魏室忠臣；我是太傅口中的忠臣，实乃魏室叛贼。家父不幸事败身死，我也绝不苟且偷生。”言讫，王广拔剑自刎。王淩的另外几个儿子也都在不久后被处以极刑。

淮南一叛：残局

王淩一门惨遭族灭，在王淩的众多亲戚中有一人身份颇为特殊，这人是王淩的妹妹，同时也是雍凉都督郭淮的夫人。

王凌死后几天，远在雍州关中地区，负责收捕犯人的官吏将王凌的妹妹押解回京，等待她的无疑将是斩首。

在郭淮的府邸，他的五个儿子痛哭流涕恳请父亲保住母亲。

“咱家数次协助太傅，如今……他怎能如此对待咱们？”

郭淮纵横沙场一生，从未怕过敌人，可此时此刻，他却因惧怕司马懿的权势无法保护夫人。

“我何尝不想把你们母亲追回来啊！”

听他这样一说，五个儿子哭得更加悲切。

“您身为雍凉都督，手握重兵，一定能保全母亲性命！”

郭淮不由得潸然泪下，不过，哀伤的情绪并没有阻碍他飞速运转的脑细胞。“想救人，单凭咱们还不行，你们去问问众将官和部落族长的意思吧……”

平日里，雍凉将校和羌族部落族长都受过郭淮夫人的恩情，当他们得知这一噩耗后难掩悲愤，纷纷请求郭淮追回夫人。

“将军！不能任由他们把夫人押走！此一别再无相见之日！”

“请将军派人追回夫人，我们愿一同上奏，请求朝廷开恩。”

事情闹得越来越大，最后，竟有数千人聚集在郭淮府邸周围不肯离去，眼看着，雍州即将发生一场不小的动荡了。

郭淮的儿子们见此情景，纷纷跪地叩头，以至额头血流如注：“求您派人把母亲追回来吧！若母亲遭受不幸，我们也不活了！”

郭淮老泪纵横，他对前来请愿的众人拱手施了一礼：“我郭淮对诸位的厚意，在此拜谢了！”言讫，他高声喝令，“追回夫人！”

闻听郭淮的军令，顷刻间，数千人翻身跃马疾驰而去。当天，众人带着郭淮的夫人回来了。

夫人是平安归来，但郭淮也犯下抗命拒捕之罪，如何是好？他抱着不惜鱼死网破的态度给司马懿写了一封信。

“臣的五个孩子舍不得母亲，若他们母亲死了，他们也将同赴黄泉，若没有这五个孩子，也没有我郭淮！臣自知犯法，甘愿受罚！”郭淮传达给司马懿的意思是：夫人没了就意味着自己家破人亡，倘若真被逼到这份儿上，自己身为雍凉都督，绝不会坐以待毙。

司马懿谨慎斟酌着信中每一个字，同时，他也听说了雍州的民意。良久，他长吁了口气，传令下去："将郭淮的夫人赦免吧……"

王淩的妹妹，成为王淩家人中的唯一幸存者。

庞大的太原王氏中，王淩这一支算是彻底绝了，可另一支王昶则依旧显赫。很显然，王昶完全没有参与族兄王淩的计划，日后，王昶不仅延续，更是光大了太原王氏，他的子孙俱成为西晋重臣，以后还会讲到。

几天后，司马懿亲临寿春稳定当地局势，并将王淩谋反事件中有牵连者，包括先前招供的杨康一一处决。

受刑者不仅仅局限于活人，还包括死人。令狐愚的坟墓被挖得乱七八糟，尸体被悬挂在寿春市集附近暴尸三天。

除了这些人之外，此案中的另一位主角，楚王曹彪颇令人感到棘手。

"难道要审理藩王？"

"不如直接定他的罪，让他自裁吧。"

于是，这件事绕开了司法程序，未经由廷尉当面审理，而是由朝廷下诏直接勒令曹彪在藩国内自尽。临死前，曹彪又回想起当初相术大师朱建平对他说过的话："您在五十七岁的时候恐有刀兵之灾，请一定要谨慎防范。"这一年，曹彪刚好五十七岁。另外，曹彪藩国内的数百名幕僚属官也都被处死了。

曹彪一死楚国即被削除，划归淮南郡。淮南郡北至平阿，中有寿春（魏国扬州都督的驻地），南至合肥（防御吴国的军事重镇），这里正是魏国历届扬州都督的管辖范围。王淩是第一个在淮南掀起叛乱的藩镇重臣，却不是最后一个。淮南，也注定称为魏国晚期一个传奇之地，在往后的故事里还会多次出现。

现实主义者

公元 251 年 6 月，司马懿处理完王淩和曹彪后，忽然感觉精力从自己身体里飞速流失而去，他从没有这样疲惫过。司马懿病倒了。这一次，他是真的病了。

这天，太仆庾嶷奉朝廷之命来到司马懿的府邸。

开门迎接的是司马师。

“原来是庾大人！快快有请。”

“我带有朝廷诏书。”庾嶷含笑道。这位庾嶷出身颍川名门，颍川庾氏是魏朝时崛起的新锐士族，他们和司马家族关系非常好，到了晋朝时，庾氏家族相当兴盛，关于庾氏子孙，在讲到晋朝时会成为重要角色。

司马师听到这话，正了正衣冠：“原来如此，家父仍卧病在床，您且稍等，我扶他老人家出来接旨。”

庾嶷慌忙拦住司马师：“别劳烦司马公了，我们进去，在他床边宣读诏书即可。”

随即，他在司马师的引领下进了司马懿的寝室，大声宣读诏书。

“陛下念司马公匡扶社稷功勋卓著。故拜司马公为相国，册封安平郡公！”自曹丕登基，魏朝迄今三十余年从未有过丞相，而外姓功臣最高只能封侯，只有皇室成员才能册封为公和王。如今，朝廷要拜司马懿为丞相、册封公，这可是前所未有的事。

司马懿静静地躺在床上听旨，他暗想：当年魏国的霸业就是从曹操官拜汉朝丞相、受封魏公开始的，想来朝廷已将自己定性为凶狠的权臣了吧？但时机还不到，倘若接受册封必令天下群情激奋，自己时日无多，今后，司马家族的后继者能否应付得了那种局面？

待庾嶷读完诏书，司马懿勉强撑起身子。

“请庾大人替我回绝了吧。”

“这……”庾嶷心里犯起嘀咕：无论司马懿接受不接受官爵，他既已走上这条路，是无论如何都回不了头了。

“诏书恕我不能接受！万万不能接受！”司马懿坚决推辞。

“好吧，那我回去跟陛下说说。”

送走了庾嶷，司马懿小声嘀咕了一句：“都是些招惹是非的虚名，要之何用！”

既然官爵是虚名，那什么是实在的呢？极具现实主义色彩的司马懿强忍着病痛，给朝廷上了一封奏表。

“为防止今后再出现类似楚王曹彪这种事，臣恳请将所有魏室藩王安置在邺城，并派专人监察，如此方可保社稷安泰。”邺城属于黄河以北的冀州，是魏国建国后的第一个都城，后成为魏国五都（邺城、洛阳、许昌、长安、谯郡）之一。

原本只有燕王曹宇住在邺城。这些天，曹宇看着多年未曾谋面的兄弟浩浩荡荡都涌进城里，心头百感交集，难以言表。从这一刻起，邺城便成为囚禁曹氏藩王的奢华监狱，那些曹操的子孙后代从此再也没有丝毫力量能反抗司马家族了。

无悔无憾

几天后，疾病蔓延至司马懿的全身，他感到前所未有的痛苦，只能静候死期的到来。我已经做得太多了，这次，恐怕真是不行了……司马懿一生中两次装病。第一次，他欺骗曹操，躲过了充满变数的乱世；第二次，他欺骗曹爽，将曹氏社稷纳于掌中。

司马懿就这样静静地躺着，有时候，他仿佛能看到王淩的冤魂飘浮在自己眼前。滚开！他怒斥着，奋力伸手将这影像挥去。

王淩的影像随之散去，司马懿这才看清他床前有无数双眼睛正凝视着自己，在这里，会集了他的八个儿子，司马师、司马昭、司马榦、司马亮、司马伷、司马骏、司马肜、司马伦，还有以司马孚为首的几个弟弟，当然，还有弟弟们不计其数的儿子。司马家族何其壮大啊！司马懿感到无比欣慰，忍不住开怀大笑起来，不过，这笑容在旁人看来，仅仅是脸部皮肤的一阵细微抽搐，以及喉咙中发出的痛苦的咯咯声。司马懿实在病得太重了。

“你们今后好自为之……”他艰难地挤出这几个字后不得不进行长时间的休息。勉强积攒了一点力气，才又张开嘴，缓缓地说出了他此生最后的遗言：“我死后……司马家族的子孙，永远、永远不准拜谒我的陵墓……而且……而且……从今以后，我司马家族任何人，都不准拜谒先代陵墓……切记！切记！”几年前，司马懿正是趁着曹芳拜谒曹叡陵墓的机会才得以成功发动政变，这件事令他刻骨铭心。后来，司马家族的子嗣一直恪守祖训，放弃了谒陵制度，这一传统延续到了西晋和东晋时代，即便司马家族登上九五之尊，皇帝也极少去拜谒皇陵。

司马懿说完这番话后，再也张不开嘴了。他环视着家人，最终，他的目光回落到长子司马师的脸上。

突然，司马懿使尽浑身最后的力气向司马师伸出了手，司马师慌忙握住。

给你了，接得住吗？司马懿说不出一句话，却以目光和手部的颤抖传递着信息。

接得住！司马师也没有说话，他牢牢地握着父亲的手，并将这信息以同样的方式回传给父亲。

司马懿平静了下来，他缓缓地闭上眼睛，心脏也随之停止跳动。

“仲达！仲达！”在一片漆黑之中，曹丕狰狞的面孔浮现在司马懿的眼前。

“先帝……”他曾无比惧怕这个人，此刻却敢昂首与之对视。

“你怎么如此狠毒！就不能手下留情吗？”曹丕痛苦地哀求着。

“先帝您难道忘了吗？当初您要处死杨俊的时候，臣也是这样向您苦苦哀求的呀！……”司马懿不再搭理曹丕。

只一瞬间，他又回到了四十三年前的那天深夜，那时候，他刚刚出仕曹操幕僚，也刚刚喜迎长子司马师的降生。他看到另一个年轻的自己站在满月的司马师床前，映着一轮明月心中许下一个宏愿：誓要将司马氏一族发扬壮大。

我此生无悔无憾！

旋即，司马懿哈哈大笑不止。

公元 251 年 9 月 7 日，士族的领袖，魏国的权臣和掘墓人，晋朝的奠基人，非凡的谋略家——司马懿在洛阳病故，享年七十三岁。他死的时候，食邑高达五万户，司马家族中共有十九人被封侯，其权势当之无愧地成为天下冠首。司马懿的尸体被埋在洛阳旁边北邙山的高原陵，不设高坟，不种树木，素服简葬。司马懿死后，朝廷追谥他为“文宣侯”，很多年后，他的孙子司马炎称帝建立晋朝，司马懿遂被追谥为“宣皇帝”，庙号“高祖”。

司马懿死后，他的长子司马师立刻在朝廷公卿的支持下获得录尚书事（监管尚书台政务）的权力。

过了两个月，朝廷决定在曹氏宗庙祭奠已故功臣。对于那些已故功臣牌位的排列顺序，群臣异口同声道：“司马太傅居功至伟，理应排在最高位！”

公卿面冲着魏帝曹芳，眼神却惶恐谦恭地望向司马师。

一个良辰吉日，洛阳曹氏皇族的宗庙香火缭绕，在曹操的牌位之下便是司马懿的牌位。以司马师、司马孚为首的司马家族成员无不心潮澎湃。司马懿究竟以何功劳荣登魏国最高功臣之位？想必是因为他诛杀曹爽和曹彪，将曹氏扼于掌中吧。与其说公卿对曹操的牌位躬身而拜，毋宁说他们拜的是司马懿，或是站在旁边活生生的司马师，抑或是自己的政治前途和家族兴隆。

公元 252 年 1 月，司马师晋升大将军、都督中外军事（中央军最高统帅）、录尚书事（监管尚书台政务），集魏国军政大权于一身。司马家族的权威并未随着司马懿的死而终结，却稳稳地落入司马师手里。

“江东”诸葛氏

正当魏国的军政权力由司马懿向司马师过渡的这段时间，吴国也即将出现一位超级权臣。在讲他的故事前，我们有必要扒一扒吴国最具重量级的外来户——业已病故的诸葛瑾及其家族。

诸葛氏祖籍徐州琅邪，西汉时，诸葛丰官拜司隶校尉，他是最早让这一家族扬名天下的人，后来诸葛丰得罪朝中权臣被罢免，以平民的身份终老于家。此后一直到东汉末的二百年里，诸葛氏并没有走出什么杰出人物。所以，诸葛氏虽是个大家族，但和颍川荀氏、河内司马氏这些真正的世家完全不可同日而语。但到了诸葛亮、诸葛瑾这一代时，家族声望直线飙升。编写《吴书》的韦昭评价道：“三国时代，诸葛亮位居蜀汉丞相，诸葛瑾位居吴国大将军，他的儿子诸葛恪手握吴国边境兵权，族弟诸葛诞也在魏国扬名立万，一个家族在三国显赫世所罕见。”

我们讲讲这个从徐州琅邪逃难到江东的诸葛瑾，他不光是吴国最具分量的重臣，而且，他极具传奇色彩的政治生涯也颇能体现孙氏政权的特色。

对诸葛瑾稍有了解的人会把他想象成一个文臣，实际上，诸葛瑾只是刚出道时在孙权手下做过几年幕僚，之后他一直戎马生涯，是位十足的武将。之所以出现这种认识上的误差说起来尴尬，完全是由于他的军事履历根本拿不出手。

来看看诸葛瑾的战绩。

公元 222 年，魏国北荆州都督夏侯尚围攻江陵，诸葛瑾连连失手，差点就把这个南荆州重镇给丢了，幸运的是，夏侯尚正打得起劲却被朝廷诏令撤军，江陵之围得以解除；公元 226 年，诸葛瑾进攻北荆州战败；公元 236 年，诸葛瑾第二次进攻北荆州战败；公元 241 年（魏国正始年间），诸葛瑾第三次进攻北荆州战败。

要说诸葛瑾这辈子从没打过胜仗也不尽然。公元 220 年，他跟着吕蒙打关羽（大意失荆州事件）胜了；公元 222 年跟着陆逊打刘备（夷陵之战）胜了。但无论谁都明白，这两场战役的主角——吕蒙和陆逊俱是三国时最牛的军事猛人，诸葛瑾跟他俩混就算想打败仗都没机会。总而言之，这是诸葛瑾仅有的两场胜绩。

然而，诸葛瑾官位蹿升速度之快、地位之高却是吴国独一无二的。公元 229 年孙权刚一称帝，诸葛瑾便官拜大将军，权势仅次于陆逊。前文讲过，诸葛瑾在恰当的时间来到恰当的地点，成为孙权平衡江东士族的重要筹码，这是外因，而内因则是诸葛瑾凭借得天独厚的条件把自己的优势发挥到了极致。

诸葛瑾的优势到底是什么？在《三国志》诸葛瑾的传记里，几乎通篇都在讲他一个特点——会做人。无论江北士族还是江东士族乃至孙氏皇族（孙权的堂兄弟以及孙权的儿子们），无不跟诸葛瑾推心置腹，以诚相待。按说孙权要拿诸葛瑾对付江东士族，但诸葛瑾反而与江东士族保持良好的关系，这难道不是跟孙权的初衷背道而驰吗？我们可以用四个字来解释——仁者无敌。孙权正是看到诸葛瑾的好人缘，于是，他抬诸葛瑾扼制江东士族，正好让江东士族说不出话来。

除此之外，诸葛瑾还做过一件很容易被人忽略的大事。就在孙权杀关羽，夺取南荆州后，吴蜀两国的关系降到了冰点。刘备倾国出动讨伐孙权，魏国隔岸观火，吴国几乎面临灭顶之灾。当时诸葛瑾驻守南荆州，处于吴蜀两国的边境，朝野间盛传诸葛瑾暗通蜀国，为自己谋后路。出现这种舆论，表面上看是吴国人怀疑诸葛瑾，实则却意味着吴国边境已有动荡趋势。在这种局面下，诸葛瑾给刘备写了封公开信劝其退兵。为《三国志》作注解的南朝著名史学家裴松之认为，信中劝说刘备的措辞既缺乏逻辑，又毫无出彩之处，一字不差地录于史册未免浪费篇幅，但显然，裴松之并没意识到这封信的真正含义——诸葛瑾借机向所有人陈明自己坚定支持孙权的政治立场，以及他为稳定边境局势起到的巨大作用。

孙权当局者清，他很默契地力挺诸葛瑾，更公开宣称："我跟子瑜（诸葛瑾字子瑜）可谓神交，有生死不改的誓言，子瑜不会辜负我，就如我不会辜负子瑜。"刻薄寡恩又难伺候的孙权居然声称诸葛瑾和自己是"神交""生死之交"，诚然，这里面暗含极大政治寓意，但也不难看出诸葛瑾在孙权心里的分量。

不夸张地说，诸葛瑾用一封词不达意的信，以四两拨千斤的架势稳住吴国边境，这才给陆逊击败刘备创造了条件和基础。此后，在吴国与蜀国结盟的大背景下，诸葛瑾又承担起维系两国感情纽带这个至关重要的作用。

原先的江北难民诸葛瑾，以处处与人为善作为安身立命的根本，纵横吴国政坛数十年，并把诸葛氏经营成能与江东本土"吴郡四姓"平起平坐的外来豪族，确实不易。

接下来，我们再介绍一下诸葛瑾的两个儿子——长子诸葛恪和次子诸葛融。不知道是不是诸葛瑾失于家教，这两个官二代的性格跟他们老爸相比，可谓大相径庭。

次子诸葛融是个十足的纨绔子弟，才略平庸，诸葛瑾死后，他接替老爸镇守南荆州重镇公安，没什么好说的。

着重要讲的是长子诸葛恪。他的性格跟诸葛瑾绝对属于两个极端。诸葛瑾从不得罪人，性格谨慎。诸葛恪张扬，天不怕地不怕，打他很小的时候，就敢拿吴国重臣张昭开涮。

有次，孙权非要劝张昭喝酒，张昭死活不喝，板着脸说："这是对老臣不尊重。"张昭的倔脾气屡次得罪孙权。孙权顾忌张昭资历老不便发作，但实则相当忌恨。

诸葛恪在旁奚落道："当年吕尚九十岁率军出征，尚且不说自己老。如今要操心军务的时候让您躲在后面，喝酒的时候把您抬到前面，这还不算礼遇老臣吗？"

张昭不好意思跟一个小孩儿斗嘴，又心知有孙权撑腰，只得屈从。

关于诸葛恪跟人耍嘴皮子的事迹在史书中有诸多记载，放到今天，他大概能当一个出色的脱口秀主持人。不过放到三国时期的吴国，他这种性格则被孙权利用、纵容，成了孙权寻开心打击张昭等重臣的利器。

早在公元 241 年，即魏国正始二年，诸葛瑾就病死了。他死得很不安心，以至临终前嘴里还不住念叨着：“元逊（诸葛恪字元逊）这孩子非但不会兴旺家族，更是会让家族走向灭亡啊！”

十思而后行

公元 252 年，远在江东的吴都建邺，吴国皇帝孙权已病入膏肓。他预感自己将不久于人世，便让堂侄孙孙峻担任武卫将军（皇宫禁军将领），希望借此强化皇室的力量。最近，孙权心里总觉得不安，按说他已经把“吴郡四姓”压得喘不过气来，那么，他的不安又因何而起呢？

“这些日子群臣全都跟我提议让诸葛恪辅政，但我越来越觉得诸葛恪性格桀骜不驯，恐怕将来难控制……”自陆逊死后，诸葛恪官拜大将军，与上大将军吕岱协力驻守吴国的第二都城——武昌。

孙权这话是对孙峻说的。他很想听听孙峻的想法。

然而，孙峻资历尚浅，他不想一上台就跟诸葛恪站在对立面，反而决定死抱诸葛恪的大腿，遂劝道：“诸葛恪器量恢宏，足可担当辅政重任！”

没骨气……

孙权略感失望，但通过孙峻的话，他也明白诸葛恪是众望所归，无论如何不能置之不理了。于是，他下诏宣诸葛恪入京，准备让诸葛恪辅佐太子登基。

诸葛恪一接到诏书，马上意识到属于自己的时代即将到来。

“备马！准备进京！”

恰在他要起程之时，远处一个老者在侍从的搀扶下向自己快步走来。

“元逊（诸葛恪字元逊），等等！”来者正是上大将军吕岱，已九十岁高龄，这一路小跑，让他颇有些吃不消。

“哦？是吕大人？”诸葛恪迎上前，“有什么要吩咐晚辈的？”

“你……等等……”吕岱喘着粗气，歇了好一会儿才缓过来，“临行前听老夫嘱咐两句。”

“吕大人请讲，我听着呢。”

“世事难料，灾祸无处不在，你性格轻浮，此番进京务必十思而后行！”

诸葛恪不由得板起了脸：“以前季文子言三思而后行，孔子言再思即可，吕大人却教我十思，难道是骂我傻吗？”

论辈分，吕岱是诸葛恪的长辈，论官位，吕岱也在诸葛恪之上，他没想到这番善意叮嘱却把对方惹得不高兴了。吕岱面色不悦，叹了口气：“唉！老夫一番好意，只希望你能多加小心。”

“多谢吕大人提醒。”

诸葛恪辞别了吕岱，两天后抵达吴都建邺。他一入朝，即受拜太子太傅。太子太傅是孙亮的老师，孙权希望诸葛恪能跟孙亮建立感情，为将来辅政打下基础。翌月，孙权册封五子孙奋、六子孙休为藩王，并让这两个儿子定居到武昌和虎林，两处皆位于长江沿岸，是战略要地。此举是为强化藩王的军事实力，以平衡朝廷重臣。

又过了几个月，孙权病情加重，陷入长久的昏迷中。这天，他在梦中想起一件事，猛然惊醒。这是他此生最后的未竟之事——托孤。“赶快召太子太傅诸葛恪、中书令孙弘、太常滕胤、右部督吕据、武卫将军孙峻过来。”这五位中，孙峻属于孙氏皇族自不必赘言，诸葛恪祖籍徐州，吕据祖籍豫州，滕胤祖籍青州，只有孙弘祖籍江东，但也非吴郡人，而是会稽郡人。按说吴国建立后，从未发生吴郡士族背叛孙权的事，但孙权自始至终对吴郡士族抱着忌惮。究其原因，恐怕是孙氏出身低微，面对吴郡士族，尤其是“吴郡四姓”有种与生俱来的被压迫感吧。

须臾，诸葛恪等五人叩拜在孙权病榻下。

孙权开始口齿含混地嘱托后事：“……恐怕今后再不能与诸位相见了，我死后，请诸位悉心辅佐太子……”

“臣等以死奉诏！”

孙权闭目沉思。诸葛氏该不会成为第二个陆氏吧？应该不会，毕竟他们家在江东只存续了两代。想到这里，孙权稍稍安心了些，又说道：“从今往后，朝政就委托给几位全权处理，切勿辜负我的信任。”

“臣一定不负陛下托付……”诸葛恪只听到一阵鼾声，偷偷往病榻上窥探，只见孙权已然昏睡过去了。

崛起的权臣

诸葛恪、孙弘、滕胤、吕据、孙峻这五位托孤重臣静悄悄地退出了寝宫，往皇宫外走去。眼看快走到宫门，孙弘停住了脚步。

“我先回趟中书省，就不陪几位出宫了。”吴国中书省与魏国中书省职能一样，且都坐落于皇宫内。

孙弘目送几位同僚出了皇宫，然后独自一人回到中书省。他愁眉不展，无比忧虑自己的前途命运。

怎么办呢？虽说同是托孤重臣，但明显诸葛恪实力最强。他若要害我，我可是毫无还手之力。

孙弘之所以害怕诸葛恪，是因为早在“南鲁党争”时，他接二连三陷害过一大批太子党重臣，其中，被他陷害的张休就是诸葛恪的亲戚。诸葛恪早年也是太子党，后来迫于局势不得不脚踩两只船，更因此赔上了儿子诸葛绰一条命。总之，孙弘的担心并非杞人忧天，诸葛恪绝不会成为他的朋友。

孙弘独坐中书省彻夜未眠。次日清晨，他踌躇来到孙权的寝宫外，想再探听探听孙权的口风。可等了很久，寝宫内一点声音都没有。

孙弘拽住一个宦官：“你进去看看陛下醒了没有。”

宦官进了寝宫，片刻后连滚带爬地跑了出来：“孙大人，陛下……陛下他……”

“陛下怎么了？快说！”

“陛下驾崩了！”

“啊！”孙弘瞠目结舌。

公元252年5月，继承父兄遗志，创建吴国的帝王孙权于七十一岁病故。他极擅长以外交手段谋求利益和生存空间，虽然吴国的实力强于蜀国，但孙权却比刘备晚称帝八年，这是因为他不想碰触魏国和蜀国敏感的神经。他的一生闪现着众多特点，集睿智与昏聩、霸气与隐忍于一身，他盛年时与臣子同生共死，对下属厚恩相待，到了晚年，却将吴国众多功臣名将（包括他们的后代）屠戮殆尽，甚至无情地迫害自己的儿子，展现出极其复杂的性格。

“中书令大人！”宦官使劲揪着孙弘的袖子，“您别傻愣着呀！得赶快通知群臣。”

此刻，孙弘脑子里只有绝望。晚了，要想劝说孙权抑制诸葛恪再无可能。除非……陡然间，他冒出一个大胆的念头。

“你喊什么！”孙弘一把将宦官拉进寝宫，“陛下驾崩这事，跟谁都不准说，听见没！”

宦官吓得连连点头。

孙弘暂时压住孙权驾崩的消息，又假借孙权的名义写了一封要诛杀诸葛恪的诏书。不过他清楚，仅凭一封诏书（更何况是矫诏）肯定干不过诸葛恪，要想成功，必须争取到手握皇宫禁军兵权的武卫将军孙峻的支持。

孙弘把矫诏偷偷拿给孙峻看：“陛下刚刚驾崩，临死前授意我除掉诸葛恪。”

孙峻看毕，浑身直冒冷汗，他断定这一定是矫诏，心想，诸葛恪权倾朝野，诸葛融又掌兵在外，孙弘这么干就是找死，自己可不能平白无故地搭上性命。他不动声色地言道：“要对付诸葛恪还得从长计议。既然陛下有诏，中书令大人放心，我一定会鼎力相助。”他敷衍过孙弘，然后飞一般跑往诸葛恪处，将孙弘的密谋和盘托出……

诸葛恪当即吩咐侍卫：“去跟孙弘说，我要找他商议政务，不管用什么办法都得把他请来！”

孙弘手里没兵，只能硬着头皮去。他进了诸葛恪府，却见到孙峻缩在一旁，顿时明白了一切。

“杀了！”诸葛恪一声令下，左右侍卫拔刀出鞘，当场将孙弘剁成了肉泥。

血溅了孙峻一身，吓得他差点瘫在地上。

孙弘死后，孙权驾崩的消息即被公布于众，年仅九岁的孙亮登基。诸葛恪官拜太傅，权倾朝野。

当月，诸葛恪发布诏书：“藩王不懂军事，但他们的藩国却占据各个军事重镇，对社稷有弊无利。前阵子，魏国曹彪勾结王凌谋反就是前车之鉴。因此，朝廷决定把孙奋（孙权第五子）从武昌迁到豫章，孙休（孙权第六子）从虎林迁到丹杨。从今以后，藩王不得染指兵权，以免威胁朝廷。”孙权一共有七个儿子，其中两人早夭，孙和被流放后徙居长沙，孙霸赐死，孙亮登基，除此之外便只剩下孙奋和孙休了。

孙奋接到诏书后拒不从命。

诸葛恪给孙奋写了一封恐吓信，大意如下：“当初，孙霸如果接纳忠言，居安思危，就不会有被处死的惨剧发生。你该以孙霸为戒。若你心怀不轨，我宁愿做出对不起你的事，也不会辜负了国家。”

仅仅十个月前，在魏国的颍河之上，司马懿曾对王凌说过一句类似的话：“我宁愿负卿，也不负国家。”

孙奋明白了，如果自己再抗命肯定死无葬身之地。最后，他不得不服软。

孙休倒没像孙奋这么执拗，老老实实地去了丹杨，但境遇也好不到哪里去，他遭到丹杨太守李衡的苛刻对待。这位李衡，在任丹杨太守以前正是诸葛恪的幕僚。

孙权临死前让孙奋、孙休掌兵，可不料自己刚死，这两个儿子就被诸葛恪整垮了。

接着，诸葛恪又让镇守南荆州重镇公安的弟弟诸葛融严加戒备边境诸将，禁止任何守将以吊唁孙权为由擅自来建邺。如此，边境诸将也就不会威胁到诸葛恪在朝廷的地位了。

诸葛恪以强硬手段压住了朝廷、藩王以及边境众将，成了吴国地位最高的权臣。

巢湖大堤

在巢湖以东，是濡须水（即是今天的裕溪河）的入河口，这里属于吴国境内，称作东关（今安徽省巢湖市）。坐落在巢湖西北岸边的则是魏国军事重镇——合肥。合肥与东关隔着巢湖遥相对峙，是魏吴两国东部边境的主要战场。

孙权驾崩过了大半年，到公元 252 年 12 月，诸葛恪会集大军进驻东关。时已寒冬，诸葛恪身穿一件厚实的皮裘，迎着飕飗冷风站在巢湖岸边，抬手指着濡须水的入河口下令道："就在那里筑堤坝。在堤坝的东侧和西侧建两座城，全端率一千人留守西城，留略率一千人留守东城。"如此一来，巢湖水通往长江的河道被阻塞，湖水上涨势必对魏国合肥造成干扰。两座城池依山傍湖而建，成为守护东关大堤的桥头堡。

诸葛恪在魏国的边境重镇旁插下了两颗坚实的钉子，旋即率军返回吴都建邺。

没多久，魏国获知诸葛恪在东关的举动。司马师把辖区与吴国接壤的四位军事统帅——荆州都督王昶、豫州都督毌（guàn）丘俭、扬州都督诸葛诞、徐青都督胡遵召回京都，商议对抗吴国的战略。

王昶懒得管淮南的事，他提议率荆州水军沿长江顺流向东，直插吴国腹地，沿途攻略长江南岸城池。常年来，魏国对吴国的战争都是从江北纵向深入江南，但王昶却打算沿着长江从西打到东，横扫吴国北线。他的战术相当激进，这一方面源于他多年治理荆州水军的自信，另一方面也是为争口气。原本，他曾统领荆、豫二州，可在正始年间，豫州却被曹爽强行划分给了毌丘俭。

毌丘俭则有些低调："我不认为当前是讨伐吴国的良机，不如先踏踏实实储备军粮，等条件成熟再伺机而动。"他从王昶手中接管统领豫州的时间不长，自忖实力不济，再加上豫州虽与吴国接壤，但并非主战场，因而提出了一个相对保守的策略。

胡遵镇守青州和徐州，虽然徐州与吴国接壤，但因为地理因素，这里也无缘成为两国相争的主战场。当年曹丕东巡时想经由徐州讨伐吴国，最后也只能隔江观望，无从下手。可是，胡遵不甘受冷落，他希望借此战让自己的地位更上一层楼，但他若想伐吴就必须绕道扬州诸葛诞的辖区，还得在淮南开战。于是，他提出了另一个策略："伐吴须多路进攻，让他们首尾不能相顾。我打算与王昶、毌丘俭、诸葛诞四道并进。我和诸葛诞负责攻克巢湖大堤。"他想：只要把战争规模搞大，自己也就能顺理成章地掺和进来了。

司马师听着三位军事统帅完全站在各自立场上拿出的三套方案，心里有点犯难。他扭头询问诸葛诞："你的意思呢？"

诸葛诞言道："若想不受制于人就该先发制人。我建议让王昶进逼江陵，毌丘俭进逼武昌，二人牵制住长江上流的吴国军队，臣与胡遵围攻巢湖大堤，等吴国援军一来就能集中兵力与之决战！"诸葛诞的策略和胡遵不谋而合。

"嗯……"司马师沉思片刻，又问一旁的傅嘏，"你怎么想？"

正始年间，傅嘏备受曹爽排挤，乃是司马家族的忠实党羽。他先是对当前局势详尽分析了一番，最后说道："下臣认为，毌丘俭的策略更妥当。咱们先稳住局势，吴国土崩瓦解是大势所趋。若逞一时之功，兵行险道，未免冒失。"

在四位军事统帅中，主战派王昶和胡遵都是司马家族的嫡系，诸葛诞和毌丘俭则曾是曹爽旧党。毌丘俭希望保存自己的实力，诸葛诞却支持胡遵，明显表现出转投司马师阵营的意思。而傅嘏竟公然支持毌丘俭，这让司马师略感不爽。"你说得不对！伐吴攻略，以诸葛诞之议为定论！"

公元 252 年 12 月底，司马师下旨，命王昶攻向江陵，毌丘俭攻向武昌；胡遵、诸葛诞两军合流剑指东关，这二人的目的即摧毁巢湖大堤。同时，司马师为了提拔司马昭，更让司马昭担任此战名义上的最高统帅。

"我把节钺交给你。但战场上的事你不用过多掺和，听胡遵和诸葛诞的就行了。"

司马昭接过节钺，点了点头。

巢湖上的浮桥

公元 253 年 1 月，司马昭遵从哥哥的命令坐镇后方，胡遵、诸葛诞会合七万大军抵达东关。二人远远望向壮观的巢湖大堤，但见在堤坝两旁，巍峨耸立着两座城池。

这天，巢湖附近正下着冰雹，天空电闪雷鸣。一道电光划过，两座敌城黑漆漆的影子映在湖面上显得分外凶险。

"若要摧毁堤坝，必先攻克这两座城。"诸葛诞喃喃自语。

胡遵抹了一把脸上的雨水，分析道："两座城池依山傍水，想要攻城，只能通过巢湖渡到对岸城下，依我看，不如在湖面上搭建一座浮桥，方便我军往来奔波。"顺带提一句，三十年前，夏侯尚围攻江陵时在江面架设浮桥就遭到董昭的劝阻："这是自寻死路！在平地用兵尚且艰险，更何况是摇摆不定的浮桥上？浮桥深连敌阵，桥面狭小，若被敌军摧毁，我军尽成降虏。"后果不出董昭所料，夏侯尚仓皇撤军才幸而得免。

"搭建浮桥怕不太稳妥吧……"诸葛诞有些拿不定主意。

"敌城内仅有一千吴军镇守，只要全速攻下，就不会有危险。"

"既然如此，你从浮桥上攻城，我在岸边策应。"

当时，胡遵官拜征东将军，位阶高于诸葛诞的镇南将军，不过，二人分别掌管自己州的军权，基本上属于各自为战的状态，谁也管不了谁。几天后，一座横跨巢湖，可供数千人往来奔波的浮桥即搭建而成。

在寒风凛冽的湖面上，魏军前锋将领韩综焦急地督战："攻城！攻城！一定要赶在诸葛恪的援军到来前攻下来！"这位韩综是十几年前受政治迫害叛逃到魏国的吴国名将韩当之子。此时，虽然有浮桥供魏军通行，但桥面稳定性极差，韩综的攻城战没什么进展。

几天过去了，护卫巢湖大堤的东西二城池仍在全端和留略的坚守下矗立不倒，而诸葛恪已经带着四万吴军赶赴至东关战场。这场战争中，双方统帅俱是琅邪诸葛氏族人，诸葛诞论辈分是诸葛恪的族叔，不过二人各为其主，自然全无同族情分。

这个时候，吴国援军的前锋丁奉判断："四万吴军行动缓慢，若延误战机，一旦魏军占据有利地形，势必难以抵挡。"于是，他亲率麾下三千人径自奔赴前线，然后命士卒脱下重甲，穿着简陋的装备，在敌阵前虚张声势。

适逢漫天飞雪，魏军部分将士在巢湖浮桥上饮酒取暖，他们对丁奉这支看似不堪一击的吴军根本不屑一顾，渐渐放松了警惕。而在岸边驻防的少部分魏军，正紧盯着敌城，对丁奉的援军也视而不见。

"封侯受赏之日近在眼前！冲！"丁奉突然高喊，三千吴军向巢湖岸边的魏军砍杀过去。

离丁奉不远处，一位吴军将领摘下头盔，任凭披散的头发在风中飘曳，继而，他仰面朝天引吭高歌，身后的将士也齐齐和声呼应。唱毕，他一瘸一拐地率本部兵冲向魏军。这人名叫留赞，正是巢湖大堤东城守将留略的爸爸，时已七十岁高龄。史书中描写，留赞每次临敌都会以这种方式鼓舞士气。他早年脚踝因受伤不能伸直，一气之下竟自断脚筋，经过这种简单粗暴的手术，他脚踝最终能够伸直，但也留下残疾。

正奋力攻城的魏军被打得措手不及，纷纷跑上浮桥企图逃离战场，却跟桥上大批魏军挤成一团。转眼间，局面已是一片混乱。

“时机已到！”诸葛恪坐镇中军，挥舞手中令旗，“全军进攻浮桥。”

吴将朱异率主力舰队猛撞浮桥，数千魏军跌落到巢湖中被活活冻死。这位朱异和“南鲁党争”中被害的朱据是同族，属于“吴郡四姓”中的朱氏。

此刻，在巢湖岸边的魏军大营，诸葛诞眼睁睁地看着浮桥上的魏军土崩瓦解，却完全无计可施。

“禀告将军，前锋统帅韩综被俘！”

“乐安太守桓嘉殉国！”

前线败绩接二连三地传来。诸葛诞和胡遵见败势已定，只好下令撤军。而另两路魏军——王昶和田丘俭也因东关主战场失利，各自撤回驻地。

战后，吴国太傅诸葛恪凭借东关大捷加授都督中外军事（中央军最高统帅），兼任荆州牧、扬州牧。

前文说过，州牧拥有一州绝对军政大权，东汉末年州牧林立造成诸侯割据，到了三国时代已鲜有州牧，魏国的州都督和州刺史，实际上是将州牧职权进行拆分。而吴国领土除了最南边的蛮荒地区——交州外，就只有长江以南的扬州（江东）和荆州，诸葛恪这三项任命，几乎等于握有吴国全境的军政大权。

江东诸葛氏在诸葛恪手里达到了巅峰。

危机公关

魏国东关之战打得一败涂地。

朝廷公卿顾忌司马师的面子，不敢把矛头直接指向主帅司马昭，只能弹劾诸葛诞和胡遵。实际上，纵然司马昭只是挂名主帅，并没亲自制定这愚蠢的战术，可一旦战败也脱不开干系。司马昭心里发虚，他想揪出一个人承担战败的责任，遂问幕僚王仪：“这次战败，到底是谁的责任？”

王仪回答得直截了当：“责任在主帅。”

司马昭没想到王仪敢公然指责自己，一时失去理智居然将王仪处死。可是，他这么干适得其反，更引得朝廷议论纷纷。

司马家族的威望面临着巨大危机，就在这时候，司马师上疏：“战败之责跟众将无关！是我没听傅嘏的话才导致了今天的败局。”唐代许嵩在《建康实录》中写道：“遵（胡遵）等勅诸军为浮桥渡。”对于东关之败，胡遵、诸葛诞等人肯定责无旁贷。但司马师把他们的过错全揽到了自己身上。

无论谁都明白，司马师一直待在朝廷，他只是发起战争，却没参与战争。经他这么一说，胡遵等人无不对他感恩戴德。

接着，司马师又说道：“唯有司马昭，身为主帅难辞其咎，故请朝廷削除他的爵位。”

然而，爵位对司马家族来说有那么重要吗？

司马昭接受了削爵的处罚。他明白，大哥这么做正是为了保住家族的威信。

东关之败，魏军死伤数万人，众将大多损失惨重。不过，唯有一名将领带着他的部队全身而退，毫发无损。这人名叫石苞，官任徐州刺史。

石苞在正始年间担任司马师的僚属。早先，司马懿见到石苞后曾嘱咐司马师说：“石苞品行不端，你用这样的人可得小心些。”

司马师回道：“昔日齐桓公不介意管仲（春秋时期辅佐齐桓公成就霸业的名相）奢靡，汉高祖不计较陈平（刘邦麾下杰出的谋略家）贪污，石苞虽不及这两位古人，但也算得上是位贤才。”

石苞没有辜负司马师的信任，在曹氏藩王迁居到邺城期间一度调任邺城，帮司马师严密监视藩王的一举一动。

关东战败后，司马师破格提拔石苞为青州都督。

此前，胡遵任青徐都督，他虽未被降职削爵，可他管辖的青州却从此划拨给了石苞。

另外，诸葛诞和毌丘俭作为被司马师怀疑的疑似亲曹派势力，均被相互调换了辖区，诸葛诞从扬州都督转任豫州都督；毌丘俭从豫州都督转任扬州都督。这种平级调换，一方面提醒他们战败之责，同时尽量照顾颜面；另一方面是避免他们在一个地方任职太久形成稳固势力。

这是司马师继承司马懿权柄后经历的第一战，本应以惨败收场，却在他的完美演绎下将危机化为无形。

几乎与此同时，雍州刺史陈泰（陈群的儿子）上疏，请求朝廷准许他讨伐屡次滋扰边境的胡人游牧部落，此事得到了司马师的首肯。可不承想，因为陈泰这封上表，边境两个郡的百姓担心要服兵役，纷纷举旗反叛。

陈泰很是惭愧："二郡反叛都怪我草率行事。"

然而，司马师将陈泰的过失全揽到了自己身上："二郡反叛是我的错，跟陈泰无关！"

在高平陵政变时，陈泰曾出面劝曹爽放弃抵抗，为了这事，他一直备受煎熬。而今，不管他愿不愿意，他必须得受司马师一个大大的人情，这让他内心更加纠结。

为《资治通鉴》作注的宋元史学家胡三省这样评论："司马师引咎自责，让那些本该获罪之人对他感恩戴德，由此巩固了权势。正所谓盗亦有道，更何况是要盗窃国家社稷呢！"

一桩离奇的谋杀案

东关大捷让诸葛恪信心爆棚，他打算再接再厉发起更大规模的伐魏战争，这次，他决定跟蜀国联手。于是，诸葛恪派幕僚李衡前往蜀国，拜见卫将军姜维。诸葛恪为什么要跟姜维沟通？这不能不说他消息灵通，因为蜀国刚刚发生了一起大事。

已经冷落蜀国太久了，自诸葛亮死后，蜀国在蒋琬和费祎治理下进入了很长时间息兵养民的稳定状态，卒如诸葛亮死前的安排。

其间，蒋琬官拜大司马、录尚书事，兼领益州刺史，执政十二年，开府治事八年。开府，指那些顶级重臣拥有建立自己幕府的权力，诸葛亮在《出师表》中说“宫中府中俱为一体”，这个府即指诸葛亮自己的幕府。通常情况下，只有大司马、大将军、三公这一级别的重臣才有资格开府。重臣一旦开府，俨然就形成了一个可以跟朝廷分庭抗礼的小朝廷，权力极重。蒋琬开府后屯驻在汉中，他虽然也多次让姜维率军攻入雍州西部，但战争的规模都很小，只是以攻代守。

蒋琬死后，费祎官拜大将军、录尚书事，兼领益州刺史，执政七年，其中开府治事不足一年。也就是说，他刚刚被刘禅允许开府几个月便死了，让人想不到的是，费祎乃横遭暴死。

就在魏国和吴国结束东关之战的翌月，也就是公元 253 年 2 月，正逢农历春节，费祎在益州汉寿县举办了一场盛大的岁首年会。

“恭贺大将军开府！”同僚逐一向费祎敬酒。

费祎开怀畅饮，自蒋琬死后，他足足等待了六年，终于在去年获准开府。此刻，他意气风发，一杯接一杯地狂饮，不知不觉已昏昏睡去。聚在费祎身边的同僚见状，纷纷知趣地散开，以免打扰到他。

突然，睡梦中的费祎被胸口一阵刺痛惊醒。豪饮过后肉体感觉异常迟钝，他缓缓睁开眼，左将军郭修模糊的面孔浮现在他眼前。

“大将军，下官给您敬酒！”可是，郭修手里握的却不是酒樽。

费祎艰难地咳嗽起来，鲜血从口中喷出，他这才注意到，一把利剑正插在自己胸口。

“郭修……你……你为什么要杀我？……”费祎凝视郭修的眼睛，在生命的最后一刻，他仿佛有所醒悟，“难不成……你是……”这话还没有说完，他便魂归西天了。

“大将军被刺杀啦！”酒席宴立时陷入混乱，众人呼唤侍卫，“快！快拿下凶手！”

郭修毫不畏惧，他冷漠地环视着将他团团围住的侍卫，然后抽出费祎胸口的利剑，自刎而亡。

大将军费祎被左将军郭修刺死，这桩谋杀案不仅震惊蜀国朝野，就连魏国和吴国也大感惊诧。

郭修究竟是什么来头呢？他原本在魏国身份低微，投降蜀国后官拜左将军，政治前途一片光明。可是，这位左将军大人屁股还没坐热，竟干出这种自毁前程的疯狂举动，且根本就没打算全身而退。他图的是什么？另外，他来蜀国时间不长，究竟能跟费祎结下多大梁子？堂堂一个三品左将军，就算要刺杀政敌也该指使手下去干，但郭修居然亲自操刀实在不正常。

众所周知，侦破谋杀案最有效的办法是要找到被害人死后的既得利益者。那么，费祎死后，谁得利便是本案的关键点。

其一，郭修连命都没了，他肯定不是既得利益者。

其二，费祎是蜀国最大的鸽派执政者，他以反对北伐被人称道，在这个问题上，他有着与皇帝刘禅、绝大多数同僚以及巴蜀百姓相同的政治理念。这就将嫌疑人的范围进一步缩小。

其三，有人怀疑魏国是本案的背后主谋。抛开费祎身为鸽派重臣的立场不提，单说郭修从被俘，到遣送成都，又受封高官厚禄才得以能接近费祎，这中间存在无数偶然因素，绝不可能事先安排好。再有，直到刺杀事件发生的八个月后，魏国朝廷才后知后觉下诏追谥郭修，这也从侧面印证，魏国事先根本就不知道，即使知道后也觉得很无厘头，因为费祎一死，蜀国鲜有的鹰派重臣姜维上台，开始频繁举兵侵入魏国疆土，这分明是给魏国带来了莫大麻烦。自然，魏国不可能是刺杀费祎的主谋。

到底谁从中得利？于是，费祎的政敌，同时也是费祎死后唯一的既得利益者——鹰派重臣姜维入镜。

自诸葛亮和魏延死后，姜维是屈指可数对北伐念念不忘的人，等到费祎执政时，姜维每次想出兵伐魏均被费祎束手束脚，终费祎一生，每次拨给姜维调遣的士卒从没超过一万人。而费祎死后，姜维终于挣脱了束缚，集蜀汉军权于一身，并将蜀汉再度拖入频繁北伐的时代。

不过，姜维跟郭修又是什么关系？让我们从史书的蛛丝马迹中深入寻找。

在《魏氏春秋》中记载，郭修原是雍州平民（另一说法为中郎，相当于一个地方小公务员，总之身份很低），一年前被姜维俘虏后送到成都，官拜左将军。从平民（或中郎）晋升到左将军，这简直匪夷所思。为什么这样讲？我们可以拿两个同样从魏国归降蜀国的人做一番比较。

第一个是出自魏国名族的夏侯霸，他在魏国时官拜右将军（三品），因政治避难逃到蜀国，官拜车骑将军（二品），比他之前的官位提升一级。对了，他还是刘禅儿子的舅舅。

第二个是被诸葛亮寄予厚望的“雍凉上士”姜维，他出身雍州天水郡豪族，在魏国时任中郎（这和郭修一样），投降蜀国后成为诸葛亮的幕僚，随后几年里，他凭借无数军功，才渐渐混到了卫将军（二品）。

还有一点必须说明，以上二人都是主动投奔，再反观郭修，无论他是平民也好，中郎也罢，乃是一介俘虏，且在毫无作为的情况下居然一步登天，仅半年就当上了左将军（和夏侯霸在魏国时的官位平级），如果没后台是绝不可能的，到底怎么回事？谁也不知道。

假设说郭修有后台，他的后台又是谁？纵观蜀汉那些位高权重的重臣，和郭修同样出身且是老乡的唯有一个姜维，而郭修又恰恰是被姜维俘获并送到成都的。由此推断，郭修的后台极有可能就是姜维。

回过头来讲姜维，可以说，在北伐这个问题上，他和蜀汉公卿存在极大的矛盾，再加上他是雍州降将，更让他形单影孤（蜀汉政坛大部分是荆州人和益州人）。倘若姜维真是郭修的后台，那倒很容易理解了。毋庸置疑，姜维渴望扶植自己的政治势力。

在魏帝曹芳追悼郭修的诏书中这样写道：“郭修在大庭广众之下手刃费祎，勇气过于聂政，功劳超过傅介子，可谓是杀身成仁，舍生取义，特追谥郭修为威侯，以让忠义之士名垂青史。”

南朝著名史学家裴松之对诏书中的说法予以质疑：“郭修在魏国仅是一介平

民，不食君禄，也无尽忠之责，若想展示气节，可以选择殉国不降。他既然投降了又去刺杀同僚，这种行为既无道义可言，又谈不上给魏国立功，说到底只是一个不通情理的狂士罢了。”

裴松之没有深究下去，他将郭修简单地归为一个不通情理的狂士，可如果郭修仅仅是一介狂士，何以被姜维如此看重？又官拜左将军高位？这实在是充满了无法解释的矛盾。根据种种推断，郭修越来越像一名受姜维知遇之恩，便以性命相报的死士。

巧合的是，在整个三国时代，以豢养死士被载于史册者寥寥无几，姜维正是其中之一。《傅子》中写道：“姜维好立功名，阴养死士。”前文提过，有同样特殊嗜好的司马师凭借三千死士发动高平陵政变，除掉政敌曹爽，姜维的死士又用来做什么呢？史书中没有写。

那么，郭修若真是姜维门下死士，他和姜维之间又有怎样的内幕？究竟达成何种交易以至于不惜亲赴黄泉助姜维除掉政敌？人死无对证，这些也只能永远埋于地下了。

费祎生前曾反复跟姜维这样说：“我们远不如诸葛丞相，丞相尚不能平定中原，更何况是我们呢？不如保境安民，稳定社稷，等待有能力的贤才出现扭转乾坤吧。你千万别抱着侥幸心理和魏国决战，倘若失败，肯定追悔莫及！”

现在，姜维再无须忍受费祎的喋喋不休了。他终于挣脱了束缚自己手脚的绳索。

最后，我们以史书中的两句原话作为这段故事的结尾。

《三国志·姜维传》中载：“十六年春，祎（费祎）卒。夏，维（姜维）率数万人出石营。”

《三国志·后主传》中载：“正月，大将军费祎为魏降人郭修所杀于汉寿。夏四月，卫将军姜维复率众围南安。”

《三国志》的作者陈寿在这两篇文章中均将费祎之死和姜维出兵串联在一起，是不是暗有所指就不得而知了。总而言之，一场突如其来的暗杀让姜维独揽蜀汉大权，也结束了蜀汉近二十年的休养生息，从此，北伐曹魏的时代再次到来。

违众北伐

公元 253 年 3 月，费祎死后没过多久，卫将军姜维见到了诸葛恪派来的使者李衡。

“如今魏国政归司马氏，群臣彼此猜忌，东关战败后又民怨鼎沸。倘若趁这机会，吴国从东攻入，蜀汉从西攻入，必能大获全胜！”

李衡这番话可谓言之不尽，魏国政归司马氏，吴国难道不是政归诸葛恪？蜀国难道不是政归姜维？更何况，魏、蜀、吴这三个国家中，蜀国臣民由于历史原因，对主动挑起北伐战争是最反感的。在诸葛亮死后这些年，即使是原先那些荆州籍臣子也大多被巴蜀本地人的价值观同化。蜀国本是小国，凭借地势自守尚可，但要讨伐强大的魏国无异于蚂蚁撼大象。既然如此，为什么要干那些劳民伤财的事？

不过，在以荆州派和益州派为主的蜀国臣子中，出身雍凉的姜维却是个异类，他对北伐如此执着，与其说是继承诸葛亮遗志，不如说是契合自己好大喜功的性格。另外，诸葛亮的志向是收复中原，是故，他历次北伐的战场都集中在雍州中部，而姜维的北伐，则集中在雍州西部，这除了姜维吸取诸葛亮的教训，认为雍州中部难以攻克外，也不排除他祖籍雍州天水郡（位于雍州西部）这个因素。或许，在姜维心里，想的是率军平定他的老家，借以光宗耀祖吧？不管怎么说，史实上，诸葛亮死时从未授命姜维继承其未竟之业，反而提拔蒋琬和费祎这两位鸽派臣子执掌大权，而对另一位好战分子魏延则选择了放任自流。可以看出，即便是性格纠结的诸葛亮，在临终前也试图将蜀国扭转回正途。

但李衡的话正合姜维的意，他给姜维提供了一个冠冕堂皇的出兵理由。

“说得好！你回去禀告诸葛太傅，我一定和他同举大军北伐曹魏。”

李衡不辱使命，顺利返回吴国，而这个时候，诸葛恪正独自应付着来自同僚反战的压力。

吴国公卿纷纷上奏：“先帝刚刚驾崩，社稷不稳，吴国远弱于魏国，不能接连劳师动众。”

诸葛恪反驳：“当初刘表手握荆州十万大军，却不敢跟曹操争锋，以至坐以待毙。司马懿已死，司马师根基尚浅，这是千载难逢的时机！”

“司马家族控制魏国政权已历经两代，司马师智略非凡，怎能说根基尚浅？太傅轻敌才是用兵大忌！”

“再说什么都没用，这事我已经决定了！”诸葛恪拂袖而去，并写了一篇文章申明决心。

“俗话说天无二日，国无二主，自古帝王无不为统一天下殚精竭虑。若再等十年，魏国的强大远胜于今，那时候纵使伊尹、管仲再世也无能为力了。昔日，叔父（诸葛亮）屡兴北伐，我夙夜忧叹，唯希望能秉承忠臣遗志。”诸葛恪仰慕诸葛亮举倾国之兵北伐的壮烈，可也仅限于此，至于说什么忠臣志向，这在他身上倒没什么体现。

诸葛恪将文章发给同僚传阅，作为战前动员书。没几天，他接到丹杨太守聂友寄来的信。

诸葛恪和聂友交情深厚。他迫不及待地拆开信，并非出于对老友的思念，而是希望能得到老友的理解和支持。

聂友的信这样写道：“先帝（孙权）很早就想从东关攻入魏境，无奈从未如愿过。之前东关大捷实有诸多原因——敌攻我守、将士舍生忘死，或许还要仰赖上苍庇佑。但这些优势很难再现，希望您能息兵养民，等魏国出现动荡再伺机而动。”

诸葛恪逐字逐句地读着，神情从最初的渴盼变成失落与愤怒。他给聂友回信：“没想到连你都看不透天意，回去再好好读我的文章吧！”此后，吴国群臣再无人敢劝阻。

东关之战仅仅过去两个月，公元 253 年 4 月，诸葛恪在举国上下一片反对声中兴师二十万伐魏。

临行前，诸葛恪强行征调镇守南荆州乐乡的朱绩跟自己出征，然后把乐乡划入弟弟诸葛融的辖区。早年间，就是王昶围攻江陵那场战役中（公元 251 年初，王淩案发前夕），朱绩邀请诸葛融（诸葛恪的弟弟）联手抗击王昶，却被诸葛融临时放了鸽子，导致惨败。这些年，朱绩和诸葛融关系极度紧张。诸葛恪怕朱绩在后方搞事，遂把朱绩调到了自己军中。

5月，吴军越过巢湖向北侵入魏国境内。可是，将士们完全不像上次东关之战时那样斗志昂扬，无不是垂头丧气，到处弥漫着厌战情绪。

诸葛恪本打算扫荡淮南一带，但当地百姓早就携家带口逃到北方。而魏国扬州都督毌丘俭见吴军声势浩大果断采取守势，将兵力收缩在寿春城中拒不出战。诸葛恪扑了个空。

部将建议诸葛恪围攻合肥，引诱魏军前来救援，到时候再跟魏军决一死战。史书中没有记载这策略究竟是谁提出来的，但颇为巧合的是，在东关之战前，诸葛诞也曾向司马师提过类似的建议："我们以精兵围攻巢湖大堤旁边的东城和西城，等到吴国援军到达，再集中兵力围剿吴国援军。"

事后证明，诸葛诞失策了。

眼下，诸葛恪也没别的办法，只好率全军向合肥而去。

合肥攻防战

二十万吴军对合肥展开围攻。同时，在遥远的西方，蜀国卫将军姜维也如约侵入魏国境内的雍州南安郡。

魏都洛阳，大将军司马师焦虑地问中书郎虞松道："扬州合肥、雍州南安两条战线军情紧迫，可上次东关战败后，扬州军心不振，你觉得会不会有闪失？"

虞松年轻时跟司马懿征讨过辽东公孙渊，是司马家族一手提拔的嫡系亲信。他分析说："诸葛恪率大军围攻合肥，实则是希望能跟我军在野战中决一高下，倘若合肥能坚守，吴军必士气跌落。毌丘俭按兵不动，坚守避战，其实对我方有利。再说雍州局势，姜维误认为魏军被诸葛恪吸引，所以才敢孤军深入，若能集结关中诸军反击，姜维也不足虑。"

司马师连连点头，即命令雍州都督郭淮和雍州刺史陈泰迎击姜维。郭淮早已将身家利益与司马家族牢牢绑在一起，司马师对他相当信任。不过，扬州都督毌丘俭当年是曹爽嫡系，他有些不放心，遂派遣叔父——太尉司马孚前往淮南督战。

司马孚临出发前，司马师嘱咐道："叔父去了淮南，只须责令扬州驻军坚守即可，合肥城防坚固肯定能守得住。没有十足的把握千万别迎击诸葛恪。”

几天后，司马孚手持节钺来到位于合肥以北二百里之遥的淮南郡寿春城，严令禁止扬州都督毌丘俭和扬州刺史文钦出兵救援合肥。

合肥隶属扬州淮南郡，早先，孙权曾四次率军攻打这里，可每次都是颜面扫地惨败而回。这座城池也成全了魏国初代名将张辽、乐进、满宠等人的赫赫威名。三国时代涌现出很多善于守城的名将，通常情况下，守城方兵力远逊于攻城方，所能仰仗的就只有高耸坚固的城墙，一旦城防被攻破必死无疑。困守孤城者，最需要的就是坚持到死的毅力，除此之外，还需要些机智。

公元 253 年 6 月，合肥守将张特亲率三千守军承受着诸葛恪二十万大军的疯狂进攻。

“射箭！射箭！拼死也要守住！”张特喊得声嘶力竭。

在合肥城外，诸葛恪堆了一座土山，让吴军爬上山往城中射箭。战争一连持续了三个月，合肥城防临近崩溃边缘。

张特意识到形势危急，他登上城墙向吴军呼喊：“我无心再战，但是魏国律法规定，只要城池被围攻一百天还没有援军，即使投降也不株连家眷。到现在，合肥已被困九十多天，死者过半，请你们再等几天，期满之日我肯定开城归降。”接着，他把自己的官印抛到城外，“这是我的印绶，以此为誓！”

吴军相信了张特的话，暂缓攻城。

这天夜里，张特火速指挥守军在破损的城墙内又修筑了一层内墙。

翌日，吴军瞪着拔地而起的内墙才知道被张特骗了。经过三个月好不容才打开的缺口，一夜后功亏一篑，吴军只能重新对合肥发起攻击。就在这时，诸葛恪又得到一个沮丧的消息，蜀将姜维已被雍州刺史陈泰击败，撤回本国。

尽管局势不利，诸葛恪依然不想放弃。

攻守双方的力量都在骤减。张特的三千士卒死伤过半，而诸葛恪的二十万大军更是耗损巨大，士气严重低落。而且，无论是合肥城中的魏军，还是城外的吴军，均被一场疫病折磨着。

一名偏将忍不住向诸葛恪诉苦：“我军身心疲惫，又有大半患病，死者不计其数！”

“合肥这样的小城都久攻不下还有什么可狡辩的！再敢多言，立斩不赦！”诸葛恪试图压住这种扰乱军心的声音。

诸葛恪的独断专行让朱异再也忍不了了，他抱怨道：“当初偏要违众出师，现在不退还等什么？”

诸葛恪当即夺下朱异的兵权，并把朱异遣送回建邺。其实，诸葛恪的坚持与当年司马懿冒着瓢泼大雨围攻襄平城并没什么不同，但他们二人的结果却大相径庭。

吴军众将愤愤不平，士气愈加低落。反观魏军，有两件事恰能说明他们誓死一搏的勇气。

合肥守将张特先后派数人逃出城向毌丘俭传递军情，其中有两人不幸被俘。

第一个被俘者名叫刘整。

吴军试图策反刘整：“只要你劝张特投降就饶你性命！”

刘整破口大骂：“我生是魏国人，死是魏国鬼，要杀就杀！”吴军将刘整处死。

第二个被俘者名叫郑像，吴军把他拖到合肥城下：“快朝城上喊话，就说魏国援军撤走了。喊了饶你不死！”

郑像扯开嗓门喊道：“援军马上就要到合肥了，大家再坚持一下！”

吴军用刀猛戳郑像的嘴，郑像当场毙命。

然而，魏国援军却并未如郑像说的那样发兵合肥，他们仍屯驻在寿春。司马孚秉承之前定下的策略，始终没有迎战的意思。合肥城中的守军依然用生命抵挡着攻势。吴军毫无进展。

几天后，一个名叫蔡林的吴将叛逃到淮南郡寿春城，将吴军的窘迫详细告知司马孚。

司马孚听罢，意识到吴军士气已濒临崩溃边缘，决战的时刻终于到来，他当即命毌丘俭等人率淮南主力军出战合肥，迎击诸葛恪。

吴军得知魏军主力援救合肥的消息后士气完全崩溃，诸葛恪只能下令撤军。可这时候，很多吴国士兵已经病得没法动弹。很快，吴军在魏军的掩杀下纷纷倒地，他们任由马蹄践踏，滚落到沟渠中再也爬不出来。

宴无好宴

公元 253 年 8 月，扬州合肥城外，吴军尸横遍野。

伤亡数字在诸葛恪脑中精确换算成受损的政治声望。他寻思：倘若就这样回国必名誉扫地，不如先缓缓再说。想到这里，他下令在长江北岸、魏吴两国的边境处驻扎了一个多月。

将士无比渴望回家，恨不得将诸葛恪碎尸万段。

与此同时，诸葛恪惨败的消息传到建邺。公卿朝臣纷纷催诸葛恪回国。

诸葛恪又推脱说要在浔阳（今江西省九江市）屯田，还是不想回去。

公卿震惊了，他们绝不能允许诸葛恪带着十几万朝廷中央军游离在边境，继而，诏书一封接一封送到诸葛恪手里。诸葛恪终于扛不住压力了。9 月，他落魄地回到吴都建邺。

诸葛恪回京后罢免了大批不属于自己派系的官吏和禁军将领。没多久，他为了重新树立威信，又声称要再度北伐，还放话说准备迁都到武昌。早在孙权活着的时候，诸葛恪曾驻守武昌很多年，他在那里有不错的人脉和威望。如今，他意识到自己在建邺声望日下，便希望借迁都武昌挽回局面。另外，诸葛恪的外甥女正是“南鲁党争”中被废掉的太子孙和的妃子，近段时间坊间风传，诸葛恪意图废孙亮、立孙和。

群臣无不心惊胆战。

诸葛恪越是折腾，对他不利的舆论也就越多。

不能再由着他折腾了。

当初曾死抱诸葛恪大腿，并与诸葛恪一起接受孙权托孤重任的武卫将军孙峻暗中开始了一番谋划。

11 月，孙峻对吴帝孙亮言道：“太傅自回京后日夜操劳，希望陛下能出面宴请太傅，以示关怀！”

孙亮还是个孩子，没想那么多，当即答允。

当晚，诸葛恪接到孙亮的邀请：“明日请太傅来宫中赴宴。”

诸葛恪踌躇道：“我有点不舒服，明天想在家养病。”

但孙亮再次派来使臣盛情邀请诸葛恪赴宴。诸葛恪推脱不掉，只好勉强答应。这天夜里，他躺在床上辗转反侧，紧张得整宿都没睡着。

翌日清晨，诸葛恪因为过度疲惫竟出现了幻觉，无论闻什么都是一股臭味。临出发前，府中一只狗跑过来衔住了他的长衫。

诸葛恪心头涌起一阵不安：“你是不是不想让我走？”

狗死死咬住诸葛恪的衣服不放，喉咙里呜呜叫个不停。

诸葛恪其实也不想去，但又想到自己若不去，公卿肯定以为自己心存畏惧，遂甩了甩衣袖，迈上马车直奔皇宫。

皇宫内，孙峻同样彻夜未眠，他正紧张地做着最后部署：“你，带二十个人埋伏在大殿外。你，带十个人埋伏在屏风后面……都准备好，听我号令，不准暴露！”

如果诸葛恪不来怎么办？皇宫内已经闹出这么大动静，过不了多久就会走漏风声，对孙峻来说机会只有一次，今天死的不是诸葛恪就是他自己。想到这里，孙峻决定只身出宫迎接诸葛恪。

两代兴衰

诸葛恪在宫门处下了马车，但见孙峻满面堆笑拱手相迎。

“太傅大人，听说您偶染小恙，要不就过几天再来，我去禀告陛下。”孙峻脸上不露声色，心脏却扑通扑通直跳到嗓子眼。来是不来？他说这话其实是在赌命。

倘若诸葛恪秉承诸葛氏谨慎的家风，这时就会顺势应道：“那就劳烦孙将军了，我的确患病，改日再叙吧。”

然而，诸葛恪自幼在孙权的怂恿下养成了张扬的性格，在他的价值观里，从不知道什么叫低头：“病不重，我今天可以觐见陛下！”言讫，他昂首阔步迈进宫门。他并没有意识到，这一步同样是在赌命。

诸葛恪正走着，突然，一名侍卫悄悄往他手里塞了张字条。诸葛恪低头观瞧，只见纸上赫然写道："宴会有异常，谨防变故。"落款是他的亲信，散骑常侍张约、朱恩。

他心里一惊，赶忙将字条递给身旁的太常滕胤："你看看，怎么办才好？"

滕胤和诸葛恪是儿女亲家。他看毕惊道："不如打道回府吧！"

诸葛恪本在犹豫之际，可滕胤的话反而起到激励的作用："现在回府，岂不让众臣耻笑我胆怯？"

关于滕胤劝诸葛恪的对话出自《吴历》，但正史《三国志》则说是滕胤因为不知道孙峻的企图，反而劝诸葛恪入宫，两种说法截然矛盾。东晋史学家孙盛认为，滕胤不大可能草率劝诸葛恪入宫，诸葛恪也不是这么没主意的人，他只身赴险完全是性格所致。这种分析合情合理。所以这里也就采纳了《吴历》中的说法。

诸葛恪走到大殿门口。按照臣子觐见皇帝的规矩，他脱了鞋，又解下腰间佩剑。

"臣参见陛下！"他跪在孙亮面前，偷偷抬眼观察四周形势，见无异常才入席坐下。他拿着酒樽却担心酒里有毒，一口都不敢喝，只是警觉地盯着四周。

孙峻朝诸葛恪笑了笑，欠身言道："太傅病体未愈，想必一定随身携带药酒，您就喝自己的药酒吧。"

听到这话，诸葛恪稍稍安心，取出随身药酒自斟自饮。酒过数巡，他愕然发现孙峻的坐席空空如也。

"孙峻去哪儿啦？"

"孙大人如厕去了。"旁人应道。

"哦。"诸葛恪忍不住伸手去摸腰间佩剑却摸了空，心里空落落的。或许，我这趟真不该来……

须臾，大殿外传来一阵窸窸窣窣的声音，孙峻在一队禁军的簇拥中快步走进席间。没等众人反应过来，他便从怀里掏出一封诏书朗声念道："陛下有诏，收押诸葛恪！"

话音落地，满座震惊。诸葛恪本能地瞪向孙亮。

"陛下！这是什么意思？"

孙亮见诸葛恪怒目瞪着自己，吓得尖叫起来："不关朕的事！朕什么都不知道！”身旁的乳母见状赶忙把孙亮拽到后堂。

“孙峻！你敢！”诸葛恪跳起身准备自卫。

孙峻见诸葛恪有动作，当即下令：“诸葛恪拒捕！杀！”禁军挥刀向诸葛恪一通乱砍。

诸葛恪毫无还手之力，当场被砍翻在地，他倒在血泊中抽搐了几下，不一会儿便气绝身亡了。

早在诸葛恪从合肥撤军的时候，邓艾对司马师说：“那些吴国豪族个个都手握强兵有权有势。诸葛恪不想着安抚他们，反而一味靠兴师动众树立威信，恐怕离死不远了。”

蜀国名臣张嶷也对诸葛瞻（诸葛亮的儿子）说：“孙权刚一死，诸葛恪就离开国都屡屡用兵。他这么做很容易让朝中权臣起异心，相当不明智。”

诸葛恪被杀的消息很快传出皇宫，他的两个儿子诸葛竦和诸葛建慌忙带着母亲逃出建邺。母子三人驾车一路跑到长江岸边跳上一只渡船。这时，孙峻的追兵也快马赶来。诸葛竦嘱咐了弟弟一句：“带母亲逃到魏国！”言讫，他跳下渡船，挡在追兵面前。

当初，诸葛竦曾多次劝谏父亲：“您该适当着屈尊收敛才是避祸之道。”诸葛恪非但不听，反而臭骂了儿子一顿。

如今，诸葛家果然亡了。诸葛竦万念俱灰，奋力挥舞刀剑，向追兵刺去……

诸葛建眼睁睁地看着哥哥被乱刀剁成肉泥，他一边哭，一边拼命划桨。渡过长江后，母子二人又逃了几十里地，眼看离魏国边境近在咫尺，最后还是被追兵赶上杀死了。

孙峻剿灭诸葛恪一家后，把一封收押诸葛融的诏书塞到朱绩手里：“这回，你可以报仇雪恨了。”这两年，朱绩相继被诸葛恪、诸葛融坑得很惨，孙峻特意让他收押诸葛融，实际上等于暗示朱绩可自行除掉诸葛融。

朱绩率军来到公安城下宣读诏书：“陛下有诏，收押诸葛融！”

城中仿佛死一般寂静，没有任何回应。

片刻后，公安城门打开，却看不到诸葛融的人影。朱绩大踏步进了城，直接闯进诸葛融府邸。只见诸葛融和他三个儿子横七竖八躺在地上，口吐鲜血，全都断了气。原来，他们知道必死无疑，已经服毒自尽了。

公元 253 年 11 月，声望曾压过江东本土豪族甚至是孙氏皇族的诸葛氏，在历经两代显赫后被夷灭三族。

诸葛氏的败亡波及很多人，其中也有皇室成员。

孙权临死前将流放中的孙和赦免，又重新封为藩王，安置在长沙。但不想诸葛恪却对外甥女，也就是孙和的妃子张氏（张昭的孙女）说了这么一句话："等将来我让你成为吴国最尊贵的女人。"

孙和的妃子能尊贵到什么程度？恐怕就只有当皇后了吧。自然，得势后的孙峻视孙和为眼中钉。不出几天，孙峻便下诏责令孙和自裁。

孙和早年在"南鲁党争"中受尽迫害，原本想踏踏实实过完这一辈子，没料到再次遭遇飞来横祸，而且是躺着中枪了。他最后望了一眼儿子孙皓（生母是孙和宠妾何氏），遂与张氏双双自杀而亡。

年仅十岁的孙皓目睹父亲就在自己面前被这么逼死，吓得哇哇大哭。他根本想不明白，本该是皇帝的父亲竟屡遭无妄之灾，这到底是为什么？孙皓用仇恨的目光扫视着周遭的一切，幼小的心灵在这样的环境下发生了畸变。凡事皆有因果，在后面，我们将会看到孙皓对他同族以及整个吴国展开的疯狂复仇。

张氏的兄弟张震也被株连。由此，当年吴国初代重臣张昭的子嗣便在这几场政治动荡中被迫害得半死不活了。

孙权的第五子孙奋得知诸葛恪被杀后，误以为有利可图，便准备离开藩国去建邺。

"朝廷政变，我趁机入京说不定能继承帝位！"

幕僚们试图阻拦主子的疯狂行径。

"殿下万万不可，这是自取祸患啊！"

"别拦我！"孙奋彻底疯了，他将幕僚砍死，毅然踏上去往建邺之路。当他行至芜湖的时候接到朝廷发来的诏书。

"孙奋有不臣之心，意图谋反，念是先帝之子，特赦死罪，废为庶人！"很多年后，他被吴国第四代皇帝，孙和之子孙皓处死了。

诸葛恪可以算作吴国最后一位外姓权臣，在他死后，孙峻晋升丞相、大将军、都督中外军事，吴国政权遂被宗室重臣掌握了。

落魄贵胄

公元253年，魏帝曹芳二十来岁了，他自幼年登基，经过这么多年早已渐渐明白自己所扮演的角色。我是当朝天子，为什么任由权臣摆布？曹芳越来越频繁地冒出这种想法。可是普天之下，曹芳可倾诉苦闷的对象却只有一个人——中书令李丰。

李丰是大名士，早在魏明帝曹叡时代，他的名声就远播四海。他的儿子李韬娶曹叡唯一在世的女儿齐长公主为妻，他也就成了皇亲国戚。在正始年间，李丰并没有参与进曹爽和司马懿的派系斗争中去。当时，他官居尚书左仆射（尚书令副手），在他之上是被架空的尚书令司马孚，在他之下则是掌实权的何晏、丁谧、邓飏三位尚书。他身处夹缝过得着实不易，而后，他请了长期病假躲避是非。那时京城流传一句顺口溜："曹爽之势热如汤，太傅父子（司马懿、司马师）冷如浆，李丰兄弟（李丰、李翼兄弟）如游光。"游光，若隐若现、飘忽不定，李丰给人的印象大抵如此。

曹爽死后，李丰转任中书令。由于中书省坐落于皇宫内，李丰自此和曹芳来往频繁。根据《世说新语》中的描述，李丰任中书令这两年来时常被曹芳单独召见，而他们谈话的内容从不为外人所知。

李丰在与曹芳接触的过程中越来越同情这位可怜的皇帝，不知从什么时候起，他渐渐有了扳倒司马师的想法。

但是，这事单凭他自己绝没可能办成，他必须要寻找可靠的盟友。

公元253年秋，司马孚督率扬州诸军击退诸葛恪，终于将上次东关战败的阴霾一扫而空，也令司马家族的权势更加稳固。

就在为司马孚凯旋举办的庆功宴上，李丰注意到有个人始终阴沉着脸，颇显得不合时宜。这人名叫张缉，原本出身寒门，在曹操的提拔下晋身新兴贵族，官拜光禄大夫，一年前，他的女儿被曹芳选为皇后，他成了皇帝的岳丈。张缉喝了几口闷酒，忽然自言自语道：“恐怕诸葛恪不久将死于非命吧！”

这句话恰好被大将军司马师听到了。世人都知道诸葛恪有诸多性格缺陷，司马师很想听听张缉能说出什么理由，便好奇地问道：“何出此言？”

如若张缉回答：“诸葛恪性格狂傲，思虑不周，好大喜功……”则可博司马师一笑，也不会引起任何麻烦。这些确是诸葛恪身败名裂的主因，可是，任谁都没想到张缉居然冒出这么一句：“诸葛恪威震其主，功盖一国，难道还想善终吗？”这与其说是分析推断，倒不如说是对权臣的诅咒。张缉憎恨司马师也在情理之中，在权臣一手遮天的时代，皇亲国戚自然是处境尴尬。

司马师顿时目瞪口呆，憋得半晌无话，在座同僚全都吓得汗流浃背，再没人敢搭理张缉。

张缉意识到自己口无遮拦引来了麻烦，从此称病不朝，闭门谢客。

而李丰则将这番情景尽收眼底，他相信，张缉正是跟自己志同道合之人。

失落者联盟

这年冬天的某个深夜，一个年轻人驻足张缉府邸前，他先是谨慎地左右顾盼，见四下无人，这才抬手叩响了大门。

啪、啪、啪的敲门声穿过深邃凄凉的院落，传到宅邸最深处的寝室中。

“是谁？”张缉一个激灵从床上坐了起来，神色慌张地对仆役吩咐道，“不管什么人，都说我不在！……不对，回来，说我重病，总之不见客！”

仆役跑到前院，将门打开一道细缝：“我家大人已卧病多日，不见客。”说罢，便要关门。

“慢着！劳烦你通报一声，就说是给事中（皇帝的近臣）李韬前来探病。”李韬，正是李丰之子，他的夫人齐长公主，乃是魏明帝曹叡唯一健在的血亲。

仆役犹豫片刻，点了点头，随即转身回禀张缉。

“给事中李韬？让他回去吧。”张缉不耐烦地挥着手。

仆役又将门开了一道缝：“我家大人实在病痛难忍，不见客。”

谁知李韬仍不放弃，竟用力顶住门：“劳烦，请再去通报一次，就说是李韬奉家父之命前来探病。”

仆役无奈，只得返回去禀报。

“大人，李韬坚持要见您，说是奉中书令李丰之命来探病的。”

“唉……”张缉叹了口气，他和李丰私交甚笃，本不想给老友惹上麻烦，却无奈推脱不掉，“让他进来吧……”

张缉没有想到，李韬正是奉李丰之命，来劝自己一同发动政变的。

二人相见，一阵寒暄过后，李韬开诚布公地说出了来意。

张缉也预感到司马师绝不会放过自己，与其等死，还不如搏一搏。再加上李韬几轮连番劝说，张缉终于决定迈出这至为危险的一步。“或许，我是真没退路了……”继而，他又小声沉吟，“这事，若不成功便坐等灭族吧……”其实，早在他说出诸葛恪必死的理由时，就注定要走上这条路了。

不过，张缉只是一个落寞的皇室外戚，他并没有帮助李丰的资本，而李丰要拉拢张缉，只为了借助张缉国丈的身份，确立这次政变的旗号——维护曹氏皇权。

除了张缉之外，另一个和李丰有密切牵连的是大名鼎鼎的夏侯玄。自曹爽死后，夏侯玄卸任雍凉都督回到洛阳迄今已有五年。他本心存远大的政治抱负，却只能做个太常闲职，甚至，他能活着就很是万幸了。

这天，夏侯玄提笔给老友李丰写了封信。在信中，他忍不住把多年来的牢骚发了出来。“社稷倾覆，危在旦夕之间，我正当壮年，胸怀大志却无从施展，又因为是曹爽的亲戚故被司马师猜忌……”

李丰看罢夏侯玄的信，心知夏侯玄一定会支持自己的计划，于是，他又派儿子李韬拜会夏侯玄，并伺机将政变计划透露给对方。

根据《世说新语》中的描写，李韬并没有把政变的细节倾囊告知，只是让夏侯玄知道了一个大概。这不奇怪，因为夏侯玄和张缉一样既无兵权也无政权，不过，夏侯玄的价值是崇高的名声，有了他的参与，政变的正义性便不容置疑。说白了，张缉和夏侯玄二人，对于李丰即将开始的政变是两杆旗帜，象征意义远大于实际意义。

自然，扳倒司马师不可能单凭辅佐皇室的正义口号，李丰仍需要武力支持。

他能争取的人有两个：一个是藩镇，他的弟弟——兖州刺史李翼；一个是皇宫禁军将领，他的好友——中领军许允。

李丰找了个借口，请朝廷准许李翼进京朝见，同时与李翼密谋，让李翼借朝见的机会率兖州军入京威逼司马师放弃权力。不过，这事引起了司马师的警觉，他和郭太后联合否决李翼入京的申请。

再说李丰争取中领军许允，这事更具戏剧性。

公元254年初的某一天，拂晓时分，手握皇宫内禁军兵权的中领军许允突然被门外一声呼喝惊醒。他恍惚间听到有人喊："陛下有诏！"接着便是马蹄绝尘而去的声音。

这位许允是夏侯玄的挚友。他慌忙打开府门，门前地上确有一封诏书。他捡起诏书定睛观瞧，只见上面赫然写道："陛下诏书，任命夏侯玄为大将军，许允为太尉，共录尚书事。"当时，大将军是司马师，太尉是司马孚，这诏书竟说让夏侯玄和自己取代司马师和司马孚，其意无须多言。

诏书到底是谁送来的？有人想当然地认为是李丰，然而，李丰用这么草率的方式争取许允似乎不合情理。很可能，李丰只是想初步试探一下许允的立场，如果许允知情不报，则可视为潜在盟友，如果许允举报，这事也无从查明。不过还有另一种说法，诏书是司马师送来陷害许允的。

许允看毕吓得半死，他慌忙将诏书付之一炬，没敢把这事告诉任何人。

一言以蔽之，李丰、李韬父子、夏侯玄、张缉、许允等人，若说是忠于皇室也不无道理，不过，他们更多则是被恐惧推动，恐惧让他们不知不觉地从一个危险的境地迈向另一个更加危险的境地。

以上，无论是夏侯玄、张缉，还是许允，严格意义上讲还都只能算李丰政变计划的边外人员。下面，政变的主谋正式出镜。

这天深夜，在洛阳皇宫的嘉福殿内，幽暗的烛光忽隐忽现，透着窗户影影绰绰可看到两个人在窃窃私语。

"李丰，说说你的计划？"魏帝曹芳低沉着声音问道。

"下个月，陛下要选贵人，依照礼仪，司马师必须亲临皇宫。臣打算调集陵云台三千亲信侍卫埋伏在云龙门，趁司马师进宫的时候把他就地斩杀。"解释一下，司马师自掌权后，为了防范政敌行刺，从没迈进过皇宫半步，所以李丰才想出这么个由头。

“好！”曹芳不住点头。

“另外，臣已说服苏铄、乐敦、刘贤等人为内应。”这三人都是皇宫内的宦官，其中，乐敦官任永宁署令，是李丰安插在永宁宫郭太后身边的眼线。从乐敦参与政变，可以看出李丰、曹芳既要刺杀司马师，同时还要防范郭太后。这也印证了郭太后的确是司马家族盟友这个不争的事实。李丰接着又说：“太常夏侯玄、光禄大夫张缉、中领军许允，这三位都是社稷忠臣。臣打算在事成之后，推举夏侯玄任大将军，许允任太尉，二人共同执掌尚书台政务，张缉任骠骑将军。”

曹芳自然明白，李丰这样安排是打算让魏国的权柄再次回到忠于皇室的臣子手中。

到这里，我们终于知道，这场即将到来的政变幕后大 boss 正是魏国皇帝——曹芳。

玉山将崩

公元 254 年 3 月 27 日，距刺杀行动还有几天时间，此事牵连者除了夏侯玄、张缉等几位公卿之外，还包括苏铄、乐敦、刘贤这种趋小利的宦官。虽然李丰尽可能将知情人数降到最低，但很不幸，风声还是传到了司马师耳中。

“李丰好大的胆子！”司马师气得双眼几乎要喷出火。

幕僚王羕（yàng）说道：“在下亲自去把李丰请来。”

“你怎么请他？”

“李丰倘若没有准备，迫于形势一定会来。就算不来，我一个人也足以将他制服。但是，他若知道阴谋败露，率亲兵奔入云龙门，挟持天子登陵云台，调动那里的三千禁军，我就无能为力了。”王羕思虑周密，将三种可能的结果尽数想到。

司马师判断：李丰还不知道消息泄露，况且，他必不敢挟持曹芳。“好！你去吧，务必谨慎行事。”

俄顷，王羕来到中书省。

“李大人，大将军想邀您去议政。”

“哦？不知道大将军邀我商谈什么？王君能否透露几句，也好让我先做个准备。”

“这我实在不知。大将军只说让您现在就去。”

“哦……”去是不去？李丰的心怦怦直跳，他当然没想从王羕嘴里套出什么实话，只是打算借此给自己赢得更多思考的时间。

“李大人，车驾已在门外等候多时。还是不要让大将军久等为好。”王羕一边说着，一边伺机向前挪了两步，手暗暗摸到了腰间佩剑。

王羕带来的士兵早已把中书省团团包围，李丰则毫无准备，中书省的侍卫也没有事先接到自卫的命令，更重要的是，李丰心存侥幸。他想了想，遂跟着王羕走出中书省，二人登上马车，飞一般奔向司马师府邸。

一路上，李丰暗暗祈祷：如果今天能全身而退，来日必让司马师命丧云龙门。坐在他旁边的王羕，右手始终暗藏在长袖中，紧握腰间的剑柄，王羕暗思：若你敢妄动，必让你血溅马车之上。

不一会儿，李丰来到大将军府外，他前脚刚跨进门，大门便紧闭起来。府中瞬间涌出了无数侍卫……

与此同时，在大将军府门外，中领军许允神色慌张地来回踱着步。他听说李丰被司马师请走，心知不妙，想出面解围，可又不敢触怒司马师。就这样踌躇良久，许允最终还是没敢敲开大将军府的门。

唯一能救李丰的许允选择了退缩。

在大将军府内，李丰扫视周遭，已知必死无疑。

“来人，围起来！”司马师不由分说，命侍卫将李丰团团围住，“李丰！你胆敢图谋刺杀我！是不是活腻了！”

李丰万念俱灰，索性豁出去骂道：“你心怀不轨，倾覆社稷，可惜我力有不逮，不能除掉你这逆贼！”

司马师怒目瞪着李丰：“打死！”

两旁侍卫闻言便用钝器猛击李丰的腰部。

李丰经受不住，一个趔趄栽倒在地。他的身躯因疼痛而抽搐、扭曲，嘴里喷着鲜血不住咒骂："司马师，你这逆贼不得好死！"

侍卫仍是一个劲儿地狂殴。

少刻，李丰奄奄一息。

在《世说新语》中这样形容李丰："李安国（李丰字安国）颓唐犹如玉山之将崩。"如今，这座玉山躺在血泊中一动不动了。

玉山崩塌了……甚至连司马师身边的幕僚也忍不住暗暗叹息。

当夜，司马师命人将李丰的尸体送抵廷尉（最高司法机构），让钟毓收拾这烂摊子。钟毓见到尸体吓得魂都出来了："这不是中书令大人吗？"虽然钟毓是司马家族的政治盟友，但他见司马师光天化日之下公然打死重臣也不免觉得太过分了。

钟毓感到说不出的堵心，他嫌恶地瞥了一眼尸体，说道："这人未经廷尉审理便被处以死刑，请恕我无法接收。"他不敢受理，打算推脱开。

司马师的幕僚连忙出面解释："李丰打算行刺大将军，阴谋败露，大将军自卫这才把他打死，并非私自处刑。而且，关于李丰行刺一案，还请廷尉大人务必严加审理！"随即，他拿出司马师的谕令。

钟毓见推不过去，这才勉强接纳李丰的尸体。

两年来，李丰总是默默倾听着曹芳的苦闷，并尽自己的全力帮助曹芳，不料今天竟死于非命。曹芳当然知道正是司马师谋杀了李丰，可他再也无法克制自己的情绪，愤怒地狂吼起来："李丰死了？李丰怎么会死！诏令廷尉，缉拿谋杀李丰的凶手！"

"陛下，不可冲动！"郭太后将曹芳强拉到后宫试图稳住他的情绪。

钟毓自然不敢追究谋杀李丰的凶手，反而是将李韬、张缉、夏侯玄、苏铄、乐敦、刘贤等和李丰有牵连的人全部缉拿，此外，还有李丰的弟弟——时任兖州刺史的李翼。

李翼的夫人荀氏得知大祸临头，哭劝丈夫道："你哥哥死了，你赶快逃到吴国去还来得及！你挑几个可信的侍卫，让他们陪你同去。"这位荀氏，乃是汉末名臣荀彧的孙女（荀颢的侄女）。

“我不想连累别人。我若逃命，你和两个孩子必被株连，我若赴死，则旁人无虞！”根据律法，连坐不包含兄弟的家人。李翼伏法后，他的家人果然没有受到牵连。

日月入怀

魏都洛阳，除中领军许允外的所有涉案人等，包括夏侯玄、张缉均被押送至廷尉受审。司马师不是不知道许允曾想援救李丰，但他顾忌许允手握兵权，故而隐忍不发。

廷尉监牢内，钟毓低垂着头，他不好意思直视夏侯玄，唯有好言相劝：“夏侯君，在下得罪了，你还是招供吧。”

夏侯玄昂首挺胸，不仅没有屈服的意思，更挖苦道：“我犯了什么罪？钟君你今天不做九卿，反而改做了司马师的幕僚吗？我无愧于魏室，没什么可招供的。如果你是替司马师审我，想给我安什么罪名，就请自己写吧。”

钟毓一听这话更觉得惭愧，也不忍再强求。是夜，他亲自为夏侯玄写好供词，然后拿给夏侯玄看。

“夏侯君，我只能做到这一步，请切勿再为难我。”

实事求是地讲，夏侯玄虽然被李丰拉拢，但他并没有直接参与政变。他不甘心，并非因为自己被牵连，却是为自己没有更深的参与政变而遗憾。

夏侯玄仔细看着钟毓替他写好的供词。供词中很多事甚至连他自己都不知道，然而，他心想：这恐怕是自己今生最后一次为社稷尽忠效死的机会了。

“这些事都是我干的！我无怨无悔！”真希望这些都是我干的！夏侯玄没做任何反驳，就在供词上画了押。

就在夏侯玄被关押的这天夜里，钟毓的弟弟钟会前来探望。

“夏侯君！夏侯君！”

夏侯玄瞥了他一眼。“你来干什么？”

“听说您要被斩首了，能不能死前认我做个朋友？”钟会的举动在现代人看来很不可理喻，但在魏晋时代并不奇怪。无论你官爵多高，要没结交几个大名士出门都不好意思跟人打招呼。如果要再跟某大名士称兄道弟，起个什么“三君”“四友”的外号，那绝对更能光宗耀祖留名青史。先前，钟会多次试图结交夏侯玄都遭到拒绝，此时，他居然想趁夏侯玄身陷囹圄之际实现这一愿望。

“我虽是将死之人，但你我道不同不相为谋，请不要再苦苦相逼。”

“哼！真是不识时务！”钟会嘀咕着走了。

夏侯玄因声望崇高，在狱中并没受太多苦，可苏铄、乐敦、刘贤这些卑微的宦官则没那么幸运，他们无一不是被打得血肉模糊。

“你们如何谋划？参与者还有谁？从实招来！”

乐敦、刘贤等人挨不住严刑拷问，终于痛苦地哀号道：“陛下！陛下也知晓此事！”

“放肆！一派胡言！”钟毓慌忙叫停了审讯。这非同小可，倘若连皇帝曹芳都参与，最后还怎么结案？他想了又想，遂单独拷问起黄门监苏铄。

“你们是不是胁迫了陛下？”

“我们没有啊！”

“胡说！你们打算劫持陛下，刺杀大将军，是不是！”

恍惚间，苏铄仿佛听到耳边有人轻声言语：“若招供，饶你全家性命。”

苏铄已被打得体无完肤。他浑浑噩噩地答道：“是……”

“李丰是怎么密谋的？快说！”

苏铄勉强从半昏迷状态中胡乱拼凑着语句：“李丰……说要劫持陛下，刺杀大将军……事成……大家一起封侯富贵……他为了封侯……为了封侯……”血和泪蒙住了他的眼睛。

在《世说新语》中这样记载李丰的生活状况，他历经二朝（曹叡、曹芳），从不经营产业，唯仰仗俸禄生活，还时常救济宗族子弟。李丰死后，官府抄没其家产发现家徒四壁。像这样一个人，若说是为了富贵铤而走险是多么荒诞可笑。

当日，钟毓在朝堂上正式公布审讯结果：“李丰等人密谋胁迫陛下，刺杀大将军。李丰已被大将军处死，张缉、夏侯玄、李翼、李韬、苏铄、乐敦、刘贤诸人，按律当斩。”

公卿大臣叽叽喳喳地议论了一番，最后达成共识："李丰等人包藏祸心，图谋不轨，结交阉官（指苏铄等人），妄想谋害贤良的首辅大臣，倾覆社稷。钟毓的案宗皆依据律法行事，请廷尉处断。只是，齐长公主是先帝（曹叡）留下的唯一骨血，希望能宽恕她的三个孩子。"

司马师答应了。由此，李韬的子嗣得益于齐长公主免除死罪。

继而又有人说："张缉贵为国丈，顾及他的身份，还是应该避免兵刃加身。"

于是，张缉被勒令在狱中自裁，他的女儿，也就是曹芳的皇后张氏则被废黜，后来也被杀害。

公元254年3月底，一行人戴着枷锁，步履蹒跚地向洛阳东市走去。他们即将被问斩，一路上哭哭啼啼，不甘心自己的生命就此终结。

"哭什么？咱们难道不是死得其所吗？"夏侯玄依旧神态自若，他坦荡地迈向死亡，没有丝毫畏惧，正如五年前他坦荡地离开雍州，迈进洛阳城时一样。

夏侯玄一边走，一边回忆起昔日陪同魏明帝曹叡拜祭祖先的情景。当时他背靠在一棵松柏之下，突然一声炸雷响起，松柏被劈断，火星飞落到他的冠冕上。

曹叡吓得惊叫："太初（夏侯玄字太初）！快！快！你头发要烧着了！"

"陛下勿惊。"夏侯玄反而安慰起曹叡，然后不慌不忙地抖落冠冕上的火星。从此之后，他超越常人的镇定性格便被世人称道。

夏侯玄沉浸在回忆里，竟情不自禁地露出了微笑。在《世说新语》中也有一句话是形容夏侯玄的："夏侯太初朗朗，如日月之入怀。"此刻，在号哭哀怨的人群中，唯独他看起来是那么淡然，这胸襟器度仿佛真能容得下日月一般。

"看！那是夏侯君！"路旁的百姓发现了夏侯玄的身影，纷纷指着他大呼小叫，"有如此超然世外的风采，真不愧是当世第一大名士啊……"

夏侯玄从容跪在行刑台上，他抬头看了一眼行刑官，眼神宛如往常向同僚打招呼一般平静，随后，他缓缓闭上了眼睛。

妹妹，若我猜得没错，你当年应该就是被司马师害死的吧……他的妹妹即是司马师的首任妻子夏侯徽。关于夏侯徽被毒死的传言，夏侯玄越来越确信，可却永远没办法查证。随着行刑官手起刀落，魏国最后一个声望崇高的宗室重臣，一代名士夏侯玄身殒。

史书中记载了傅嘏对夏侯玄的恶评："夏侯玄志大才疏，有名无实，凭借伶牙俐齿颠覆社稷。"

夏侯玄被害后，有人盛赞傅嘏："傅嘏看人可真准！他早料到夏侯玄会身败名裂，所以从不搭理夏侯玄。"

但有更多人不以为然。"什么看人准？如果傅嘏真看人准又怎么会整天跟钟会搅在一起？"钟会品行低劣人所共知，这在后文还会讲到。

南朝史学家裴松之有过非常公允的评论："傅嘏对夏侯玄和钟会的不同态度，皆出自他个人的爱憎心而已。"说白了，傅嘏是司马氏派系的人，与夏侯玄互为政敌，他的话并不足以诋毁这位大名士。反而，夏侯玄因慷慨就义让他的名声更加响亮，甚至连众多司马家族的政治盟友都把他奉为魏朝第一名士，即便到司马氏当家的晋朝时，他依旧被天下士人视为名士楷模。

司马师盯着昔日"浮华友"滚落而下的头颅，感觉一下子轻松了很多。夏侯玄这个包袱总算被他彻底解决，不会再留给自家后人了。

《三国志·夏侯玄传》最后记载李丰、夏侯玄、张缉、乐敦、刘贤等人皆被夷灭三族。这里没提到苏铄的名字，或许真是因配合钟毓交代案情，令其家族幸免于难吧。

在劫难逃

之前在自家门口捡到一封乌龙诏书，并在司马师府门外纠结徘徊的中领军许允没受到牵连。他觉得自己是幸运的。这个时候，他在洛阳东市目送着夏侯玄命殒刑场，不觉眼眶湿润。继而，他回忆起三年前司马懿刚死时，自己和夏侯玄的一段对话。

他对夏侯玄说："司马懿这一死，你从此可以安心了。"许允知道司马懿视夏侯玄为眼中钉，所以这样宽慰老友。

不想夏侯玄却说："你是看不透啊，司马懿尚且还能顾及和我家的姻亲，但司马师、司马昭兄弟却断不会容我。"如今，这话一语成谶，果真被夏侯玄说中了。

在《晋书·李憙（xǐ）传》中提到李憙的出仕过程，也恰如其分地描写了司马懿和司马师父子二人迥然不同的行事风格。当年司马懿征召李憙做幕僚，李憙推三阻四不应召。可司马师掌权后征召李憙，他却毫不犹豫地答应。司马师问李憙："过去先父召你不来，为什么今天我召你就来了？"李憙答道："先君以礼待我，我自能以礼决定进退。您用法制我，容不得我不来啊！"可见，司马师的手腕比司马懿要狠辣得多。

此刻，许允眼见老友身首异处，内心无比悲伤："太初，没想到你最终还是没能躲过此劫……"他察觉到自己脸庞挂着泪痕，赶紧擦去。

然而，司马师并非不知道许允跟李丰、夏侯玄等人有牵连，只是因为许允手握皇宫禁军兵权，所以不方便直接下手。

几天后，朝廷突然让许允由中领军晋升冀州都督。同时，司马师亲自给许允写了封信："冀州虽然不接壤敌境，但毕竟是军事重镇。足下是冀州人，此行可谓衣锦还乡。"许允喜出望外，他认为司马师放过了自己。

可许允的妻子阮氏觉得不太对劲："这么一来夫君不是就要卸去中领军一职了？"

"无妨，冀州都督同样手握兵权，又远离朝廷，正好躲过眼前的动荡啊！"许允答道。

"唉……大祸就要临头了……"阮氏连声哀叹。

"真是妇人之见！你不用想那么多。"许允毫不在意，兴冲冲地来到皇宫，向曹芳辞别。

曹芳握着许允的手依依不舍，许允更是唏嘘感叹，二人都忍不住落泪。

"臣即将远行，陛下保重！"

司马师远远盯着许允和曹芳，心想："许允，你永远也到不了冀州了。"

就在许允刚刚卸任中领军，准备远赴冀州上任的时候，突然有公卿弹劾许允，罪名是擅自挪用公家财物。随即，廷尉将许允缉拿。这并不算重罪，许允被判流放边疆，可是几个月后，他在流放途中居然被活活饿死了。分析这件事的来龙去脉，先前，正是那封乌龙诏书事件注定了许允的悲剧。司马师在处理许允时相当谨慎，他晋升许允冀州都督以安抚其心，不声不响夺去中领军的兵权，又在二任交接的空档期将许允谋害。

许允死后，司马师为削弱皇宫内禁军力量不再设置中领军一职，而执掌皇宫外围禁军的中护军则让堂弟司马望（司马孚的儿子）担任。

许昌兵团

夏侯玄和李丰等人死后转眼过去了半年。这半年来，曹芳越来越无法掩饰自己对司马师的憎恨："这逆臣是谋害李丰的凶手！"每每想到这里，他就恨得咬牙切齿。

最终，司马师也不想再忍了。他私下找到司隶校尉何曾商讨对策。前文曾提到过何曾一笔。早在司马懿远征辽东公孙渊时，何曾上疏朝廷建议在司马懿军中设立监军，曹叡忌惮司马懿没有照办，反而把他外派河内太守。那件事伤透了何曾的心，他发誓这辈子再不会干出类似的傻事了。就在正始年间，曹爽占据绝对主动，司马懿隐退的时候，何曾也紧随其后请了长期病假，直到曹爽被杀才重新回归政坛。打从那时候起，他就成了司马家族的忠实党羽。

此时，何曾明白司马师的心思，他言道："皇帝不堪其位，您自当有教育的责任，倘若教育也无济于事，那么，您就算效仿伊尹、霍光也不为过啊……"伊尹是商朝著名丞相，霍光是西汉三朝权臣，二人都以臣子的身份废立过皇帝。何曾是暗示司马师可以废掉曹芳。

司马师听了何曾的话没接茬儿，仍是一个劲儿地盯着何曾。

何曾知道司马师是想让自己把话说透。但是，自己既然已经抱定了这棵大树，也只好赌到底了。他想了想，又补了一句："安东将军（司马昭）不是镇守许昌吗？有他帮忙，废立之事也就十拿九稳了。"

魏国有五座重要都城，分别是：皇帝和朝廷所在的洛阳；距洛阳东南三百里之遥的许昌；关中重镇长安；黄河以北，曹氏藩王软禁地——冀州邺城；以及曹氏祖籍兖州谯郡。自上次东关之战后，司马昭便率军镇守许昌，凭借强大的兵势威慑朝廷及周边军团，为司马师控制朝政提供强有力的支持。兄弟二人配合的默契程度，比当初司马懿和司马孚兄弟有过之而无不及。

何曾的意思是说，废立皇帝这么大的事，必须要借助司马昭的许昌兵团做后盾。司马师颔首。接下来，他要静候时机。

这年 10 月，蜀将姜维举大军攻入雍州。姜维的北伐，终于让司马师逮到了一个绝佳的机会。他即刻让中书省发出诏书，调遣镇守许昌的弟弟司马昭统领雍州诸将退敌。

司马师调遣司马昭挥师西进，一方面确实是为了西线战事；另一方面，从许昌去雍州必经洛阳，如此，司马昭强大的许昌军团将会从洛阳城横穿而过，进而威逼朝廷，这将成为司马师废立皇帝的最强助力。

与此同时，魏帝曹芳也在紧盯着司马昭强大的许昌军团，他心里筹划着另一套方案："到时候，我要亲临平乐观阅军！"曹芳的计划便是趁阅军时缉拿司马昭，然后利用许昌军团剿灭司马师。

几天后，司马昭率军来到洛阳城外的平乐观，曹芳站在高耸的台上，望着黑压压的许昌大军不禁胆战。缉拿司马昭的诏书已经写好，就放在面前的案几上，曹芳几次伸手欲拿，却半途又缩了回来。他四顾身旁的近臣，不知道到底有多少人是司马家族的亲信？倘若下诏，司马昭能否就范？而数万许昌军团，自己能否指挥得动？

最后，曹芳在踌躇中放弃了盘算好的计划。或许这个年仅二十三岁的年轻人真的做出了一个正确的选择，能让他得以善终。

阅军毕，司马昭率许昌军浩浩荡荡地开进洛阳城中，朝野为之震动。这支庞大的军队是支撑司马家族权柄的重要力量，犹如乌云一样笼罩在曹氏皇族头上。

废　立

有了强大的许昌兵团做后盾，大将军司马师再无顾忌，遂亲自带着几名亲信侍卫直奔郭太后的永宁宫而去。

"臣，拜见太后！"司马师毕恭毕敬地跪拜在郭太后面前。

“大将军快快请起。”郭太后满脸堆笑。自高平陵政变之后，这位垂帘听政的女人似乎完成了一次蜕变，她从一个被曹爽欺压，又被司马懿逼宫的弱女子变为狡黠的政客。她不再流连于曹叡临终前的嘱托，不再彷徨和疑惑，而是为了自身的生存，坚定地站到司马家族一边，与司马师缔结成紧密的政治联盟。可纵使如此，洛阳城中数万许昌大军还是令她有些发颤。

“臣有秘事启奏。”司马师说着，目视左右宫人。

郭太后会意，她挥了挥手：“好，你们都退下吧。”左右侍从宫人尽数退去。永宁宫里，只剩下她和司马师。

“什么事，你说吧。”随着旁人离去，郭太后和司马师的神情逐渐变得轻松自然起来。后世有人怀疑司马师和郭太后之间有暧昧关系，这并不见于正史记载，仅仅是小说家热衷的八卦素材而已。不过，他们确是有着诸多共同点的一对男女，比如疯狂地痴迷于权力，一心只为家族利益，在相互照应的同时，又联手控制着魏国皇帝等，再加上多年来二人在政治上的默契配合，如果说郭太后对司马师心存爱慕，甚至是精神层面的恋爱也不为过。在斯德哥尔摩综合征的心理作用下，她从被胁迫的人质转变为胁迫者的同谋，这种身份的晋升（显然她早已忘记自己本该具有太后之尊）足让她引以为傲。

“太后，臣想……臣想废掉当朝天子。”司马师就算权力再大，要废立皇帝也不敢亲自动手，否则他就真成了百口难辩的逆臣。而一旦让皇太后出面主持，这事也就变得合乎法理了。

“什么？你要废曹芳？”一刹那，郭太后脑海中浮现出魏明帝曹叡临终前的托付，然而这景象没有持续很久，很快便像烟雾般消散。郭太后并未继续追问诸如为什么要废曹芳，能否手下留情宽容他这类问题，她紧跟着问道：“废曹芳之后，你打算立谁为帝？”郭太后很自然顺从着司马师的思路，曹芳随着年龄的增长越来越不听话，自己垂帘听政的地位也受到威胁。

“臣打算立彭城王曹据为帝。”曹据是曹操的儿子，也是早夭的神童曹冲的同母弟，时已年近五十。司马师这项提议同样记载在《魏略》中，必须要说一下，但凡权臣废立皇帝，一定会选择年幼者以方便控制，而曹据已到中年，辈分更是和曹丕等同，司马师想立曹据为帝，实在匪夷所思。不过，这很可能是司马师为顾及自己的名声杜撰出来的说法，更有可能的，是司马师给郭太后下了一个套。因为马上，这项提议就被郭太后否决了。

郭太后眉头紧锁：“彭城王论辈分是我叔叔，倘若他登基称帝，我这太后还怎么当？辈分岂不乱啦？”想了一会儿，她总算想出一个更冠冕堂皇的理由，“况且，也不能让文皇帝（曹丕）绝了后，我想立高贵乡公曹髦（máo），他是文皇帝的长孙，明皇帝（曹叡）弟弟的儿子，这样也合乎礼法。”曹髦年仅十三岁，如此，郭太后便可以继续垂帘听政。无论这是司马师操纵史官的伪笔，还是他下套坐等郭太后主动往里钻，郭太后确实是替司马师背下了一个莫大的骂名。

翌日，朝堂上，中书省官员大声宣读着太后诏书：“皇帝曹芳不理政事，沉湎女色，毁谩人伦。他的德行日渐亏损，已经失去继承魏室社稷的资格，特命兼太尉高柔奉告曹氏宗庙，遣送曹芳为齐王，归还藩国不得入京。”

郭太后这封诏书写得很有意思。史书中记载，曹芳自登基之初便叫停了曹叡修筑一半的皇宫，又将内宫六十多名奴婢遣散归家，贡献皇宫内府的钱财以充军资，继位二年通晓《论语》，五年通晓《礼记》，七年通晓《尚书》，在位期间三次祭祀孔子，举止有礼有法，而曹芳被废的理由却是不理政事、沉湎女色，恐怕，如果他要亲躬政事才会死得更快。在这封诏书的后半段写道，兼太尉高柔奉告曹氏宗庙，也很耐人寻味。为什么要称为“兼”太尉？当时，高柔官拜司徒，司马孚才是正牌太尉，奉告宗庙理应由太尉带头，可是，司马孚大概是为了避嫌，愣是让高柔兼职太尉，代替他奉告曹氏宗庙。司马孚的演技可谓滴水不漏。

当诏书宣读完毕后，满朝公卿面如土色，整个朝堂鸦雀无声，没有一个人敢说话。这也难怪，因为大家早就发现，司隶校尉何曾的一千多直属军早已遍布于朝堂四周，而京城内更是挤满了司马昭的数万许昌军。

突然，一阵嘹亮的哭声打破了沉寂。只有一个人敢在这时候哭，大将军司马师。他的胡须和胸前的衣襟被泪水浸得湿答答，哽咽说道：“皇太后居然下了这么一道诏令，诸位大人，你们看该如何是好啊！”

听到这话，群臣才反应过来，纷纷应和道：“今天这事，唯有遵从大将军之命。”

“承蒙诸位大人抬爱，我没法回避。”言讫，司马师抹干脸上的泪水，率领群臣一起联名上奏永宁宫郭太后，接受了废掉曹芳的诏书。在这封联名上奏中，名列其中的朝臣总共近五十位，他们的后代多在晋朝显达。这些人中，除了司马家族的亲信，如高柔、钟毓、卢毓、王肃、荀觊、何曾等人之外，还有魏国第一代宗室名将曹仁的孙子曹初，他仅仅官居越骑校尉，祖辈的声威早已淡去。此外还有甄德，正始年间裁撤掉的中坚营和中垒营在曹爽死后得以恢复，甄德重新当上中坚营统领。郭建当上了步兵校尉（隶属中护军司马望），同样手握皇宫外一支禁军营。中垒营统领则换成了荀廙（yì），这位颍川荀氏族人是司马师的妹夫。

曹芳被废掉了，他一步三回头地走出宫门，最后看了一眼巍峨的洛阳皇宫。

“你的身份是我曹叡之子，也是大魏国的皇储……”曹芳依稀记得这句话，他还记得曾按照曹叡的指示，紧紧搂着司马懿的脖子不放，可那些如过眼云烟，再也没有任何意义了。曹芳被降格为齐王，却不能去自己的藩国，也不能像其他魏国藩王一样软禁于冀州邺城。司马师给他安排了一个特别的住处——洛阳城西北角的金墉城。这座城中之城是当初魏明帝曹叡所建，在往后的故事里，金墉城会多次出现，并被赋予不凡的意义。

曹芳落寞地向金墉城走去，几十个臣子跟在他的身后送行，很多人唏嘘流涕，其中哭声最响的是司马师的叔父——太尉司马孚。

“陛下珍重啊！”他一边喊着，一边任凭泪水流淌到花白的胡须上。

曹芳听到这哭声不禁觉得好笑，他根本不在乎有谁替他哀伤，继而，他想通了，这哭声根本就不是给他听的。

“司马孚真是个忠臣啊！”道路两旁的百姓指指点点地说。这哭声是给天下人听的。

在送别曹芳的人群中，有个官卑职微的中郎名叫范粲，他和司马孚一样，同样哭得感天动地。但和司马孚不同的是，往后这些年里，司马孚始终位高权重，而范粲则辞官归隐。后来，司马师有意请他出仕，他得知后开始装疯装哑，拒不为官。范粲的谨慎到了令人难以置信的程度，他的家人如果有事找他商量必须秘密请示，他若同意则面无表情，若不同意倒头便睡。范粲八十四岁时寿终正寝，在他生命的最后三十六年，没人见他说过一句话。

二十年后，曹芳的爵位再度由王被降格为公，他四十三岁时去世，谥号“厉公”。根据《谥法》中的解释，杀戮无辜称为厉，这个恶谥竟然给了曹芳，对比司马师的所作所为，实在是充满了讽刺。

贤 君

几天后，中护军司马望（司马孚的儿子）率禁军把高贵乡公曹髦从邺城护送到洛阳。曹髦看快要到京城，便决定在近郊的玄武馆露宿一晚。

曹髦侍者喜形于色道：“朝廷打算让公卿大臣依照迎接天子的礼节迎接您哪！”

曹髦板起脸，断然拒绝：“不行！我是公侯，不能僭越天子之礼。”

翌日，群臣在洛阳城西掖门伏道相迎。曹髦见状，连忙下车还礼。

侍者劝道：“您马上就要当上皇帝了，不必还礼。”

“我也没正式登基，怎能不还礼？”曹髦稚嫩的面容颇有威严。

当车驾行至止车门时，曹髦规矩地下车步行。

“您不用下车。”

“我被太后宣召，还不知道是什么原因，这里是止车门，我怎能乘车通过？”曹髦当然知道他将荣登九五之尊，无论这番举止是他自己所想，还是事前被人教导，他的谦逊赢得了在场臣子的好感。可是，在权臣当道的年代，曹髦表现出贤明的形象，这并不算明智。

公元 254 年 11 月 1 日，曹髦在洛阳太极殿登基，成为魏国的第四代皇帝。群臣俯首在大殿庆贺，却唯独少了司马师。此时，司马师仍待在自己的府上，这些年，他出于谨慎考虑，因怕遭刺杀从不跨进皇宫半步。尤其在废立这个敏感时期，他更不愿抛头露面。

事后，司马师问钟会：“你刚刚见过陛下啦？”

“见过。”钟会身为司马家族的亲信，官拜尚书、中书侍郎，这两个官位品秩虽然比不上其兄钟毓，但却一人横跨尚书台和中书省两个权力最大的行政机构，不能不令人咂舌。

“那你说说，陛下才略如何？”

钟会想想，答道：“才同陈思，武类太祖。”他的意思是说：曹髦才气能和陈思王曹植匹敌，武略更和太祖武皇帝曹操比肩。

司马师听了钟会的回答心头仿佛被揪了一下。他转而问另一名亲信石苞：“你觉得呢？”

石苞看了钟会一眼，回答：“简直就是魏武（曹操）降世！”这句话比刚刚钟会那句还要毒。要知道曹髦年仅十三岁，这么形容绝对夸大其词。钟会和石苞的舌头如同利剑一样将曹髦死死钉在了司马师的靶心上。

司马师脸色变得阴沉：“如你们所言，那可真是社稷有福啊……”可以说，自这个时候开始，便已注定了曹髦日后悲惨的命运。

此刻，在一旁的华表（魏国初代名臣华歆的儿子）早就吓得汗流浃背。他暗想：自己若不抽身而退，将来不知道会卷进多大祸事。往后，他频频称病不涉朝政，在未来数年惊涛骇浪般的政治环境中置身事外，唯求自保。

淮南二叛：流星

废立皇帝是件举国震惊的大事。

荀顗（荀彧的儿子）提醒司马师道：“眼下局势莫测。下臣建议您赶紧往各州派遣敕使，一来安抚那些藩镇大员，二来探探他们的立场。”荀顗打小就跟司马家关系很好，正始年间，何晏排挤傅嘏，还是荀顗出面才保住傅嘏的官位。

司马师一边用手捂着左眼，一边点了点头。前些年，他左眼眶下不知怎的忽然长出一颗小瘤，本来五官端正的脸也因这瘤显得有些别扭。他考虑到自己的政治形象，曾一度想把瘤割掉，可始终没下定决心。近来，瘤不仅越长越大，更时不时地引发疼痛。

越来越疼。真该早点割掉。

曹髦登基转眼过去了三个月。公元 255 年 2 月 4 日夜晚，整个洛阳城内无论朝廷公卿还是黎民百姓都指着天空翘首眺望。

"看！那流星足有数十丈长！"

"亮得刺眼！莫非天象有什么预兆？"

"这流星起于东南，或许东南方将有大事发生吧？"

只见一颗硕大的流星从东南魏吴交界处横跨过洛阳城，向西北方向划了过去。顺便提一句，这并不是著名的哈雷彗星，哈雷彗星大约每隔七十六年出现一次，上次回归被记载于《后汉书·孝献帝纪》的建安二十三年，也即公元218年。此为冗笔。

洛阳城内的人对这颗流星议论纷纷，而远在东南方向的扬州淮南郡寿春城内，大家同样因这颗流星变得躁动不安。

第二天傍晚时分，扬州淮南郡的大小官吏、各部将校均被传唤到寿春城内西北角一座临时搭建的高坛集合。

"快进城！镇东将军有令，速去西北高坛候命！"下达这项命令的镇东将军，便是魏国东战区统帅——扬州都督毌（guàn）丘俭。

在三年前征讨诸葛恪的东关之战结束后，原本镇守豫州的毌丘俭和镇守扬州的诸葛诞相互调换辖区，毌丘俭成了扬州都督。他和夏侯玄、李丰是至交，夏侯玄、李丰罹难后，他痛心疾首，同时也为自己的处境担忧。紧接着曹芳被废，这让毌丘俭更加难以接受："看样子魏国要改姓司马了……"这段时间，他常常想起年轻时和曹叡的友情，以及曹爽对自己的提拔。他很想誓死一搏讨伐逆臣，然而，长子毌丘甸在朝廷担任治书侍御史，倘若自己贸然举兵，长子必身首异处。念及于此，他虽心如刀割却也无能为力。

就在曹芳被废的几天后，毌丘俭突然接到长子毌丘甸写给自己的信："父亲安居一方重镇，社稷倾覆只考虑泰然自保，难道不怕受到世人的谴责吗？"毌丘甸完全不顾及自己的安危，居然劝父起兵勤王。

毌丘俭回信："我若举兵，你身在京都如何是好？"

"父亲放心，我已有准备，到时候肯定能脱身。"

毌丘俭反复看着毌丘甸的信。身在京都的儿子尚且不顾个人安危，他自己又怎么能缩手缩脚？终于，他做出了决定——举兵讨伐逆臣司马师！

随后，毌丘俭将自己的想法告知扬州刺史文钦。正始年间，文钦曾受王凌排挤，最后还是曹爽出面才保住他的仕途，曹爽被害也让他处境堪危。一年前，他和毌丘俭携手共同抵抗诸葛恪，战后毌丘俭特意上疏帮文钦邀功，二人交情匪浅，可是，司马师却驳回封赏文钦的提案，文钦由此对司马师心怀怨恨。

在这些因素的促成下，文钦同意了毌丘俭的勤王计划。经过三个月的筹备，就在流星划过天际的夜晚，毌丘俭仰望星空，对文钦喃喃低语道："此时举兵顺乎天意啊！"

文钦摩拳擦掌，早就等着这一刻的到来。

是夜，毌丘俭和文钦秉烛伏案，奋笔疾书。他们所写的，乃是一篇讨伐司马师的檄文。

毌丘俭边写，边不时与文钦商议："司马家族枝叶繁茂、盘根错节，我们剑锋所指的唯有司马师一人，切不可牵涉他全族。"

"好！"文钦性格粗犷，只是不住点头。

光有檄文还不行，讨伐司马师须有皇室支持才能跟谋反划清界限，纵然魏帝曹髦不爽司马师，但他绝没机会和毌丘俭串通。

"我们假托郭太后之命，讨伐司马师！"毌丘俭开始撰写诏书。

"为什么不是以陛下的名义？"

"陛下年幼，且刚被司马师拥立不久，如果转脸就下诏讨伐司马师，恐怕很难让人信服。"

这封诏书，准确地讲，是一封以郭太后名义发布的矫诏。

文钦也没闲着，他一封接一封地给其他州郡藩镇写信，意图拉拢更多人加入勤王义举。

第二天傍晚，扬州各官吏将校应毌丘俭之命来到寿春城西北角的高坛周围，城门随之紧闭，守军迅速将众人围拢起来，气氛骤然紧张起来。

"到底出了什么事？"众人惊慌失措，相互打探着消息，可谁都没有答案。

等到夜晚，毌丘俭和文钦在侍卫的簇拥中登上高坛，扬州官吏瞬间安静下来。

"太后有诏！"台下官吏闻言慌忙跪拜于地。毌丘俭双手展开诏书，大声诵读："大将军司马师，胁迫朝廷目无尊上，擅杀李丰、夏侯玄等重臣，又废立天子，实乃大逆不道。诏令镇东将军毌丘俭、扬州刺史文钦讨伐逆臣，重振朝纲！"

登时，高坛下人声鼎沸，如同炸雷。

“这诏书是真是假？”

“天下要大乱了！”

毌丘俭挥挥手，四周早就严阵以待的士卒齐刷刷地亮出刀剑，武力威慑很快将躁动压制下来。

“太后诏书岂能有假？我等俱为社稷忠臣，不忍见司马师胁迫天子，昨日流星从东南划向西北，正预示我淮南将士剑指京师，中兴大魏！”毌丘俭喊道。

“讨伐逆贼司马师！”文钦率先站在毌丘俭身边高呼。紧跟着，他们身边的亲信将校跟着喊起来，然后是包围扬州众官吏的士卒也纷纷举起刀剑振臂疾呼。最后，扬州官吏不得不顺从形势，跟着众人高喊。

“中兴大魏！讨伐逆臣！”就这样喊了一阵，毌丘俭伸手示意，高坛四周又恢复了肃静。

毌丘俭见局势已被控制住，遂拿出事先写好的檄文朗声念诵。

这篇檄文很长，文中一口气列出了司马师十一条罪状。不过，毌丘俭除了对司马师口诛笔伐外，对司马懿、司马孚、司马昭、司马望（司马孚的儿子）则是一个劲儿地歌功颂德，旨在分化司马家族内部的关系，缩小打击面。

毌丘俭念完后，扬州官吏皆瑟瑟发抖，茫然不知所措。

“既然奉太后密诏，我自当为振兴社稷而战，也希望诸位能与我同休共戚！”毌丘俭说罢，文钦和几个亲信将领带头在檄文中签署了自己的名字，扬州各官吏则是在武力胁迫下签名。他们中少部分受到这檄文的感染，大多数则是被逼无奈。这封签署众将官名字的檄文被抄写多份，送往洛阳及周边州郡。

当年，扬州都督王淩因官拜太尉失去兵权，只能束手待毙；而今，毌丘俭手握兵权，他顺利调动了扬州驻军。“明日，扬州六万义军向京师进发，讨伐司马师！”

勤王的义旗就这样在淮南立了起来。

淮南二叛：忍常人难忍之痛

不多时，朝廷获知毌丘俭谋反的消息。司马师怒视檄文，气得两眼发红："毌丘俭不管他儿子的命了吗？马上派人缉拿毌丘甸！"

禁军冲向毌丘甸府邸，却两手空空地跑了回来："回禀大将军，到处都找不到毌丘甸，想是已经逃出洛阳城了。"

"赶快去找！"话音未落，司马师忽觉眼眶剧痛，一阵天旋地转，随即失去了知觉。

一天后，司马师醒了过来，抬眼看到夫人羊徽瑜正守在自己身边。他思绪模糊，只觉得整个脑袋像要炸裂。又伸手摸了摸脸，半张脸上都裹着布。

"大夫们说你怒火攻心致使囊肿破裂，如果再不割掉怕是连命都保不住了……"

"给我拿面镜子来。"

羊徽瑜小心地把镜子递给司马师。

司马师照照自己，脸上的布已被血浸成深红色。

这时，一名侍卫走进寝室，颤声禀报："大将军，公卿在府中已恭候多时了……"

羊徽瑜闻言，瞪了侍卫一眼："谁让你进来的！让他们继续等。"

司马师本没想说话，但猛然间，他想起了自己病倒前看到的勤王檄文，遂摆了摆手。"不用。你让他们都进来吧。"

须臾，公卿挤满了司马师的寝室。

"大将军病成这样，下臣本不该叨扰，但毌丘俭谋反，这事还得请您拿个主意啊！"

是啊……事关重大，必须得自己拿主意。司马师环视一圈，最后，他的目光落在太常王肃脸上。

"王大人有什么良策吗？"他这么问，是希望王肃能说几句话帮他稳定一下同僚的情绪。

王肃会意，言道：“多年前，关羽水淹七军威震华夏，声势比今天大得多，最终不还是土崩瓦解。下臣认为，淮南将士家眷皆在中原，咱们只要隔绝叛军和中原的联系，叛军挂念家人一定会不战自溃。”王肃是儒士，兵法本非擅长，但他凭借多年从政的经验，对人心的把握敏锐至极，他不仅帮助司马师稳定朝廷信心，更提供了一个切实可行的战略方案。

“说得好！”司马师想点下头，却发现头刚一微动即引发撕心裂肺般的疼痛。他咬了咬牙，竭力绷住脸上痛苦的表情，“那么，谁能统领全军迎战毌丘俭？”

有人提议：“看大将军的病情恐怕无法亲自出战。那么统帅之职……下臣觉得唯有太尉（司马孚）大人能胜任。”

司马师也觉得自己这回无论如何都没法亲征。他刚要答应，尚书仆射傅嘏突然言道：“此战不容疏忽，还望大将军能亲自挂帅。”

司马师没接茬儿，他正疼得死去活来，缓了半天才说：“我再想想，明日再议吧。”

公卿见司马师这么说，纷纷退了出去。最后，只剩下傅嘏、王肃、钟会三人仍不肯离去。

“三位还有什么事吗？”

傅嘏言道：“刚才众公卿都在，有些话不方便说。现在他们走了，恕下臣直言。毌丘俭和文钦这番举兵可谓孤注一掷，淮南叛军声势浩大。若此战稍有闪失，一定会影响大将军的权势。还望大将军务必亲征。”

王肃、钟会附和：“下臣也赞同傅君的说法。”

羊徽瑜听罢，脸色骤变：“大将军已经病成这样，你们怎能……”

司马师朝羊徽瑜摆摆手，止住了她的话。事关司马家族的权势……傅嘏、王肃、钟会三人的话犹如一针强心剂令司马师忘记了一切痛苦，他强撑着身子从床上坐了起来。

“说得对！我必须亲自出征！”

淮南二叛：速战

司马师要离开洛阳，那皇帝又由谁看着？他最信任的人，毫无疑问是胞弟司马昭。

“速传司马昭入京！”

这个时候，司马昭手握重兵镇守许昌，他接到命令丝毫不敢耽搁直奔洛阳，刚一入京即被任命为中领军。这么一来，司马昭就能手握皇宫内禁军监控皇室。不过，数量庞大的许昌军团又该交到谁的手里？司马师思绪飞转，亲信嫡系逐一在他脑海中闪现，片刻后，他想到了一个合适的人选。

“召荆州刺史王基入驻许昌，接替司马昭统领许昌军团。”

这位王基的身份颇有些复杂。

王基既非琅邪王氏也非太原王氏，只是个小士族。年轻时，他坚定地拥护郑氏学说，多次与司马昭的岳父王肃据理力争（王肃不喜欢郑玄学说）。正始年间，他被曹爽拉拢提拔。不过，王基虽然在学术立场上跟王肃不合拍，但他认定曹爽必败无疑。于是，他写下一篇《时要论》抨击曹爽执政，以此表明自己的政治立场。这本《时要论》确实挽救了王基的政治生涯，让他顺利跳到司马懿阵营。高平陵政变后，王基被司马懿举荐为荆州刺史。这些年，他越来越得到司马家族的信任。依照魏国惯例，王基这个荆州刺史是荆州都督的储官，不过荆州都督王昶风头日盛，暂时没有被替换的理由。由此，王基便就近获得了豫州许昌军团的控制权。

公元 255 年 2 月中旬，司马师统率中央军在一众公卿大臣的送别中来到洛阳东门外，他顾盼一周，发现唯独少了光禄勋郑袤。光禄勋手里握有数百名禁军侍卫，虽说不多，但到底也算一支武装力量，司马师不见郑袤心里不踏实，他对身旁的王肃悻悻言道：“郑袤没来，实在令我遗憾。”

王肃明白司马师的意思，当即吩咐侍从：“马上把郑袤叫来。”

“可是，郑大人身体有恙。”

“不管什么病，就算抬也要把他抬来。”

须臾，一辆马车飞驰而来，车上坐的正是郑袤。

司马师见到郑袤总算松了口气。

“郑大人，请上车！”他把郑袤请上自己的车，接着问道，“我马上要去讨伐逆贼，您有什么赠言吗？”

郑袤早有准备，他分析说：“毌丘俭好谋无断，文钦勇而无谋，二人都不是能成大事的料。叛军希望速战速决，但防守不稳固，臣建议坚壁高垒挫败他们的锐气。”郑袤说来说去，其实还是王肃之前定的那一套，没什么新鲜的。不过，司马师也没指望郑袤真拿出什么奇谋妙计，他只需要听郑袤表明立场也就安心了。

京都诸事安顿妥当后，司马师开拔。然而，谁都没有发现他眼神中露出的不安。首先，司马师还没有敲定前锋统帅的人选。其次，王肃、郑袤等人提议的缓攻战略虽在理，但以他目前的身体状况，他不知道自己能坚持到什么时候。几天后，大军途经许昌，司马师决定带上许昌军团前去讨伐毌丘俭。

在许昌城中，司马师见到了刚刚进驻到此的王基。

“拜见大将军！”王基对司马师施以军礼。庞大强盛的许昌军团以前一直由司马昭统领，如今全部交到王基的手上，但是，王基没有丝毫傲气，还和往日一样谦逊持重，仿佛什么都没有发生过。

司马师无力地半躺在床上，用一只眼睛仔细打量着对方：“王基，好多年没见了……”

王基惊愕地发现司马师的病情远比他想象的严重：“大将军勿动！”

司马师摆摆手：“我想让你带着许昌军跟我一起去讨伐毌丘俭。你知道公卿是怎么规划战略的吗？”

“听说太常王肃、光禄勋郑袤等人都建议坚壁高垒，以逸待劳，等淮南叛军不战自溃。”王基虽不在朝廷，但消息却很灵通。

“你怎么想？”

“王肃、郑袤等人说得确有道理，淮南叛军思念中原家眷，拖延日久，必分崩离析。只是……”王基顿了顿，抬眼凝望着司马师。

只是……我恐怕撑不了那么久啊……司马师心里默想，却不能把这话说出来：“只是什么？”

“只是，倘若拖延日久，难保不会出现意外……”王基这话说得很婉转。所谓意外无非包含两方面意思：其一，司马师离开京都的时间不能太长，否则一定会影响其在朝中的权威；其二，便是指司马师的病情。

“王基……”司马师的左眼被包裹得严严实实，右眼竟流露出此生难得一见的感激之情，他几乎要脱口而出：你是我司马家的忠臣啊！不过，他还是把这话咽了回去，仍是平静地问道：“依你之见，这仗该怎么打？”

王基应声而答：“唯有速战！”

“好！”司马师任何一个动作，都会激起左眼下创口的剧痛，但当他听到王基说出速战时居然忍着疼痛，艰难地点了下头。接着，他问道：“倘若群臣都力主缓战，又向你施压，你怎么办？”王肃、郑袤主张缓战自然是为减少损失，而事实上，从后面的故事中可以发现，主张缓战的不只有朝廷公卿，就连司马师的幕僚也均持此议。

“坚持速战！”

司马师的脸因激动而颤抖，他继续追问：“如果连我都责令你缓战，你又当如何？”

王基神色不变：“下臣就算抗命，也会坚持速战！”

“王基，我要让你担任此战的前锋统帅！”司马师决心为王基搭建一个光辉的舞台，也为自己生命的最后时刻赢得一个机会。

淮南二叛：藩镇的立场

这段时间，文钦的亲笔信相继发往各州郡，可是几天过去鲜有人响应。

在魏国的西战区，雍凉都督郭淮躺在床上，已行将就木。

“大人，扬州刺史文钦送来一封信。”侍从在郭淮的床前轻声说道。

“喀喀……”郭淮咳嗽不止，喘着粗气问道，“你说……是谁的信？”

“回禀大人，是扬州刺史文钦。”侍从的声音略微提高，以便让郭淮能听清。

“扬州……刺史……文钦……”郭淮停顿了许久，他的肉体衰老到几乎失去所有机能，唯有脑细胞仍在迅捷地飞转。文钦是昔日曹爽的亲信，他在东战区，我在西战区，无论政治上还是军事上都素没瓜葛，跟我八竿子打不着的人为什么要给我写信？不行，这信不能看，看了怕惹祸上身哪！“……喀喀……信……切勿拆封……拿去烧了！”

侍从刚要转身离去。郭淮却又喊道：“不！等等……不要烧……直接、直接送给大将军……”

几天后，郭淮病故。这位前半生跟随夏侯渊和曹真的名将，后半生义无反顾地投身于司马家族门下。郭淮祖籍太原，其家族被称为太原郭氏。后来，太原郭氏与贾充结为姻亲，形成一股庞大的政治势力。

文钦的信在郭淮眼中如同犹恐避之不及的祸水，他连看都没看就匆匆逃离了人世。而在魏国的东南战区，临近淮南的豫州都督诸葛诞也接到文钦的来信。他有些举棋未定。

诸葛诞在正始年间出任扬州刺史，算是曹爽提拔的嫡系，并且，他和夏侯玄、邓飏是至交好友，这种背景让他得不到司马家族的信任。不过，诸葛诞在扬州根基牢固，司马家族没法将他连根拔除，东关之战后，司马师让他和毌丘俭互换辖区以削弱其实力。诸葛诞一方面试图讨好司马家族寻求自保，而另一方面，他对司马家族也绝对谈不上忠诚。他思绪凌乱，纠结的念头在脑海中忽隐忽现。如果响应毌丘俭讨伐司马师，到底有多少胜算？如果自己一直这么隐忍下去，又能否得以善终？

这时候，司马家铁杆盟友——廷尉钟毓亲自来到豫州和扬州一带颁布特赦令：“只要不主动勾结叛军，绝不会受任何牵连。”这道简单的赦令，所起到的效果远大于文钦言辞恳切、宣扬勤王道义的亲笔信。

诸葛诞的案头上摆着两封文书，一封是文钦劝他举兵勤王的信，另一封则是司马师让他进攻毌丘俭后方的军令。同时，他很清楚，麾下将校应该已经获悉钟毓传达的特赦令。

毌丘俭和文钦不会有胜算的。诸葛诞试着说服自己，他又想起先前担任扬州都督的时候，跟扬州刺史文钦关系闹得很僵。那些不愉快的往事，让他更坚定了自己的判断。就这样，诸葛诞把毌丘俭、文钦谋反的消息传谕豫州，宣布协助司马师讨伐淮南叛军。然后，他亲自率豫州军攻向毌丘俭的大本营——淮南郡寿春城。大概是秉承了琅邪诸葛氏谨小慎微的家风，诸葛诞到底没敢迈出这危险的一步。

还有一个人接到了文钦的信，豫州境内的汝南太守邓艾。邓艾自年轻时被司马懿提拔，可以说是司马家族的嫡系，他果断斩了信使，火速入驻淮南军北上的必经之路乐嘉城，积极构筑防御工事，进入备战状态。

淮南二叛：抗命

公元 255 年 2 月底，毌丘俭率主力军进驻豫州项城，文钦则率偏军在周边游击，与毌丘俭遥相呼应。清代史家何焯对毌丘俭的部署不以为然，他批评说："毌丘俭到项城坚守不知道想干吗？他缺乏必死的决心，有失勤王之义，真是耻于大丈夫所为。"何焯的意思是指责毌丘俭理应挥师北进直取洛阳。可当时的情况远没那么简单，毌丘俭仅六万人，司马师则拥兵十二万，两军迎头相遇，毌丘俭又怎能轻易突破二倍于己的敌军？说实话，他敢面对强敌，剑指京都，已是惊人之举了。

与此同时，豫州都督诸葛诞直逼寿春，从后方抄了毌丘俭的大本营；徐州都督胡遵进驻兖州谯郡，隔断淮南将士和中原家眷之间的联系；司马师则卧病率十二万大军，以王基为前锋统帅，在项城附近严阵以待。

三年前，司马懿经由这条路平定淮南，在豫州项城将王淩缉拿。三年后，司马师沿着父亲走过的足迹又来到豫州项城，他所做的一切，都是为保住家族的权势。

就在司马师指挥中军安营扎寨后，前锋统帅王基仍是一个劲儿地往前冲。幕僚纷纷劝谏："叛军彪悍难与争锋，请大将军赶快让王基转攻为守。"

纵然司马师因为种种原因渴望速战速决，但他面对群臣这么大压力也扛不住了。要知道，在战争中，主帅违背众意是极危险的，就算司马师再强权，如果不能团结所有人也没法打这场仗。最后，他不得不下令让王基停止进军。可是，他心底依旧希望王基能坚持初衷。这么干挺不厚道，他等于把压力完全转嫁给了王基，至于王基能否扛得住，司马师并不能百分之百确定。

王基扛住了。

次日，司马师收到王基的答复："毌丘俭裹足不前，肯定是军心不稳。不攻反守违背兵法要旨。如果给毌丘俭可乘之机，让他控制了临近州郡，叛军势头将一发不可收拾。据闻吴国已经有了动静，若拖延日久，不仅淮南，甚至连豫州（豫州在淮南西边）都会陷入危机。臣决定全速占据粮草充裕的重镇南顿。"

接下来的几天里，王基屡次陈明进军的重要性。

司马师下令："最远进驻到隐水河畔，不能再冒进了。"

可是，当王基来到隐水河畔后仍不止步，他再度给司马师写信："进驻隐水于事无补！兵贵神速，眼下外有吴寇，内有叛臣，若不速战速决局面很快会失控。群臣劝大将军持重，但持重不代表畏首畏尾！缓战必败！"

司马师再度下令："不能贸然进军！"

王基，记住你之前说过的话，一定坚持下去。

王基早有觉悟，他答复道："将在外，君命有所不受。南顿乃战略重镇，绝不能拱手让人。"于是，他冒着抗命的危险，果断抢占了南顿。

这个时候，毌丘俭也打算进驻南顿，他行军十几里后，听说被王基抢先，只好又撤回到项城坚守。

就这样，王基数度违抗司马师的军令，比毌丘俭先一步进驻南顿。局面对司马师愈发有利。

先前，司马师只是希望王基速战，现在，他已经无比确信王基的正确。他下令道："让驻守乐嘉城的邓艾示弱诱敌。"随后，他率主力军前往乐嘉城与邓艾会合，等待敌军上钩。如此一来，不仅王基在向前推进，司马师也同样顺势向前推进着。

几天后，文钦果然被邓艾吸引，他离开毌丘俭直奔乐嘉城。当文钦抵达乐嘉后，却意想不到遇上司马师的主力大军。

战局对文钦很不利，儿子文鸯提议："若趁夜间突袭，必能大破敌军。"文鸯年仅十八岁，他自逞武勇提出夜袭的战术。有必要说明一下，三国前期存在大批以悍勇著称的猛将，这是因为小规模战斗比比皆是，或数百人，或上千人的小战场给猛将创造了成名的土壤。而在三国后期，动辄数万人参与的大型战役，个人武功就完全派不上用场了。不过文鸯恰在三国后期以勇力被载于史册，这实在很罕见。

是夜，文钦文鸯父子各率一支部队夹击敌军。文鸯抢先抵达战场，他突进敌阵一边横冲直撞一边喊：“司马师！敢出来应战吗？”司马师摸不清楚对方底细，只能被动采取守势。可是，另一路文钦却遇到阻碍未能接应儿子，直到天明，文鸯擂了三通战鼓不见援军只好撤退。

司马师被文鸯折腾得彻夜未眠，左眼疼得越来越厉害。他的外科手术很不成功，囊肿虽被切除却受到感染，左眼球凸起几乎快掉出眼眶。他咬紧牙，用手捂着眼睛猛一用力，居然以惊人的意志力将眼球强行按了回去。

司马师差点昏死过去。黎明时分，他下令追击文钦父子。

诸将迟疑：“文鸯军锐，明明占尽优势却全身而退，这很可能是诱敌。”

司马师牙齿颤得咯咯作响，强忍痛苦解释道：“一鼓作气，再而衰，三而竭。文鸯三次擂鼓，文钦都没来接应，士气肯定受挫。”

旋即，邓艾、乐綝（魏国初代名将乐进的儿子）对文钦父子展开追击。

待众将走后，司马师不想让人发现自己窘迫的样子，便用被褥蒙住头，独自对抗疼痛。

我这是要死了吗？他只觉得眼前一阵发黑。

不行，必须得忍到战争结束再死。

淮南二叛：陨落

司马师被褥蒙头。没一会儿，他的口水和血浸湿了褥子。这副惨状终于被人发现了。

“难不成，司马师要死了吧……”这人姓尹，字大目，他正是在高平陵政变时劝曹爽投降之人。自那件事后，他心头就像堵了块巨石，终日在悔恨中度过。尹大目很想把司马师的状况告知文钦，他对司马师佯言道：“文钦本无叛心，只是被毌丘俭误导。我曾与文钦有旧交，想亲至阵前劝他归降。”

“去吧。”司马师同意。

于是，尹大目怀着不为人知的目的也随同邓艾、乐綝追赶文钦。当两军相遇后，尹大目疾驰到阵前对文钦高喊道：“将军何苦如此？难道就不能再忍耐几天吗？”他边说边向文钦使眼色，希望对方能明白自己的意思。

但文钦没有领悟，他指着尹大目厉声叱骂：“你是大将军（曹爽）故吏，不图报恩反跟从逆臣，老天不会饶了你！”说罢，张弓搭箭瞄向尹大目。

尹大目躲过射来的箭矢，无奈向己方军阵退去，他一边跑，一边忍不住回头喊：“世道衰败，还望将军自勉！”文钦缓缓收回弓箭，即便如他这样粗粝的神经，也察觉到尹大目话里有话。可是，文钦没有时间仔细琢磨了，他面对邓艾、乐綝的轮番猛攻节节败退。文鸯几次单枪匹马冲入敌阵，可勇猛并不能扭转战局。

眼下，文钦返回项城的归路已被切断，他没法跟毌丘俭会合，若想活命只能逃往吴国。

淮南，正是通往吴国的必经之路。

两天后，文钦父子逃到淮南，却惊讶地发现有两支军队正在此地对峙。这两支军队的统帅，一个是魏国豫州都督诸葛诞，另一个则吴国大将军孙峻。原来，孙峻得知魏国发生叛乱想趁机分一杯羹，没料到诸葛诞已抢先占据淮南。

倘若没有遇到孙峻，文钦父子很可能就在这里被诸葛诞截杀。此刻，他们见到了救星，不顾一切地狂奔到孙峻军中寻求庇护。自此，文钦和两个儿子文鸯、文虎开始追随孙峻。他们去了吴国，但没有就此退出历史舞台，不久后，他们还会重返淮南，父子三人也将迎来各自不同的命运。

回到王基和毌丘俭的主战场，此时，王基已发出总攻项城的命令。

毌丘俭获悉文钦战败的消息后士气跌落，节节败阵。在这场战役中，双方的战略部署均未能按照预想发展。司马师因为种种原因改变了先前既定的坚守策略，转为步步进逼。毌丘俭则在与王基争夺南顿失败后转攻为守。而将战局彻底打乱的，正是司马师的前锋统帅王基，他屡次抗命，最终创造出一个辉煌的战绩。

“大势已去……”毌丘俭仰望着夜空，回忆起一个月前那颗耀眼的流星。当晚，他带着家眷亲信逃出项城，一路向南奔赴吴国。当他来到豫州汝南郡慎县的时候，左右亲随早散得无影无踪，身边只剩下弟弟毌丘秀和孙子毌丘重。三人惊魂落魄地蜷伏在水边的芦苇丛中，寄希望能找到一只渡船。

“嘘，低声！”毌丘俭半截身子泡在水中，他手扶着芦苇，侧耳倾听。突然，嗖的一声，一支箭从毌丘俭的后背贯穿至胸前，他没反应过来怎么回事，只感觉胸腔一阵剧痛，咳出几口鲜血，接着，才发现胸前露出的箭锋。毌丘俭用尽最后的力气，手指向半空中，不知是为弟弟和孙子指向通往吴国的逃生之路，还是想起仍身陷中原杳无音信的长子毌丘甸，抑或是思念曹叡的在天之灵。他摇晃了几下，喉咙哽咽，仿佛要说什么，却一个字也没说出来，便跌落到水中。射箭者是安风津的一个民兵，名叫张属。张属这一箭算是中了大彩，他后来被封侯，从此过上了荣华富贵的生活。

毌丘秀见状，顾不得毌丘俭，拉着毌丘重仓皇而逃，几天后，二人越过魏国边境逃到吴国保住了性命。

再说之前逃出京都的毌丘甸，这个时候正躲在河东新安县的灵山之上。这里，正是毌丘氏的祖坟所在。“祖上有灵，我与父亲无愧于大魏！”在毌丘甸的四周围布满了京都禁军。几个月前，他不顾自己的安危，劝父起兵勤王，倘若还能重新来过，是否仍会做出这样的选择？他不想再去纠结这个无意义的问题。兵刃闪过毌丘甸的眼前，他毫无招架之力，很快身被数创，栽倒在灵山毌丘氏的祖坟旁边。

公元 255 年 3 月中旬，毌丘俭起兵一个月后战败身死，文钦父子逃亡吴国。

毌丘俭是继王淩之后发生在淮南的第二起叛乱，当然，更准确的说法应该称之为勤王。毌丘俭和王淩相比，准备得更加充分，王淩当年还在为如何获得淮南兵权绞尽脑汁，毌丘俭则成功调动了淮南六万大军直逼魏都洛阳，可最终，他还是失败了，因此，勤王也就变成了叛乱。

权力的传承

司马师得益于王基的速攻战术，总算见到最后的胜利。这并非魏国的胜利，而是司马家族的胜利。司马师听着络绎而来的捷报，脸上露出欣慰的笑容，然而这笑容伴随着几乎快悬挂到脸颊上的眼球，显得颇有些骇人。

战后，司马师安排王基接替诸葛诞成为豫州都督。诸葛诞则接替毌丘俭成为扬州都督，他几经辗转，又回到了昔日的领地。另外，还有陈群的儿子陈泰接替郭淮成为雍凉都督。魏国几大主要战区的格局再度发生改变。

这场历时一个月的战役，耗光了司马师余留的全部生命力。他急迫地想要马上率军返回洛阳，但当他走到许昌时，他知道自己撑不下去了。现在，他脑子里唯一的念头便是该由谁来继承家族的权柄。司马师总共有五个女儿，全部是由被他毒死的夏侯徽所生，其中一个女儿还嫁给甄德为妻，这是司马家维系甄家和郭家两个强大外戚的重要纽带（甄德本姓郭，后过继给甄家，因此身兼二家外戚）。可是，他却很不幸地未能生下一个男孩，他有一个养子名叫司马攸，是司马昭过继给他的，但司马攸才年仅七岁。

司马师最亲的人无疑是镇守洛阳的胞弟司马昭。

“快！让子上（司马昭字子上）……来见我！”司马师痛苦地吩咐道。然后，他望向旁边侍立的两个亲信——傅嘏和钟会。“拜托二位……助、助子上……辅政……”他勉强挤出这几个字后，便再也说不出什么话了。

在《世说新语》中写道，司马师临死前将辅政重任授予傅嘏，傅嘏不敢接受。这基本没有可信度，傅嘏仅仅官居尚书仆射，政治资望明显不够。而司马家族枝繁叶茂，就算司马师跟傅嘏关系再好，也绝没可能将这得来不易、历经两辈人经营的权柄传到外姓人手中。

几天后，司马昭从洛阳赶到许昌，见到了垂死的司马师，他伏在床前不住地哭喊：“大哥！大哥！”

司马师微微睁开一只眼睛，艰难地向弟弟伸出手。司马昭见状，慌忙握住。

给你了，接得住吗？司马师无力说话，只是凝视着弟弟，就如同四年前司马懿弥留之际所做的那样。

接得住！司马昭泣不成声，他什么都没有说，只是拼命点着头，并紧紧握住大哥的手。

司马家族的权势……这是司马师最后一个念头，想到这里，他终于结束了自己波澜凶险的一生，安静地死去了。有那么一瞬间，他竟见到自己满月时的一幕，父亲司马懿站在床前，眼神中充满无限温情，而他自己则向窗外的明月伸手拼命抓着，如今，他抓住了。

公元255年3月23日，司马师病故，享年四十八岁。自司马懿死后，他接掌权力仅四年，在这短短的时间里，他铲除了夏侯玄和毌丘俭两个最顽固的曹氏死忠。另外，如果说高平陵政变时，司马懿以武力迫使郭太后就范，那么司马师则是靠怀柔手段成功笼络了郭太后及其背后的郭氏、甄氏两大外戚家族。不夸张地讲，正是司马师确立了司马家族权力传承的合理性。司马师死时食邑高达九万户，谥号“忠武侯”，多年以后，他的侄子司马炎建立晋朝，他遂被追尊为“景皇帝”，庙号“世宗”。

兵临城下

司马师病故的消息很快传到了魏都洛阳，一时间，朝野震惊。

“陛下，司马师死了！天佑大魏啊！”内宫近臣悄悄对曹髦耳语。

曹髦从皇位上一跃而起：“你说什么！再说一遍！”

“司马师，他死了！”

曹髦长长地出了口气，这绝对是一个天大的喜讯，一年来，他处处受到司马师压制，早就对这个权臣恨之入骨。不过，他年仅十四岁，并没有足够成熟的想法应付这一局面。“那你说现在该怎么办？”

“陛下可以抓住这个千载难逢的机遇，拜中领军司马昭为卫将军，派他去镇守许昌，同时让尚书仆射傅嘏带大军回京，如此一来，这批大军就都在陛下的掌控之下。将来再逐步摒除司马家族的势力。”

“好！传中书省，下诏！”

当日，朝廷发出一封诏书：“中领军司马昭官拜卫将军，留镇许昌。尚书仆射傅嘏统率大军回京。”这则简短的人事安排用意明显，即是阻止司马昭入京。在《三国志·钟会传》和《资治通鉴》中，这封诏书都被称作“中诏”，“中”指皇宫禁中。对此，胡三省特别解释说，当时诏命皆出自司马师之口，而这封诏书则是直接来自皇宫内，故特别写明为“中诏”，也就是说，是由魏帝曹髦直接发出，这在当时是极少有的情况。在《晋书·文帝纪》中，同样直言不讳地写道曹髦命司马昭留镇许昌。

很快，这封“中诏”传到了前线军队。

诏书的内容令钟会不寒而栗，他身为司马家族的亲信，早就把自己的政治前途全部压在司马家族这棵大树上，眼见司马家族有倾覆之危，自然心生畏惧。此刻，他警觉地紧盯着傅嘏问：“傅君，你打算怎么应对？”

傅嘏具备足够的洞察力，他清楚地看到自己正处于左右历史的十字路口。毌丘俭、王淩、李丰等人付出生命所争取而未能如愿的机会就摆在自己面前。如何应对？傅嘏也这样扪心自问。倘若按诏书执行，他肯定能成为魏国第一中兴功臣，而司马家族的权势也将就此终结。但遗憾的是，他对曹氏可以说毫无感情可言。傅嘏踏上仕途是从被司空陈群征聘为幕僚开始的，他目睹了陈群毕生与皇权的抗争，然后在曹叡的压迫下度过了郁郁寡欢的晚年。而后在曹爽秉政时代，他与何晏、夏侯玄等人为敌备受排挤。这些经历都让他义无反顾地投身于司马氏门下。

天下士族心系司马氏，而曹氏，还是让他们走向没落吧！他安静地盯着眼前的诏书，突然转头凝视钟会的双眼，以异常坚定的语气说道：“钟君，我打算让司马昭辅政，请助我一臂之力！”

“纵粉身碎骨也在所不惜！”钟会对司马家族的忠诚，全部建立在利益基础上，虽然他并不是一个为了别人肯粉身碎骨的人。

是夜，傅嘏和钟会二人进行了一番密谋。

钟会提议：“我们即刻上表，申明让司马昭辅政之意。”

傅嘏点点头，却不知从何处下笔，他抬眼看着钟会问道：“依你之见，这奏表该怎么写呢？”

钟会提笔，行云流水一般，顷刻间，一封奏表即告完成：“臣傅嘏以微末之功，实在无力应付军中事务，卫将军司马昭忠孝仁厚，深得将士之心，故，臣把军权授予司马昭，即刻率大军回京。”钟会的意思是让傅嘏把军权交给司马昭，然后一同率军回洛阳，以兵势威逼朝廷。在《世说新语》中记载了一段钟会擅长写表文的逸事。一次，司马师命虞松作表，结果总不如人意，钟会看罢，仅仅修改了五个字即令司马师大为悦服。

傅嘏看完奏表的内容倒吸了一口冷气，颔首应允。

翌日，傅嘏和钟会亲自拜见司马昭。“臣等写了封奏表，请卫将军过目。”说着，他们恭敬地递上奏表。

司马昭看毕，顿时明白了一切：“感谢二位大人抬爱，司马昭在此拜谢了！”

旋即，傅嘏将奏表送递朝廷，并不等朝廷答复，直接将军权交到司马昭手上。

公元 255 年 3 月 29 日，司马师死后六天，这支平定淮南叛乱的大军在司马昭的率领下返回京都，可是，大军却没有直接进入洛阳城，而是在洛阳城外的洛水南岸屯驻了下来。

“全军扎营！”司马昭下令。

十二万魏军兵临自国都城之下。

整个皇室和朝廷全然震惊了：“司马昭到底想要干什么？”

不多时，一名使者携带着傅嘏的口信来到朝廷：“卫将军司马昭功勋卓著，理应继承其亡兄遗志辅政，请朝廷斟酌。”这口信的背后，是屯驻在洛水南岸，虎视眈眈威逼朝廷的十二万魏军。

曹髦心里发毛了。他前面那封诏书完全没有奏效，事态在朝着更危险的方向发展。

须臾，他被群臣的议论惊醒。“请陛下赶紧答应傅嘏的请求！”

曹髦咬着牙恩准。

当日，朝廷使臣匆匆奔至司马昭的军营：“陛下诏书，司马昭晋位大将军、都督中外诸军（中央军最高统帅）、录尚书事（监管尚书台政务），辅政！”

“臣，司马昭接旨！”至此，继司马师死后，司马昭通过傅嘏和钟会的协助，将魏国军政大权牢牢握于掌中。

司马昭返回朝廷后，即让钟会转任黄门侍郎。黄门侍郎这个官位属于皇帝身边的近臣，有传递诏书的权力。想必是之前那封险些扼杀司马家族的诏书令司马昭胆战，所以才把钟会安插曹髦身边以备不测。

就在司马昭继承司马师权柄的同年，傅嘏病故。他死后谥号“元侯”。元这个字在《谥法解》中有诸多褒义，其中一个意思乃是有建国定都之功，这颇为奇妙，以魏国的立场，傅嘏临终前最后一招棋无异将曹氏社稷推向死境，他协助司马昭率十二万大军威逼自国都城，何来定都之功？而以司马家族的立场，傅嘏确实是辅佐司马昭立下了定都之功。在史书中，傅嘏有不计其数的佳评，他的才略和见识往往高人一等。不过，清代学者王懋竑也直言傅嘏根本就是魏国的逆臣，另外，他也提到傅嘏贬损何晏、夏侯玄、李丰等人，并非出于公正客观，仅仅是源于政治立场不同导致的好恶心而已。可无论如何，傅嘏作为政治上的胜利者，流芳千古，泽被子孙。他的同族兄弟傅玄，乃是魏晋时期著名的文史巨匠，其著作《傅子》中的内容被南朝史家裴松之注解《三国志》时大量引用。他的儿子傅祗，后来成为西晋名臣，并在“十六国时期”洛阳沦陷后被推为盟主，传檄四方征募义兵，为收复故都而努力。

西土战乱

司马师的死不仅给魏国带来巨大的政治动荡，也让邻国激起涟漪。

远在益州成都，蜀汉卫将军姜维正跟征西将军张翼争得面红耳赤。姜维极力主张趁司马师刚死出兵伐魏，征西将军张翼则以蜀国国小民弱为由反对。

不管张翼怎么争，最后还是得靠实力说话，而姜维掌握的兵力在蜀国群臣中是最多的。

公元 255 秋，朝廷不得不同意让姜维率领数万蜀军攻入魏国雍州境内。姜维虽然跟张翼政见不合，但他仍需要对方的协助，于是，他推举张翼晋升镇南将军以示安抚。这里顺便提一句，在魏国，四征将军（征东、征南、征西、征北）的地位高于四镇将军（镇东、镇南、镇西、镇北），蜀国则反之，四镇地位高于四征。从这种官位的命名规则不难看出蜀汉力求自保的国策——镇守远比征伐更为重要。

在魏国这一边，雍凉都督陈泰正眉头紧锁地看着雍州刺史王经寄来的书信。信中写道：“据闻姜维兵分三路攻入雍州，我准备出城迎击。”陈泰暗思：姜维兵力不多，不大可能再兵分三路，王经的情报和战术或许有误。他马上给王经回信提出了一个更稳妥的方案："请王大人务必在狄道坚守，待我率主力抵达后，即可形成掎角之势，钳击蜀军。"

陈泰将信送出，悬着的心总算稍稍踏实了些。这时，他身旁的部将询问："将军，是否要向朝廷请求援军？"

史书中记载陈泰秉承一个理念："边境有战事，若能凭借自己的力量解决，就不该烦扰朝廷惊动天下。"司马昭也了解陈泰这个特点，常对他赞不绝口。

不过这只是表面现象。早年，陈泰的爸爸陈群和司马懿有过竞争关系，到陈群晚年时，司马懿已经取代其成为天下士族领袖。可陈家瘦死的骆驼比马大，就算地位有所下降，士族们至今还吃着九品中正制的好处，念着陈家的人情。所以，纵然陈家跟司马家关系微妙，但司马家要想动陈家也是不可能的。

前些年，陈泰任雍州刺史期间不小心激起民变，还是司马师把过错揽了过来，卖给陈泰一个大大的人情。虽然陈泰心里不爽，但也只能默默地接受。正因为此，陈泰后来竭力避免让司马家再染指自己的辖区。

陈泰对部将摆了摆手："不必了。以王经的兵力固守狄道不成问题，再加上咱们的主力军，必能协力击败姜维。"

可出乎意料的是，王经没理会陈泰的建议，他误以为姜维兵力分散，没等陈泰赶到就率先向蜀军发起攻击。果然像陈泰预料的那样，王经情报有误，姜维并没有兵分三路。王经碰上姜维的主力大军被打得大败，带着残兵败将退守狄道城中。

半天后，正玩命赶赴狄道的陈泰获悉这一消息，现在，就算他再不甘心，也只能请求朝廷增援了。

蜀军首战告捷，姜维和张翼又起了争执。

张翼苦劝："已建大功，不如见好就收，继续进攻无异于画蛇添足，若魏国援军到来，胜负难料！"

姜维见张翼屡次打退堂鼓气得暴跳如雷言道："我今天就偏要给蛇画上足！"他不理张翼，直接率蜀军围攻狄道，和王经展开对峙。

几天后，司马昭得知雍州战情，急忙调动嫡系将领邓艾率军赶赴雍州协助陈泰，同时又让他的叔父——太尉司马孚进驻长安作为后援。

邓艾是个很擅长利用地理环境的名将，他来到雍州后提出一个偏向于保守的战术——避开姜维的锋芒，占据险要地势坚守。

陈泰意识到，如果按照邓艾的战术，无论结果是胜是败，自己肯定要在司马家面前矮三分，先前司马师卖了自己一个人情，这回恐怕就没那么简单了。司马昭很可能会借机搞垮陈家。

陈泰迫切需要一个能凭借一己之力迅速扭转败局的机会。

一天深夜，驻守狄道的魏军突然手指向城外喧哗起来："快看那边！山上是什么？"只见在东南方的山上，伴随着一阵雷鸣般的鼓声，齐刷刷地燃起无数火把。"陈泰的援军到了！"王经兴奋地喊道。魏军士气大振。这确是陈泰。他没有采纳邓艾坚守避战的策略，而是率军潜行，以迅雷不及掩耳之势逼近姜维。

姜维完全没有准备，只好放弃狄道，转而向山上的陈泰发起突击。但陈泰居高临下，屡次挫败姜维的攻势。过了段时间，一股传闻在蜀军中悄然蔓延："魏军打算截断我们返回益州的退路。"毋庸置疑，这是陈泰散布的假情报。

11月，姜维放弃雍州攻略撤回益州。

就在仓皇撤退蜀军中，有一位须发皆白的老人一步一回头，恋恋不舍地望着雍州熟悉的一草一木。这人正是夏侯霸，他年逾七十，预感到这是自己最后一次踏足魏国土地了。夏侯霸缓缓地弯下腰，抓了一把魏国的泥土，举到鼻子前仔细地闻着。

"故国的气味……"

闻了一会儿，他奋力将这泥土抛向身后："只有曹氏的魏国才是故国，如今的魏国早已物是人非。"夏侯霸默默含着泪水。几年后，他在益州成都病逝。

雍州刺史王经见蜀军撤退，不禁长出了口气："差点丢了一个州啊……"原来，他的存粮已不足十天，倘若陈泰没有及时出现，不单狄道保不住，连整个雍州都会陷入危机。事后，王经因为失职被调回朝廷转任尚书。而力挽狂澜扭转败局的陈泰，因为他跟司马家族的微妙关系，同样也被调回朝廷做了尚书右仆射。

西战区统帅出现空缺。很快，司马昭派诸葛绪接任雍州刺史，司马望（司马孚的儿子）接任雍凉都督。另外，考虑到蜀国历次进犯均将目标锁定在陇右（雍州西部），司马昭便让邓艾任陇右都督，以此加强对蜀国的防御。司马家族的势力终于插进了雍凉。

补充一句，司马望此前担任散骑常侍，属于皇帝近臣。他之所以出任雍凉都督，原因是不想和曹髦搅得太近。

就在不久前，曹髦赏赐给司马望一辆追锋车和五名武贲卫士，企图笼络司马望。众所周知，司马家族的兄弟们精诚团结是出了名的。曹髦的恩宠让司马望感到浑身不自在，他自然不会干出胳膊肘往外拐的事，所以，为了避免引起不必要的麻烦，也为了让堂兄司马昭放心，司马望主动提出想离开京都。司马昭明白兄弟的好意，恰逢陈泰失利，遂顺水推舟让司马望出镇雍凉。

咬文嚼字

魏国藩镇更迭意味着司马家族的权势越来越强。可想而知，皇帝曹髦也越来越郁闷。

这天，在洛阳皇宫太极殿东堂，曹髦正为一个话题跟几个臣子争得面红耳赤。“你们说，到底是中兴夏朝的姒少康强，还是开创汉朝的刘邦强？”

侍中荀颛、尚书钟毓、中书令虞松等人对这么个无聊的问题完全提不起兴趣。他们随口应付道：“开创应该比中兴难度更高，臣等认为刘邦强一些。”

曹髦显然对这答案很不满意。他摆了摆手：“不对！中兴未必就比不上创业。姒少康生于夏朝衰亡之际，身处危难之间，但他凭着过人的德行和谋略中兴夏朝。刘邦则以权术称霸，德行更有违背圣贤的准则。朕认为姒少康比刘邦强！”曹髦这话已经说得很明了，他是借姒少康表达自己要中兴魏国的决心。

然而，荀颛等人全都是司马家族的死忠。曹髦跟这帮人说出真心话，除了在嘴皮子上争强斗胜外，实在谈不上高明。群臣听罢，不想再跟小孩子一般见识，随便奉承了几句，草草结束了这场无谓的争论。

公元 256 年，司马昭的岳父——中领军王肃突然身染重病。魏国名医闻讯纷至，他们一个接一个地为王肃诊脉，却无一不是摇头叹气。医生们出了王肃寝室，便对王肃夫人羊氏言道："王大人病入膏肓，恐怕时日无多，夫人还是早早准备后事吧。"补充一句，王肃的夫人出自泰山羊氏家族，她是司马师夫人羊徽瑜的同族长辈。

羊氏哭哭啼啼地问王肃道："夫君，你心里有什么放不下的事，和我说说吧！"

王肃听夫人向自己询问临终遗言，不屑地说道："哼！当年朱建平给我看过相，他说我到七十岁位列三公，如今我刚六十一岁，还没当上三公怎么会死？你别杞人忧天。"

可没过几天，王肃还是去世了。他直到临终前的最后一刻也不相信自己会死。

朱建平，这位魏国著名的命理学大师在前文曾两次提到过，他给曹丕、曹彪、钟繇等多位王公贵胄看过相，准确率相当之高，可是他给王肃看相却没应验。但凡是这种玄之又玄的专业总免不了出骗子，而即使是那些被证明准确率惊人的大师，也无人敢说自己从未失误。因此，或许可以这样讲，命理学是一门有意思，却无大用的学问。因为，纵然预测命运的准确率高达百分之九十九，但谁都没法保证自己不是那例外的百分之一。退一步讲，就算准确率真的达到百分之百，也就是说未来注定毫无变数，那么提前预知又有什么意义呢？

后世人用一句话概况了自东汉到魏晋时代的学术兴衰史：王学兴经学亡，玄学兴王学亡。也就是说，由于王学的兴起，贾逵、马融、郑玄三位东汉名儒传授近两百年的学术流派走向衰亡。而在王肃死后，先前由何晏、夏侯玄等人倡导的玄学迅速兴起，很快又将王学推向衰亡。王学盛行的时间不算长，现仅存一些零星记载，不过，从东汉经学到魏晋玄学的过渡中，王学起到承上启下的作用，有颇高的历史地位。

魏国官方学术领袖王肃的离去对司马氏政权而言是个不小的打击，从此直至东晋时代，司马家族的统治者眼看着玄学取代王学束手无策，他们身边大批亲信重臣，譬如钟会、羊祜等均成为玄学的忠实拥趸，甚至到最后，连司马家族成员也成了玄学粉丝。何晏、夏侯玄，这些昔日被司马家族击败的政敌，他们的尸体早已腐烂，可他们的学术思想却继续兴盛了百余年，成为魏晋时代主流学派，想必何晏和夏侯玄泉下有知，也该感到欣慰了。

让我们再说回王肃，这位魏国初代名臣王朗的儿子，王学开创者，权臣司马昭的岳父有着诸多复杂矛盾的性格，在这里，让我们引用西晋名臣刘寔的一段评语对他来个总结：“王肃对上方正刚直，却喜欢下人谄媚恭维；性格嗜好荣贵，却不苟合俗世；吝惜财物，却又洁身自好。”

得知王肃病故的消息，曹髦像嗑药一样 high（兴奋）了起来。这年 5 月，曹髦亲临太学院，与王肃的得意门生展开了一连串辩论。

第一回合，曹髦与博士淳于俊辩《易》。《易》包含周文王推导的伏羲八卦和孔子作的卦辞。曹髦一连抛出七个问题，其中就包括周文王的初始说法与孔子卦辞之间的矛盾。要知道，无论周文王还是孔子都是古代圣贤，淳于俊根本没法自圆其说，连连处于下峰。

第二回合，曹髦与博士庾峻辩《尚书》。前文讲过，王肃不喜欢郑玄，王学与郑学多有矛盾。曹髦一上来就开门见山地问庾峻郑玄和王肃谁说得对。庾峻当然认为王肃正确。紧跟着，曹髦又问了六个问题，这回，他把孔子和古代圣君尧舜都搬了出来，挑出这些人与王肃说法的矛盾。庾峻也被问得哑口无言。

第三回合，曹髦与博士马照辩《礼记》。曹髦问：“三皇五帝时崇尚以德治民，夏商周时变成以礼治民，这是不是代表道德退化？现在还有没有办法回到以德治民的时代？”这话实际上是否定时代变革，隐含的深意则是驳斥司马氏即将取代曹氏这个趋势。马照隐约听出了曹髦的意思，他答道：“时代变迁，人们从质朴走向文明，治理的手段当然要跟着变革了。”至于曹髦的第二个问题——有没有办法回到过去？马照避而不答，他知道曹髦真正想问的是什么，但对这个问题，他无论如何都答不出来，也不敢回答。

曹髦心满意足地离开了太学院。背后，博士们窃窃私语。

有人赞叹：“陛下真是好口才。”

可也有人暗暗摇头，心想：曹髦这么锋芒毕露，别说是中兴社稷，恐怕连他自己的命都很难保住啊……

王肃刚一入土，曹髦就到太学院挑战王学权威，身为王肃女婿的司马昭心里当然不爽。他很快查出是谁教了曹髦这么一大套郑玄学说。

这人便是郑玄唯一在世的孙子，曹髦近臣——侍中郑小同。几年后，郑小同最终死在了司马昭手里，这是后话。

死 士

让我们暂时远离魏都洛阳，把注意力集中到扬州淮南一带，近些年，这里经历过王淩和毌丘俭两起叛乱，这个时候，在淮南郡寿春城中，平静的外表之下，正酝酿着一场巨大的激荡。

“快走！别磨蹭！”一阵呵斥声传来。

在寿春城的主路上，几个狱吏推搡着一个披枷戴锁的罪犯，踉跄地向刑场的方向走去。他们转过几条街，只见一队威风凛凛的人马迎面而来，走在最前头的骑士手举大旗，上面赫然写着“诸葛”两个大字。而被众多侍卫簇拥在中间的，正是扬州都督诸葛诞。自毌丘俭死后，诸葛诞便调回扬州，成为东战区统帅。

狱吏远远望见诸葛诞的队伍，忙将罪犯驱赶到路边，恭敬地等候诸葛诞先行通过。

可是，正当两拨人擦身而过的时候，诸葛诞却不经意的一侧头，注意到路边的押送队伍，确切地说，他目光直勾勾地盯在罪犯的脸上。他挥了下手，整个队伍停了下来。

“这人犯了什么罪？”诸葛诞在马上欠身问道。

狱吏没想到诸葛诞竟会关注自己，惶恐答道：“回禀将军，他身负命案，昔日趁着毌丘俭谋反逃到附近山里，前些日子才刚被抓获归案，今天要押送刑场问斩。”一年前毌丘俭战败，当地百姓惧怕遭到株连，竟有十几万人从寿春城蜂拥而出，有些人流窜山野，还有些人甚至远逃吴国，至今余波未平。

“哦……”诸葛诞凝视了罪犯一会儿，吩咐道，“把他送到我府邸，我有话要问他。”

“啊？这……”狱吏有点为难。

要知道，州行政权归刺史管，诸葛诞身为扬州都督，虽手握军权，却无权干涉地方行政，这正是军区统帅和州刺史的主要区别。然而，权力这种无形的东西是可以转化的。诸葛诞极具威慑力的目光令这几名狱吏不敢违拗，他们只好跟着队伍，把罪犯送到了诸葛诞的府邸。

诸葛诞打发走狱吏，又屏退左右，只留下罪犯。

“你知道自己犯了死罪吗？”

“知道！”这人面露杀气，眼睛向上望，并不正看诸葛诞。

“你怕死吗？”

“不怕！”

“好！”诸葛诞点了下头，“可你要是死了，你家里的老父母又怎么办呢？”

就在罪犯沉吟之际，诸葛诞猛地抽出宝剑，一下劈开了罪犯的枷锁，然后又从怀里掏出一袋钱扔到他面前：“拿着，回去好生安顿父母，以后小心别再被官府抓到，你走吧！”

罪犯茫然不知所措，呆立了好一会儿才回过神来，他眼睛里泪水直打转，对着诸葛诞深深一拜，即转身狂奔而去。

与此同时，同在寿春城的扬州刺史乐綝得知诸葛诞擅自赦免罪犯的消息后暴跳如雷：“他只管军事，怎么一而再，再而三地干涉政务！”乐綝跟随司马师击败文钦后做上了扬州刺史。一年来，他已数不清这种呕心事发生过多少次了。然而，他迫于诸葛诞的兵威只能一忍再忍。

两天后，被诸葛诞放走的那名罪犯又出现在诸葛诞面前。

“你怎么回来啦？”

“父母都已安顿妥当，小人这条命是大人给的，打今天起，小人这条命就交还给大人了。”

诸葛诞沉默了好一会儿，他又问了一遍两天前问过的问题：“你怕死吗？”

“不怕！”

“好！以后你就跟着我吧！”从此，这人摆脱了罪犯的身份，变成了诸葛诞身边一个无名的死士。

三国时好养死士的人里，最著名的有姜维、司马师，还有就是诸葛诞。《三国志》记载，诸葛诞广施厚恩，豢养数千名死士，其中多是扬州游侠剑客。《魏书》也记载，诸葛诞经常靠私自赦免死刑犯来收买人心。那么，诸葛诞为何要养这么多死士呢？这缘于他对司马家族的恐惧。

淮南三叛：生于忧患

早在太和年间，诸葛诞就跟一批狐朋狗友结成了“浮华党”，正始年间，“浮华党”全变成司马家族的政敌，可诸葛诞却没打算在曹爽一棵树上吊死，他把长女嫁给司马懿第五子司马伷。正因为此，他才躲过了后来的一系列政治劫难，并成为迄今唯一健在的“浮华党”成员。

琅邪诸葛氏门风素以谨慎著称，而诸葛诞的性格不单单是谨慎，更是谨小慎微，从他豢养死士的行为来看，这种防患于未然的悲观主义情怀跟他族兄诸葛瑾、诸葛亮甚为相似。在前两任淮南都督——王凌和毌丘俭发动叛乱时，诸葛诞均站在司马家族一边，可是，诸葛诞知道自己有黑历史，且永远成不了司马家族的亲信嫡系，于是，他在支持司马家族的同时，也对司马家族处处提防。出于这个原因，他才豢养大批死士，又时不时拿防御吴国做借口扩充军队、修筑城池。

诸葛诞可疑的行为终于引起了司马昭的警觉。

这天，诸葛诞迎来一位客人，这人面色黝黑，长相丑陋，正是魏国功臣贾逵之子——贾充。

“贾大人远道至此，一路上辛苦了。”诸葛诞身为扬州都督，位居二品征东将军，而贾充只是司马昭府中一介幕僚，二人论品阶要差上好几个档次，可诸葛诞对贾充却丝毫不敢怠慢。

“大将军（司马昭）派我来慰劳军队。”贾充陈明来意，当然，这只是表面上的说辞，他的真实目的，则是奉司马昭之命前来试探诸葛诞政治立场的。

在晋朝野史《魏末传》中记载，诸葛诞与贾充推杯换盏之际，贾充看似不经意地说了句极敏感的话：“洛阳的士大夫都期待再次看到禅让盛况，不知道您对此怎么想？”言罢，他死死地盯着诸葛诞的双眼。

诸葛诞举着酒樽的手就这样悬空停住了，他缓缓说道：“你还算是大魏忠臣贾逵的儿子吗？倘若皇室有难，我当为社稷而死！”

以上这段对话的可信度颇值得怀疑。若论对魏室的忠诚，诸葛诞似乎不能跟他的前两任——王凌和毌丘俭相提并论。再加上诸葛诞带有家族传承的谨慎性格，他对司马昭的亲信贾充袒露心迹是无论如何都说不通的。排除掉《魏末传》中值得商榷的部分，至少有一点可以肯定，诸葛诞切实察觉到司马昭对他的怀疑，他意识到，危险越来越近了。

公元257年，司马家族的坚定政治盟友——司空卢毓去世。卢毓祖籍范阳，其家族称为范阳卢氏，这也是一个显赫了数百年的豪门望族。等讲到晋朝时，我们还会再次看到范阳卢氏的故事。

卢毓的死让司空的位子空了出来。

贾充向司马昭提议趁机让诸葛诞做司空。诸葛诞一旦入了朝，也就彻底和扬州军权说拜拜了，这是解除他兵权的最佳手段。

“恐怕诸葛诞不会老老实实放弃兵权吧……”司马昭沉吟未决。

“我感觉诸葛诞有谋反征兆。如果他现在行动为祸尚小，如果置之不理日后必酿成更大祸患。”

“有道理。”司马昭接受了贾充的建议，宣诸葛诞入朝。

钟会听闻此消息，斩钉截铁地断言：“诸葛诞必反！”

司马昭点了点头：“是祸躲不过，该来的总会来，诏书已发出，追不回来了。”

几天后，诸葛诞接到了诏书。

他越想越觉得不对劲：“论资排辈，我做三公怎么说都该排在王昶后面。”

前文讲过，魏国有个不成文的规定，州刺史多是州都督的储官。例如，郭淮由雍州刺史晋升雍凉都督，郭淮死后，陈泰由雍州刺史晋升雍凉都督……以上事迹均秉承这一惯例。如果诸葛诞入朝，最大的得利者无疑是扬州刺史乐綝。

诸葛诞判断：这肯定是乐綝想取代自己成为扬州都督，所以从中搞的小动作。这时候，他已经做好谋反的准备，便当即率数千死士冲进乐綝府邸，将乐綝斩杀。先前，他和扬州刺史文钦关系不睦，这回又跟扬州刺史乐綝闹出了人命，由此可以看出，诸葛诞颇忌惮自己被下级取而代之，这个性格特点，很大程度上决定了他将来的命运。

诸葛诞杀死乐綝后给朝廷上了一封奏表：“乐綝图谋不轨被臣诛杀，若朝廷信任臣，臣还是魏臣，若朝廷不信任臣，臣即是吴臣！”这相当于谋反宣言。他之所以这么底气十足，是因为他早就征募十五六万军队，又囤积了足以支撑一年的军粮。然而，他没有像毌丘俭那样挺近洛阳，而是选择固守寿春城。

诸葛诞无须等待朝廷的答复，他马上给吴国发出请降书，并把幼子诸葛靓送往江东建邺充当人质。一方面，他向吴国宣誓效忠，希望吴国能出兵支援；另一方面，他想到万一战败，总能给儿子留下条生路。

就这样，诸葛诞目送诸葛靓渐行渐远，直至淡出视线之外，随后，他转身入城，开始了整军备战。

淮南三叛：挟天子以令不臣

没两天，朝廷收到了诸葛诞的谋反宣言和乐綝的人头，举朝震惊。

就在群臣义愤填膺，纷纷提议讨伐诸葛诞的时候，曹髦却极力压抑着内心的兴奋。他暗想：莫非诸葛诞打算效仿毌丘俭勤王？他完全忽略了诸葛诞信中那句总结陈词——“若朝廷不信任臣，臣即是吴臣！”不过，即使诸葛诞降吴，在他看来也是相当解气。然而，曹髦发散性的思绪很快被打断了。

“启禀陛下，大将军有奏疏送至。”

司马昭和司马师一样，为防范政敌行刺，只窝在自己府邸打理政务，从不进入皇宫。使臣朗声念诵司马昭的奏疏道：“有毌丘俭前车之鉴，诸葛诞肯定准备得更加充分，更有可能向吴国求援，臣认为应集结各州兵力平定叛乱。”

诸葛诞是魏室的忠臣啊！此时此刻，曹髦仍然这样固执地认为，可他无法说出自己的真心话，只能咬着牙说出那句：“准奏！”

随后，司马昭花了将近两个月时间征调京畿、青州、徐州、荆州、豫州、关中所有能动用的兵力，再加上十几万朝廷中央军，最终集结二十六万大军准备讨伐诸葛诞。同时，他又命荆州都督王昶进兵江陵，在南战线牵制部分吴国军队。但是，司马昭纵使掌控着强大兵力，却仍不敢贸然离开朝廷前往淮南。一年前，曹髦那封险些葬送司马家族权势的诏书至今让他心有余悸，而近来，曹髦又屡逞口舌之争，敌视司马家族的情绪表露无遗，这些都让司马昭过不踏实。最后，他想出一个万全之策。

司马昭上奏："臣请陛下和皇太后御驾亲征，以此来表明剿灭叛臣的决心。臣已集结五十万大军（实际为二十六万，这里是夸大说辞），以众击寡，胜负无须忧虑。"

曹髦听罢气得瞪圆了双眼。司马昭居然敢挟持自己随军出征！他火冒三丈，眼看便要拍案而起。

一旁的郭太后看出曹髦不对劲，赶忙攥住曹髦的手腕，使劲将他按在皇位上。

曹髦并没有注意到手腕已被郭太后攥得有些发紫，他双眼充血，但他能说的也只有两个字："准奏！"

公元257年秋，大将军司马昭会集二十六万大军，挟魏帝曹髦和郭太后剑指淮南，讨伐诸葛诞。

几天后，不远处一座城池渐渐浮现于司马昭的视线之内。

"前面就到豫州项城了……"

项城，这里是魏都洛阳通往淮南的必经之处，这是一个充满着传奇的地方。六年前，他的爸爸司马懿率数万大军在这里将手足无措的王淩缉拿；两年前，大哥司马师率十二万大军，在这里和毌丘俭展开为期一个月的对峙并最终获胜；今天，他率二十六万大军，更挟魏帝曹髦和郭太后同行，讨伐诸葛诞的叛乱。

8月，司马昭沿着父兄走过的路，再次来到豫州项城。他感慨万千，继而低下头，注视着脚下的土地，希望能从这里找到当年父兄留下的脚印，他内心向父兄在天之灵默默倾诉："司马家族的权柄，已被我牢牢握在手里，而且愈来愈强大了。"

项城，见证了三位淮南统帅因各自不同理由引发的叛乱，当然，或可称之为勤王；项城，也见证了司马家族父子三人所走过的权臣之路，他们的足迹坚实地印在这里，震撼着魏国社稷。

"为什么还看不到诸葛诞？"曹髦不时站起身翘首远眺，像盼望救星一样，无比期待看到诸葛诞的大军出现在自己面前。

"陛下请少安毋躁，大将军自有临敌之策。"近臣一如既往的回答让曹髦更加焦躁。

这天，曹髦的车驾突然停了下来。

“怎么不走啦？诸葛诞在前头吗？”

“启禀陛下，大将军考虑您的安全，让您和郭太后暂且留在项城，大将军亲临丘头（位于项城和寿春之间）督战，另派镇东将军王基率前锋往淮南平定叛乱。”

连日来，司马昭一直寻思怎么安置曹髦才稳妥，他不希望曹髦离诸葛诞太近，这会增加诸多不可预估的风险，他更不放心把曹髦独自留在洛阳。想来想去，他决定让曹髦和郭太后暂留项城，这里既非前线，又远离朝廷，谅曹髦也掀不起什么风浪。而他自己坐镇丘头，一方面可以遥控前线的王基；另一方面则可以就近监控曹髦。

“大将军要让朕住在项城？”曹髦从车驾上猛地站了起来。我乃大魏国的天子，怎能任凭臣子随处安置？这还不算最让曹髦难以接受的，更让他心凉的是得知战事将在淮南展开，也就是说，诸葛诞根本就没有攻向洛阳。诸葛诞根本就没有勤王之心哪……曹髦的心情失落沮丧，在他后方，是远去的魏都洛阳，在他前方，是完全不受他掌控的二十六万魏国大军。他总算明白了，这是一场和他无关的战争。其实，这个国家也早和他无关了。

诸葛诞宣布反叛已过去两个来月，他始终固守在淮南寿春，无暇考虑曹髦的期盼，只是焦急地等候着吴国援军的到来。

宗室之乱

在讲即将到来的这场淮南战役前，让我们先把时间线往回倒一段，简单说说前不久吴国政坛发生的一连串动荡。

诸葛恪被刺杀后，孙峻官拜丞相、大将军，独揽军政大权，他的跋扈很快激起公卿的不满。

鉴于孙氏皇族一向喜欢窝里斗的特点，对付孙峻的重任自然首当其冲落在了亲戚们的脑袋上。孙登（孙权长子）的儿子孙英、孙峻的叔伯孙仪、孙鲁班的妹妹——被孙权处死的朱据的未亡人孙鲁育，一个接一个地卷了进来，他们全都在企图刺杀孙峻失败后被处死。

着重要说说孙鲁育为什么会死。

在讲“南鲁党争”时提过，孙鲁班挑唆孙权废掉孙和，此举遭孙鲁育的反对，就因为这事，一奶同胞的姊妹从此成了死对头。自打孙峻掌权后，孙鲁班就抱定了孙峻这个大粗腿，她居然当起孙峻的情人。论辈分，孙峻是孙鲁班的堂侄孙，这实在乱得够可以。孙鲁班为报复妹妹，便诬告孙鲁育意图刺杀孙峻。由此导致孙鲁育被害。

诸葛诞在淮南举兵反叛的头一年，公元256年，孙峻病死，他的权柄由堂弟孙綝继承。右将军吕据（吕范之子，孙权临死前五位托孤重臣之一）和御史大夫滕胤（诸葛恪的儿女亲家，孙权临死前五位托孤重臣之一）欲合谋扳倒孙綝。然而，孙綝先下手为强灭了二人。

随后，孙虑（孙綝堂兄）密谋刺杀孙綝，事情败露后反被孙綝所杀。

想必是因为孙权对同族的冷酷无情给整个孙氏灌输了同样的价值观，在三国后期，吴国皇室成员之间乱伦频发，同族之间杀来杀去就没断过。这种情况在魏国和蜀国极鲜有，也算是吴国特色。

吴国这场政治动荡的余波一直延续了一年，直接影响到魏国淮南的战局。

原来，之前被孙綝害死的滕胤和吕据都是皇族孙壹的妹夫。滕胤和吕据一死，孙壹的处境就变得不妙了。公元257年，就在魏国大将军司马昭坐镇丘头，准备讨伐淮南诸葛诞的时候，孙壹终于承受不住心理压力叛逃到魏国。

司马昭闻听此消息，大喜过望：“孙壹来得可真是时候啊！”为什么这样说？眼下正值开战前夕，诸葛诞寄希望获得吴国的支持，可吴国皇室成员却率先投奔魏国，这无疑会对诸葛诞的士气造成巨大打击。

孙壹因为选择了恰当的时机受到司马昭格外礼遇。

他官拜车骑将军、开府治事，封吴侯，授八命之礼。八命之礼是仅次于九锡之礼的殊荣。司马昭还嫌不够，又把曹芳当年的嫔妃邢氏赐给孙壹为妻。居然拿先皇的嫔妃当赏赐，司马昭的强权和跋扈可见一斑。

淮南三叛：天意难测

回到魏国淮南战场。刚一开战孙壹就叛变到魏国，司马昭的朝廷军士气万分高昂。而南战区统帅——荆州都督王昶也逼近江陵，成功地牵制住吴国南线军队。

几天后，在淮南郡寿春城的西北方和南方几乎同时出现了两支军队。

先说从南边来的军队，正是吴国大将军孙𬘭派来的援军。这支军队约三万人，由吴将文钦、唐咨、全端、全怿、全静、全翩、全缉等人统领。文钦和唐咨都是魏国叛将，文钦随田丘俭勤王失败后逃到吴国，那么，这位唐咨又是什么来头呢？早在魏文帝曹丕时代，一次，曹丕借着外出巡查的机会强行征召青州都督臧霸入朝为官，收缴了臧霸的兵权，因为这事激起青州军界动荡，唐咨当时是青州将领，趁乱举兵反叛，后逃亡吴国。再说全端、全怿、全静、全翩、全缉等人，这一大家子都是吴国重臣全琮的宗族子嗣。

全氏出自江东吴郡士族，因为孙鲁班（全琮后妻）的关系，当年免于遭受孙权的压迫；不仅如此，吴帝孙亮的老婆全夫人（同样得益于孙鲁班的运作）刚刚晋升为皇后；全氏由此成为吴国自始建以来最显赫的外戚家族，族中成员多执掌兵权、位居高官，且有五人被封侯。在“吴郡四姓”被孙权相继迫害后，全氏跃居为吴国第一望族。

此时，寿春城中的士卒见到吴国援军不禁兴高采烈地欢呼起来。

但很快，喜悦又被恐惧淹没了。

“看西北方！朝廷的大军也到了！”

“那帅旗上写着王字，莫非是豫州都督王基？”的确是王基。自他两年前剿灭田丘俭后，威名便响彻江淮。

这时候，司马昭率主力军滞留在临近项城的丘头，他让王基做了前锋统帅，更兼任扬、豫二州都督，这打破了多年扬州和豫州分开管辖的惯例，王基的声势可谓如日中天。

随着王基一声号令，前锋魏军纷纷散开，对寿春城展开了合围。不过，围城是个很缓慢的过程，正当王基率军包围寿春的时候，文钦、唐咨以及全氏诸将率领的吴国援军也抵达寿春城外围。

文钦望着寿春城外渐渐合拢的魏军，当下做了一个出乎所有人意料之外的决定，他竟下令全军冲进寿春，协同诸葛诞一起守城。于是，三万吴军绕到寿春东北方，从魏军部署最薄弱的地段一窝蜂全涌进城中。

原本，城外吴军和城内的诸葛诞对魏军形成夹击，局面相当有利，但文钦为何会做出这么个荒唐的决策？

揣摩他的心思，很可能有以下几个原因。其一，守城战中，守方凭借坚固的城墙，伤亡远低于攻方，文钦大概是想保存实力；其二，诸葛诞携十六万大军投降吴国，文钦和全氏诸将则仅有三万人，他们在城外打得再漂亮也只能算作牵制魏军的配角，如果和诸葛诞一起守城，无疑会加重他们的分量；其三，文钦大概是想起两年前自己和毌丘俭分散作战导致失败的惨痛往事，吃一堑长一智，故这回选择了一个截然相反的打法。

这下，文钦等人与诸葛诞会合，寿春城瞬间集结了近二十万大军。而王基的几万前锋在寿春城外刚刚完成合围，恰似一张单薄的渔网网着一条大鱼。

刚开始，司马昭得知王基没挡住吴军相当不满，他接连将两名裹足不前的将领斩首以激励士气。继而，他开始冷静下来重新审视战场形势：倘若诸葛诞突围，王基必然无法阻挡……可是，三个魏国叛将齐聚寿春，这不正是将他们一网打尽的良机吗？想到这里，司马昭做出了一个重要的决定。

“将二十六万大军统统交由王基指挥，陈骞（陈矫的儿子）任副帅，一定要围住寿春。石苞、州泰率偏师负责游击，防备随后赶来的吴国援军。”司马昭展现出非同一般的魄力，他几乎将全部家当都赌在了王基身上。

王基的兵势持续增长，寿春城四周被围得水泄不通。可是，诸葛诞依然没有突出重围的意思，他站在城楼上，观望着城下越聚越多的魏军怡然自得。

部将不解地问道：“您想怎么打这场仗？”

“坚守即可，过不了多久魏军就会不攻自破。”他的自信源于对淮南气候的熟悉，每逢夏秋季节，这里都会频繁降雨导致淮河暴涨，到时候城下必被水淹，他打算借此彻底击溃魏军。

王基仍在寿春城外指挥魏军围城，同时专心致志地构建防御工事。早在三十多年前，蜀国名将关羽围攻樊城时，魏将于禁指挥的七营大军被一场暴雨引发的洪水淹没，导致全军溃败。此刻，王基并没有意识到，昔日水淹七军的惨剧随时都可能降临到自己头上。

倘若下雨，王基必败，但很多时候是天意难测。

诸葛诞和王基从 8 月一直僵持到 10 月，眼看秋天都要过去却滴雨未下，一场罕见的旱灾席卷淮南。

淮南三叛：吴国纠纷

与此同时，在寿春南方的巢湖上，驻扎着吴国庞大的主力舰队，大将军孙綝坐镇中军，他完全无法理解文钦等人为什么会主动钻进敌围，甘愿变成瓮中之鳖。无奈之下，他又任命朱异为前锋，率三万吴军救援寿春。

朱异在东关之战立下大功，而后一度被诸葛恪剥夺兵权，直到诸葛恪死后才重新抬头。他进驻到寿春附近的安丰城，却遭到游击部队州泰的袭击，损失二千人后退回巢湖。

孙綝恼羞成怒，只好继续追加投入。这回，他派朱异和丁奉率五万人解救寿春之围。

司马昭得知此消息担心局势转危，遂命令王基把军队移营到北面山坡上驻守。

王基给司马昭回了封信："寿春合围好不容易才完成，轻易拔营会动摇军心，万一诸葛诞再趁机突围必前功尽弃。兵法言不动如山，此乃御兵之精要。"

司马昭一遍又一遍地看着王基的信，昔日王基屡次违抗司马师军令的往事在他脑海中重现，思索良久，他决定不再干涉王基的战术。

这时候，卷土重来的朱异再度被游击部队石苞和州泰击溃。同时，吴军留在后方的辎重军粮也被胡烈（胡遵的儿子）烧了。朱异又带着残兵败将退回巢湖。

孙綝的战略接连失败，他眼睁睁看着三万吴军被困寿春城内无计可施。这些日子，来自朝廷的质疑声此起彼伏，江东全氏家族的不满情绪也日益高涨。孙綝政治压力骤增，他必须要给本国臣民一个交代。

这天，孙綝突然要召见朱异。

朱异应邀前往，半路上被陆抗（陆逊的儿子）喊住了。

“朱异，你去哪儿？”

“大将军找我有事。”

陆抗闻言，不安地说道：“恐怕凶多吉少，我劝你还是别去了。”

“大将军是自家人，有什么可担心的？”

“唉……”陆抗暗暗叹了口气。这么多年来，孙氏什么时候把江东士人当过自家人呢？

朱异大大咧咧地进了孙綝营帐。

孙綝朝左右使了个眼色，瞬间，几个侍卫迅速将朱异按倒在地上。

朱异大惊：“我犯了什么罪？”

孙綝没搭理朱异，直接将之斩首。这位吴国初代名将朱桓的儿子曾幸运地躲过孙权的迫害，没想到最后还是成了孙綝的政治牺牲品。

就在处死朱异的当月，孙綝放弃寿春被困的吴军，撤军返回吴国。

坐镇丘头的司马昭分析道：“朱异没能解救寿春也不完全是他的错。孙綝无非是要对本国有个交代，并激励淮南军士气，让诸葛诞误认为还有援军罢了。”孙綝的确希望诸葛诞能坚守寿春拖垮魏国。奇妙的是，在这个问题上，司马昭与孙綝目的一致。他同样希望诸葛诞能坚守下去，只有这样，诸葛诞才能踏踏实实地待在寿春城里。于是，司马昭和孙綝同时向寿春散播吴国援军即将到来的假情报，诸葛诞信以为真。

连日来，诸葛诞朝思暮想盼着吴国援军开到寿春城下，跟自己一起夹击魏军。然而，寿春城中的粮食却越来越少。

有部将向诸葛诞进言：“吴军连番战败，孙綝不可能再派出援军，他只是等着咱们和魏军两败俱伤再坐收渔翁之利。”

文钦听了这话登时急了：“吴军将士的家人都在江东，就算孙綝不想救，朝廷能答应吗？魏军已经快被我们拖垮了，等不了几天就会不战自退。”他竭力说服诸葛诞坚守寿春，理由其实很简单，如果他们灰溜溜地逃回吴国肯定一无所得，如果保住寿春，就意味着淮南从此划入吴国版图，大家吃香的喝辣的。

诸葛诞听了文钦的话，决定继续坚守。

就在这时候，吴都建邺的全氏家族忽然摊上了麻烦，这与他们的保护伞——孙鲁班有直接联系。

这天，吴帝孙亮冷不防问道：“当初朱公主（孙鲁育）到底是受了谁的诬陷才被杀的？”诬陷孙鲁育的人正是孙鲁班。孙峻、孙綝在朝廷掌权时孙亮没法深究，现在，他要趁孙綝在淮南打仗之际把这事查个水落石出。

自打孙峻一死，孙鲁班的地位急转直下，她面对孙亮的质问只能百般推诿。这桩事在不久后将引发吴国政界一场巨震，这里先留个伏笔。且说因此引发的另一个波澜，便是孙鲁班保护之下的全氏家族处境堪忧。全辉和全仪（全琮的孙子）不知惹上什么纠纷，竟带着老母从建邺叛逃到了魏国。

钟会闻讯，马上意识到这是一个能左右战局的良机。

几天后，被困在寿春城里的全怿、全端等人诧异地见到本该待在建邺的家仆：“你怎么到这来了？”

“少主托我送封信。”

说着，家仆将全辉的亲笔信递给全怿。

信上写道：“朝廷怪罪叔父们打了败仗，下令诛灭咱们全族。唯有侄儿携母亲逃到魏国，现在其他族人恐怕都已被屠戮殆尽！”这封信正是钟会授意全辉写的。

全怿、全端等人的心拔凉拔凉的，自己在外面拼命，家人却被朝廷赶尽杀绝，既如此，坚守孤城还有什么意义？

公元 258 年 2 月的一天，寿春城东门突然毫无预兆地打开了。全氏诸将率数千吴军一股脑儿逃出城向魏军投降。吴郡全氏，这个吴国曾经最显赫的外戚家族，从这一刻开始走向了衰败。

诸葛诞见到这一幕当场吓呆了。

“赶快关闭城门！关闭城门！”

然而，吴军已散去大半，寿春守军的士气更是一落千丈。

淮南三叛：死于忧患

从公元 257 年 8 月到 258 年 4 月，诸葛诞在寿春城中已经坚守了八个月，他早先筹备的一年存粮因为有几万吴军帮着吃也见了底。而这八个月来，淮南郡一场雨都没下过。

到了这个时候，就连一直主张坚守的文钦也看出再撑下去不是个事了。一天清晨，诸葛诞、文钦、唐咨从寿春南门一起冲了出去。

王基为这一刻已苦等了大半年，他早做足了准备。随着一声令下，巨石和火箭从天而降，顷刻间，诸葛诞用来突破王基防御工事的冲车全被烧毁，寿春将士的尸体和血将壕沟填得满满当当。

诸葛诞等人连续五六天不分昼夜地突围，最终没能冲过王基的防线，只好折返回寿春城。此战之后，寿春城中又有几万人跑出城投降，而城中的粮食眼看就没了。诸葛诞和文钦越来越绝望。

照这么守下去，没等城破就先得饿死。文钦对诸葛诞提议："索性把淮南军遣散出城节省粮食，留下吴军坚守。"

诸葛诞听到这话，心头火腾地升了起来："你说什么！"他怒视文钦道："淮南将士和我生死与共，要遣散也该先遣散吴国人！"倘若诸葛诞遣散所有淮南将士，他还有什么存在的价值？文钦这话什么意思？他忍不住想起昔日和文钦的种种不愉快。难不成文钦要谋害我？猜忌、怕被陷害在诸葛诞的性格中占据着重要分量，可以说，从他豢养死士、筹措军备、起兵谋反，以及他和两任扬州刺史（乐綝、文钦）交恶，无一不是在这种心理作用下的自然反应。这种心理是谨慎小心发展到极致的恶性衍生品，始终强有力地束缚着他的行为。

诸葛诞将自己从飞散的思绪中拉回现实，在他面前又浮现出文钦令人厌恶的面孔。

"只有留下吴国将士，吴国朝廷才不会放弃救援寿春！"文钦并没有注意到诸葛诞正气得两眼发红，他仍喋喋不休地陈述着自己的理由。而诸葛诞已完全听不到文钦的话了。文钦肯定想害我……他对此相当确定。

“你是打算杀了我然后开城投降吗？”诸葛诞的手不自觉地握住了剑柄。

“这是什么话？……”文钦的话还没落音，只见一束剑光飞速划过眼前，他感到一阵刺痛，瞬间，脖颈中鲜血喷射而出。

诸葛诞一怒之下居然把文钦杀了。

文钦的两个儿子文鸯、文虎很快得知这一噩耗：“诸葛诞是杀父仇人，纵使死在敌人刀下也不能再和仇人共事！”兄弟二人单骑逃出寿春，向魏军狂奔而去。

“禀报大将军，文钦的两个儿子，文鸯、文虎倒戈归降！”

“哦？”司马昭第一反应是杀了他们，这话几乎脱口而出，但他忍住了。文钦虽罪不容赦，可文鸯、文虎穷途末路才来归顺，若杀了他们，必会坚定寿春叛军的意志。

司马昭赦免了文氏兄弟，又让文氏兄弟冲着寿春城内喊话：“连我们都被赦免，其他人还有什么可犹豫的？”在喊声中，诸葛诞的士气濒临崩溃边缘。

此时，司马昭终于要亲自进驻到寿春城下了。这半年来，他一直坐镇丘头，将前线指挥权交给王基，现在，他看到胜券在握才亲临前线。他并非单纯想要沐浴胜利的曙光，也不是嫉妒下属独揽战功，而是作为司马家族新锐权臣，他必须要借这场战役稳固自己的地位。

4 月，司马昭来到寿春城下，他站在距城墙不远的地方往城楼上眺望。

“大将军，危险！这里在敌军射程之内！”

然而，寿春城上的守军连一支箭都没射出来。不言而喻，诸葛诞的士气彻底崩溃了。

“可以攻城了……”司马昭小声沉吟，接着，他定了定神，猛地举起手中令旗，用最嘹亮的声音喊道：“全军攻城！”

一时间，寿春城下的魏军如潮水般汹涌起来，冲车猛烈地撞击着城门，云梯一排排搭上城墙，可寿春城中的守军都被饥饿和恐惧压迫得一动不动。

“快起来守城！守城！”诸葛诞奋力叫喊，却无人响应。

诸葛诞放弃了无谓的指挥，在数百死士的簇拥下从一个小门夺路而出。

“那逃窜者莫不是诸葛诞？快追上去！”司马昭的部将胡奋手疾眼快，指挥部队向诸葛诞发起包抄。胡奋是胡遵之子，胡烈的弟弟。

诸葛诞身为儒将并不擅长冲锋陷阵，很快，他被胡奋军团团围住。

“杀！”胡奋高喊，魏军纷纷举起兵刃刺向诸葛诞。

这些年，诸葛诞无时无刻不是生活在恐惧中，今天，他终于从被自己夸大的恐惧中解脱出来，竟感到无比轻松。他仰起头望向阴沉的天空：“好像要下雨了……”他嘴角微翘，摇晃着渐渐失去感觉的身躯，最后倒在了血泊中。从此以后，他再无须担心被人谋害了。

公元258年4月10日，诸葛诞阵亡。没过多少日子，淮南下起了倾盆大雨，这场雨曾被诸葛诞期盼已久，可他再也看不到了。

唐咨见大势已去，扑通跪倒在地。“唐咨愿降！唐咨愿降！”他大喊着。战后，唐咨被司马昭赦免，官拜安远将军。这位自曹丕时代便逃亡吴国的叛将终于在三十年后重返故国，又过了五年，他督造巨型战舰，为攻伐吴国尽心尽力。

寿春城攻破后，诸葛诞被夷灭三族。可是，琅邪诸葛氏的这一支并没有绝后，诸葛诞的幼子诸葛靓已安全逃到吴国，诸葛诞的长女因为夫家司马伷（司马懿第五子）的关系也没被株连，她正是日后著名的诸葛太妃，在很久以后，姐弟俩还会出现在故事里。

文鸯、文虎兄弟在战后不仅没被卸磨杀驴，更因功封侯。颇具戏剧化的是，三十年后，司马伷和诸葛太妃的儿子司马繇（即诸葛诞的外孙）跟文氏兄弟又扯出了一桩命案，终致文氏被夷灭三族。究其缘由，还是跟诸葛诞脱不了关系，其中原委后面会讲到。

王凌、毌丘俭、诸葛诞，这三位魏国扬州都督在淮南发起的叛乱，史称“淮南三叛”。王凌在没有兵权的窘境下束手待擒，毌丘俭率六万大军进逼洛阳，和司马师对峙一个月后战败，诸葛诞相比他的前两任准备得尤为充分，他举十六万大军，并得到吴国的支持，和司马昭僵持近一年后战败。这三起叛乱的规模一次比一次庞大，虽则王凌、毌丘俭、诸葛诞三人各自有不同的利益牵扯和政治立场，但他们剑锋所指的方向，皆是魏国权臣司马家族，而非曹氏皇族。如此，被后世胜利者命名的“淮南三叛”，或可称之为“淮南三义”就更加准确了。

诸葛诞的死士大多战死沙场，幸存者也都成了俘虏。死士们在刑场上站成几排，挨个等着问斩。不过，行刑者应该是接到了指示——如有愿意归降的，便能免除死刑。他开始朝着第一个死士厉声喝问："降不降？"

"为诸葛公死，无怨无悔！"

第一个死士被斩首。

"降不降？"行刑者接着问第二个人。

"为诸葛公死，无怨无悔！"

第二个死士同样这样回答，同样被斩首。

……

行刑者每杀一人，都要询问相同的问题，可得到的回答也都相同。就这样，他一直杀到了最后一个人。

"降不降？"行刑者已累得气喘吁吁。

这名死士看着面前一排排同伴的尸体，想起多年前诸葛诞让他免于死罪的情景。那一年，诸葛诞曾两次问过他同一个问题："你怕死吗？""不怕。"他两次均是同样的回答。既不怕死，是为死士。

"为诸葛公死，无怨无悔！"死士漠然重复着这句话。可又有谁不怕死呢？为义而死？为恩情而死？为气节而死？为荣誉而死？生命和这些比起来究竟孰轻孰重？他多年来反复询问自己这个问题却始终没有答案，此刻，他还在想，但命已经没了。

与天下人博弈

淮南战事结束后，司马昭对这场战争中的最大功臣王基赞不绝口："当初军议，群臣都主张移营北山，我没有亲临战场，也误认为应该如此。想不到王将军深明利害，上违诏命，下拒众议，最终克敌制胜，真是古今罕有的名将啊！"

不料，王基连番上疏辞让："这些都归功于臣的僚属。"于是，他麾下七名僚属全都因此被封侯。王基的智慧和胸襟实在令人叹服。

随后，司马昭任命王基担任扬州都督，陈骞担任豫州都督。陈骞正是陈矫的儿子，素以谋略著称，他在淮南之战担任副帅，立下赫赫战功。可是，司马昭难道忘记了，在战前他曾许诺让王基担任扬、豫二州都督这事了吗？他当然不可能忘记，但他甘愿食言也不放心让一人包揽两个州的兵权。他自然很清楚王基对司马家族的忠诚，可是健康的体系不能建立在个人感情这个基础上，因为人心会变，一旦生变，他将无力应对。

淮南之战结束后已经过去了两个多月，在这两个多月里，魏帝曹髦疲于应付满朝公卿给他施加的巨大压力。

群臣纷纷提议："大将军司马昭平定淮南叛乱，功勋卓著，理应加官晋爵，否则不足以服众！"

曹髦烦透了，司马昭官拜大将军，再加官晋爵还能加到什么程度？魏国自取代汉朝之日便取消丞相制，至今已有三十七年，难道要拜司马昭为丞相不成？

"臣建议陛下拜大将军为丞相，晋爵晋公。"群臣奏道，他们终于代表司马昭向曹髦摊牌了。当年，曹操官拜汉朝丞相，晋爵魏公，后成为魏王。倘若司马昭也官拜丞相，晋爵晋公，这无疑和曹操当年的权臣之路如出一辙。

你们到底是魏国的臣子还是司马昭的臣子？曹髦冷眼瞪着朝堂下向他跪拜的群臣，可他根本无力抵抗。就在这年6月，曹髦不得不颁布诏书，拜大将军司马昭为相国，封晋公，加九锡之礼。这是司马家族权臣之路的一个里程碑，标志着朝廷彻底向司马昭妥协，默认了司马昭将逐步取代曹氏社稷这个无法改变的事实。

可是，司马昭却没有接受册封，他不是不想，反之，他实在太想了，以至于不敢冒一丝一毫的风险。魏国臣民对司马昭取代曹氏的容忍程度在他心里精确换算成了一个百分比。他强忍着诱惑不断告诫自己：还没有达到安全值，时机不对。

出于这种判断，司马昭前后九次辞让，最终依旧维持大将军的官位不变。此时此刻，曹髦胸中的怒火临近爆发，他性格中缺乏忍耐这项能力，他觉得自己成了司马昭手中的玩物。可事实并不是这样，司马昭根本无意戏耍曹髦。戏耍，这对司马昭而言是一种奢侈，他继承了司马懿和司马师的性格特点，所走的每一步均目的明确——下赢这盘棋。

翌年，荆州都督王昶去世。这位被司马懿一手提携的实力派重臣，在死的头一年官拜司空。不过，王昶和司马懿、王淩当年的境遇类似，他没有被召回朝廷，一直到死都在荆州，除了因为他对司马家族的忠心，更因为他强大到难以撼动的实力。前文曾经讲到过，王昶和王淩俱属于太原王氏家族。东汉末年，王允刺杀董卓后即被董卓余党谋害，致使太原王氏遭受重大打击，魏朝时，王淩这一支被司马懿诛灭，而王昶这一支系则光大了家族。到了西晋时代，太原王氏成了天下首屈一指的望族，后面还会讲到很多关于王昶子孙的故事。

王昶死后荆州都督空缺，这对司马昭而言是个绝好的机会，他重新调整了魏国各主要战区的统帅人选。

长江以北的荆州进一步划分为南北两部分，王基任荆州北部都督，州泰任荆州南部都督；石苞任扬州都督；钟毓任徐州都督；陈骞任豫州都督。除此之外，还有堂弟司马望（司马孚的次子）仍担任雍凉都督，邓艾任陇右都督（在司马望辖区的雍州西部，专门负责抵御蜀国入侵）。

三年后，王基，这个为司马师、司马昭兄弟立下旷世奇功的名将去世。清代乾隆年间，王基的墓碑在洛阳破土而出，碑文采用隶书撰写（正是魏国初代名臣钟繇发明的笔法），具有极高的历史和艺术价值。这块碑文至今仍流传于世，人称“王基断碑”。最奇妙的是，碑文竟不刻写墓主名讳，实在是刻碑史上空前绝后的特例。为什么会这样?

在《宋书·礼志》中给出了答案：公元205年，曹操考虑到世间饱受战乱之苦，为提倡节俭薄葬遂立法禁止刻碑。公元257年，司马昭的幕僚王伦去世，其兄王俊想为弟弟立碑，却因禁碑令未遂。公元278年，晋武帝司马炎想过要废止禁碑令被记录在史书中。直到一百多年后，南朝史学家裴松之再次上疏请求废止禁碑令。由此可知，曹操在战乱时代立下的禁碑令居然一直延续了两百余年。在这两百余年中，私立墓碑者大有人在，然而王基墓碑却非私立，他因功勋卓著被朝廷特别赐予刻碑立传的殊荣，不过考虑禁碑令犹在，便采取这样一个折中权变的办法——不刻王基名讳。

遥想魏国初建的年代，曹仁包揽荆州、豫州、扬州三州都督，曹仁死后，曹休任扬州都督，夏侯尚任荆州都督，曹真任中央军统帅兼雍凉都督，魏国前线的军权完全囊括在宗室重臣手中。而到了公元259年，魏国前线的两三个军区不断细化，几个大军区最高统帅也全部换成了司马家族的嫡系亲信。

随着司马昭的权力愈加稳固，他心里那个谋朝篡位的百分比也愈加接近安全值。可是，他也意识到，性格嚣张强硬的魏帝曹髦已经成了摆在他面前的一块绊脚石。在这场博弈中，司马昭的对手是天下人心，曹髦，毫无资格做他的对手，仅是一个随时可以弹飞的棋子。

宗氏之恨

回到淮南之战的这一年，让我们看一下吴国的局势，大将军孙綝惨败；重臣朱异被杀；全氏家族遭受重创；吴帝孙亮开始追究孙鲁育的死因，这一串事件引发的连锁反应终于要做个了断了。

这个时候，孙綝正率败军悻悻地返回吴都建邺，一路上，他接二连三受到吴帝孙亮的责难——“为什么一败涂地！为什么要擅杀重臣朱异！”

孙綝明白了，在他远离朝廷的这段时间，孙亮已经成功地将权力揽在了手里。他陷入被动，回到建邺后便称病不上朝，也不觐见孙亮。那么，在这种局面下孙綝如何控制朝政呢？他让四个弟弟分别执掌京都各禁军营，完全凭借兵势震慑皇室和朝廷。

孙亮虽然亲政，却在孙綝的武力监控下，他越来越忍不了孙綝。

近来，孙亮频频向孙鲁班发难：“为什么要诬陷朱公主（孙鲁育）？”

“陛下息怒，此事牵扯人众多，我即刻去查……”孙鲁班吓得直哆嗦。随着丈夫全琮、姘头（侄子）孙峻相继死去，全氏家族又祸事连连（全辉、全仪携母叛逃，被困寿春城中的全氏诸将投降），她如今失去了一切靠山，只能向现实低头，再不能像以前那样翻手云覆手雨了。

孙亮看着瑟瑟发抖、俯首帖耳的姐姐不禁沉醉其中。这就是权力的滋味吗？短短几个月，他悟出很多道理。此刻，他已不是单纯地要给孙鲁育报仇而为难孙鲁班，他打算借机打压孙綝，夺回失去的权力。

而半老徐娘的孙鲁班也没有任何资本让她获得孙綝的青睐，更何况，正是孙綝导致自己夫家全氏一族的衰落。她不得不重新审视自己的政治立场。这段时间，她敏锐地觉察到孙亮对孙綝的憎恨，既然无法投靠孙綝，不如索性帮孙亮搞垮孙綝。于是，孙鲁班开始了一番谋划。

这天，孙亮惊诧地听着孙鲁班的哭诉。

“你说朱熊、朱损兄弟谋害自己的母亲？此言属实？”朱熊和朱损乃是孙鲁育和朱据的儿子。

“绝对属实，朱熊、朱损向孙峻泄露朱公主企图谋杀孙峻的消息，这才致使朱公主惨死。”孙鲁班答道。那么，朱熊、朱损是否真的陷害生母呢？在《三国志·嫔妃传》中明确说是孙鲁班诬陷，而《三国志·孙綝传》中则说朱熊、朱损没有起到保护母亲的责任。理论上，他们应该不大可能陷害母亲，但从孙鲁育死后，兄弟二人依然地位显赫来看，他们很可能是在母亲被害这件事上保持了缄默和不作为。

“居然做出这种忤逆的事……”孙亮简直不敢相信，他原本希望为姐姐报仇，没想到最后牵涉姐姐的儿子。

孙鲁班见孙亮踌躇，紧跟着又补了一句：“陛下，您可别忘了，朱熊、朱损是孙綝亲信，而且，朱损更是孙綝的妹夫……”

“对呀……”孙亮怦然心动。从这一刻开始，他不再关心追究这桩事的初衷，是不是孙鲁育的儿子不重要，重要的是这兄弟二人是孙綝亲信。“传令左将军丁奉，率军处死朱熊和朱损。”处死两个将领为何要率军前往？这里，我们要简单介绍一下吴国的军制——世袭领兵制。

如果看《三国志》吴国众多功臣名将的传记，就会发现他们的后代大多默默无闻，其中更不乏被流放甚至处死，或是畏罪叛逃的，相比起魏国和蜀国善待功臣后代，这实在是一个很奇怪的现象。究其原因，除了孙权刻薄寡恩的本性之外，更重要的是吴国独特的军制。在魏、蜀二国，朝廷掌握军队绝对所有权，虽然将领也有军权，但朝廷随时可以通过改变职务的方式剥夺将领军权。吴国就不一样了，历史原因，江东豪族多拥有数量不等的私家军队，更为严重的是，私兵世袭，父死子继，兄终弟及。这被称作世袭领兵制。孙权允许世袭领兵制的目的与曹丕接受九品中正制完全一样，都是君主为赢得豪族支持迫不得已做出的妥协。最初，将领拥有的私兵基本在两三千人以下，到后期，随着将领不断立功，私兵的数量也越来越多。因此，收押或处死手握私兵的将领很有可能会爆发武力冲突，这绝不是带几个狱卒就能搞定的。这也是当初朱绩收押诸葛融、丁奉，处死朱熊、朱损时，除了携带皇帝诏书，还需要带军队的原因。

孙綝闻讯连番上疏恳求孙亮饶了朱熊、朱损兄弟。从这事可以看出，朱熊、朱损的确是孙綝一党。

孙亮断然拒绝。实际上，他正是因为孙綝的关系才将朱熊、朱损处死，为孙鲁育报仇只是一个借口罢了。

几天后，朱熊、朱损被丁奉剿灭。如果说之前，孙亮是出于对孙鲁育的感情而追查此事，那么经过几个月的发展，他的心思也发生了峰回路转的变化，姐姐的死因不再重要，这件事成了他打击权臣孙綝的手段，其结果居然是断了孙鲁育的骨血。

朱熊、朱损被处决只是个前奏，随后，孙亮开始了一个更危险的计划。

"我要杀了孙綝！"孙亮对姐姐孙鲁班、国丈全尚（全皇后的爸爸）、将军刘丞言道。

三人听了心里咯噔一下："陛下可别轻举妄动。孙綝兄弟个个手握禁军兵权，不是那么容易杀的。"何止不容易，实话实说，单凭这几个人根本不可能。

孙亮主意已定，容不得他人反对："左无难、右无难、虎骑三营禁军不是还在朕手里吗？朕率三营禁军进驻朱雀桥，若孙綝敢反抗，朕当即发诏书解除孙綝的兵权！"孙亮的谋划记载在《江表传》中，这简直像儿戏一般，孙鲁班、全尚、刘丞听得呆若木鸡，他们虽然久处政界，但对刺杀这种事真没什么经验。

众人心怀忐忑走出皇宫，谁也吃不准这计划能不能成。

然而，就在当天，孙亮的计划（与其说是计划，毋宁说是一厢情愿的企图更恰当）便被孙綝获悉了。

当晚，全尚正要就寝，忽听到外面传来一阵喧哗。"什么人！"他走出屋，只见庭院里已经布满了禁军。

"全尚图谋不轨，奉大将军（孙綝）之命收押！"全无半点抵抗之力的全尚被俘。

与此同时，在皇宫苍龙门外，孙綝的胞弟也率本营禁军杀了将军刘丞。就这样，与孙亮合谋的两个重臣反被孙綝先行解决。

到了天明时分，孙綝率禁军将皇宫团团包围。

“计划败露！牵朕的马来！”他一边吼着，一边挎上弓箭，打算出去和孙綝拼命。

“陛下冷静！”近侍死命把他拽了回来，这情形谁都明白，孙亮只要出宫必死无疑。

很快，孙綝控制住孙亮，旋即颁布诏书，把孙亮废为会稽王，全尚流放零陵，孙鲁班流放豫章。于是，在吴国曾一度最显赫的全氏家族彻底衰落，而那些逃到魏国的全氏，相比昔日的繁盛，也不可同日而语了。

那么说，究竟是什么人泄露给孙綝的呢？《三国志》中说是孙亮的妃子（这妃子的另一个身份是孙綝外甥女），而《江表传》则说是全尚的夫人（全尚夫人的另一个身份是孙綝的姐姐）。孰真孰假？我可以简单做些分析。事后，全尚的儿子全纪自杀，全尚夫人难道会为保护弟弟而牺牲自己的孩子吗？这可能性很小。再看孙亮的妃子，她位居全皇后之下，孙亮又仇视她舅舅孙綝，想必过得相当不如意，这么看来，她向孙綝告发的可能性很高。顺便提一句，孙亮的这个妃子（孙綝的外甥女），论辈分应该算是孙亮的外侄孙女。

公元 258 年 11 月，在大将军孙綝的主持下，吴国迎来了第三代皇帝——孙权第六子孙休。有必要特别说明，孙休的皇后正是孙鲁育的女儿（朱王妃），也就是说，孙休娶了自己的外甥女，这让我们再次见识到吴国孙氏皇族乱成一锅粥的伦理观。那么，朱王妃得势后，她的杀母仇人——失势后的孙鲁班结局又将如何呢？这位把吴国政坛折腾得乌烟瘴气的女人，从此退出了历史舞台，再也找不到任何记载了。

最后的权臣

在孙权的几个儿子里，老六孙休很好地继承了他爸爸的隐忍特质。当年李衡（昔日诸葛恪的幕僚）任丹杨太守期间曾屡次欺凌孙休。孙休登基后，李衡吓得主动投狱认罪，可孙休完全不计前嫌，宽慰了几句便把李衡放了。

11 月，孙休拜孙綝为丞相兼荆州牧，增加五个县的食邑，并两度下诏嘉奖孙綝。孙綝的四个胞弟一并加官授爵。自此，孙綝一门五人封侯，显赫程度赶超昔日的全氏家族。

几名皇宫近臣劝孙休提防孙綝。结果，孙休反而将这几个近臣交付孙綝处置。自然，孙綝把他们全部处死了。这年，孙休才二十三岁。

公元 259 年 1 月 18 日，适逢农历腊八节，孙休派了十几个重臣请孙綝赴腊祭宴会。

孙綝想推辞，可架不住同僚盛情邀请只好接受，临行前，他吩咐家仆："过一会儿在府中放火，我以火灾为由提前回来。"然后，他硬着头皮进了皇宫。

"臣叩见陛下！"

"丞相快快请起！"孙休赶忙命人搀扶起孙綝，殷切地请到坐席上。

孙綝刚刚坐定，就看到皇宫外自家府邸方向冒出浓烟，他佯装惊讶地言道："臣家中失火，恕臣先行告退！"边说着，边要起身离去。

孙休命人拦住了孙綝："丞相，以后这些事再也不用劳烦您操心了。"

一旁，丁奉和张布突然发令，左右侍卫当场将孙綝按倒在地。

孙綝吓傻了，玩命磕头请罪："陛下恕罪！我甘愿流放交州！"

孙休瞪着眼怒道："当初你流放滕胤和吕据了吗？"

"我甘愿当奴仆，只求活命。"

"你让滕胤和吕据为奴了吗？"

孙綝明白自己必死无疑了。

当日，孙綝兄弟五人全被夷灭三族。吴国最后一位重量级权臣就这么被搞掉了。

又过了一年，坊间风传会稽王孙亮有复辟的企图。于是，孙休将孙亮从会稽王贬为候官侯。令人没想到的是，孙亮居然在前往新封地的途中自杀。有人说是孙休派人毒死了孙亮，可这事死无对证，因为所有护送孙亮的侍卫在事后全部被孙休处死。

孙权留给子嗣的，除了显赫的皇室身份外，还有同族相残的价值观，在后面，孙氏皇族内部的杀戮依然会持续下去。

才同陈思

这天，在魏都洛阳，公卿纷纷上奏："恭贺陛下，据传在宁陵县的井中发现了两条黄龙，这乃是祥瑞的兆头啊！"

翻阅史书，随处可见有发现龙的记载。它们频繁出现在图腾、雕刻、绘画或文字描述中，但迄今为止没有发现一具龙的骨骼化石。这神奇的生物是否真实存在呢？很难妄下断言。

不管怎么说，龙鲜活地体现了中华民族的文化精髓。龙能伸能屈，能大能小，上可腾云驾雾，下可隐匿深渊。在五千年的历史长河中，中华民族经历过无数次浩劫，甚至多次被异族征服，却都能顽强地撑过来，这正源于像龙一样伸缩自如的韧性。

这种传说中的奇特生物也被当作皇权的象征。那些历史上的君王，尤其是开国者和中兴者，其霸气和隐忍远远超越常人，这和龙的特性也颇为相似。

回到曹髦身上，这位年轻的国君，无比仰慕姒少康中兴夏朝的丰功伟绩，然而他却没有意识到，如今根本不具备龙出升天所必需的时运。在时来运转前，他能做的唯有隐忍。

此刻，曹髦冷眼瞟着朝堂下向他祝贺的臣子，脸色愈发阴沉。忽然，他不屑地闷哼一声："祥瑞？哼……"

朝臣面面相觑，眼见势头不对，谁都不敢多言。

曹髦沉声叹道："龙代表天子，上不飞腾在天，下不盘踞在田，却困于井中，这算什么祥瑞？"他停了片刻，猛地从皇位上站了起来，惊得两旁侍卫手握剑柄。

这些侍卫与其说是护卫曹髦，不如说是替司马昭监视曹髦，以免他做出非分之举。而曹髦身后的郭太后更吓得脸色煞白，并压低着声音说道："陛下，不可妄动，快到皇位上来！"

曹髦没有理睬这帮人，他继续向前缓缓踱着步，接着，他开口吟诗：

伤哉龙受困，不能越深渊。

上不飞天汉，下不见于田。

蟠居于井底，鳅鳝舞其前。

藏牙伏爪甲，嗟我亦同然！

吟完诗，曹髦又转身坐回到皇位，郭太后和侍卫们悬着的心终于落下。原来皇帝只是想作诗。这首诗名为“潜龙”，文辞俊美，但从严格意义上讲，诗却没体现潜龙的精髓。所谓潜龙，需要隐匿锋芒，诗中说鳅鳝在龙前乱舞，毫无疑问是明指司马昭，又言龙藏牙伏爪，既然都说了出来，哪里还算得上隐匿锋芒呢？顿时，朝堂上气氛尴尬，公卿大臣纷纷告退。

“臣告退。”

“臣身体有恙，告退。”

……

转眼间，甚至连郭太后也静悄悄地走了，大殿上只剩下曹髦一人。

曹髦愣愣地望着空空如也的大殿，这里宛如死一般寂静，他只听到自己的呼吸声，过了好一会儿，他微微张开嘴，大喊了一声：“退朝！”然后，他孤零零地站起身走向后宫。

曹髦回到后宫，气呼呼地对太监吩咐道：“取画笔来！”

太监很快将画笔取来。曹髦抄起笔，一言不发，继续他未完成的画作。

几天后，曹髦的画作完成。

一旁的太监谄媚道：“陛下画得真好，这画的是什么人？”

“盗跖！”曹髦恶狠狠地答道，很显然，他情绪不佳。盗跖原名柳下跖，是春秋时期的大盗，与孔子同时代人，“盗亦有道”这个成语便是取自盗跖和孔子的对话。

“这盗跖看起来真有点眼熟……”太监沉吟，突然，他想起画里的人像谁了。这盗跖画的分明就是司马昭啊！太监吓得面如死灰，慌忙低下头，一句话都不敢说。

司马昭窃国，与盗贼有什么区别？曹髦心里这样想。他脑海中浮现着司马昭那张可憎的面孔，画成了这幅《盗跖图》。

曹髦善于绘画，《盗跖图》是他其中一幅画作，除此之外，还有《祖二疏图》《黄河流势》《新丰放鸡犬图》等流传后世，根据唐代张彦远所著《历代名画记》中的评价，曹髦的画功大致与汉末魏晋时代蔡邕、杨修、诸葛亮等人比肩，为中品。

这个精通诗文绘画的年轻人倘若生在一般富庶之家，肯定能成为一代才子，毕生逍遥快活。但很不幸，他生在曹氏皇族，更不幸的是，他成了魏国的皇帝。曹髦是个极端感性主义者，缺乏理性思考能力，如果从古巴比伦文化中的“性格九柱图”来做分类，那么曹髦的性格应该属于典型的丰富型（Generalist），这一类型的特点是：多才多艺、冲动、无节制、狂乱。从这点来看，他像极了当年的曹植。遗憾的是，曹植正因这种性格成为政治上的失败者。

这些日子，司马家族的嫡系亲信——扬州都督石苞入朝述职，他觐见过曹髦后，去拜见司马昭。

司马昭问道：“先前你曾对我亡兄说，陛下犹如魏武降世，今天，你还是这样认为吗？”

石苞沉默片刻，言道：“下臣今天仍这样认为，陛下绝非平庸之主！”

司马昭深深地吸了口气，他越来越觉得，曹髦必须要除掉了。

以孝代忠

大将军司马昭这段日子很苦恼，他有个难题一直解不开。多年来，司马家族压迫曹氏皇族，双手沾满了忠君者的鲜血，对司马昭而言，忠这个概念如同一块炙手的山芋，他自己本身就违背了儒家价值观里最重要的忠君理念，但他作为魏国实际上的掌门人，又不得不提倡忠，否则用什么来约束臣子？

最终，司马昭想出了一个办法。

公元258年，朝廷下了一道诏书：“尊崇老者是古代尧、舜、禹推行的仁政。王祥和郑小同德高望重，都是当世贤者。现授予王祥‘三老’称号、郑小同‘五更’称号，天子对二人持晚辈之礼，可随时向他们咨询朝政得失。”在《正义》《白虎通》

《礼记》等书中解释道：三老、五更并非官职而是尊称，天子用对待父、兄的礼数侍奉三老、五更，以此作为向世人推行孝道的表率。

如果司马昭直接提倡忠，他就必须要忠于曹髦。所以，司马昭的办法即是以孝代替忠。而且，选举三老和五更不仅是孝道政治理念的初步尝试，更约束了曹髦，让皇帝反过来对臣子，也就是司马昭政权尽孝。可谓一举两得。

鉴于这里要涉及大量儒学内容，我们就来简单讲讲中国历史上最杰出的哲学家、教育家——孔子创建的儒家学派。

孔子说："德如同天空最明亮的北极星一样，被众星环绕。"按照儒家的解释，掌权者的道德乃是执政的核心。孔子提出的孝、悌、忠、信、礼、义、廉、耻，是儒家思想的精髓，而历代统治者更将忠、孝、礼、义提炼出来作为维护权力的工具。现代人大多对儒家思想不屑一顾，尤其认为提倡忠是否定自我，禁锢思想。其实，孔子讲的忠固然有忠君的意思，但远不止于此，其涵盖面很广，包含了对朋友的忠，对自己内心的忠，对天地的忠。那么具体如何体现呢？不害人，信守诺言，做事对得起良心，顺应天道，不逆势而为，这即是忠。然而，历代统治者在大肆宣扬忠的同时，也将其含义局限在忠君这个狭隘的范畴了。

那么说，为什么孝可以上升到政治层面？这同样源于儒家对孝的解释。和忠一样，孝的涵盖面也极广，不单是指对父母的孝，还延伸为对天下人的孝，这称之为大孝。孝在政治上的体现，便是为政者应该以孝子之心治理天下，把普天之下的老百姓都看作自己的父母。在这种理念下，孝行是决定士人仕途的重要政治资本。不过，无论任何理论都有可能被心术不正者利用，翻开《晋书》就能发现，那些被载入史册的西晋重臣，其中有大批品行卑劣的奸臣佞臣，却无一不以孝行著称于世。后文中，关于司马家族推行孝这一价值观的过程中，还会衍生出很多故事。

回过头来，先说这位被举荐为三老的王祥，此时年已七十三岁高龄，他生于东汉末年，乃是举世闻名的孝子。关于王祥的孝，有众多令人叹为观止的行迹。王祥生母早亡，他对继母至孝，可继母心肠狠毒。有次，时逢严冬，继母想吃新鲜的鲤鱼，王祥居然卧在湖上靠体温融化冰雪捞鱼给继母吃，这就是著名的卧冰求鲤的故事。但继母不领情，一会儿想用刀捅死他，一会儿又想用毒酒毒死他，王祥不做任何抵抗跪地请死。不可避免地，这些事极有可能在传诵中添油加醋，以至显得相当夸张且不合逻辑。元朝时，王祥的孝行被选入《二十四孝》中成为孝子的表率。可平心而论，王祥是否真的符合孝道呢？有句很著名的话：百善孝为先，原心不原迹，原迹贫家无孝子（还有下半句：万恶淫为首，论迹不论心，论心世上少完人）。那么，王祥面对一个屡次想杀自己又毫无血缘关系的继母，他的孝行到底是原心还是原迹呢？而继母这些极端夸张甚至触犯法律的行为，又是怎么传播出去的呢？不得而知。总之，王祥最终因为这些事迹赢得了孝子的名声和坦荡的仕途。

一次，曹髦向王祥寻求教诲，王祥言道："古代的明君和圣贤无不心怀忠诚，这种忠诚表现在言行当中，举止顺应天意，更不会逆势而行。"这番劝谏乃是告诫曹髦收敛张狂的个性，不能违背天下大势。在政治立场上，王祥无疑站在司马家族一边，他这样说也没什么不妥，确实是出于善意，避免让曹髦惹祸上身。

再说被举荐为五更的郑小同，时年六十五岁，官拜侍中，乃是东汉经学巨匠郑玄的孙子。多年来，他负责给曹髦讲授经学，可他却甚少教授王学，而是常引用自家先人的理论。对于曹髦而言，听郑小同讲授经学几乎成了他排解抑郁的唯一途径。王肃多次驳斥郑玄学说，在学术流派上，二者势同水火。郑小同和王祥一样，本应是司马昭政权的代言人，不过，郑小同的学术理论和王肃不同，导致他并不太受司马昭信任。而司马昭选郑小同做五更，也仅仅是迫于郑小同辈分和学术影响力的无奈之举。

这天，郑小同因公务前来拜见司马昭，不巧司马昭临时不在。郑小同闲着无聊，便在前厅来回溜达。

突然，厅外传来司马昭的厉呵声："郑小同！你干什么呢？！"只见司马昭神色不安，一边喊着，一边快步走进前厅。

郑小同站在前厅的书案旁，他听到司马昭的呵声，不禁一怔，心有戚戚地言道："下臣正在这里恭候大将军。"

司马昭为何这么紧张？原来，他最近一直筹划着废掉曹髦，前厅书案上的卷宗就是跟亲信的密谋，而卷宗还没有来得及封印。他走到书案旁，警觉地观察着郑小同和书案之间的距离，又仔细回想自己在离开前卷宗摆放的位置。继而，他死死盯着郑小同的眼睛质问：“你有没有看过书案上的卷宗？”

郑小同惶恐答道：“下臣怎敢随便翻看大将军的卷宗，自然是没看过。”

“哦，那就没什么事了。”他不想再继续这场无谓的揣测，因为他想到了一个更简单直接的解决方法。

“上酒。”司马昭发话。

当仆役把酒端上来的时候，司马昭悄悄从怀中掏出一包毒药，趁郑小同不备倒入其中一个酒樽中。

郑小同全然没有觉察，他诧异道：“这……下臣来找大将军议事，为何赐酒给我？”

司马昭不答话，径自拿起其中一个酒樽，目视郑小同。这种威慑力让郑小同毫无选择余地，他只好拿起另一樽，陪着司马昭一饮而尽。

少刻，郑小同腹痛如刀绞。他明白了，酒有毒。

司马昭冷冷言道：“宁我负卿，无卿负我。”

东汉经学巨匠郑玄唯一的后代，就这样被毒死了。

孰不可忍

曹髦听说郑小同毫无征兆地死于大将军府，气得浑身发抖：“肯定是被司马昭谋杀的！”这么多年来，这个可怜的皇帝唯有听郑小同讲解经学时才能让心灵获得短暂的宁静。此刻，他的情绪在悲伤和愤怒中狂乱翻腾。

既然忍无可忍，那就无须再忍。

眨眼间的工夫，曹髦的怒火完成了从升腾到爆发的全过程。他做出了一个无比危险的决定。

公元260年6月2日晚，曹髦突然喊道：“冗从仆射李昭、黄门从官焦伯，跟我来！”

“陛下，去哪儿？”李昭等人茫然。

“陵云台！”前文曾提到过陵云台，《世说新语·巧艺篇》详尽描述了陵云台精妙绝伦的构造。该台在魏文帝曹丕时代建造，台高二十三丈，建造之初便计算好每一根木头的重量，台上再无冗余的负担，建成后，高台常随风摇曳，但绝不会坍塌。在这座高台周围，驻扎着皇宫内唯一没有被司马家族染指的禁军。昔日，曹芳的忠臣李丰曾企图借助这里的三千甲士讨伐司马师。

曹髦带着李昭等人疾步直奔陵云台而去。以曹髦的性格，很明显，他没有经过什么深思熟虑，这个年轻人的所作所为完全凭借冲动。

“披挂战甲！拿起武器！随我出宫讨伐逆臣！”曹髦大声命令着这支仅存的忠于皇室的禁卫军。

恰在这时，轰隆隆一声雷响，天空下起了细雨。雨水淋在曹髦的脸上，却并没有让他冷静下来。李昭等人忽然明白了曹髦的意图，吓得纷纷劝道：“陛下息怒！今日恰逢大雨，甲士不能出战，请改日再议！”

曹髦抹去脸上的雨滴，怒吼道：“就在今日！”他随即又下令，“把尚书王经、侍中王沈、散骑常侍王业三人召来！”五年前，王经任雍州刺史败给蜀将姜维，战后被召回朝廷担任尚书。王沈是司马家族柱石重臣——王昶的侄子，属于太原王氏。王业是东汉末年群雄刘表的外孙。王经、王沈、王业三人平日里常给曹髦讲授学业，而曹髦自以为和三人关系匪浅，更亲切地称呼王沈为“文籍先生”。

俄顷，王经、王沈、王业冒雨慌慌张张赶到陵云台。

“陛下，深夜召臣有什么事吗？”他们跪在地上，早已察觉到身旁纷乱的局面，不由得暗自心惊。

曹髦伸手入怀中，掏出一封事先写好的诏书扔在三人面前，恨恨言道：“司马昭之心，路人皆知！我绝不甘愿坐受被废这样的奇耻大辱，我已写下讨贼诏书，今日，卿等与我共同讨伐逆臣！”

三人听罢，汗流浃背，王沈和王业跪在地上瑟瑟发抖，不敢说话。王经不忍见曹髦自寻死路，苦苦劝说：“昔日鲁昭公没有忍受季氏欺凌，因而丧失社稷，被天下人耻笑。如今军政大权握在司马氏手中已根深蒂固，无论朝臣还是藩镇将帅都愿为司马氏效死，这也不是一两天的事了。陵云台兵甲羸弱，陛下这么干如同恶病恶治，终至无药可救，还望陛下能深思熟虑！”自李丰事件之后，陵云台禁军的军费日渐缩减，驻守在这里的只有数百老弱士卒。

然而，以曹髦的性格全然无法做到深思熟虑：“是可忍也，孰不可忍！我已经决定今晚行动，就算是死也没什么可怕的！况且还不一定会死呢！众军听令，今日随我出宫讨伐逆臣！”“是可忍也，孰不可忍也”，这句话出自《论语》。当时，只有国君才有权力排演八佾（yì）之舞，可鲁国权臣季氏却在自家排演八佾，这是超过其身份的僭越行为。当代国学巨匠南怀瑾老师指出，在这句话里，“忍”的意思不是“容忍”，而是“忍心”。以温良恭俭让著称的孔子，想必不会怒发冲冠地吼着：“这事实在无法容忍！”恰恰相反，孔子乃是叹息：“（季氏）连这种事都能做，还有什么不忍心做的呢？”

不过，曹髦的性格绝非孔子那样温良，他像火山爆发一样狂吼：“这事实在无法容忍！”

随着曹髦一声令下，陵云台数百禁军抽出武器，喊声雷动：“讨伐逆臣！讨伐逆臣！”

王经、王沈、王业三人意识到局面失控，默默地从陵云台退了出去。

“快走！快走！”王沈和王业一离开陵云台，便相互拉扯着狂奔起来，而王经仍在踌躇不决。

“王经！还不快走，更待何时？”王沈回头喊道。

“社稷将危啊！”王经怅然叹息，“唉！文籍先生，你又打算去哪儿？”

“文籍先生”？仓皇中的王沈竟没反应过来。他一闪念，才想起昔日曹髦曾经常这样亲切地称呼自己。什么“文籍先生”……我乃王昶之侄，太原王氏族人，若非司马家提携，我怎能有今天的地位！王沈没有停住脚步，他边跑边说道：“这还用问吗？当然是去向大将军禀报啊！”

王经在道义和性命之间徘徊良久后，做出了决定：“纵然不能追随陛下做这无谓之举，可也不能背主求荣啊……”最终，他没有跟着王沈和王业去向司马昭报信，而是独自来到尚书台，静静地等候噩耗传来。

此时，曹髦率数百禁军出了陵云台，直奔向郭太后永宁宫而去。

解脱之路

“禀太后，陛下率军至此！”内侍神色紧张地奏道。

“他……率军……至此？！”郭太后惊得一颤。

片刻后，曹髦入永宁宫觐见太后：“太后！朕欲率军出宫讨伐逆臣司马昭！”

“放肆！不可轻举妄动，难道你想死吗？”郭太后浑身汗毛倒竖，试图阻止曹髦。上一次，她在司马懿入宫兵谏请求讨伐曹爽时也曾这样恐惧过，从那次之后，她便成了司马家族忠实的政治盟友，作为司马氏和曹氏皇族之间的缓冲层，且不惜牺牲名誉甘愿充当压迫皇室的黑手。

“朕想求得您下一封讨伐逆臣的诏书！”

“没有！”在这生死攸关的时刻，郭太后坚定地站在司马家族一边。

曹髦本来低头跪在地上，听到这回答突然猛地抬起头向郭太后怒目而视。当初司马懿要诛杀曹爽时，你怎么不说没有？当初司马师要废黜曹芳时，你怎么不说没有？今天曹氏所遭受的一切，都是从当初那几封太后诏书而来！

“就算没有太后诏书，也不能阻止我中兴社稷的决心！”曹髦站起身来，不再奢望太后诏书，他怨恨地瞥了一眼郭太后，迈步走出永宁宫。而郭太后早吓得目瞪口呆，半晌说不出一句话来。

曹髦率军奔出云龙门。

这个时候，司马昭的同母弟司马榦（gàn）闻听皇宫兵变的消息，匆匆赶至，打算拦住曹髦。然而，他在皇宫的一个掖门处却被守门将满长武拦住了。

“满长武，你闪开，皇宫有变故，快让我过去！”司马榦对守卫掖门的满长武说道。

“未经陛下宣召，任何人不得通过此门，请公侯见谅。”满长武并没有屈服于司马榦的权势，毅然坚守着掖门。这位满长武，正是昔日扬州都督满宠的孙子，他不愿意充当司马氏毁灭曹氏的帮凶，但他力量微薄，只能在自己职权范围内做到这一步了。

少顷，司马昭的幕僚王羡也来到满长武驻守的掖门：“满长武，我要进皇宫！”

"此门不通！"满长武守护这道门，没有放任何一个司马家的人通过。司马榦和王羡无奈只能绕道，他们兜了个大圈子，最终没有赶上曹髦。

曹髦正在进行他生命中最后一次狂奔："前面就是止车门！众军跟我冲出去！"这是一条冲破压抑通往解脱的道路。

守卫止车门的是司马懿第五子——司马昭的异母弟司马伷，补充一下，他的老婆便是诸葛诞的女儿。司马伷望着曹髦坐在车驾中，身旁跟着数百疯狂的禁军一齐向自己这边冲过来，早吓得魂飞魄散。"挡住陛下！挡住陛下！"他大喊道。可是守门侍卫全都忍不住后退。

"陛下，这里是止车门，不得擅自通过，否则请恕臣下无礼了！"司马伷壮起胆，只身挡在曹髦面前。

"你能怎样？"曹髦猛地从车驾上站起来指着司马伷呵斥，"胆敢拦驾者，杀无赦！"伴随着皇帝的吼声，驱车的马匹也仰天嘶鸣，无所顾忌地向止车门狂奔而去。司马伷只能闪身避让，他身后的守门侍卫更吓得纷纷退散。

曹髦不再理会呆立的司马伷，率军冲出了止车门。

五年前，曹髦第一次走进止车门时，谦谨地下车步行，一名臣子对他说："您贵为天子，不必下车。"他答道："我被太后征召，还不知道是什么原因，这是止车门，我怎能乘车通过？"当时，他说完这番话后，强压着兴奋，为自己的气度感到欣喜。我的贤德一定能博得臣子的忠心，大魏国将在我手中复苏，他曾这样祈盼过。可在随后的五年里，曹髦渐渐看清了残酷的现实，扭转乾坤、左右命运这些都成了遥不可及的梦，越想，他就变得越绝望。

大魏国，并不会因我的贤德而复苏。他不得不接受这个现实。

五年来，这个曾经拥有光辉梦想，或可称为幻想的少年已成长为一个被现实压垮的青年，今天，他决心再度直起腰板，可是，他终将为此付出惨重的代价。

弑君者

这个时候，在皇宫外的大将军府，司马昭已经从王沈和王业口中得知曹髦的举动。“曹髦难道疯了吗？”他目瞪口呆，随即，他将手中的书卷狠狠地摔在地上，下令道，“贾充！拦住陛下！”贾充官拜中护军，执掌宫廷外禁军，这些禁军，与其说是护卫皇宫，不如说是司马昭的亲兵。

贾充知道事关重大，他想进一步探知司马昭的底线：“大将军……”

司马昭知道贾充想问什么，他目不转睛地凝视着贾充，斩钉截铁地言道：“无论以任何代价……”我已经不能再见到曹髦了。

“在下明白了！”

贾充接了司马昭的命令，当即率数千亲兵疾奔向皇宫。一路上，他内心忐忑不安，并不能预知此事之后自己的命运将会走向何方。为司马家立下不世奇功，还是事后为司马家充当替罪羔羊？这两种结局仅在毫厘之间。

在皇宫的南门，曹髦和贾充两支军队迎头相遇。

“贾充！让我过去！拦驾者斩！”曹髦打算再次凭借他的权威震慑住对方。

“恕臣无礼！陛下不得出宫！”贾充毫不退缩，在他身后，数千司马昭的亲兵已展开阵列，将皇宫南门封得水泄不通。“擅离皇宫者，杀无赦！”他一招手，司马昭的亲兵杀向了曹髦的陵云台禁军。

“贾充！你敢谋反吗？”曹髦抽出腰间宝剑，压抑了五年多的愤怒全部倾泻而出，“给我杀！”他挥舞宝剑疯狂地向司马昭的亲兵砍去。方才的绵绵细雨不知不觉中已变成瓢泼暴雨，雨水混合着血从皇宫内流出南门外，地上的尸体越积越多。

战斗持续的时间不长，陵云台数百老弱士兵完全不是贾充数千禁军的对手，他们很快被杀败。可是，不管贾充的禁军再怎么胆大包天，他们也不敢亲自和皇帝交手。于是，曹髦虽已战败，但他却在敌军的层层包围中徒自挥舞着长剑，无人敢近身。

“朕乃天子！谁敢挡我！”战斗陷入僵局。

事情闹到这种地步，谁也不知道该如何收场。贾充心底暗自发颤，他做好了最坏的打算，无论如何，不能让曹髦活着见到明天的太阳，可是，自己又怎么全身而退？

恰在这个紧要关头，太子舍人（年俸二百石，七品低级官员）成济凑到贾充耳朵边问道："贾大人，事态危机，您说该怎么办？"如果成济是个聪明人，他绝不会在这时候多嘴。

贾充转头看去，成济愚鲁的脸庞变得仿佛像救世主一样神圣。这是挽救自己命运的曙光。"司马公恩养你们，为的就是今天，你还有什么可问的？"说罢，贾充一把将成济推向前方。

成济踉跄几步，混沌的思绪中仿佛萌生了许多灵感，他为自己能领悟贾充的意思欣喜若狂：倘若帮司马昭解今日困境，必建立大功，从此以后，不愁荣华富贵。成济沉浸在自己的幻想中，手中长戟握得更加有力，他几下推开挤在前面的士卒，向曹髦走去。

一个巨大的闪电，照亮了被敌军包围的曹髦，他的剑锋依然在疯狂地挥舞着。

成济傲慢地站在曹髦的面前："陛下，臣得罪了！"

一声炸雷响彻云霄，成济猛地举起长戟，奋力刺向曹髦……

曹髦已经很累了，五年多的情感终于得到了畅快淋漓的宣泄。此刻，他安静地看着胸前的长戟，利刃从他的后背穿了出去。"司马昭……弑君……"曹髦的目光越过面前的成济和贾充，他完全不屑于去看这两个人，而是径直望着司马昭大将军府的方向。曹髦缓缓垂下手臂，宝剑滑落到地上。

曹氏的列祖列宗啊，我尽力了。曹髦沉浸在欣慰中，然后站着停止了心跳。

曹髦为曹氏社稷轻身赴险，死于非命。可是，倘若客观地评价曹髦，他终归也只是率性而为。人生最大也是最难的成就难道不是克服自己的性格弱点吗？

成济后退两步，拔出长戟，曹髦的胸口被捅了个窟窿，继而，尸体直挺挺地栽倒在地上。

公元 260 年 6 月 2 日夜，年仅十九岁的魏国皇帝曹髦，就这样在权臣司马昭的授意下被杀了。

孔子曾说："臣弑其君，子弑其父，非一朝一夕之故，其所由来者，渐矣。"意思是：像弑君弑父这样十恶不赦的事，一定是长久以来逐渐积蓄最后才会爆发。庄子说："飓风起于萍末。"意思是：台风最初只是从浮萍的漂荡中兴起。这种中国古老的哲学理念经过一千七百年后，在 1963 年被美国气象学家赋予一个听起来更加学术化的定义——"蝴蝶效应"。按照"蝴蝶效应"的解释：一个细微的动作会引发一串连锁反应，最终导致所有系统产生巨变。那么，像曹髦被弑这事究竟从何而起呢？从曹髦张狂的性格，从司马昭的跋扈，还是从司马懿发动高平陵政变诛杀曹爽？或是从司马懿目睹好友杨俊被杀？抑或是司马朗带着司马懿逃出洛阳，远赴黎阳避难？倘若再往前，自然可以无限追溯下去。可是，历史终归只有一条路。

魏帝曹髦驾崩。

雨淅淅沥沥地下着，众人围拢着曹髦的尸体，宛如雕像一般呆立，谁都不知道该如何是好。须臾，一阵嘹亮的哭声自远方传来。

太傅司马孚狂乱挥舞着手臂推开众人，发了疯一般扑向曹髦的尸体。他坐在地上，抱起曹髦，将曹髦的头枕在自己的大腿上仰天悲鸣："陛下！陛下！老臣有罪啊！有罪啊！"司马孚撕心裂肺的哭声划破了寂静的深夜。

"司马孚真是忠臣啊……"但凡眼见这一幕的人无不由衷感叹。

五十年来，司马孚始终用心扮演着魏国最大忠臣这个角色。

又过了一会儿，另一个老者也赶到事故现场，奔向曹髦的尸体，他是此前被授予三老称号的王祥。"老臣无状啊！"王祥跪在地上，拉扯着曹髦，两个老头似乎像争抢尸体一样，给这本来凶险肃杀的雨夜增添了一丝滑稽色彩。

王祥为何要喊"老臣无状"？无状，可以简单翻译成"无能""失职"等意思。这简单的两个字蕴藏着无限的政治谋略。首先，他自责没好好教诲曹髦，将曹髦毙命的责任转移到自己身上，以此为司马昭开脱。同样地，既然说是王祥教诲失职，也间接说明曹髦本来就存在错误，最终，问题的根源其实又被归结到曹髦自身。他帮了司马昭一个很大的忙，几乎是凭借这四个字，王祥此后位列三公，到了西晋，他荣登最高爵位。在《晋书》中，他的列传排在晋朝重臣之首。

王祥祖籍徐州琅邪郡（和诸葛氏同郡），这里，有必要讲一下琅邪王氏家族，这是一个在中国历史上最重量级的名门世家。

琅邪王氏与前面讲过的太原王氏俱是秦朝名将王翦的后裔，王翦曾孙王元迁居到徐州琅邪郡，是为琅邪王氏的开基始祖，从王元到王祥贯穿西汉、东汉、魏朝总计十三代人，这十三代人始终活跃于政坛。到了王祥，他以孝行著称，晚年又成为西晋德高望重的名臣。不过，王氏家族还远没有到达巅峰。直到半个世纪后的“永嘉之乱”时，北方豪门望族、政界要员、各界精英总计近百万人，全部在一位王氏族人的倡议下举家迁往江东避难，这个中国历史上最负盛名的大迁移被称为“永嘉南渡”（也称衣冠南渡）。而这位王氏族人，日后也成为东晋王朝的奠基人。在东晋时代，琅邪王氏因此被称为“天下第一望族”，只有后来在淝水之战中崛起的谢氏家族能勉强与之比肩，而同是出自琅邪郡的名族诸葛氏根本无法望其项背。

琅邪王氏活跃于政界长达千年之久。在这漫长的岁月中，其家族成员也在哲学、文学等领域独领风骚，书法巨匠王羲之、王献之、“竹林七贤”之一的王戎等，均出自这一家族。

令人惊叹的琅邪王氏家族就暂时介绍到这里，在往后的故事里，王祥及其家族成员会占据重要戏份。

无进无退

在大将军府里，司马昭的幕僚往来穿梭不绝。

“禀告大将军，贾充在皇宫南门阻挡陛下的车驾，陛下不幸死于乱军之中。”

司马昭瞠目结舌呆立于地，半晌，他缓缓长吁了一口气。贾充，你是我司马家的最大功臣。接着，他扯开嗓子号啕大哭起来：“天下人会怎么看我啊！”

翌日，群臣会集在朝堂大殿上均保持着缄默，谁也不敢说什么。司马昭巡视一圈后发现少了一个人：“尚书仆射陈泰在哪儿？”

“陈泰抱恙。”同僚答道。

陈泰示以无声的抗议。可是，在这紧要关头，陈泰必须到场。司马昭扭头对荀颉说道：“荀君，一定把你外甥请来。”陈群死后，陈泰成了陈家辈分最高的人，司马昭只好请陈泰的舅舅荀颉出面。

东汉末年，荀颉的爸爸荀彧备受曹操忌惮，后被曹操逼死，荀颉以孝道著称，对曹氏没有一丝好感。而且，荀颉自年轻时就跟司马家族建立起亲密的友谊。

荀颉跑进陈泰府邸。“玄伯（陈泰字玄伯），朝廷遭此骤变，大将军议事，你不能不出席！”他边说边拽着陈泰往外走。

陈泰一把将荀𫖮甩开：“舅舅，世人都说我比不上您，从今天这事看来，却是您不如我……”

“说什么都没用，你这回必须听我的！就算你不怕死，难道就不想想你陈家的未来？”荀𫖮清楚记得陈群临终之际的嘱托，他曾发誓要照顾陈泰，保护陈家。

说话间，陈氏宗族子弟齐刷刷地跪在陈泰面前：“您就听听荀公的劝吧！”

陈泰回想着父亲的临终遗言，他望着宗族后辈，任凭泪水大滴大滴地落下。最终，他站起身，在众人的簇拥中跟着荀𫖮向朝廷走去。

司马昭见到陈泰，忙把他拉到一旁，哽咽问道：“玄伯，你说这件事，该怎么处理才好？”

陈泰脸上明显还挂着泪痕，他冷着脸道：“唯有将贾充斩首，才能勉强向天下谢罪！”

“这……”司马昭不舍得牺牲贾充，倘若将贾充处死，今后还有谁敢替自己出头卖命？“你能不能再想个退而求其次的办法？”

“我只知道有进，实在想不出其次了。”陈泰所言的“进”，是暗指让司马昭自裁谢罪。

司马昭默然。

几天后，陈泰郁郁而终。《博物记》中记载，陈寔（颍川陈氏开基鼻祖，陈群的爷爷）、陈纪（陈群的爸爸）、陈群、陈泰四代人，在汉魏时代都有崇高的名声，可是他们的德行却渐渐削减。这种说法自然是指责陈群和陈泰对曹氏不忠，但也不能一言以蔽之。到了陈泰的时代，颍川陈氏已成天下数一数二的望族，家族利益跟司马氏紧紧牵扯在一起，无论陈泰的良心如何备受拷责，他总不能掐断全族人的未来。陈泰死后，颍川陈氏依旧显达于世，可名声也大不如前了。

善后

就在魏国的臣子在朝堂上面面相觑的时候，郭太后的一纸诏书打破了这尴尬的局面。

诏书这样写道："当初我立曹髦为帝，本来寄希望他能成大器，可实在想不到他暴虐的性情日益严重。我屡次训斥他，他反而对我恶语相向。我担心曹髦颠覆社稷，只怕自己死后无颜面见先帝。便密令大将军废掉曹髦，大将军念曹髦年幼，反而护着他说话。但是，这并没有让曹髦的乖张有所收敛，他竟用弓弩射向我的寝宫，以此恐吓我。我又反复几十次请求大将军废掉曹髦。曹髦先是想毒死我，又率陵云台甲士入永宁宫想杀我，还打算行刺大将军。我孤苦老寡，本不惜命，只是念及先帝遗愿，为社稷倾覆而痛心。幸赖曹氏宗庙有灵，王沈、王业急报大将军，才避免让大将军身陷危难。曹髦死于乱军之中，皆因他悖逆不道，自取其祸。诏令将曹髦尸身以平民礼节入葬。另外，尚书王经心怀不轨，诏令廷尉将王经及其家属一并收押。"

郭太后诏书中言辞可谓颠倒黑白，且完全站在司马昭一边。她提到先帝曹叡，但很显然，她并不相信死者有灵。

随后，司马昭、司马孚、高柔、郑冲上疏："虽然曹髦悖逆无道，以平民礼节入葬合理合法，但臣等还是心存怜悯，希望能以王侯的礼节安葬曹髦，请太后恩准。"以司马昭为首的几位重臣和郭太后联手演了一出戏。郭太后充当黑脸角色，她痛斥曹髦一番，并提议以平民之礼埋葬。司马昭等人则充当白脸角色，假惺惺地劝说郭太后以王侯之礼安葬。郑冲官拜司徒，他和前面提到的郑袤是同族，这里先一笔带过，在不久后还有一件重要的大事会牵涉他，到时候会讲到。

翌日，曹髦被埋葬在洛阳城西北的瀍涧之滨。葬礼上只有几辆破车，没有任何旌旗。南朝史学家裴松之这样评价："这么简陋的葬礼还有脸说以王礼安葬？真是厚颜无耻到了极点。"

距离葬礼的不远处，一堆百姓三三两两聚在一起议论。

"这就是前天被杀的天子吧？真是可怜哪！"

百姓远离政治，当然搞不明白其中复杂的利益关系，他们惯以正义和非正义的角度来评判这件事。

曹髦死后没有获得任何谥号，所以，他登基前的封号——高贵乡公，也就成了后世对他的称呼。高贵乡位于徐州琅邪郡境内的临沂一带，也就是今天山东临沂市附近。不知是否是命运使然，曹髦虽有着诸多性格缺陷，可最终，他选择高贵地战死，高贵乡公这个封号反而成了对他短暂一生的最大肯定。

曹髦被弑的余波远未停歇。尚书王经因没有向司马昭报信被判处死刑，不仅如此，他的母亲也被株连。

“儿不孝，后悔当初没听您的话，如今害您受了牵连！”王经悲痛欲绝。多年以前，他的母亲曾嘱咐他：“你本是种田人的儿子，俸禄已达两千石，应该适可而止了。”但王经没有听从。

王经的母亲只是微笑着说道：“人谁无死？又有多少人死都不得其所？你因忠于皇室而死，没什么可悔憾的。”就这样，母子俩俱被斩首。

王经死后被暴尸在洛阳东市的刑场，无人敢收敛。这时，一个人扒拉开人群，径自跪在王经尸体前。

“王君，在下给你收尸来啦！”这人说着，便开始号啕大哭起来。他名叫向雄，是王经昔日的下属。

向雄的哭声，仿佛在他和王经周围形成了一道无形的屏障，将其他人隔绝在外。纵使是围观的百姓，也不由自主地离向雄远远的。“他真是不怕死，司马昭肯定饶不了他。”

这事很快传到司马昭耳中。有人请示该如何处置向雄。

司马昭摇了摇头：“算了，他也算个义士，放了吧！”

满长武因阻挠司马榦和王羕，令两人疲于奔命，没能成功挡住曹髦。由此，满氏也受到牵连。

“臣弹劾满长武，阻拦臣等救驾，致使皇室遭此大难。”司马榦和王羕反咬一口。于是，试图为曹髦尽绵薄之力的满长武被斩首，他的爸爸，也就是满宠的儿子满伟，也被贬为平民。

满伟为什么会被儿子牵连？

原来，早在几年前司马昭讨伐诸葛诞时，满伟告病请假滞留许昌，随后满长武又以探望父亲为由脱离大军。满氏出身寒门，在曹氏的提拔下显赫于世，他们无法跟司马家族抗衡，却也不想在这场侵蚀曹氏的战争中推波助澜。从那时起，满氏父子便遭到司马家族的嫉恨。

当年，满宠侍奉曹氏三代，以名将之姿成为扬州第一个外姓军事统帅，资历甚至比司马懿还老。满宠死时食邑高达九千六百户，曾位居魏国开国功臣之首。时隔二十年，他的子嗣终因没有投靠司马家族而横遭劫难。

曹髦死后过去了二十多天，群情激奋仍未平息。司马昭惶惶不可终日："总得给天下人一个交代啊……"他明白必须要牺牲一个人，但这人绝不能是贾充。

司马昭上疏道："高贵乡公曹髦亲率士卒，拔刀鸣鼓杀向臣。臣担心刀剑无眼，命令将士不许伤害陛下，违令者军法处置。没想到成济冒失，致使曹髦殒命。臣本想舍生取义，自裁谢罪，却又考虑到曹髦企图谋害皇太后。臣哀痛万分，五脏摧裂，愧当辅政重臣，为安定社稷，特敕廷尉收押成济全家，依法论处。"

司马昭决定牺牲成济来平民愤，这是他所能接受的底线，而贾充，他是绝对不想放弃的。

成济蹲在屋里哆嗦个不停，他已经得知自己被主子卖了。这时，外面传来一阵稀里哗啦的甲胄摩擦声和步伐声，一队禁军在他家院门外列开阵势。成济的精神彻底崩溃，他脱光衣服，赤身露体爬上自家屋顶，朝着院门外的禁军歇斯底里地咒骂。

"司马昭，你这逆贼！你以为杀了我就能堵住天下人的嘴吗？你忘恩负义！不得好死！"

"射！"随着一声令下，数支箭夺弦而出，顷刻间，成济被射得像只刺猬，从屋顶上跌落下来。

与此同时，在贾充的府邸，贾充老母一边用拐杖狠命敲着地，一边破口大骂："成济这逆贼！不得好死！充儿，你可千万不要像他那样遗臭万年啊！"贾母素有节义之名，她并不知道其实正是自己儿子指使成济将曹髦刺杀的。

"是……母亲教训得是……"贾充低垂着头，唯唯诺诺，不敢告知事实真相。旁人闻言，心底不禁暗暗耻笑。

半个多世纪后的东晋时代，公元323年初，这天，晋明帝司马绍（东晋开国皇帝司马睿的长子）刚刚完成继位大典，正在后宫认真听着重臣王导给他讲述司马氏夺取天下的故事。

王导从司马懿如何起家，一直讲到了贾充在司马昭的授意下弑杀曹髦。

司马绍听完这悲伤的故事，眼圈不觉发红。他趴在御床上哽咽道：“若真如王公所言，晋室国祚怎么能长久得了啊……”

皇帝的名讳

继曹髦死后，司马昭开始冥思苦想下届皇帝的人选，魏国的皇室成员在他脑海中逐一穿梭闪现，他首先排除掉那些已成年者，然后在年龄幼小者中慎重挑选。性格刚烈的曹髦是前车之鉴，他绝不能再挑选这样一个有主见的皇帝，最后，他的思绪停留在一个人身上。

“燕王曹宇的儿子多大啦？”司马昭问道。昔日，魏明帝曹叡曾意图让曹宇入京参政，结果刚一年，曹宇便因不堪其任返回邺都。曹叡临死前，又打算让曹宇担当起托孤重任，仅仅四天，曹宇又临阵退缩。曹宇前后两次以实际行动证明自己无意碰触权力，正因为这样，他赢得司马家族的认可，其食邑始终在魏国藩王中拔得头筹。而今，司马昭再次想起了这位深明退让之理的藩王。

“回禀大将军，燕王曹宇之子名曹璜，现年十五岁。”

希望曹璜在曹宇的教导下也能懂得退让的道理。司马昭暗暗祈祷，只希望这是最后一次废立皇帝，而退让，将是这场无聊闹剧的最终收场。

就在群臣为曹璜筹备登基大典的时候，出现了一个小插曲。

“璜和黄同音，黄字经常会挂在嘴边，稍不留意就会犯了天子的名讳……”群臣感到很伤脑筋，古代帝王的名讳均要避讳。譬如，在西汉时代，秀才这个称号，为了避汉光武帝刘秀的名讳改称为茂才。

群臣正为如何避开这个字绞尽脑汁，只听司马昭说道：“那就让曹璜改名好了。”曹氏不知道还能撑多久了，为这种无聊事耽误时间实在不值得。他居然提出这样一个解决办法。这实在很搞笑，自古以来，都是不惜更改常用词以避开皇帝的名字，这回却是让皇帝自已改了名。

由此，常道乡公曹璜改名为曹奂。

公元 260 年 6 月，魏国迎来了第五代皇帝，年仅十五岁的曹奂。

竹林之忆

一个寂静的夜晚，山涛独自走进书房，他轻手轻脚地反锁房门，然后从书案旁翻出一个锦缎包裹。山涛将包裹上的浮土小心擦拭，在烛光下缓缓打开，从他的轻柔的眼神和动作，可以确知这包裹中乃是一件至宝。锦缎被一层一层翻开，里面包着的竟是一封信，信封上写着几个大字——“与山巨源绝交书”（山涛字巨源），落款是他多年的挚友——嵇康。几个月前，嵇康写成此信交给山涛，二人从此再无往来。

山涛小心翼翼地将信纸展开，里面的字迹随之显现。这信乃是嵇康以他最擅长的草书撰写而成，字迹俊美，气度凌云，一笔一画无不流露出奔放和洒脱，堪称当世绝品。几个月以来，信中的每个字早已深深烙刻在山涛心中，并千百次刺痛着他的心。可是，山涛却始终无法忘记昔日的情谊，他固执地一遍又一遍读着信，寄希望能从字里行间窥探到挚友深埋于心底的秘密。

信的第一句是这样写的：

> 嵇康启：昔日，您（山涛）曾对山嵚（山涛的叔父）谈起我不想出仕的意愿，我想，这世上除了我的知己，再没有谁能跟我这么知心了……”

山涛的思绪飞驰，恍惚间回到十几年前，一眨眼，他又置身于竹林当中，耳畔边响起莺声鸟啼，响起流水潺潺，响起几个好友的欢声笑语，响起嵇康天籁般美妙的琴音。

“巨源，过来喝酒！”嵇康一曲终了，总会这样呼唤他。

“来了来了！”山涛循着好友的呼唤声，美滋滋跑上前。

不远处传来一阵清脆嘹亮的啸音。这一听就知道是阮籍，除了他，没有人能将口哨吹得这么美妙。

“喝酒怎能少得了我们？”说话间，阮籍和刘伶这对酒友奔至，没等坐定便举起酒壶一通狂饮。接着，阮咸、王戎、向秀也陆续凑了过来。

“如果能一直这么逍遥自在，终老于竹林之中，也不枉此生吧！”众人一边开怀畅饮，一边享受着竹林带给他们的自由和快乐。可现实残酷，很快，他们迎来了正始十年，也就是公元249年，曹爽等八族的鲜血将洛阳东市染红。

“八族不论妇孺老幼尽诛，手段太过狠毒了。”

“连何尚书（何晏）都未能幸免，唉！”竹林中传来一阵哀叹。

“竹林七贤”全部尊崇何晏、夏侯玄倡导的玄学，不仅如此，他们中的很多人继何晏、夏侯玄死后成为魏晋玄学领袖，而他们的政治立场则明显倾向于曹爽。

在“竹林七贤”中，阮籍是个有远大志向的人。一次，他登上广武山巅，俯视四百年前楚汉争霸的战场，继而仰天长叹：“当时真是没有英雄，徒令竖子成名！”他借此感慨自己怀揣满腔抱负却无处施展的遗恨。

阮籍在任东平相期间，将府衙墙壁全部拆除，让路边的百姓看着官吏办公，这种透明化的管理方式让当地行政效率倍增。

但是，阮籍目睹了正始年间的腥风血雨后，便将昔日的理想藏了起来，同时也抛弃了儒家礼教的束缚。从此，他决意走上另一条道路，自由、老庄哲学、酒，成了他人生的三大支柱。阮籍不知疲倦地游走于名山古迹，遍访四海隐士。一次，他游览苏门山，有幸见到当时著名的隐士孙登（和孙权的儿子同名，并非同一人）。阮籍大为兴奋，自顾自地从太古无为而治的大道一直讲到三皇五帝的贤德，以期获得孙登的认同。可孙登自始至终没有开过口。阮籍意兴阑珊，突然，他撮起嘴，吹起了最擅长的口哨，一时间，优美而自由的啸音响彻云霄。

待阮籍吹完一曲，孙登嘴角露出微笑，他总算说了一句话：“再吹一遍吧。”

于是，阮籍又再吹了一曲，然后向孙登施礼，转身下山而去。当他走到半山腰的时候，山谷中传来一阵口哨声。原来，隐士以这种方式回应，向阮籍传达志趣相投的意境。

阮籍听着孙登的口哨浑然忘我，下山后写下一篇著名的散文——《大人先生传》，至今流传于世。

在这篇散文中，阮籍塑造了一位至深至远、至伟至德、与天地同寿的仙人——大人先生，其原型便是苏门山隐士孙登。他借“大人先生”之口，将自己对政治、人生乃至宇宙的理解尽情抒发。文中有这样一句话——“坐制礼法，束缚下民。”

其意直指儒家礼教是束缚百姓的政治工具。其实，阮籍本心支持礼教，他只是对司马氏政权肆无忌惮地利用、亵渎礼教感到不满，但他毫无办法，索性反对礼教。

高平陵政变后，司马懿对昔日亲曹爽的官员软硬兼施，置于自己监控之下。阮籍恰在这种情况下被迫成为司马懿的幕僚，他一心追求自由的梦想也随之幻灭，于是，他选择了逃避。

阮籍开始经常玩失踪。每当这个时候，众人不放心总要四下寻找。最后，大家在一条偏僻小路的尽头找到了阮籍，只见他正独自坐在地上放声大哭。

“嗣宗（阮籍字嗣宗），别哭啦，回去吧……”《魏氏春秋》中详细描述了阮籍抑郁到极致的状态，他时常驾车出游，却不走大路，狂奔到人迹罕至的地方，坐在地上一个人痛哭。这是极严重的抑郁症表现。

阮籍嗜爱喝酒，但他和“竹林七贤”中另一位热衷酒道的刘伶截然不同。刘伶以奔放洒脱的“裸喝”著称，阮籍是喝酒喝到吐血，他的苦闷和悲伤随着酒被吞下肚，又随着血喷出来。

阮籍的政治立场和人生理念被残酷的现实撕碎，他迫于情势出仕司马家，而另一位“竹林七贤”的灵魂人物——嵇康则在这方面毫不妥协。

前文说，嵇康的老婆是曹操的曾孙女——长乐亭公主，他身为曹氏皇亲国戚，对司马氏深恶痛绝。其实，嵇康不出仕的原因并不止于此，他生性热爱自由，倘若曹氏执政，也不见得他就会投身政治，可司马家族压迫曹氏的阴狠行迹，却给嵇康选择避世提供了一个名正言顺的理由。

有时候，山涛也会问他：“你既不出仕，今后有什么打算？”

“寻仙访道、吟诗作赋、抚琴打铁，平生之愿足矣！”

二人彼此相视而笑。

山涛将思绪从过去拉回当下，他继续读着嵇康的绝交书。

……可是我错了……去年我从河东回来后，听说您居然想举荐我当官，事情虽然不了了之，但我也看出您根本不算我的知己……或许，我们只是偶识的泛泛之交罢了。我揣测您的心思，大概是您不好意思独自做官，所以才要拉我同流合污吧？这就像厨师羞于自己切肉，非要拉祭司帮忙，最后让祭司沾得满身腥臊气是一个道理……

嵇康这个比喻很有意思，乃是越俎代庖的反义。越俎代庖出自《庄子·逍遥游》，原意是祭司多事，企图取代厨师，结果被嵇康说成了厨师硬拉祭司入伙。嵇康作为继何晏、夏侯玄之后的玄学领袖，对老庄思想研究颇深，他将《庄子》这个典故信手拈来，完全展现出一个相反的寓意。

几句话像锥子一样刺进山涛的心，令他的眼眶不觉有些湿润。这时，一阵轻轻的敲门声传来。

“怎么又把自己关在书房？”门外传来山涛夫人韩氏的柔声细语。

“我有点事，你先休息吧。”山涛没有起身，他拿着信随口敷衍了几句。

韩氏轻声叹息，默默地走开了。

很多年前，山涛穷得家徒四壁，韩氏不离不弃，始终坚定地支持他。

山涛将韩氏的付出看在眼里，有一次，他对韩氏说了一句半玩笑半承诺的话：“请夫人暂且忍耐一时，日后我定登三公高位！只是到那时候，不知道你够不够格做三公夫人哪！”

可是，一直到高平陵政变后，山涛仍没有出仕，他打算继续隐居，等政坛平静下来再说。就这样，他一直等到司马懿死，然后眼看着司马师接过权柄。山涛终于看透了形势，如今他已经年过半百，不能再等下去了。于是，他做出了一个艰难的决定。

几天后，山涛主动请求做司马师的幕僚。

司马师的亡母张春华是山涛的远房姑姑，司马师对这位远亲表哥，同时也是名重天下的隐士主动投奔大喜过望，他兴奋地感慨道：“吕望终于要出山了吗？”吕望即是辅佐周文王创立周朝的姜子牙。司马师将山涛比作吕望自是出于敬重。

从此，山涛仕途一帆风顺，他相继担任过司马师和王昶的幕僚，后又回到朝廷任尚书吏部郎。可这一切都没有干扰到他和“竹林七贤”，尤其是和嵇康的友谊。

直到公元 261 年出了一件事。

近些年，无论在朝在野，嵇康的名声日渐高涨。司马昭也对嵇康愈发忌惮，他曾多次邀请嵇康出仕，而嵇康则置之不理，更远赴山西河东躲避纠缠。这年，嵇康认为风头已过，遂从河东返回中原，可他刚踏进家门就听到一个令他不快的消息。

“自先生去河东后，山涛便接二连三向朝廷举荐您做官，不知这是不是您的意思？”

嵇康不悦：“山涛难道不理解我一心隐居的志向吗？”

嵇康身上有诸多耀眼的光环：曹氏皇亲国戚，继夏侯玄、何晏之后的玄学领袖，不畏强权的斗士，躲避仕途的隐士……而所有这些，无不意味着和司马家族站在对立面。他看似超然世外，却随时有性命之虞。山涛很清楚，嵇康唯一的出路就是向司马昭妥协，否则终有一天会大难临头。出于这种考虑，他才举荐嵇康仕官。

然而，一向孤傲的嵇康又怎能妥协呢？他的心情正从诧异转到失落，但旋即，他开始渐渐理解山涛为保全自己所做的努力。尽管如此，嵇康仍不会放弃他的高傲，他决心向世人做一份宣言，一份视权贵如粪土、视自由为毕生追求的宣言。不过，他仍然保留着理智和对朋友的责任。

“怎么才能避免让山涛陷入尴尬的境地？”嵇康苦思良久后，提笔写就一篇恣意嘲讽司马氏政权的文章，然而，这篇文章却以一种独特的形式写成——《与山巨源绝交书》。嵇康淋漓畅快地抒发感情的同时，也和山涛撇清了干系。《与山巨源绝交书》，后来成为流传千古的名篇。

当山涛第一次看到嵇康的绝交书时，心如刀绞，从未有过的委屈和痛苦涌上心头。他不敢相信自己的眼睛，也想不明白为什么会闹到这个地步。十年的知己竟断然绝交。很快，这件事被传得人尽皆知。

几个月来，山涛一遍又一遍反复读着绝交书。嵇康到底是怎么想的？他希望能找到答案，也希望能重续旧日情谊。虽然信中的内容他早已倒背如流，可此时此刻，他仍全神贯注盯着嵇康的字迹，一字一句地默念着。

……我对有些事就是无法忍受，这是性格使然，不必强求……君子的行迹虽然各不相同，但若顺着自己的本性去做，最终都能找到心灵的归宿。所以，政客为了爵禄选择入世，隐士为名声选择避世……我生性懒散孤傲，举止傲慢，违背礼法，这些缺点虽能得到朋友们的宽容和理解，但料想不会被官场所容。况且，自从我醉心于《庄子》和《老子》后，对仕途荣禄的热情更所剩无几，放任率真的本性却日益加深……这些年，阮籍从来不议论别人的过失，我想学他但实在学不来。他天性淳厚，从没有害人之心，只有饮酒过度这个缺点常被礼教之士抨击，幸亏大将军（司马昭）不介意才能安然无恙。我没有阮籍那种天赋，又不懂人情世故，不会随机应变，缺乏谨慎，总是口无遮拦不知避讳……

嵇康的本性确实像他自己写的那样。

往昔的一幕幕再次浮现于山涛脑海中……

“你们知道吗？昨天我可是遇到一件有趣的事！”嵇康说道。

“什么事？说来听听。”阮籍、山涛、向秀、刘伶、王戎、阮咸兴致盎然地聚了过来。

“昨天，我正在屋里读书，突然，从院墙外扔进来一本书。我不知道怎么回事，还以为是邻家孩子瞎闹，就跑出去打算教训几句。可等我出了院门，哪有什么孩子，只看见一个成年人匆匆跑远。我回到院里捡起书。你们猜是什么书？”嵇康故作神秘。

“快说快说，我们哪猜得出来！”众人急不可耐。

“书名叫‘四本论’，要说它的作者，你们更想不到！”

“《四本论》？确实没听说过……”

“是钟会写的。”嵇康看着众人诧异的眼神越说越起劲，“前些天，钟会本想亲自把他的书送给我看。你们也知道，我一向对他爱搭不理。他一看我板着脸，都没敢把书拿出手。没想到昨天，他居然急得把书扔进我的院子，然后掉头就跑。”

“那《四本论》写得怎么样？”

“我随手翻了翻，写得狗屁不通，拿来垫桌子了。”

众人哄堂大笑。

钟会是玄学的忠实信徒，这也是为什么在夏侯玄临死前，他非死皮赖脸想和夏侯玄结交的原因。夏侯玄、何晏死后，嵇康等人将玄学理论发扬光大，成为魏朝玄学的代表人物，在学术领域这方面，钟会对嵇康佩服得五体投地。但很显然，嵇康和夏侯玄一样鄙夷钟会为人，屡次给钟会吃了闭门羹。

钟会写《四本论》时尚且年少，随着司马家族崛起，他的权势变得如日中天，可是，嵇康反而对钟会的态度更加不屑。

一次，钟会邀集了大批名士前往竹林寻衅。

竹林中回响着一阵清脆的打铁声。叮叮……当当……钟会等人循音找去，终于在一所草庐旁见到正在专心打铁的嵇康和向秀。嵇康瞟了一眼钟会，全没反应，仍旧专心敲打着铁毡。

钟会趾高气扬，本想凭声势压倒嵇康，没想到嵇康根本不搭理自己。他觉得颇有些尴尬。

"真是无聊！走！"钟会一扬手，率众人转身离去。

嵇康见钟会要走，挑衅问道："你干吗来的？又干吗要走？（何所闻而来，何所见而去）"

钟会头也不回地应道："久闻你大名而来，看你无聊要走。（闻所闻而来，见所见而去）"

二人虽然在学术领域上属于同道，但品性和立场的差异却注定无法相容。从此以后，钟会对嵇康愈加忌恨。

向秀望着钟会离去的背影，不由得心生不安。可生性洒脱的嵇康很快就把这事忘得一干二净，在他心里，从来就没有钟会这号人物。

烛光随风摇曳不定，山涛不时举起手来护着火苗，以防被微风吹灭。在昏暗的烛光下，山涛眯着眼睛，继续读信。

……昔日诸葛亮没有逼迫徐庶投靠刘备，华歆没有逼迫管宁接受三公之位，这些贤人都是始终如一、彼此知心的挚友。我热衷于养生，对您看重的仕途名利根本不屑一顾。希望您不要勉强我，把我逼到走投无路的绝境……我早年不幸失去了父母和哥哥的疼爱，总觉心下悲凉。我的女儿才十三岁，男孩儿才八岁，都还未成年，且体弱多病。每每想到这些就更难受，真不知从何说起！我只盼能过上平静的生活，把孩子抚养成人，有时间再和亲朋好友叙叙旧，小酌一杯，抚琴弹奏，如此再无所求……写了这么多，无非是希望您能理解我的意思，另外，也当是我向您告别吧！

稽康

山涛又一次读完了嵇康的信，他多么渴望能再回归竹林，再听到嵇康的呼唤声。

“巨源，过来喝酒！”

烛火不知不觉间已熄灭了，山涛安静地独坐在黑暗中，回味着嵇康写的每个字。嵇康为何要提及他孤苦的身世？又提及他的孩子？

山涛缓缓站起身踱步走到窗前一把推开窗户。皓月当空，皎洁的月光照进书房，比刚才的烛光还要亮堂许多。他凝望着月光出神，不禁为自己固守昏暗的烛光觉得可笑。刹那间，山涛压抑许久的心豁然开朗，他和嵇康的友谊难道不正像月光一样挥洒在天地之间吗？他终于想通了，在他手中的这封绝交书，承载着嵇康对他的信任和友谊，将流传至很远很远……

竹林之殇

公元262年的某天，嵇康的好朋友吕安家出了件恶心事。原来，吕安的哥哥吕巽迷奸了他的老婆。

吕安泣不成声向嵇康哭诉道：“叔夜（嵇康字叔夜）！真想不到，我吕家居然出了这么个禽兽不如的畜生！我要到官府告他！”

嵇康同情吕安的遭遇，但又顾虑吕家的名声，遂一边安慰，一边劝道：“倘若自扬家丑，恐怕有污吕家门第清誉啊！”

然而，令嵇康和吕安意想不到的事发生了，吕巽做贼心虚先发制人，竟反咬一口把弟弟告上了公堂。

“我状告吕安不孝！”吕巽诬告吕安的这项罪名确是险恶至极。

前面说过，司马昭提出以孝治天下的政治纲领。在后来，他更将孝道作为主导无限放大。在这样一个政治环境下，不孝自然是重罪，这已经超出了“自家事”的范畴，完全上升到政治矛盾的层面。不仅如此，吕巽既是司马昭的亲信幕僚，又是钟会的好友，这么硬的背景更让他在官司中立于不败之地。

吕安被收监下狱。

嵇康得知后，亲自和吕巽对簿公堂。没想到，此举最终惹恼了司马昭。

“嵇康真是活得不耐烦了！将他和吕安一起收押！”

嵇康也锒铛入狱。

这起乌龙官司令朝野震惊，当时竟有数百名侠士主动要求官府把自己关入大牢，唯盼与嵇康共患难。嵇康的影响力由此可见。

而这个时候，屡次遭到嵇康羞辱的钟会看到了报仇的机会，他对司马昭言道：“嵇康就像一条卧龙，千万不能让他飞腾上天，否则一定会成为您的绊脚石。他和吕安无视礼法，被朝廷所不容，正好可以借这机会斩草除根。”就在司马昭犹豫之际，钟会接着说了一件足以置嵇康于死地的事：“我听说，当年嵇康还企图协助毌丘俭谋反……”

嵇康居然和毌丘俭有牵连，这到底是真是假？在《世说新语》中确有记载，毌丘俭举兵勤王时，嵇康曾想率兵接应，并咨询过山涛的意见。山涛心知毌丘俭毫无胜算，阻止了嵇康。

这桩奇事令诸多史学家感到费解，嵇康一介平民，手无军权，凭什么能起兵响应毌丘俭？若仔细分析，也并非全没可能。他身为皇亲贵胄，又是玄学领袖，号召力自然不可小觑，这从他被收监后吸引诸多侠士主动投狱即可窥见一斑。假使嵇康振臂一呼，想必轻而易举就能组建起一支军队。另外，在《三国志》中提到嵇康崇尚“任侠”气，这是一条颇有意思的记录，在东汉末年，袁绍、袁术、曹操这些乱世军阀年轻时都有任侠气，而嵇康作为思想家和文学家也如此，的确出人意表。

再顺便提一下嵇康热衷锻铁这个世人皆知的嗜好。《晋书·嵇康传》中写道嵇康和向秀锻造铁器拿去贩卖，以补贴家用。而在《庶斋老学丛谈》中却记录了嵇康锻造的一件器具——响簧铗仗，根据《说文》中的解释，这件器物既是乐器，又是兵器。在《太平寰宇记》《河南通志》等古代地理书中也提到嵇康著名的淬剑池。由此，嵇康锻造的似乎不单单是普通家用器具那么简单，他的打铁爱好，想必已经被钟会渲染成了私造军火。

一言以蔽之，根据嵇康的行迹，说他举兵支持毌丘俭应该不算凭空来风。

司马昭听了钟会的话点了点头。

“将嵇康处死！”

广陵绝响

公元 262 年深秋的一个清晨，嵇康被押送往洛阳东市。

当日，朝廷里群情激奋，三千名太学生集体上疏，请求赦免嵇康的死罪，不仅如此，他们更提出进一步要求，希望让嵇康进入太学院任教。

司马昭看着奏疏中三千太学生的签名，脸颊的肌肉忍不住抽搐，在他眼里，这根本不是请愿，而是三千政敌在嵇康的煽动下向自己宣战。

“嵇康必死！”司马昭狠狠地将奏疏撕得稀烂。历史上不乏类似的案例，司马昭因忌惮嵇康巨大的影响力才打算将之除掉，而今的情景，却正是嵇康影响力的明证，这不仅没有帮到嵇康，反而更令嵇康的悲剧板上钉钉。

上午时分，嵇康在无数人的簇拥中踉跄走向洛阳东市。

“叔夜！叔夜！”在道路旁边，山涛哭喊着挤出人群，向这个曾给他写下绝交书的挚友跑去，而他的左手和右手，分别拉扯着嵇康的一儿一女。两个孩子啼哭不止，死命拽住嵇康的衣服，希望能阻止父亲离去。

嵇康双手被缚，他用身体依偎着两个孩子，泪水夺眶而出：“有巨源在，你们是不会孤苦无依的。”言讫，他抬眼望着山涛，二人四目相对，再说任何话都已是多余。

嵇康没把子女托付给感情至深的兄长嵇喜，也没托付给令他敬佩的阮籍，或是和他共享打铁乐趣的向秀，却托付给早已绝交的山涛。他们深厚的友情，伴随着那封著名的《与山巨源绝交书》，一直流芳两千年之久。

中午时分，嵇康就要被斩首了。他提出生命中最后一个请求。

“能否让我再弹奏一曲《广陵散》？”

监斩官点了点头。

闻讯，嵇喜拨开人群，他抱着琴，泪流满面地跑到弟弟身边。

“解开他的枷锁吧。”监斩官下令。

嵇康的双手随之获得解放，他接过嵇喜递上的琴，席地而坐，将琴轻轻置于膝前。

他的身体仍有些微颤，这不奇怪，他在临死前一定无比恐惧，因为他是如此珍爱生命，这从他热衷于养生便可得知。生命让他呼吸到自由的空气，感受着大自然带来的快乐和安详。此时，他以极强大的精神力量将心绪归于宁静，慢慢地，他的手不再颤抖了。

一瞬间，嵇康的心再次重归自由，他听到飞鸟的啼鸣和溪水的流动，闻到竹林中泥土的芳香。然后，他优雅地伸出双手，手指拨弄琴弦，开始弹奏起这首绝美动听的《广陵散》。

天籁般的琴音缭绕在刑场上，给这本来肃杀的气氛蒙上了浓重的忧伤，在场的人无不黯然垂泪，可又不敢大声啼哭，他们生怕自己的哭声会掩盖住嵇康留给世间的最后赠礼。时间仿佛静止了，只有嵇康的音乐留驻在天地之间。凡是有幸听到这首《广陵散》的人无不为之陶醉，并奢望琴音永远不会散去，可是，这世间又有什么是永恒不灭的呢？

无论世人多么留恋不舍，琴曲终于还是弹奏到了尾声，嵇康的手指优雅地做了一个收音的动作，最后一个音符飘逝于空气中。

“《广陵散》从此将绝迹于世间了……”嵇康叹息着。随即，他的头颅落地。顷刻间，刑场上响起震天的哭泣和悲鸣。嵇康之死，在中国历史上颇负盛名，他以弹奏《广陵散》这样悲壮的方式向他挚爱的生命告别，向他挚爱的世界告别。这年，嵇康三十九岁。

嵇康绝非舍生取义、慷慨赴死，相反，他是那么珍惜生命，留恋这美好的世界和自己的亲友，倘若再给他一次选择的机会，他应该会向司马昭妥协也说不定。但若是这样，恐怕他也会和阮籍一样，在抑郁中度过余生。可是，历史终不会给嵇康第二次选择的机会。嵇康过完了他自由洒脱的一生，且在临死前，给世人留下了一个如此凄美又感伤的回忆。

嵇康死后，《广陵散》的琴谱依然流传于世，可是，在公元 262 年秋天的洛阳东市，由嵇康之手弹奏出的那首最美的“广陵绝响”却永远地消逝了。

或许，嵇康永远归隐于竹林之中，和天地融为一体，此时此刻，山涛双手紧紧揽着嵇康的一儿一女，泪水浸湿了他的脸颊、胡须和衣襟。他多么渴望再次回归竹林，再次听到嵇康的呼唤。

“巨源，过来喝酒！”

钟会的谋略

公元 262 年的晚秋，枯黄的树叶一片一片凋零，伴随着嵇康已逝去的生命埋葬于泥土中。

很快，寒冬又至。

在魏都洛阳的大将军府邸，司马昭和他的亲信钟会相对而坐。嵇康早已从他们心中被抹去，没有留下一丝痕迹。眼下，二人正专心筹划着未来。

“是时候打破三足鼎立的局面了……”司马昭默默地沉吟。

“要结束三国鼎立，必先伐蜀。大将军可以让青州、徐州、兖州、豫州、荆州、扬州督造战船，营造出咱们要从水路讨伐吴国的假象，避免引起蜀国警觉。”很长一段时间以来，钟会不知疲倦地分析益州地形，并数次和司马昭讨论攻略蜀国的战术。

司马昭对钟会的谋略赞叹不已：“满朝公卿，唯有你能向我进谏伐蜀的良策啊……”他目视钟会，眼神中充满无限寄托和信任。可他脑海中，却浮现出很多人的告诫。钟会，你知道有多少人在我面前提到你吗？你知道大家又是怎样评价你的吗？

“钟会见利忘义，好生事端，恩宠过厚必生乱心，不能委以重用。”这句话是司马昭的夫人王元姬说的。

司马昭的幕僚荀勖（xù）也对他说：“钟会性格无视恩义，必须严加防范！”

颍川名族荀家和钟家的交情，已经数不清到底延续了多少代。两家人不仅过从甚密，更时常结为姻亲，钟繇的兄弟是荀勖的外祖父，也就是说，荀勖是钟毓、钟会兄弟的远房外甥。几十年前，荀勖幼年丧父，幸赖钟繇照料，这和当年荀彧死后，荀觊投靠陈群的情况相同。可是，荀勖却对有养育之恩的钟家，同时也是他远房舅舅的钟会说出这般凶险的话。自然，荀勖以臭名昭著的人品被载于史册，但从中也不难看出钟会在世人眼中的形象。

这两个人，一个是司马昭的夫人，一个是钟会的亲戚，即便如此，他们的话还不算最具杀伤力的。

一个更具重量级的人向司马昭提及钟会的野心，他竟是钟会一奶同胞的哥哥——钟毓。

“我弟弟自恃智术，绝不能让他手握重权。”钟毓私底下对司马昭说道。

当司马昭听到这话的时候简直不敢相信自己的耳朵，他竭力抑制住自己的惊诧，故作镇静地笑了笑，然后对钟毓说：“倘若真有那么一天，我绝对不会牵连你的宗族。”

钟毓等的就是这句话。

当下，那些对钟会不利的话萦绕在司马昭脑海中。钟会，或许有朝一日你真会谋反吧？他笑望着钟会，表情没有出现一丝变化。随后，他做出了一个决定。

“钟会，我想让你担任关中都督，作为日后伐蜀的主力。”

关中以长安城为中心，西至散关，东至潼关，因处于两关之间是故得名，乃是雍州东部最富庶的地区。在曹丕时代，关中都督由夏侯惇的儿子夏侯楙担任，这里曾让蜀国名将魏延魂系梦萦了多年。可无论是诸葛亮还是姜维，其历次北伐均将战略目标定位于蚕食雍州西部，雍州东部反而相安无事。由此，关中都督分量逐渐减轻直至被取消。到了曹真、司马懿担任雍凉都督的时代，关中正式划入雍州辖区。司马昭提拔钟会为关中都督，意味着他开始重新认识到关中的战略价值。

近些年，继陈泰之后，雍凉都督由司马孚的次子司马望担任。另外，为了加强对蜀国的防御，司马昭又把雍州西部从雍州单独划分出来，让邓艾担任陇右都督。不过，邓艾虽然数次成功抵御姜维的入侵，却对伐蜀意兴索然。实际上，举国上下，唯有司马昭和钟会二人心怀伐蜀这一共同目标，并最终付诸行动。

几天后，钟会辞去司隶校尉之职，转任镇西将军、关中都督。在洛阳西门，司马昭带着满朝公卿冒着漫天飞雪为钟会送行。

“此去关中，务必勤于军务。”

“臣必不辜负大将军的信任！”钟会谦卑地跪拜在司马昭面前。他的膝盖没在雪里，任凭凛冽的寒风似刀割般划过脸颊，可他丝毫不觉得寒冷，此刻，他的内心滚烫如同即将喷发的火山。在司马师、司马昭执政时代，几乎每起政治黑幕背后都有钟会的身影，他为司马家族立下了不可磨灭的功勋。如今，他终于跻身魏国实力最强大的藩镇重臣之列。

而在洛阳城内距此不远的羊府，一位眼中蕴含无穷智慧的老妇人正聚精会神地听着侄子羊祜向她讲述钟会入驻关中的消息。她正是魏国初代名臣辛毗之女——辛宪英。

“钟会个性恣意放肆，这不是人臣之道，难保将来不会谋反！”辛宪英沉声说道。

羊祜激灵一下：“您这话可千万别乱讲啊！”

“你记住我这话，做人不能像钟会那样。”

几天后，辛宪英的儿子羊琇（羊祜的堂弟）被钟会聘为幕僚，即将前往长安。辛宪英闻听此事更加担心。“我先前还是忧心国事，眼下大祸就要降临自家门，不能再不闻不问了。”她吩咐儿子，“你去问问大将军（司马昭），看能不能让他准许你留在洛阳，别去钟会那里。”

羊琇依母命向司马昭请示，却遭到拒绝。

辛宪英无奈，百般叮嘱儿子道：“此行务须谨慎，君子在家奉孝道，在外守节义，千万不能做出让父母担忧的事。若遇变故，唯有心怀仁恕才能保你平安。”羊琇牢记母命，径奔向长安应钟会之命而去。

汉中防御体系

三国鼎立的局面形成至今已有半个世纪，司马昭因何突然决定要歼灭蜀国？他和幕僚这样分析："自平定诸葛诞叛乱后息兵养民已达六年，国力雄厚。倘若攻打吴国，造战船，开水路，工程浩大，况且南方潮湿，士卒易生疫病。反观蜀国，总共约有九万兵力，其中有四万守备成都和益州腹地各郡，五万用于防备魏国。若令偏师牵制驻守沓中（属于益州的北部边界，在汉中西边）的姜维，主力便可从关中突袭汉中，如此必能收复巴蜀。"当时魏、蜀、吴三国人口统计如下：魏国四百四十三万，吴国二百三十万，蜀国九十四万。按照兵力是总人口百分之十这个常规比例计算即能算出各国兵力，司马昭估计有九万蜀军，确实相当靠谱。

另外，最近几年，蜀国实力派重臣姜维实施了一系列举措。其一，姜维在一年前离开成都，以屯田的名义驻守在益州西北边境沓中；其二，姜维在三年前彻底推翻了由蜀汉初代名将魏延建立的汉中的防御体系。正是这两件事吸引到司马昭和钟会的关注，二人判断伐蜀良机已到。

这两件事很值得分析，从中，我们可以对姜维有一个更加立体的认识，同时，也能借机将蜀汉晚期的政局一窥究竟。

三十五年前，年仅二十七岁的姜维投奔蜀汉。在这位出身雍州的降将身上散发着对建功立业的无限激情，或可称之为狂热，这种气质让他在充斥着厌战情绪的同僚中脱颖而出。诸葛亮发起的多次北伐战争中，姜维凭借军功步步高升。自费祎死后，姜维挣脱了一切束缚开始频频兴师北伐，他的狂热终于将蜀国拖入长达十年的战乱，使得国力迅速下滑。

那么，姜维为何要擅改汉中防御体系？首先，要归咎于姜维好大喜功的性格；其次，这或许还牵扯姜维的私人恩怨。

前文讲过，魏延创建的这套防御体系，是在汉中盆地边缘修筑多个防御堡垒，利用地形优势将敌人阻挡在盆地外，因此，汉中兵力虽然比魏国要弱很多，却能有效利用斜谷、骆谷、子午谷这三条狭长的谷道令魏军无法集结，首位不能相顾。汉中由此成为益州和关中之间无法逾越的铜墙铁壁。魏延之后汉中都督相继由吴懿和王平接任，二人均继承这一战略部署，多次成功抵挡了魏军的进犯。早在正始年间，曹爽发动骆谷之役时，汉中诸将见魏军兵势庞大，担心难以抵挡，纷纷建议王平退到临近腹地的汉城和乐城。结果王平力排众议，仍然恪守魏延的策略，派兵坚守住汉中盆地边缘各个关隘，从而成功将郭淮、夏侯玄堵在骆谷中。可是，到了第四任汉中都督胡济时却生出了事端。

在公元 256 年姜维发起的一次北伐中，他和胡济约定共同进兵雍州，并在上邽会合，结果胡济失约导致姜维大败而还。胡济失约的原因在史书中已无法查证，但可以确信的是，姜维从此对胡济恨之入骨。

此事过后第三年，姜维凭借权势把汉中都督胡济调离汉中，遣到益州腹地的汉寿。如此，从刘备时代设置的汉中都督一职被姜维裁撤。胡济彻底失去了汉中管辖权，在即将到来的大战中，无论是胜是败，这位蜀国最后一任汉中都督本应见之于史册，却再无任何音信了。同时，姜维不满足单纯阻挡魏军，改为诱敌深入的策略，希望借此扩大战果。他分析说："汉中现有的城防虽能御敌于国门之外，却无法全歼敌军。不如将兵力聚敛在汉中盆地内引诱敌军深入，然后盆地内的守军倾巢而出，这样战果才更大。"随后，姜维把这套新的战略部署付诸实施，他放弃了汉中盆地边缘大部分阻挡敌军的险要关隘，仅让蒋斌（蒋琬之子）和王含分别驻守临近盆地的汉城和乐城，又把主力大军安置于汉中盆地内。说白了，姜维的目的是让魏军顺利通过三条狭长的谷道，进入汉中盆地边缘，然后汉中主力军与汉城、乐城的偏军对魏军形成三面夹攻之势。理论上讲得通，但别忘了，魏军的兵力远超蜀军，以薄弱的兵力包围强敌，结果如何不用多说。

历经三十余年的汉中防御体系被彻底颠覆。不管姜维是出于报复胡济，还是因为好大喜功顺带报复胡济，不久之后，他即将尝到自己一手酝酿的恶果。

孤立的权臣

公元 262 年，姜维最后一次北伐被邓艾击溃。撤军后，他没有返回成都，而是以屯田为名义驻守在益州西北部边境的沓中。必须要讲明，虽然诸葛亮、蒋琬、费祎执政时也长期不在成都，但他们的性质和姜维不同。诸葛亮、蒋琬、费祎三人均是在得到朝廷的准许后，才离开成都前往外地驻扎，姜维却是败军后不敢回成都，直接留在了沓中。这不难理解，八年前，几乎同样的事就发生在诸葛恪身上。当时诸葛恪在淮南战败后不敢回建邺，先是在长江北岸徘徊了一个多月，后又打算以屯田的名义长期驻军，可终究顶不住连番诏书的催促，回到建邺没过多久就死于孙峻发动的政变中。此事恰如姜维的前车之鉴，因此，他才做出这样的决定。

姜维在沓中待了半年多，突然获悉钟会入驻关中的消息，他急忙给朝廷上疏发出警报："近日，臣听闻钟会在关中厉兵秣马，料其或有所行动，请朝廷派遣张翼和廖化率军分别入驻阳安（位于沓中附近）和阴平（位于汉中附近）以防不测。"

可是，这封奏疏到了成都后便似泥牛入海，杳无音信了。根据《三国志·姜维传》的记载，宦官黄皓竟以巫术占卜为由坚信魏国不会入侵，并劝刘禅不要理会姜维。这则记载简直匪夷所思，若此言属实，难道蜀汉多年来就掌握在一个和宦官狼狈为奸的昏君手中吗？

首先说刘禅。自诸葛亮死后，这位蜀汉皇帝毅然废除了丞相制。他一方面尊重诸葛亮的遗愿，让蒋琬和费祎总揽朝政；另一方面，却分别观察了蒋琬三年、费祎六年才授予他们开府的权力。费祎死后，刘禅又相继提拔诸葛亮昔日的幕僚——董厥和樊建，以及诸葛亮之子——诸葛瞻共同执掌尚书台政务，这三位因为资历尚浅始终没有被获准开府。蒋琬、费祎、董厥、樊建、诸葛瞻，这五个执掌蜀汉政权的人不仅是诸葛亮的嫡系，更全是荆州籍臣子。也就是说，这么多年来，刘禅在秉承诸葛亮政治理念的基础上，将皇权和臣权置于一个极佳的平衡点，同时又谨慎限制着益州派的势力。

再说蜀汉的军权，自费祎死后，雍州派的姜维成为蜀汉军事力量最强的将领，虽然有些超出掌控，但朝廷依然有大量军队握在张翼、廖化、邓芝（刘备死后和吴国建立联盟的功臣）、宗预（诸葛亮死后和吴国延续联盟的功臣）这批极具忠心的宿将手中，他们的实力足以和姜维抗衡。这也就是之前张翼和姜维意见相左，但姜维仍执意拉拢张翼一起北伐的原因。

事实上，在刘禅治理下的蜀汉从未发生像魏国和吴国那样的政变和叛乱，从权力均衡这点来看无疑是三个国家中做得最出色的。刘禅不想事必躬亲把自己累个半死，可也不想让皇权旁落，于是，他巧妙拨弄着权力天平两端的砝码，以游戏的心态乐此不疲，并过得相当潇洒。纵然他的才气比不上曹丕、曹叡这些魏国皇帝，谋略更远逊于吴国皇帝孙权，却也绝不是个昏君。

但不可否认，蜀汉仍是三个国家中最先灭亡的。在蜀汉的最后十年，国力急剧下滑，除了姜维连年发动战争外，宦官黄皓是否也是导致亡国的罪魁祸首呢？

下面，让我们仔细分析分析这位蜀汉政坛晚期的重量级宦官。

东晋常璩所著《华阳国志》中有如下记载。

姜维憎恨黄皓弄权，请刘禅将其处死。但刘禅不以为意地说："黄皓只是个佞幸小臣，昔日被董允说三道四，惹得我很不高兴，你也别总跟他过不去。"随后，刘禅让黄皓亲自面见姜维谢罪。从这里可以看出刘禅的绝对权威，他虽然护着黄皓，但也只是把黄皓定义成一个无足轻重的佞臣，并不认同黄皓的权势。

而后，姜维察觉到黄皓在朝中盘根错节的关系，担心自己被谋害，便打算远离成都。可他如何实现这一目的呢？同样在《华阳国志》中写道，姜维竟私下对黄皓讲明自己的想法，并请求黄皓帮他美言几句。而黄皓果然不负姜维所托，说服朝廷准许其在沓中屯田。

这真是一个离奇的故事，姜维怎么可能把前途命运托付给自己的政敌黄皓？该如何解释？让我们继续从史书中寻找答案。

孙盛写的《异同记》中有如下记载："诸葛瞻、樊建等人不满姜维穷兵黩武致使国力疲敝，曾上疏请求刘禅夺去姜维的兵权，同时让右将军阎宇取代姜维的位置。虽时隔多年，这封奏疏仍在巴蜀宿老手中妥善保存。"这就奇怪了，《三国志·姜维传》中说阎宇和黄皓狼狈为奸，可《异同记》中却说阎宇的后台其实是诸葛瞻、樊建这些执掌尚书台政务的重臣，甚至还搬出巴蜀宿老手中的奏疏作为凭证。

让我们进一步探究下去。阎宇到底是个什么样的人？《三国志·姜维传》中描述，他和宦官黄皓乃是一丘之貉。但《三国志·马忠传》中则说："阎宇作为蜀汉名将马忠的后继者，累建功勋，勤于军政。"这么看来，阎宇也不是个无能之辈。

事实真相逐渐浮出水面，史书中所言姜维惧怕黄皓在朝中枝附叶连的说法恐怕并不恰当，让我们换个更准确的说法，姜维怕的不是黄皓，而是以诸葛瞻、樊建等实权派为首的绝大多数公卿。因为，当时蜀汉朝中无论是荆州派还是益州派，都对姜维连年北伐深恶痛绝。所以说，在北伐这个问题上，姜维自成一派，满朝公卿皆是他的政敌。

在刘备时代末期，收复荆州的呼声主导了蜀汉政界。到了诸葛亮时代，为顾全孙刘联盟，国策从收复荆州改为北伐雍州，借此转移国内矛盾。无论是刘备还是诸葛亮，他们制定出这样迥异的战略，除了自身的理想、信念等原因之外，还有更重要的一点，乃是要照顾荆州派臣子的利益，战争是转移荆州派和益州派矛盾的主要手段。另外，刘备和诸葛亮能顺利发起战争而甚少有反对声，这也是得益于他们极高的个人魅力。然而，随着时光流逝，半个世纪过去了，荆州人逐渐将巴蜀视为自己的第二故乡，他们和益州人一样无法容忍主动挑起战事的行为。这个时候，身为雍州派的姜维成了唯一的好战分子，连年北伐让百姓深受其害，姜维不仅得不到刘禅的支持，更激起同僚的敌视。

黄皓，如刘禅所说，只是个游走在各方势力之间获取利益的佞臣而已。他无疑具有一定政治能量，但也远没达到东汉末年桓灵时代宦官那样大的权势，黄皓在刘禅、诸葛瞻等公卿以及姜维这三方之间充当着缓冲层，他谄媚刘禅，帮助诸葛瞻、樊建等人提拔阎宇，同时又为姜维说好话让其驻军沓中屯田，拿了谁的好处就替谁办事。可一旦大厦倾覆，任何屎盆子都会顺理成章地扣到这个宦官头上了。

《三国志》的作者陈寿谴责诸葛瞻没有压制黄皓，这让后世部分史学家误认为陈寿故意贬低诸葛瞻。事实上，陈寿不仅没有贬低诸葛瞻，反而在黄皓问题上给包括诸葛瞻在内的所有人留足了颜面。即便像陈寿这样公允的史学家，出于复杂的心理，也很难接受满朝公卿都跟黄皓有瓜葛这个事实。虽然压制姜维无可厚非，但毕竟，与宦官勾勾搭搭是一件很可耻的事。何况，蜀汉的衰败最后又必须归结到黄皓头上，这就让他们更加难以启齿了。

总之，姜维那封颇具先见之明的奏疏终归是被昏庸的朝廷压了下来。既然黄皓的权势远没有想象中那么大，刘禅也不傻，蜀汉的政权又掌握在诸葛瞻、樊建等人手中，为什么会出现这样的结果呢？

简单地说，这是一个“狼来了”的故事。十年来，姜维简直比魏国人还要关注魏国政坛的风起云涌，夏侯玄被杀、曹芳被废、司马师暴毙、诸葛诞反叛、曹髦被弑……但凡魏国有风吹草动，姜维总会以此为由发动战争，而他所掌握的兵力正是借着一次次北伐愈来愈强。姜维警告朝廷说钟会入驻关中，在刘禅等人看来无疑是为下次北伐找借口。更何况，这个时候，姜维仍坐拥数万劲旅超脱于朝廷掌控范围之外，刘禅又怎么可能让张翼、廖化带着中央军划归姜维管辖？

这个偏居一隅的小国就这样在姜维的反复折腾中走过了十年，现在，让我们回到公元 263 年，蜀汉的国祚即将走到终点了。

不归途

公元 263 年夏，司马昭颁布诏书：“蜀国地狭民寡，姜维穷兵黩武，苛剥羌人，致使百姓苦不堪言。现命征西将军邓艾进军沓中牵制姜维，雍州刺史诸葛绪进军武都，隔断姜维和汉中之间的通路，镇西将军钟会攻取汉中，东西并进扫平巴蜀！”

这封诏书传到雍州后遭到邓艾的反对，他连番上表请求司马昭取消伐蜀计划。“蜀国政局平稳，不宜攻伐。”邓艾如是写道。这并非他的心里话。此刻，他在雍州的军营中徒自发泄着怨气：“老夫官拜征西将军，本就高于镇西将军钟会（前文说过，魏国的四征将军位阶高于四镇将军），而今，朝廷竟要我替钟会牵制姜维！这是何道理？”邓艾的激烈反对不难理解，他年已六十六岁高龄，很享受在雍州养寇（姜维）自重的安逸，而且，他性格本来就傲慢强横，并不甘心为钟会的成功作嫁衣。

司马昭对邓艾的抗拒心理感到很忧心，遂派遣师纂（zuǎn）前往雍州进行游说。在师纂的威逼利诱下，邓艾总算同意举兵伐蜀。

这年秋天，邓艾率兵三万，直逼驻守在沓中的蜀国大将军姜维（位于益州西北边境）；诸葛绪率兵三万攻入武都（位于益州正北边境）；钟会则率兵十二万攻入汉中（位于益州东北边境），他的兵力远远超过征西将军邓艾和雍州刺史诸葛绪的兵力总和。如此，魏军分为西、中、东三路攻入益州，而作为西路和中路的主帅——邓艾、诸葛绪二人，无疑是为东路主帅钟会的成功铺平道路。

有人提醒司马昭：“但凡将帅出征，都要把家属留在京都作为人质，可钟会没子嗣，这也太危险了。”

司马昭淡然一笑：“我怎能不明白这层道理，但满朝公卿就只有钟会赞同伐蜀，我料定他此去必能荡平蜀国。事成后，那些蜀国遗臣心存恐惧，中原将士归乡心切，就算钟会谋反也一定成不了气候。”

在魏都洛阳的一所宅子中，有主客二人正对坐攀谈。

宾客问：“先生，您说邓艾和钟会能攻克蜀国吗？”

主人答：“必克蜀国。”这位主人名叫刘寔，前面在王肃死时曾提到过他，他同样是司马昭的幕僚。

宾客放心地点了点头。却没想到刘寔慢悠悠地又补了一句。

“但他们二人恐怕都回不来了。”

“这是为什么？”宾客不解。刘寔只是笑而不语。

钟会怀揣着收复巴蜀、建立撼世奇功的梦想统领十二万魏军从关中出发。临行前，他特地去拜访了大名士王戎（竹林七贤）。

“在下即将远征巴蜀，不知王君可有奇谋良策赐教？”

王戎想想，言道：“以钟君的才略，平定巴蜀自不在话下，我没什么可建议的。不过还是觉得有句话该提醒钟君。”

“请讲！”

“道家有句话叫‘为而不恃’，意思是有所作为，但不强求。钟君此行成功不难，难的是成功之后啊……”

“哦……”钟会听得索然无味，不自主地垂下眼皮。他当然明白王戎所言何意，这是提醒他谨防功高震主，莫做非分之想。然而，这意思在他听来无非是老生常谈的空话。钟会暗想：以我的谋略，到时候自能化险为夷，至于说非分之想，司马家实力雄厚，自己更是不可能做出谋反这类傻事来。

旋即，他向王戎揖了一礼：“谢王君不吝赐教，在下定当铭记于心。告辞！”

王戎望着钟会远去的背影，心里也想：自己说了句放之四海皆准的至理绝对让任何人挑不出刺来。若钟会能平安归来，自己落得个顺水人情；若钟会回不来，自己则更能博一个先见之明了。

蜀人的心态

魏军大举入侵的消息很快传到益州成都，蜀汉举朝震惊。刘禅很想破口大骂，可是他想不出应该骂谁。骂姜维？这人无数次为北伐不惜编造各种理由，以至于让所有人都对他充满了不信任，可没想到这次姜维居然说对了。骂诸葛瞻？在姜维这个问题上，刘禅、诸葛瞻和满朝公卿都是同一阵营，更何况他们压制姜维的策略并没有错误。骂黄皓？黄皓可以骂……可是……刘禅想了想，还是把他留下，任由后人去骂吧！

刘禅谁都没有骂，他平静地下了份诏书，将成都能提得起来的实力派将领尽数派往前线："右车骑将军廖化前往沓中援助姜维；左车骑将军张翼、辅国将军董厥前往汉中抵挡钟会；卫将军诸葛瞻前往涪城驻守。"

涪城在成都以北一百公里处，也就是今天的绵阳市涪城区。这里位于益州腹地，也是守护成都的最后一道防线，诸葛瞻进军到涪城后便驻扎下来。而廖化、张翼、董厥三人则继续进军，往益州北部边境而去。当他们来到阴平郡的时候，面临着两难窘境。

阴平郡往西北是沓中，往东是汉中，廖化、张翼、董厥本应在此地兵分两路，可恰在这时候，他们得到一个消息。

"魏军除了西路邓艾和东路钟会之外，尚有中路的诸葛绪现已南下武都。如何是好？"武都位于阴平正北，倘若廖化等人按照原定计划分头救援沓中和汉中，那么无异于向诸葛绪敞开通往成都的大门。

众人踌躇不决。

"张翼和董厥二位将军依照原定计划前往救援汉中，我留在阴平驻军抵御诸葛绪。"廖化做出了决定。

"那姜维怎么办？"

"姜维……"廖化沉默了。

在此，简单介绍一下这位蜀汉颇具传奇色彩的老将——廖化。"蜀中无大将，廖化做先锋"，"廖化是黄巾军余党"这些源自小说中的情节广为流传，但纯属胡扯。《襄阳耆旧记》中记载，廖氏世代为荆州豪族。他任阴平郡太守多年，后回到成都统领一支中央军。姜维连年北伐中并没有廖化参战的记载，又何谈先锋？他年逾七十，和张翼同属资格最老且颇具实力的宿将，而他的政治立场也和张翼等绝大多数蜀汉臣子一样，对姜维深恶痛绝。廖化曾这样说道："《左传》讲'用兵不知收敛，必自食恶果'，这难道不正是姜维的真实写照吗！姜维无论智谋还是武力均不如敌人，却穷兵黩武，唯有败亡一途！"

"姜维怎么办？"廖化不想再去回答这个无谓的问题，此刻，恐怕他心里想的正是自己先前说过的话："姜维……唯有败亡一途！"

前两路魏军

邓艾向沓中逼近。这一路上，他的思维如电光火石般，在所有可能的战术中搜寻着最优方案。

10 月，邓艾和姜维展开对峙。邓艾对麾下诸将进行了详细部署："牵弘负责诱姜维出营应战；王颀率主力突袭姜维大营；杨欣率军前往甘松，安抚当地羌族和氐族游牧部落，防止他们援助姜维。"甘松位于沓中西部约一百五十里，是游牧民族的聚居地。随后，牵弘、王颀、杨欣依照军令各自展开行动。

失去游牧部落支援的姜维逐渐显出颓势，蜀军阵脚开始后移。姜维拼命鼓舞士气，但仍无法阻止蜀军撤退的势头。

当蜀军退到彊川口一带时，终于被邓艾麾下的王颀击溃。

沓中沦陷了！姜维不得不接受这个事实，他恨恨地望着北方铺天盖地的魏军，无奈向南撤到阴平郡，在这里继续抵挡邓艾，再伺机援助汉中。这个时候，姜维还不知道汉中发生了什么。

可是很快，姜维发现不仅无法奔赴汉中，甚至连返回成都也不可能了，因为阴平郡的咽喉要道——阴平桥头已被诸葛绪占据。此前，廖化曾官居阴平太守多年，他不会不知道阴平桥头的重要性，那么当时，廖化又身在何处呢？史书中没有记载，料想，廖化很可能是被诸葛绪击败，丧失了对阴平桥头的控制权。

魏军中路统帅诸葛绪达成战略目标，阻断了姜维回撤的道路。

如何是好？姜维心急如焚，眼看就要被困死在这里，突然，他灵光闪现："全军从孔函谷进入北道！"这条路直接通往诸葛绪大军的后方。

诸葛绪只好往北回撤三十里，企图在北道堵截姜维。可这么一来，他也就远离了阴平桥头。

这正中姜维下怀："掉转军头！全速向南疾行！冲过阴平桥头！"姜维急令孔函谷中的蜀军原路返回，趁诸葛绪离开时冲过了阴平桥头。

诸葛绪事后醒过味来，也急忙掉转方向，可当他赶回阴平桥头的时候，蜀军已经全部通过。他追悔莫及，再无法补救了。诸葛绪战术失误，将司马昭和钟会原本的计划全盘打乱，更让所有人想不到的是，这直接导致后面的战局出现了一个大逆转。

姜维冲过阴平桥头后向东行进，没过几天，他和廖化会合，然后又遇到了原本该去支援汉中的张翼和董厥。

"汉中失守了！"张翼愤恨地瞪着姜维。

汉中到底发生了什么事？让我们将时光回溯到一个半月前，看看魏军东路统帅——钟会的经历。

第三路魏军

就在邓艾进逼沓中的同时，魏军的主力，由钟会所率领的十二万关中军团兵分三路，分别从斜谷、骆谷、子午谷攻向汉中。这三条谷道曾让曹真、曹爽父子吃了大亏。另外，子午谷也是蜀国名将魏延多年的梦想之路，他生前多次向诸葛亮提议从子午谷直取关中均未能如愿。

三条谷道连接着关中和汉中，道路无比崎岖艰险，这也是汉中防御能以少敌多守护益州多年的原因。钟会为何选择兵分三路进攻汉中呢？有两个原因：首先，钟会兵力庞大，他发动十二万大军，远远超过先前曹真和曹爽的兵力，而这三条绵延狭长的山谷，任何一条路都无法单独承载这么大规模的军队快速通过，钟会选择三路并进无疑是为了加快行军速度；其次，曹真和曹爽的失败犹若前车之鉴，显然钟会也无十足把握赌在其中一条路上，他以兵分三路的进军策略，将风险分摊，从而降低失败概率。

毫无疑问，如何顺利通过三条谷道成了钟会最艰巨的第一步，他煞费苦心，为此做足了准备。

“许仪，你走在大军前头修缮道路，务必让谷道畅通无阻。”钟会对许仪下令。许仪是曹操著名侍卫许褚的儿子，当年曹操死后，许褚痛哭以致呕血，此时，许仪仅仅官居牙门将军，着实混得不怎么地，想必这也是许家对曹家的忠心所致。

许仪领命而去。他心里暗暗嘀咕：这绝对是个不可能完成的任务，只能走一步看一步，将就着干吧。

庞大的魏军排成绵延长队，缓慢地进入三条谷道，这一路上，即便道路事先经过许仪的修缮仍然异常难走。

“这路叫人怎么走？”魏军怨声载道。

抱怨声不时传到钟会耳中，他明白这意味着什么。士气快要散了，如果再这么下去，很快他将步曹真和曹爽的后尘。不过，钟会已留下一个撒手锏，他确信这办法可以重新激励士气，但这办法却只能使用一次。

钟会骑着马，小心翼翼地走在一座临时搭建的木桥之上。木板并不太厚，且被数万人踩过，早已不堪重负，伴随着吱吱呀呀的声音显得很不结实，而木板桥下就是湍急的流水。突然，啪啦一声，马蹄竟将木板踩穿，钟会一个趔趄，慌忙勒住缰绳下了马，然后在众人的搀扶中步行走过木桥。

钟会惊魂未定，他向周围扫视了一圈，只见魏军叽叽喳喳地议论个不停。

是到必须鼓舞士气的时候了。他为这个机会等待了很久：“把许仪带上来！”

俄顷，许仪诚惶诚恐地跑到钟会面前。

钟会大怒：“路修得这么烂，你知不知罪？”

“将军息怒。下官已竭尽全力修缮道路……”其实，许仪的后半句话忍住没敢说，几千年来，这条路能走已是万幸，还有什么好苛全责备的？

钟会毫不同情许仪，尽管他完全能理解许仪的难处。他心中暗思：路能修成这样的确值得嘉奖，可是，我只想用你的头来激励士气……想到这里，钟会高声喊道：“许仪玩忽职守，斩首！”

魏国初代猛将许褚的儿子许仪就这样被杀了，他的头颅价值颇高，有效激励了十二万魏军的士气。

“原来道路颠簸是许仪失职所致……”

“死得活该！这真是害苦了咱们。”魏军解气地说道。他们将不满全转嫁到许仪身上，仿佛是许仪把他们推向这条路的。随后，魏军的情绪稍稍稳定，他们继续迈开脚步，向着汉中走去。

10月，正当邓艾和姜维在沓中展开激战的同时，十二万魏军终于穿过斜谷、骆谷和子午谷，全部抵达汉中盆地的外围。

当初，曹真和曹爽伐蜀时，先头部队也曾穿过谷道，可他们刚一露头，就被汉中守军挡了回去。而如今，根据姜维的部署，谷道出口已经没有蜀军驻守了。

“诱敌深入，才能获得更大的战果。”姜维好大喜功的性格导致了今天的局面。

钟会眺望着周围一个个被蜀军废弃的防御堡垒暗暗心惊：倘若蜀军驻守在谷道出口，别说自己有十二万人，就算有二十万人都会被堵在山谷里走不出来吧。接着，他又回想起昔日曹真和曹爽被困在谷中的窘境，不禁感慨命运的无常。魏军稀稀落落地从斜谷、骆谷和子午谷中走出来，然后重新集结成一支庞大完整的军团。

“进军汉中盆地中央！”钟会稳稳地发出号令。

当魏军行进的路上，钟会赫然发现在盆地边缘的不远处，有两座城池各驻守了五千蜀军，这正是姜维此前部署在汉城和乐城的防御力量，意图对魏军形成夹击。钟会自己本就是个好大喜功的人，但仍不免为这种防御策略感到惊诧。两座城池和隐藏在汉中盆地内的蜀军主力互为犄角之势，倘若魏军和蜀军实力相当，肯定会被蜀军包围，然而，魏军兵力比蜀要多出好几倍，也就无须担忧这种局面了。

旋即，钟会轻松地拨出两万魏军攻向汉城和乐城，他不求攻下两座城，只为拖住城中蜀军，防止他们出城骚扰。

另外，当钟会得知汉城守将是蒋琬之子蒋斌后，当即提笔给蒋斌写了封信：“我很敬仰足下，并想沿途祭拜蒋公（蒋琬），希望您能告知坟墓所在。”他确实是这样打算的。蒋斌也不想拒绝钟会的好意，便给钟会回了封信，据实相告蒋琬坟墓的位置。二人虽然出于敌对的阵营，却各自表现出友善的态度，为将来的合作留下宽广的空间。

随后，钟会率十万魏军径自越过汉城和乐城，直接向汉中盆地的中央席卷而来。姜维擅改汉中防御体系，意图对魏军形成三面夹击的战术完全没能奏效。

“只要攻下前面那座关隘，便可直接冲进盆地中央，汉中必沦陷。”军导向钟会言道。

自刘备称汉中王至今已有四十三年，在这近半个世纪的漫长岁月中，汉中始终坚挺地守护着益州。此刻，钟会眺望着隔绝盆地的最后一道关隘，他即将打破汉中牢不可破的神话。

“胡烈，命你率前锋攻破这座关隘。”胡烈是胡遵的儿子，在讨伐诸葛诞的淮南之役中被司马昭提拔并崭露头角。在这场伐蜀战役中，他是钟会麾下的重要将领。

胡烈得令，率大军开到关隘之下。

这座关隘名叫关口，由蜀将蒋舒和傅佥镇守。眼看兵临城下，这两个人展开了激烈的争吵。

蒋舒说道：“魏军来攻，我绝不能闭关自守。”关城守军远远少于魏军，倘若出城迎敌无异于蚂蚁撼大象，蒋舒执意出战，难道是打算为国殉死？正相反，蒋舒实则是打算趁机出关投降。

傅佥当然不知道蒋舒的心眼，他反驳说：“我们的责任是镇守关口，如果出战就是白白送死。”

蒋舒佯装恼怒：“你以保城求全为功，我以出战克敌为功，我们各行其是吧！”言讫，蒋舒率军出关，转眼就向魏军前锋将领胡烈投降。胡烈趁势攻入关口，傅佥战死。

关口陷落后，汉城守将蒋斌也顺势归降了。魏军长驱直入由东向西横穿过汉中，最后从阳平关鱼贯而出，逼近益州腹地。

在向成都进军的路上，钟会果然根据蒋斌信中所述找到蒋琬的坟墓。不仅如此，他又在定军山找到了诸葛亮的坟墓。他恭敬地祭奠了这两位蜀汉先代名臣，借此树立自己良好的形象。接着，他写下一篇檄文，向巴蜀百姓晓谕利害，打消其反抗意志。

钟会出身士族豪门，和家境贫寒的邓艾截然不同，二人迥异的背景，也决定了他们各自的行事风格。加之，钟会常年担任司马师和司马昭的亲信幕僚，谙熟政治谋略，在邓艾对姜维一路穷追猛打的同时，钟会却更注重笼络巴蜀人心。

晋 公

到这年年底，益州北部阴平、武都、汉中三郡已全部被魏军攻破，蜀汉三分之一的领土沦陷。捷报频频传至魏都洛阳，以司徒郑冲为首的魏朝公卿抓住机会上疏魏帝曹奂，请求给司马昭加官晋爵。

这天，曹奂麻木地颁布了一封已写过很多遍的诏书："拜大将军司马昭为相国，晋爵为晋公。"担任丞相，便名正言顺地总揽魏国军政，晋爵为公则意味着建立自己的藩国，成为附属于魏国的独立藩王。曹奂，这位曹宇的儿子，确实比他前两任皇帝曹芳和曹髦要老实得多。他继位三年有余，始终保持着稳定的频率，定期下诏册封司马昭。每封诏书的内容都是一样，至今已发了四次，除此之外，他什么都不用做。

此前，司马懿官拜太傅，司马师、司马昭兄弟皆官拜大将军，他们的食邑高居魏国冠首，垄断魏国军政两界已十余年，迄今为止，司马家族这三位权臣却始终没有迈出最关键的一步——官拜丞相、晋爵为公。不是他们不想，只是担心时机未到。不过此时，随着那些忠于曹氏的臣子相继被诛杀殆尽，士大夫从骑墙观望渐渐转为鼎力支持司马家族，再加上持续了半个世纪的三国鼎立局面即将被打破，司马昭清楚地看到，任凭谁都再也无法阻止时代的变革了。

“臣司马昭，接旨！”听到司马昭的答复，包括魏帝曹奂，以及所有魏国公卿都彻彻底底松了口气。这项册封自曹髦到曹奂总共发出过六次（曹髦发布两次，曹奂发布四次），而司马昭在拒绝了五次后才同意，这场令曹氏皇族备感屈辱的闹剧也终于结束了。

公元 263 年 12 月，五十二岁的司马昭官拜相国（丞相），晋爵为晋公，成为魏国历史上迄今为止第一个外姓藩王。正如当年曹操成为东汉第一个外姓藩王一样。

有一句非常蕴含哲理的话，鞋是给那些赤脚走过荆棘者的奖励。如今，司马昭总算得到这个曾经让他梦寐以求的奖励，可是，这称号对他的象征意义也远远大于实际意义了。在后面，他会穿着这双鞋继续勇往直前。

阴平奇兵

回到巴蜀战场，蜀汉一方，姜维冲过阴平桥头和廖化会合，然后继续向东行进打算救援汉中，可让他没想到的是，他遇到了从汉中撤回的张翼和董厥。

“汉中失守了！”姜维得到这个消息后惊得半晌无言，愣了好一会儿，他无奈地下令:“退守剑阁。”

如此，战局并未朝着司马昭和钟会设计的方向发展。司马昭打算让邓艾牵制姜维，诸葛绪阻断姜维的退路，这样钟会攻破汉中后，就能长驱直入抵达成都。可是，这三路大军的中路统帅诸葛绪战术失败，导致姜维回撤到益州腹地的重要防线——剑阁。

几天后，由钟会率领的东路魏军也紧跟姜维的脚步来到了这个叫剑阁的地方。

剑阁位于今天的剑阁县。在《华阳国志》《元和志》《水经注》《方舆胜览》《舆地广记》等书中均详细描述了剑阁的地理形态:从大剑山至小剑山连绵三十里，这条路全是高耸几千丈的悬崖峭壁，几十年前，诸葛亮命工匠在峭壁上建造阁道，取名剑阁。剑阁地势险要，绝对是一夫当关，万夫莫开的险境。

钟会眺望驻守在剑阁的蜀军，不禁倒吸一口凉气，他试探着对蜀军发起几轮攻势俱以失败告终。钟会伐蜀的信心开始动摇了："剑阁难攻不下，我军又深入敌境，粮食补给困难，恐怕撤军不可避免了。"

这个时候，魏军西路和中路统帅——邓艾、诸葛绪已在阴平郡会合。

邓艾听说钟会有意撤军便给司马昭上疏："蜀军接连败退，理应乘胜追击。从阴平郡的邪径到汉德阳有条小路，直通剑阁西边一百里之遥的江油（今四川省江油市北），从江油可以绕到剑阁以南的涪县（今四川省绵阳市涪城区）。若姜维回救涪县，钟会就能率大军通过剑阁；若姜维不救涪县，我必攻占涪县，如此，就能对剑阁的姜维形成夹击之势。"

邓艾在这封奏疏中耍了个小伎俩，他明确提到欲攻破涪县，以解除钟会的困境。可随后，他对诸葛绪说了实话："诸葛绪，你跟我一起出奇兵绕道江油，然后进军绵竹（今四川省绵竹市），直取成都，咱们建个大功，怎么样！"绵竹在涪县西南五十公里，离成都很近，可见，邓艾无意解救钟会，他打算独自攻下蜀汉的都城。而他对诸葛绪实言相告，是希望借助诸葛绪的兵力帮助自己实现这一策略。

没想到诸葛绪断然拒绝了邓艾的劝诱。"我奉命牵制姜维，朝廷并没有让我绕过剑阁攻打成都，这么干岂不是违令吗？"言讫，他便率本部三万人南下和钟会会合。诸葛绪性格老实本分，或许，他做出这样的决定仍然是源于琅邪诸葛氏谨慎的家风。

在这场伐蜀战役中，钟会、诸葛绪、邓艾三人各自为战，他们可以视为平级，均没有制约对方的权力。

钟会万万没有想到诸葛绪居然会主动投奔自己，很快，他从诸葛绪口中得知邓艾的战术，他既心存疑虑，又不想错失一次良机，于是，他派出一支偏军随邓艾西行。倘若邓艾失败，他不会有多大损失，倘若邓艾成功，他自然也有功劳。在钟会眼里，邓艾是一个超出自己掌控的不确定因素，而他此刻更关注的，是如何吞并诸葛绪手中的三万兵力。

诸葛绪像从天而降的一份厚礼，幸运地砸到钟会的头上。

钟会暗地给朝廷发了一封奏疏："诸葛绪畏敌不前，致使我军久攻不下剑阁陷入困境。"紧接着，他不等朝廷下诏，直接将诸葛绪收押，装在囚车里遣送回了魏都洛阳。如此，诸葛绪的三万大军顺理成章地落入钟会囊中。

不过，纵使钟会吞并了诸葛绪的三万兵力也没能让战局出现转机，魏军仍然无法攻克剑阁天险。钟会只好再次施展心理攻势，他给姜维写了一封言辞诚恳的劝降信，可并没收到任何成效。

与此同时，邓艾与钟会派来的偏师合流，率一万多魏军在阴平郡荒无人烟的崎岖山路中奔波了数百里，他们沿途凿山铺路，频频断粮，屡次陷入危境，可所有这些困难，都没能挡住邓艾前进的步伐。直到他们来到一处半山腰，这里已经再没有路可以走了。

“将军，看这样子我们只能返回了。”部将田续言道。

邓艾抽刀架在田续的脖子上。“再敢说这样的话，信不信我一刀砍了你！”

田续吓得不敢再多嘴。从这一刻起，他对邓艾恨之入骨。

邓艾不再理会田续，他朝山脚下看了看，对旁边的士卒说道：“给我拿一条毛毡。”然后，他用毛毡包裹着身体，手扶植被，竟连滚带爬地从山腰滚了下去。见邓艾这么玩命，魏军将士无不目瞪口呆，他们明白不可能撤退，只好也学着邓艾滚落下去。

蜀军并非没有预料到魏军可能绕道江油。

这时，驻守在涪县蜀国尚书郎黄崇正苦劝主将诸葛瞻：“为今之计，唯有速速进军江油，占据险要地形，切不可让魏军进入平地。”

可诸葛瞻因阅历匮乏不确定该如何应敌。他彷徨不决，还是打算留在涪县，只派出少部分蜀军前往江油阻击邓艾。

12 月底，邓艾一路披荆斩棘来到江油，并不费吹灰之力就击败了诸葛瞻派来的小股军队。

“将军！看远处的峭壁，那是剑阁！”魏军将士兴奋地手指向身后东北方，他们终于绕过了这个蜀汉赖以依托的最后屏障。

目标成都

一名偏将向邓艾提议：“咱们只要击败涪县的诸葛瞻，再挥师北进，就能跟钟将军两面夹击姜维了！”

解救钟会吗？

邓艾不自觉地皱了皱眉头。自己身为陇西最高统帅却要充当偏师，如今，自己历经千辛万苦走在了钟会的前面，难道还要充当钟会的垫脚石？他没理这名偏将，径自呆呆地望向南方。那里是绵竹，只要过了绵竹就到成都了！

“成都……”邓艾沉吟着，随即，他毅然决然地下达了军令，“咱们继续南下，去绵竹！”

于是，邓艾的西路魏军一直冲到距成都六十公里的绵竹。

此时，驻守涪县的诸葛瞻得知邓艾绕过自己进军绵竹的消息后，懊悔当初没有听从黄崇的建议，他急忙离开涪县，南下追击邓艾。

邓艾给诸葛瞻写了封劝降信。

信很简单，只有一句话：“你若投降，我就让你当琅邪王！”邓艾傲慢无礼的性格在这封信中表露无遗，从这里可以看出他和钟会在政治谋略上的差距。之前钟会写给蒋斌和姜维的书信无不对蜀将表达出深深的仰慕之情，可邓艾却直接拿琅邪王诱惑诸葛瞻，这在诸葛瞻看来根本不像笼络，更像是威胁。况且，魏国除了曹氏藩王，连司马昭都尚未称王，邓艾这么干不啻是擅权自重。

诸葛瞻被激怒了，他向邓艾发起猛烈的攻势。

邓艾命邓忠和师纂分别从诸葛瞻的左翼和右翼夹击。邓忠是邓艾的儿子，师纂曾是司马昭的幕僚，二人首战失利败退而回。

“诸葛瞻兵势劲锐，难以攻克。不如安营扎寨，以图缓战。”邓忠和师纂说道。

对邓艾来说，攻克蜀国势在必成，但他这么着急忙慌全为抢在钟会前头，如果缓战，万一钟会越过剑阁，到时候自己就是竹篮打水一场空。他怒道：“存亡之际在此一举，还有什么不能的！再战！如若再败，定斩不饶！”

邓忠和师纂只能孤注一掷，怀着不成功便成仁的决心向诸葛瞻发起新一轮攻势。

战场上，蜀军的尸体越积越多，余下的蜀军四散逃亡，这是诸葛瞻经历的第一场，也是最后一场战争，他仰天叹息："我内不除黄皓，外不制姜维，进不守江油。我有三罪，还有什么脸面苟活于世？"言讫，他和长子诸葛尚杀入敌阵，悲壮地战死了。当年诸葛瞻秉政时，每逢朝廷出台善政，巴蜀百姓即竞相传言："一定是诸葛侯的功劳。"这是巴蜀百姓因怀念诸葛亮产生的爱屋及乌的心态。诸葛瞻就这样活在父亲伟岸的影子下，受其庇荫，却始终无法走出来。

流落到巴蜀的琅邪诸葛氏这一支并未随着诸葛瞻和诸葛尚身殒而断绝。诸葛瞻的次子诸葛京等人仍在成都。蜀国灭亡后，他们悉数返回中原，延续着诸葛氏一脉。而更具戏剧色彩的是，西晋建国后，晋室任命诸葛京为郿县令。雍州郿县，正是诸葛亮几次北伐中的战略要地，倘若诸葛亮得知孙子居然被司马家族任命为此地县令，不知会做何感想。

"继续杀敌！不要放弃！"离诸葛瞻尸体不远处，黄崇身边的蜀军一个接一个倒下，可他仍然挥舞着利剑奋力抵抗。没多久，黄崇也战死了。

在绵竹一战中，除了诸葛瞻、诸葛尚父子和黄崇之外，还有张飞的孙子张遵也战死沙场。

几天后，驻守剑阁阻击钟会的姜维获悉诸葛瞻战败的消息，他完全乱了方寸，再没有任何应对策略。更让他感到困扰的是，他对成都朝廷的动向也搞不清楚。

姜维一遍又一遍地派人打探情报。

"说清楚点！陛下到底打算怎么办？"

"陛下打算在成都坚守！"

"不，陛下打算逃到益州南部。"

"不对，陛下或许会东逃到吴国。"

姜维面对这些混乱的情报根本无从判断。

"放弃剑阁！全军入驻巴西郡。"巴西是剑阁以南的又一道防线，距离成都更近。

在剑阁以北，钟会惊讶地看到姜维全面南撤。难道邓艾的战术达成了吗？他赶忙命令全军冲过剑阁追击姜维。于是，十万魏军通过了这道根本无法逾越的天险。随后，钟会对驻守巴西的姜维展开猛攻。

姜维不敌，继续南撤到广汉（今四川省广汉市），这里距离成都仅有三十多公里。

“邓艾到底在干什么？”钟会率领十余万魏军驱赶着姜维，离成都愈来愈近，却始终没有邓艾的消息。他当然不是怕邓艾有闪失，相反，他担心的是邓艾抢先攻进成都。要知道，整个伐蜀计划全出自他的谋略，而十余万主力军更是司马昭送给他的一份厚礼。在这样的情况下，钟会岂能甘心将攻克成都的大功拱手让人？

可是，无论是钟会还是姜维都无法阻止邓艾的脚步了。

兵临成都

公元 263 年 12 月底，邓艾兵临成都城下。

刘禅明白大势已去，眼前唯有投降一条路，可这话他不好意思主动说出口，便问群臣：“眼下这局面，你们说该怎么办？”

公卿开始没边没沿地胡乱建议：

“不如投奔吴国去吧？”

“或者逃到南蛮？”诸葛亮平定南蛮叛乱后，虽然大体平静下来，但小规模叛乱仍时有发生。

投降虽难以启齿，却是唯一的出路。光禄大夫谯周再也听不下去了，他决定站出来充当这个可能会让自己遗臭万年的恶人。

“若陛下逃往吴国，同样要臣服于吴主，为何选择臣服小国，却不能接受臣服大国？况且，从天下大势来看，魏能吞吴，吴不能吞魏，倘若日后吴国也被魏国吞并，陛下难道要受两次亡国的耻辱吗？再说那些建议逃到南蛮的人，更是将陛下的性命置于不顾，当年先帝刚驾崩南蛮就叛乱过一次，现在咱们已丧失大半领土，谁能保证南中不会再度叛乱？如果陛下不幸被蛮夷杀了，不是更耻辱吗？”

这位谯周是巴蜀士人，他在汉末益州牧刘璋的统治下度过了安逸的童年，可随着刘备到来，巴蜀卷入了近半个世纪的战乱。几年前，谯周曾写过一篇《仇国论》抨击姜维穷兵黩武。可以说，谯周从感情上是反感刘氏政权的，这就如同江东士族反感孙氏政权一样。但是，纵然谯周的政治立场和刘氏政权有诸多矛盾，但这番话说得也在理，他不仅是为百姓着想，更设身处地为刘禅谋求最好的结果。

不过，谯周无论多么客观理智，其本意终归是劝主投降，也正因为此，这位巴蜀名士受到历朝历代无数人的谩骂。反过来细想，难道不正是因为这股强大的舆论压力，给那些不计后果又毫无意义的昏招创造了土壤吗？

刘禅听罢谯周的话，长吁一口气，心里总算踏实下来。

“有人持异议吗？”刘禅问道。无人提出反对建议。蜀汉臣子在彰显了自己满腔热血后便都借着谯周的话顺坡下了。

“开城投降！”刘禅下诏。

刘氏皇族似乎不甘于这样平淡无奇，刘禅的儿子——北地王刘谌耻于亡国之辱，杀死自己的妻儿后自尽。

轰隆隆……伴随着一阵沉重的声音，成都城门左右大开，刘禅带着皇室成员和六十余名蜀汉臣子向邓艾军走了过去。

遥想四十九年前，刘备率领大批荆州人（还包括一些中原人）傲然迈进成都，巴蜀士人从此生活在刘氏政权和荆州派臣子的压抑之下。四十九年后的今天，刘禅在巴蜀名士谯周的建议下走出成都。这场战争，难道不是被蜀人期盼了半个世纪之久吗？然而，人性很奇怪，就好像越来越多的荆州人被益州人同化，视巴蜀为第二故乡且排斥战争一样，也有越来越多的巴蜀人开始接受并效忠于刘氏政权。时间冲淡了一切。

自公元 221 年刘备称帝，到公元 263 年底，蜀汉历经四十二年后灭亡。

邓艾接纳了刘禅的投降。他傲慢地瞟了一眼蜀汉遗臣，言道：“你们幸亏是碰上了我，如果赶上当年吴汉那样的，今天怕是都要被杀头了。”吴汉是东汉光武帝麾下名将，他战胜后，将敌军首领二百多人全部处死。

旋即，邓艾仰天大笑：“姜维也算个英雄，只可惜碰上了老夫。”

就这样，邓艾昂首阔步迈进成都，攀上了他生命的巅峰。他没多想这巅峰能持续多久，也不知道巅峰过后等待他的将是什么。

《周易》写道：“日中则昃，月满则亏。”

邓艾占据成都后，在没有经过司马昭首肯的情况下擅自任命师纂任益州刺史、牵弘等人担任各郡太守，又拜刘禅为骠骑将军，并对刘氏宗族和原巴蜀官吏逐一封官授爵。

有人好心提醒他：“您立了大功，现在该避免功高震主之嫌。封官授爵最好经过相国首肯。”

“你懂什么！俗话说，将在外，君命有所不受。再说，我这是为了巴蜀的稳定，若经相国首肯，书信往来不知要等到何年何月，万一这期间再出现动荡怎么办？”

邓艾这番话听起来是为大局着想，其实也夹杂私心，他借着向蜀汉遗臣卖好来抬高自己的声望。可是，这事做得着实欠缺技巧。他迟钝的政治嗅觉，再加上傲慢强横的性格，让他未来的路越走越窄了。

各怀鬼胎

在距成都不远的广汉，钟会接到邓艾发来的“捷报”。同时，姜维也接到刘禅让他放弃抵抗的诏命，不过，准确地说应该称作前朝诏命，因为刘禅已经成为魏国臣子，蜀汉不复存在了。

“放弃抵抗吧……”姜维凄凉地叹道。廖化、张翼等蜀军将士举刀劈向岩石，宣泄心中的愤怒。姜维把他的印绶和节钺送给魏军前锋胡烈，然后亲自前往钟会的大营请降。这里有必要分析一下。刘禅身在成都，为何姜维不南下成都向邓艾投降？反而北上向钟会投降？这大概源于姜维强烈的自尊心。在沓中之战，姜维和邓艾旗鼓相当，却被击溃。而在剑阁，姜维以少数兵力克制住钟会数倍于己的敌军，这是他最后一笔辉煌。邓艾倨傲无礼的态度不得人心，而钟会在写给姜维的信中则尽显仰慕之情。正是出于这些考虑，姜维选择了钟会。

钟会得知姜维投降自己，大喜过望，他出营迎接，犹如老友重逢一般殷切地紧握住姜维的双手：“真是相见恨晚！”

姜维反说：“我却以为咱们相见得太早了……”言外之意，他还能继续抵抗魏军。

钟会见姜维傲气不减，转头对僚属杜预道："若把姜维和中原名士相比较，就算是夏侯玄和诸葛诞再世也会自叹弗如啊！"

姜维知道夏侯玄和诸葛诞都是魏国顶尖的大名士，得到这样的恭维，让他对钟会的敌意更加削减了许多。

接着，钟会把姜维拉到自己的车驾前："伯约（姜维字伯约），来！跟我同乘此车。"

"这……恐怕不妥吧……"连姜维都觉得钟会对自己客气得过分了。

"有什么不妥！"

钟会满脸含笑把姜维请上了车，携手向营帐疾驰而去。沿途的魏军将士无不对姜维受到如此高的礼遇感到困惑。

进了营帐，钟会请姜维就座，然后，他拿出之前姜维送来的印绶和节钺，全部堆放在姜维面前："伯约，这些都还给你吧！"

姜维万分惊诧。为什么钟会这样厚待自己？他想起十几年前夏侯霸说过的话："魏国名士钟会虽然年轻，但终将有一天会成为吴蜀大患，只不过，寻常的主君是绝对驾驭不了他的。"姜维年已花甲，阅人无数，此刻，他凝视着钟会的眼眸，渐渐洞察到钟会掩藏在诚挚外表下的诡诈。

在往后的几天里，钟会使尽浑身解数拉拢姜维。

姜维越来越确定，钟会有异心！

这小子表面上坦诚，实则绝不是个甘于屈居人下之人。难不成是想谋反吧？

姜维决定推钟会一把，他小心翼翼地试探道："钟君自淮南之战（讨伐诸葛诞战役）以来算无遗策，如今又横扫巴蜀，威名立于朝野。俗话说，功高震主。不能不多加提防！依老夫之见，你可以效仿范蠡功成身退，泛一叶孤舟绝迹于世间，或是效仿张良摒弃凡尘，修道成仙哪。"

"功成身退，我还真做不到，总觉得后面的路还很长……"钟会悠悠地说。

"那么，也就无须老夫再多言。以钟君的谋略，应该知道下一步该怎样做。"姜维完全能预料到后面会发生什么，他期待着一场巨变，然后趁乱再度复兴蜀汉。

由此，这两个刚刚结识未久且都有着强烈企图心的人，各自施以权术紧紧地绑在了一起。

人生之巅

公元264年初，在魏都洛阳，相国、晋公司马昭收到邓艾发来奏疏："臣打算在巴蜀留下四万军队整军备战，建造战船，以此来震慑吴国。另外，暂时不宜把刘禅遣送到洛阳，否则吴国人会误以为刘禅遭到流放。臣建议让刘禅暂居雍州的董卓坞（东汉末年董卓所建），吴国得知刘禅被厚待必望风而降。"

司马昭两眼直勾勾盯着奏疏，然后狠狠地扔在了地上。邓艾真是胆大包天！之前先斩后奏擅自任命地方官的事还没计较，现在居然得寸进尺，要让军队滞留巴蜀，这显然表示邓艾要将巴蜀收在自己手里。而且，邓艾提议把刘禅送到雍州而不是魏都洛阳，更分明把刘禅当成了他自己的私人战利品。

司马昭没有直接答复邓艾，而是给身在益州的监军卫瓘（guàn）下了一道谕令："你去告诉邓艾，凡事皆须上奏朝廷，不可擅自做主。"为何要通过卫瓘转告邓艾？前文讲过，监军的职责是监视前线将领，防止将领做出越轨举动。显然，司马昭借此对邓艾提出了严厉警告。这里，顺带介绍一下卫瓘的背景，在正始年间，卫瓘在曹爽和司马懿之间不偏不倚，无所投靠，被傅嘏称为"甯武子"（春秋时卫国大夫，著名的大智若愚之人）。高平陵政变之后，卫瓘官拜廷尉卿（廷尉的属官），以精通法律著称。在后面，他即将大显神通，闪亮登上历史舞台。

几天后，司马昭再次收到邓艾的上疏："臣受命征伐，奉旨讨贼，虽然刘禅归降，但巴蜀东连吴国，必须早做准备。倘若等待朝廷诏命，信使来往需要时日，肯定会延误军机。《春秋》讲，士大夫出征，只要对国家社稷有利便可专权。《兵法》讲，进不求名，退不避罪。臣虽没有古人的气节，却也不能因为避嫌而做出有损国家之事。"

第二封奏疏简直比上一封更加无礼，邓艾跟司马昭这样肆无忌惮地针锋相抗，让人不禁怀疑，难道邓艾已经被胜利冲昏了头脑吗？

《世说新语》中记载，钟会派人拦住邓艾的信使，截获邓艾的奏疏，而后模仿邓艾的笔迹，将奏疏中言辞修改得倨傲狂悖。钟会作为书法巨匠钟繇之子，不仅在书法上造诣颇高，更善于模仿他人笔迹。

有这样一桩逸事。荀勖（钟会的远房外甥）收藏有一把价值百万的宝剑，让母亲钟夫人代为保管。钟会对这把剑垂涎已久，便模仿荀勖笔迹写了一封信向钟夫人索要宝剑。钟夫人信以为真，将宝剑交给了钟会。荀勖气得暴跳如雷，发誓要报复钟会。没过多久，钟毓、钟会兄弟耗资千万修建豪宅。荀勖趁宅邸刚刚落成，钟家兄弟还未搬进去住的时候偷偷潜入，在大厅的墙壁上画了一幅钟繇的像，举止相貌惟妙惟肖，栩栩如生。钟毓和钟会兄弟看到后大为感伤，不忍入住，豪宅也就闲置了。

这则故事有趣且充满文艺气息，若非两个主角——荀勖和钟会俱已臭名昭著的人品闻名于世有些煞风景，二人的恶搞倒是显得相当调皮。但是，钟会和荀勖确实感情不睦，他们之间也绝非这种不疼不痒的恶作剧，而是充满了险恶的斗争。正因为此，荀百万和钟千万的逸事也就不那么合逻辑了。首先，钟会模仿荀勖笔迹，这无疑构成了诈骗罪，且物证就在荀勖之母或荀勖手中。而荀勖在钟家兄弟的豪宅墙上绘钟繇画像，让钟家兄弟白白浪费千万巨资更不可思议。不提豪宅，只说这面墙壁，有绘画名家荀勖的墨宝，所画的人物更是魏国初代名臣、书法巨匠钟繇，也一定能被炒上天价。钟家兄弟不入住，想必是在坐等房价升值吧。

总之，钟会和荀勖就在这一来一往中展现了他们精湛的技艺——足能以假乱真的模仿笔迹和绘画功底。

那么说，钟会是否修改了邓艾的奏疏呢？可能性很大。邓艾这两份奏疏清清楚楚地记录在《三国志·邓艾传》中，语气实在过于嚣张。不过话说回来，即便这两份奏疏是经过钟会篡改的版本，单就之前邓艾擅自授予刘禅、刘氏宗族和巴蜀旧臣官位也已经是极大的越权了。

司马昭看毕奏疏后的第一反应是，邓艾要谋反！

紧接着，司马昭又收到钟会、胡烈、师纂、卫瓘四人的密报——“邓艾图谋不轨，明显有谋反的迹象。”他们均将矛头指向邓艾。很明显，师纂虽然被邓艾任命为益州刺史，但他并没有接受笼络。半年前，他以司马昭亲信幕僚的身份说服邓艾举兵伐蜀，此时，他看到邓艾出格的举动，立刻反将了邓艾一军。

这次，司马昭没有再给邓艾任何回复，他直接给钟会下了道命令：“你率军进成都收押邓艾，装囚车遣送回洛阳。”

可过了片刻，司马昭意识到居然有这么多人都把矛头指向邓艾，似乎不大对劲。钟会，这个名字萦绕在他心头，仿佛比邓艾更让他不安。司马昭决定亲自率中央军前往关中，而且和上次讨伐诸葛诞时一样，带上了皇帝曹奂随军出征。

纵使如此，司马昭仍是不放心，他又想到邺城，在这座皇族监狱中，软禁着魏国所有藩王贵胄。随即，他派山涛亲率五百兵力前往邺城镇守，以防不测。

“巴蜀的乱局我自来解决，后方就拜托给您了。”司马昭嘱咐道。这段日子，山涛早已抛弃了曹氏这个曾经锢滞他的枷锁，成为司马昭的亲信重臣。他来到邺城，严密注视着藩王的一举一动。可是，他却悲哀地发现，那些曹操的子孙后代个个变得麻木慵懒，全无任何雄心壮志。

公元 264 年 2 月，司马昭安顿好一切，亲率十万大军，带着魏帝曹奂向西都长安进发，同时，让贾充率一万前锋军先行赶赴汉中。

司马昭的幕僚邵悌言道：“钟会的兵力是邓艾的五六倍，足以制服邓艾，您为何一定要亲征呢？”邵悌这是明知故问，因为早在半年前，他就提醒过司马昭要警惕钟会。

司马昭明白邵悌是想婉转地提及前言，便笑了笑说：“你难道忘了自己曾说过的话吗？只是，这话不便传扬出去。我以信义待人，只要别人不辜负我，我就不会辜负别人。前两天贾充问我是不是怀疑钟会，我反问贾充说，我命你为前锋率军入汉中，难道也会怀疑你吗？贾充听罢就没再多说什么。等我到了长安，想必一切乱子就都会结束了。”

司马昭为人虚伪狡诈，当他杀郑小同的时候，难道不是说过这样一句话：“宁我负卿，无卿负我。”再说曹氏皇族难道也曾辜负过他吗？信义，这种更趋向于感性的心理，早已被司马昭抛弃，或者更准确地讲，他以现实利益为导向，能够轻松驾驭一切感情，却毫不为感情所牵绊。

与此同时，钟会接到司马昭让他收押邓艾的谕令，他猛然意识到，一个一石二鸟的机会就摆在面前。

何不借卫瓘之手对付邓艾？邓艾肯定会反攻卫瓘，如此一来，邓艾罪名凿实，而军中唯一能制约自己的卫瓘也会被邓艾铲除……

当即，钟会对卫瓘下令：“你马上率本部兵前往成都收押邓艾，我随后就到。”

卫瓘的本部营兵只有一千人，邓艾的兵力是其十倍不止。这无疑是把卫瓘往死路上推。

卫瓘心知肚明，但无法违抗军令。是夜，他带着本部兵进入成都。然后写了一封檄文，秘密发给邓艾麾下诸将："邓艾涉嫌谋反，朝廷诏命将其收押。明日清晨时分，诸将若来我营中一概不予追究，如若不来视同谋反，诛灭三族。"

卫瓘的保密工作做得很好，邓艾对此一无所知。

第二天拂晓时分，成都响起一阵嘹亮的鸡鸣，邓艾麾下诸将纷纷来到卫瓘营中。卫瓘以迅雷不及掩耳之势控制了邓艾绝大多数军队，见胜券在握，他火速率军冲进成都大殿，这个时候，邓艾、邓忠父子仍在熟睡。

"拿下！"卫瓘呵道。

邓艾从梦中惊醒，看着眼前对他刀剑相向的兵士，他明白了一切："我是忠臣！竟会落得如此下场！从前白起的遭遇，今天再一次重现哪！"

邓艾被收押后，他几个亲信打算营救，率兵闯进卫瓘军营高呼："邓将军无罪！"

卫瓘见冲突即将爆发，遂假意劝说："我也深为邓艾的遭遇感到不解，现在正写奏疏，陈明邓艾的忠心，朝廷一定不会冤枉他的！"

听到卫瓘这话，邓艾的亲信总算稳定下来。

而在成都城外，钟会闻听邓艾就范、卫瓘安然无恙的消息后相当失望。

"卫瓘居然没死？真是命大……"随后，他也率军进了成都城。

邓艾，这位率先攻克成都的功臣被五花大绑着推到钟会面前。

钟会恶狠狠地瞪着邓艾。多年来，他为讨伐蜀国殚精竭虑，整个魏国只有司马昭支持他，并为他搭建了一个立下旷世奇功的舞台。可没料到，邓艾喧宾夺主，以配角的身份压过了主角的光芒，更可气的是，邓艾在出师以前还企图让司马昭取消伐蜀的计划。

"你这逆臣，今天终于成了阶下囚。"钟会呵斥，突然，他又想起一个人，"师纂在哪里？抓起来！他也是邓艾的同谋。"师纂虽然之前也密报邓艾谋反，但他身为司马昭的亲信幕僚，又被邓艾任命为益州刺史，自然成为钟会的眼中钉。于是，师纂也被收押了。

当天，邓艾、邓忠父子连同师纂都被装上囚车遣送回洛阳。至此，魏国的三位伐蜀统帅，诸葛绪和邓艾相继沦为犯人，钟会独自傲立于成都。

这个时候，成都驻扎着近二十万魏军和五万蜀军，这庞大的军队，名义上都归钟会掌控。钟会感觉自己的实力已经能够和司马昭平起平坐了。多年来，只有永无止境的利益指引着他前进的方向。而在这个世界上，无论是曹氏还是司马氏，在他心中均没有占据一丝一毫的位置。

钟会经过多年努力，翻过一座又一座高峰，如今，他攀上曾经认为是最高的一座峰。可是，当他攀到山顶的那一刻，却赫然发现眼前还有另一座更高的。他依然无法停止脚步。

只要再攀上那座高峰，就可以将天下纳于掌中了……钟会沉思着对姜维说："伯约，咱们联手，应该能横扫中原了吧！"

"老夫愿鼎力相助！"他早料到会有这么一天。

心存仁恕

钟会终于决定要迈出这极凶险的一步。很快，他便和姜维详细制定出战略部署。

"伯约，你率蜀军从斜谷攻入关中，我率魏军后继，必能夺下长安。之后，骑兵走陆路，步兵走渭河水路，齐头并进，不出五天即可兵临洛阳城下！"

二人正在商议，突然跑进一名军吏。

"钟将军，相国发来一封手谕。"军吏说着递上一封信。

钟会急忙将信展开，看毕，不禁冷汗直冒。

司马昭的信是这样写的："我担心邓艾不会束手就擒，所以让贾充率一万人从斜谷进入汉中，另外，我亲率十万大军进驻关中，你我相见之日应该不远了。"

钟会沉吟："我手握十万之众，怎会拿不下邓艾？司马昭知道我力所能及，还亲率大军前来，一定是对我有所猜忌……"过了半晌，他看了看姜维，总算让他重拾起勇气，"事不迟疑！咱们即刻举兵，事成可得天下；事不成，我退守巴蜀做刘备！”

姜维提议：“如果魏军诸将不肯顺从您的号令，我建议把他们全部坑杀。”他心中暗思：若事成，我杀你复兴蜀汉，若事不成，我誓拉上魏军陪葬！

是夜，姜维偷偷给刘禅写了封信：“请陛下暂且隐忍，臣有望令社稷中兴、日月复明！”

第二天，钟会召集魏国将领和蜀国遗臣会集于成都朝堂。

见众人到齐，钟会大声宣布：“今日，我要在此地为郭太后发丧！”郭太后半个月前刚刚去世了。这位当年在后宫中击败毛皇后的女人，自曹叡死后垂帘听政二十余年，历经三代皇帝（曹芳、曹髦、曹奂），魏国政坛诸多重大举措都与她息息相关，可史料记载却极为有限。史书中这样记载，司马懿、司马师、司马昭这三位权臣凡有重大举措均要先启奏郭太后然后才施行，在郭太后发布的多封诏书中，也无一不是在帮助司马家族压迫曹氏皇族。同时，郭氏外戚的权柄越来越强，而郭太后的族弟——身兼郭家和甄家两族外戚的甄德，更是举足轻重，他的两任妻子一个是司马师的女儿，一个是司马昭的女儿，可见司马家族对其重视程度。

郭太后逝世，为何要在成都发丧？正当群臣面面相觑的时候，钟会突然拿出一封诏书：“这是郭太后临终前秘密发给我的遗诏，让我讨伐逆臣司马昭，中兴曹氏皇族！”接着，他便朗声诵读起来。郭太后生前看遍了魏国的腥风血雨，她应该想不到，在她死后还有人以她的名义造反吧。更夸张的是，郭太后生前是司马家族的忠实盟友，死后却下遗诏讨伐司马昭，而这诏书又是发给司马家族压迫曹氏的重要帮凶——钟会，怎么可能？可以确定地讲，这是一封矫诏，这样显而易见的道理，在场的魏国将领均心知肚明。

钟会念完，整个成都大殿骚动起来。

此时，有一个人低头默然不语，他想的全是临行前母亲的叮咛：“此行务须谨慎，君子在家恪守孝道，在外守节义，千万不能做出让父母担忧的事，若遇变故，唯有心怀仁恕才能保你平安。”

若遇变故……唯有心存仁恕……母亲当初的预言果然成真。

羊琇默默想着辛宪英的话。猛然间，他站起来叱道：“这是矫诏！”

夏侯和也随声附和。他是魏国初代名将夏侯渊的第七子，也就是夏侯霸的弟弟，这些年，他早已看透天下大势，忠心耿耿地追随司马家族，不再纠结于昔日夏侯氏的荣耀了。

顿时，大殿上质疑声不断。

显然，郭太后的“遗诏”没有起到任何作用。姜维见状，立刻率兵控制住局面，他就等着钟会一声号令便将殿上众人全部处死。姜维抱着破釜沉舟之心，可钟会自不愿见到这样的结果，他仍寄希望能争取到魏将的支持，于是，他将这些魏将全部软禁在皇宫内，又关闭了所有宫门，宣布全城戒严。

监军的谋略

魏军的高级将领全部被钟会软禁，但有个例外，监军卫瓘因权力极重而被钟会留在了身边。

前文讲过，监军的职责是监视主帅。魏军最高统帅钟会要想谋反，必须先解决监军卫瓘。他一把拉住卫瓘领到后殿。

“钟会！你要干什么？”卫瓘惊恐问道。

到了后殿，钟会拿出一块竹板，在上面写了几个字，默默递给卫瓘。卫瓘低头观看，只见竹板上写的竟是：“坑杀胡烈等诸将。”这正是姜维的主张。

“我不同意！”

“都到这个地步，你能怎样？”

钟会和卫瓘争吵起来。

卫瓘满脸怒容。须臾，他起身欲离席。

“你要去哪儿？”钟会手握剑柄，紧张问道。

“上厕所！”卫瓘愤然而起。

在通往厕所这条短暂的走廊里，卫瓘竭力保持住镇定，他缓步慢行，敏锐地观察着四周。他在寻找一切机会。这时，一个似有些面熟的人从他对面走来。卫瓘鼓起勇气向对方递了个眼色，随即快步入厕。片刻后，这人也跟了进去。

“你是不是叫丘建？”卫瓘悄声问道。

对方点了点头：“正是在下。”这个名叫丘建的人原本是胡烈的僚属。

“钟会谋反，打算坑杀胡烈他们！你今天一定要把这个消息告诉胡烈，让他做好自卫措施，同时想办法联络皇宫外的诸将。”卫瓘急迫地说完，走出厕所又返回到后殿。

当晚，丘建向钟会禀报：“钟将军，胡烈整整一天粒米未进，在下想派人给他送些吃的。”

“去吧。”钟会点点头，并没有太在意。

丘建匆匆赶到软禁胡烈的宫室，趁机将钟会的企图告知。胡烈听罢写了一封信，委托丘建转交给皇宫外的儿子胡渊。

与此同时，在成都后殿，钟会仍是一个劲儿地劝说诱卫瓘协助他举兵谋反。

“事到临头，你没有退路了！”

卫瓘一句话都不说。他板着脸瞪着钟会，静静地等待着，只要驻守在皇宫外的魏军得知钟会谋反的消息便有转机。

3月1日深夜，钟会和卫瓘各自将佩剑横置在膝盖上，二人警觉地盯着对方，就这样僵持了整宿。

到了凌晨时分，皇宫外突然响起此起彼伏的鼓噪声，钟会谋反的消息终于传了出去。而对于卫瓘来说，他必须要尽快远离钟会，否则一旦发生哗变，难保不会殃及池鱼。现在，他最重要的就是避免钟会的怀疑。

“外头怎么回事？”钟会侧耳倾听着宫外的喧哗。

卫瓘假装不安道：“各营将领都被软禁，恐怕军心开始躁动了。”

钟会完全不知道正是卫瓘将这消息传递给宫外魏军的。他担心军队哗变，既想让卫瓘出面安抚，又担心卫瓘和宫外将士串通一气。纠结了一会儿，他谨慎地试探道：“卫瓘，你能不能出去安抚军心？”

卫瓘迫切想要脱身，眼见机会摆在眼前，却装出一副犹恐避之不及的样子。他摇头说：“你是主帅，你应该亲自去。”

钟会听罢更加不敢出去，他对卫瓘的语气从起初的试探变成了命令：“监军应该先行，我随后再去。”

卫瓘欲擒故纵的心理战术运用得相当成功，他不再推辞，万般无奈地站了起来。他彻夜未眠，且精神高度紧绷，现在突然起身，一阵头晕目眩，差点跌倒。这并不完全是假装，不过被他有意夸大，以让钟会放松戒心。然后，他摇摇晃晃地朝皇宫外走去。

钟会望着卫瓘的背影越走越远，隐隐有些后悔："把卫瓘叫回来！"他对几名侍卫吩咐道。

这时，卫瓘马上就能走出宫门外了。他听到身后侍卫的脚步声，佯装踉跄摔倒在地。

侍卫见状连忙扶起卫瓘："监军大人！钟将军请您回去。"

"我宿疾复发，要回营服药。"卫瓘虚弱地说。

侍卫有些为难，他们得到的命令并非抓捕卫瓘，也不好勉强。就这样，卫瓘逃到宫外。

钟会见卫瓘已脱离自己的控制，心下忐忑不安，于是又派亲信和医生前去卫瓘营中探望。

卫瓘早已料到，他一回到自己营中就开始猛喝盐水，不一会儿便吐得满地狼藉。他素来身体羸弱，经过这么一番折腾，更显得和垂死之人没两样。

钟会派来的亲信和医生看到卫瓘这副可怜相，遂回宫向钟会复命："卫瓘恐怕是真不行了。"如此，钟会才稍稍放下心来。

待钟会的人走后，卫瓘挣扎着起身，提笔写就一封檄文，传阅驻守成都的魏军，并约定3月3日上午一齐攻破皇宫，诛杀钟会。

恰在此时，姜维渐渐察觉到情况有变。

"怎么办？"钟会惶惶不安。

"赶紧把软禁的诸将全都杀了！"姜维预感到成功的希望渺茫，唯愿能杀尽魏将，弄个玉石俱焚。

钟会始终没敢下手，他并非对这些昔日的同僚心存怜悯，只是不想把自己逼到没有退路。

3月3日清晨，按照卫瓘事先的约定，魏军应该开始准备攻入皇宫了。可是，魏军各营的高级将领均被软禁在皇宫内，而主事的下级将领都有些没底，毕竟，向最高统帅钟会发起袭击确实需要极大的勇气。他们不敢确定卫瓘所言是否属实，担心自己会因此被扣上谋反的罪名。

魏军将领踌躇不前，一直耗到了中午时分。

眼见日上三竿，一个青年将领突然高声喝喊："还有什么可怀疑的！有我父亲书信为证。如果再不行动，他们都会被钟会杀死！"这青年名叫胡渊，正是胡烈的儿子。言讫，他擂起战鼓，带着胡烈的部队率先攻向皇宫。在胡渊的带领下，魏军将士放下困惑纷纷响应。甚至那些没有将帅带领的士卒，也争先恐后地加入到这场战争中。为何会这样？在钟会眼里，这十几万魏军只是由他摆布的棋子，可是他似乎忘记了，这十几万独立的个体，均心存一个共同的念头，那就是返回中原的家乡。

术与道：同命不同路

成都城内响起震天的呐喊声。虽然魏军的目标是躲在皇宫内的钟会，但刀剑无眼，成都百姓因这场突如其来的兵祸遭受了一场浩劫，霎时间，箭雨纷飞、火光四起。就在这一片鬼哭狼嚎声中，魏将庞会没有跟着其他同僚冲向皇宫，他独自率领本部兵士搜寻着自己的目标。

"说！关氏居住在何处？饶你不死！"他抓住几个百姓盘问。

很快，庞会顺着百姓的指引来到关氏宅邸前："冲进去！无论男女老幼，全杀了！"这位庞会即是四十多年前的樊城之战中被关羽斩首的魏将庞德之子，他的仇恨，在压抑近半个世纪后终于发泄出来。关羽的子嗣也就在这场浩劫中被灭绝了。后世，虽然总有关姓者声称自己是关羽后人，但基本都可以断定为冒充。

这时候，钟会已经获悉魏军向自己发起进攻的消息。

"事到临头，唯有拼死一搏！快下令将软禁的魏将杀掉吧！"姜维暗思：纵然不能复兴蜀汉，但让你和那些魏将陪葬，老夫也死而无憾。

到了这步田地，钟会不得不答应。

十几名士兵冲向软禁胡烈等人的宫室。

胡烈等人用尽全力抵住大门：“千万不能让他们进来！”双方就这样隔着门僵持，等待局势出现转机。

眼看胡烈就要坚持不住了，危急关头，胡渊终于率军杀到，将自己父亲和其他被软禁的将领救了出来。随后，魏军继续冲向皇宫大殿。

姜维正率领着部分蜀军驻守在大殿外，他面对如潮水般涌来的魏军根本抵挡不住。

“那人是姜维！”魏军一边喊着，一边把姜维团团包围。他们不需要任何将领指挥，完全出于对回家的渴望奋不顾身地战斗着。

“杀了他！”齐刷刷的长枪刺向姜维。

姜维确实值得魏军憎恨，一个月前，邓艾兵不血刃和平接收成都，可是经此一劫，魏军将士险些面临无法返回家乡的绝境，更导致无数人横死。顷刻间，姜维的腹腔被刺穿，口吐鲜血倒在地上，不停抽搐。魏军仍没有善罢甘休，他们怀着强烈的仇恨用刀划开姜维的肚子。“就是这个人，和钟会串通一气，打算再度掀起战乱！”魏军士兵一边说着，一边把姜维的内脏全扯了出来。

“看看姜维的胆，还真是大如斗！难怪会干出这种事！”一名魏军手托着血淋淋的胆脏骂道。在古代，人们普遍认为胆的体积决定了胆量的大小。

姜维半睁着眼睛，脸部肌肉不住地颤动，他看到自己的内脏被高高举过头顶……三十多年来，他从一个走投无路的魏国降将变成蜀国实力最强的重臣，为此，他甚至割舍下远在雍州的老母。在姜维的大半生中，他始终为建功立业拼搏，诚然，他怀着对蜀汉强烈的忠心，可必须要这样讲，他的拼搏反而加速了蜀汉的灭亡，这毋庸置疑。或许有人会反驳，难道蜀汉不频繁发起战争就不会亡国吗？不确知。但是连年征战的确极大削弱了蜀汉的国力且让百姓陷入苦难，而反观魏国，自淮南平叛后整整休养生息了六年，其间从未主动挑起任何战争，国力得以快速提升。另外，姜维激起了蜀汉臣民强烈的反战情绪，这让他众叛亲离，再加上擅改汉中防御体系，无异于自毁家门。可是，在蜀汉已经亡国后，姜维却依旧不忘复兴社稷。他最后以失败告终，并因此赔上了他自己和很多人的生命。

此刻，姜维的内脏几乎被掏空了，他的躯体终于停止抽搐魂归西天，然而，他的双眼至死都没有闭上，依然仰望着成都的天空。

应该如何给姜维下个定论呢？从个人角度来讲，姜维拥有常人无法企及的执着，在他的心里永远没有“放弃”这两个字。但从更宏大的角度来讲，姜维为实现个人价值，不惜将国家拖入战乱，且无视旁人的生命。他是个逆流而上的勇士，同时也是个将自己的价值观凌驾于众生之上的野心家。后世大部分史学家对姜维评价很低，但也有少数人对姜维极尽推崇。笔者想尝试着把这位蜀汉末期的重臣形容得更加简单、纯粹些，那么或许可以这样讲——他是一个为达目的不惜牺牲一切的人。

和姜维同时阵亡的还有蜀汉老将张翼，以及蒋琬之子蒋斌等人。蒋斌早在镇守汉城时就跟钟会搭上了关系，可是张翼，这位极度反感姜维的人也不幸卷入此劫，不能不为之遗憾。

蜀汉早在两个月前，也就是公元 263 年 12 月亡国，不过，应该说，在公元 264 年 3 月 3 日，随着蜀汉最后一位重臣姜维的死，这个偏居一隅的小国才算被盖上了棺材盖。

蜀汉是一个很有意思的国家，从诸葛亮到蒋琬、费祎、姜维这四位重臣（当然也可以称为权臣）来看，他们毕生沿着自己信仰的政治理想迈进，无论他们的所作所为是对还是错，他们从没有将权力用于一己私利，也没有让自己的后代或亲属从中获利。这实在很不寻常，为什么蜀汉重臣和魏国的司马氏、吴国的诸葛恪、孙峻、孙綝有这么大的差别？难道仅仅归结于他们的个人道德操守？抑或是刘禅高明的政治手段？不可否认，这两个原因的确存在。但是，放到现代，我们可以用一个词更准确地形容——企业文化。在诸葛亮执政时代，这种企业文化便被建立起来。诸葛亮权势之大，在当时无人能望其项背，但他在临死前，以一种极健康的形式传给了下届继任者。虽然蒋琬、费祎和姜维的政治理念截然不同，但他们均继承了诸葛亮那份执着，并不惜一切来捍卫自己的理想。从某种意义来讲，这也算是蜀汉的“道”，因为这“道”，这个最为弱小的国家坚挺了这么久。

在老子写的《道德经》中有这样一句话：“治大国若烹小鲜。”这个意思是说，治理国家要像烹饪小鱼一样谨慎，倘若总是搅动，鱼肉易碎，执政更不能频繁折腾百姓。蜀汉这四位重臣中，蒋琬执政最能体现这一特点，他实施的政治举措均以不扰民为第一优先考虑。

逐渐地，魏军将士舍弃了姜维的尸体，又争先恐后地杀向钟会。此时，钟会正绕着皇宫仓皇逃命，他当然逃不出去，唯希望这样能稍稍延长自己的生命。没跑多远，他便被愤怒的魏军追上剁成了肉泥。

钟会一生中翻越了无数高峰，他每次爬到峰顶后总能发现另一座更高的，这次，他才刚刚准备攀登，就失足跌落深渊，粉身碎骨了。对于利，大概没什么人能比钟会更敏感了吧。以他的性格，或许永远都不会满足。因为人生之路上总有无穷无尽的高峰，而绝大部分人从来没有意识到，其中最高最雄伟的人生之巅，乃是克服自己的性格弱点和无尽的贪婪。这位颍川名族钟家的后裔，身为三国晚期著名的重臣，无论谋略，还是才学，俱出类拔萃，但他最终还是被自己的野心吞噬了。

钟会死后本应露天暴尸，却被僚属向雄妥善安葬。向雄不是第一次干出这种事，几年前，他也曾冒着死罪为王经哭丧下葬。

司马昭听说后有点不高兴："上次你给王经哭丧我没追究，这次钟会谋反确凿，你又这么干，算怎么回事！"

向雄回答："古代贤明的国君掩埋罪犯的尸体以宣扬仁德教化。既然钟会已伏法，我为道义收葬他有什么过错？要是把他的尸骨弃于荒野，被将来的仁人贤士指责，这对您的名声也不好吧？"

司马昭听罢渐渐消了气，他知道，眼前这位向雄不仅是位义士，更是一位能帮他宣扬教化的直臣。

在钟会死的半个月前，他的哥哥——魏国北荆州都督——钟毓（钟毓本来镇守徐州，于王基死后转任北荆州）也刚刚病故。钟会至死没有获悉哥哥的死讯，但以他的性格，想必也不会为此感到悲哀，因为他在决定谋反的那一刻，便将钟毓一家人的生死置之不顾了。

然而，钟会肯定也不会料到，钟毓早就和自己划清了界限。

"我弟弟钟会自恃智术，绝不能让他手握重权。"钟毓这句话一直被司马昭牢记。而后，司马昭对钟毓做出一个承诺，万一钟会谋反，绝不会牵连钟毓一脉。

当钟会谋反的消息传到朝廷后，司马昭果真遵守承诺，没有牵连钟毓的家人。

早先，因为钟会没有儿子，钟毓儿子很多，所以钟毓将自己的儿子——钟毅、钟峻、钟辿等人过继给弟弟。不过，即使是这些过继给钟会的子嗣（从法律层面讲，过继就相当于钟会的亲儿子），除了参与钟会叛乱的钟毅被处死外，其他人均被赦免，更保留了一切官爵。司马昭对钟家确实很够意思。

钟会与姜维使尽权谋术数，但他们都忽略了一点，所谓“道”又是什么？十几万魏军对回家的渴望，巴蜀百姓对结束割据，迎来和平的渴望，这才是“道”。

随着钟会和姜维的死，成都迎来了平静，魏军将士兴高采烈，他们终于有望重返家园，蜀汉故臣则心情复杂，他们昔日的政敌姜维，在把蜀汉拖入困境后又把所有人（包括魏军、成都百姓和部分蜀国官军）折腾了一溜十三遭，对这样一个结果，实在不知道该说什么才好。

钟会死后，邓艾故将群情激奋：“钟会谋反确凿，业已伏诛，邓将军被他陷害，横遭无妄之灾，现在，咱们必须马上救出邓将军。”随即，数百名邓艾旧部涌出成都，径直向北寻觅邓艾而去。几天后，他们在绵竹一带追上囚车，然后将邓艾、邓忠、师纂释放。

可是，身在成都的卫瓘却极度惶恐。之前他亲自缉拿邓艾，如果邓艾返回成都，以这人的个性肯定要报昔日之仇。他想到这里，遂对部将田续言道：“田续，你还记得当初在江油，邓艾对你做过的事吗？今天，我给你一个报仇的机会。”一个月前，邓艾从阴平偷渡成都，途经江油时，田续因畏缩不前差点被邓艾斩首。

田续明白卫瓘的意思，他立刻率数千人奔出成都，往邓艾的方向追去。

这个时候，邓艾已被解救，他正打算返回成都。

“今夜就在三造亭露宿。”这里离成都只有不到一百里路了。当邓艾正准备歇息时，突然，四周涌出无数魏军将邓艾一行人团团包围，为首者正是田续。

“邓艾，你这逆臣胆敢无视国家法律！既已擅自破坏囚车，便是逃犯了！”

“田续，你什么意思？老夫被钟会陷害，现在钟会已死，难道你不知道吗？”

田续暗想：魏军最高统帅已是卫瓘，成都再也没有你的位置了。他举起手中的剑，登时，数千魏军不由分说向邓艾掩杀过来。

邓艾一边拼死抵抗，一边高喊：“老夫是大魏忠臣！”但他寡不敌众，没过多久，他和儿子邓忠俱被田续所率的魏军杀死。同时，师纂也死在乱军之中，这个人因为性格刻薄得罪了很多人，死时被砍得体无完肤。

邓艾作为被司马懿起用的名将，在三国晚期颇受瞩目，不过，这位战术天才有着极大的性格弱点。邓艾被杀后，司马昭担心雍州政局动荡，于是派幕僚唐彬前往雍州体察民情。唐彬返回后向司马昭禀道："邓艾性格强横刻薄，顺从者被提拔，直言抗争者被罢黜，就算是他的亲信僚属也常被羞辱谩骂。雍州军民听到他被杀的消息无不拍手称快，完全没有动乱的可能。"

唐彬这番话一语中的，邓艾正因为强横的性格死于非命，在他死后，经他治理多年的雍州军民无人替他出头。又过了几年，雍州遭到西部羌族游牧部落的侵略，当地百姓全都躲到了邓艾修筑的防御工事中。

"多亏当年邓艾修建城防，咱们才得以保全性命。"雍州人开始念叨邓艾的好，可在此前，邓艾却因大兴劳役修筑城防搞得百姓怨声载道。

邓艾死后三年，西晋议郎段灼上疏为邓艾平反："邓艾心怀忠义却被扣上叛逆的罪名，平定巴蜀反受诛灭，着实可悲！他不幸有这样的结局，全是因为他刚强急躁的性格所致……他一个年近七十的老翁，怎么可能会谋反？臣建议重新肯定他的功绩，册封邓氏子孙，宽赦黄泉中的冤魂，令天下知晓邓艾的忠义。"

段灼为邓艾平反的奏疏被晋武帝司马炎拒绝了。在段灼上疏后的第六年，也就是邓艾死后九年，西晋朝廷才总算下了封诏书："邓艾立下大功，他的子孙不幸沦为平民，朕哀怜他们，故此，封其嫡孙邓朗为郎中。"看得出来，晋朝为邓艾平反有些勉强，最后只封邓朗做了个芝麻大的官，实在有点小家子气。邓艾的结局，和蜀汉名将魏延颇有相似之处。因为在西晋时，卫瓘手握重权，倘若为了正义和公理给邓艾平反，肯定会侵害到卫瓘的利益，这对朝廷来说实在是得不偿失。

无论如何，邓艾在死后第九年总算洗刷掉谋反的罪名，虽然这对他已经毫无意义了。

回到公元 264 年 3 月，邓艾、钟会、姜维，这三个魏国和蜀国首屈一指的实力派重臣，竟全部在几天内命丧黄泉。他们没有战死沙场，却因身陷错综复杂的阴谋败亡，不能不令人惋惜。而当初三位魏军统帅中，如今只有战术失败、被钟会陷害的诸葛绪成为唯一的幸存者，实在是因祸得福。西晋时，诸葛绪官至太常、卫尉，其后代也都显达于世。

再说卫瓘，他凭借剿灭钟会、平定成都之乱的功绩，后成为西晋重臣。卫瓘之所以功成名就，除了他卓越的谋略外，还有更重要的一点，在历史奔腾不息的长河中，他顺势而为，敏锐地站在正确的立场。不过，当杜预得知卫瓘谋杀邓艾的消息后，也忍不住叹息："卫瓘身为名士，位居总帅，不以正道统御部下竟干出这种事，肯定会受到世人的谴责。"

在这里，必须要讲的还有卫氏家族在中国书法界举足轻重的地位。卫瓘的父亲名叫卫觊，擅长篆、隶、草书，更能写商朝晚期的古文字，他和书法巨匠钟繇比肩。到了卫瓘这一代，其在书法上的造诣已远胜过钟繇之子钟会。唐代张怀瓘在《书断》中将卫瓘的章草书列为"神品"，又将卫瓘的行草、小篆、隶书列为"妙品"，评价极高。卫瓘在卫氏家族的书法流派中起到承上启下的重要作用，也是卫氏书法的奠基人。可以这样说，卫瓘在谋略和书法两方面均技压钟会一筹。但是，钟氏书法并没有随着钟会的败亡衰落下去，相反，正是卫瓘的侄女卫铄（世称卫夫人）继承了钟繇书法的衣钵，卫夫人集钟氏和卫氏两家书法流派之大成，又把自己的书法精髓传授给了一位著名的琅邪王氏族人。这人的书法造诣由此登峰造极，正是被后世称为"书圣"的王羲之。

关于卫氏和钟氏两族的纠葛以及书法传承先说到这里，在后面，还有很多关于卫瓘的故事。

另外，卫瓘最初能担任钟会监军得益于荀勖的推荐，钟会被诛灭归功于卫瓘，因此，身为钟家外甥的荀勖也就免除了嫌疑。

还有钟会的幕僚——辛宪英的儿子羊琇，他始终谨记母命："……君子在家恪守孝道，在外守节义，千万不能做出让父母担忧的事，若遇变故，唯有心怀仁恕才能保你平安。"当钟会起兵谋反时，羊琇不曾屈服奋起抗争，后来，他平安返回洛阳被封了侯。

和羊琇同时受到嘉奖的还有夏侯和。虽然夏侯氏在魏国的地位远不如前，但夏侯渊的第四子夏侯威和第七子夏侯和这两支还是相当显赫的。

愚者之智

公元 264 年的春天，一支队伍缓慢行进在巴蜀通往洛阳的道路上，刘禅带着他的皇室成员和部分蜀汉旧臣举家迁往魏都洛阳。自然，在这队人中，也包括蜀汉最后两位颇具实力的老将——廖化和宗预。

当初诸葛瞻刚刚执掌尚书台政务的时候，廖化打算拉着宗预一起去拜谒。宗预一甩手："咱们都已年过七十，但求一死，这么拉下老脸去登晚辈权门，难道要让世人鄙视咱们贪恋仕途不成？"廖化听罢，点点头，就此作罢。

此时，宗预回忆起这些往事，内心无比惆怅："元俭（廖化字元俭），等去了中原，你想不想再回荆州看看？"他们二人均祖籍荆州。

廖化不住回首凝望成都，径自发呆，过了好一会儿才摇了摇头。在四十多年的漫长岁月里，他早把巴蜀视为家乡。几天后，二人相继在去往洛阳的路上忧郁而终。

"想不到啊，廖化和宗预都去世了……"刘禅哀叹。

这年 5 月，刘禅来到洛阳，接受魏朝册封为安乐县公。不知道是不是天意，刘禅受封的安乐县，和昔日曹髦受封的高贵乡一样，封地恰如其分地体现了他们的心理状态。

这天，刘禅受到司马昭的殷勤款待，在酒席宴中，司马昭为了试探刘禅，让歌伎演奏起巴蜀的音乐，在场的巴蜀故臣纷纷唏嘘感叹，更有人忍不住流下思乡的泪水。刘禅微怔了一下，有那么一瞬间，他感受到心绪的波动，可很快，他便挣脱哀伤情绪的束缚，又重新露出喜形于色的神情。

司马昭瞟了刘禅一眼，略带挑衅地问道："你还思念巴蜀吗？"

我的真实想法为什么要跟你说？刘禅心里对司马昭充满鄙夷不屑，但他脸上却依旧洋溢着微笑："这里很欢乐，我一点都不思念巴蜀。"

司马昭转身对贾充说："人之无情，竟然到了这个地步！不要说姜维，就算诸葛亮在世恐怕也难以辅佐。"

贾充回答："若非如此，相国又怎能平定巴蜀呢？"

酒宴散后，蜀汉故臣郤正对刘禅说："如果司马昭再这么问，您就回答说，先人坟墓远在巴蜀，每次向西方顾盼都会感到悲凉，没有一天不思念。”郤正毫无疑问是个耿直的人，但比起老练的刘禅，他实在显得太嫩了。另外再补充一句，郤正对姜维很是推崇，这在蜀汉臣子中也是少有的。

刘禅不忍伤害这位老臣的忠心，点头应允。

几天后，司马昭果然又问刘禅：“你还思念巴蜀吗？”

刘禅按照郤正的话一字不差地回答道：“先人坟墓远在巴蜀，每次向西方顾盼都会感到悲凉，没有一天不思念。”言讫，他闭上双眼，拼命挤出几滴眼泪。

司马昭看着刘禅这副样子，不禁好笑：“这话怎么像从郤正嘴里说出来的呀？”

刘禅瞪圆双眼，佯装惊讶：“的确是这样！您怎么知道？”

左右近臣闻言，哂笑不止。

刘禅乳名叫阿斗，年已五十七岁，可是，就是这个被世人评价为昏庸愚笨的人，却已稳坐了四十余年帝位。在如此漫长的岁月里，他早将演技修炼得炉火纯青，这不奇怪，身处权力旋涡的核心，若像曹植和曹髦那样不会控制情绪，注定不会有好结局。甚至，他对自己的演技是那么自信，竟成功地扮演了一个演技拙劣的人，这和当年他爸爸刘备在曹操麾下韬光养晦颇有异曲同工之妙。刘禅正如当初以游戏的心态来驾驭臣子、控制权力一样，现在，他依然以游戏的心态来调侃着司马昭。虽然作为亡国之君这多少显得不合时宜，但从个人角度来讲，他称得上是个成功者。假如他像曹髦那样只为追求嘴上痛快，激起司马昭的警惕和猜忌，或深陷在忧愤中无法自拔直至死去，那么除了给后世提供一个解气的故事外，又能有什么意义呢？

这件逸事取自《汉晋春秋》，也就是“乐不思蜀”成语的由来。可是，如果仔细分析，就能发现其中破绽和不合逻辑处很多。首先，郤正怎么可能料到司马昭会再次询问刘禅同样的问题？其次，司马昭又怎能看出刘禅是在模仿郤正，这多少令人不解。最后，司马昭和贾充的对话更缺乏逻辑，蜀汉亡国难道是因为刘禅无情吗？贾充若要恭维谄媚，则应盛赞司马昭雄才伟略才平定蜀国，可他把原因归为刘禅无情，不会有贬低司马昭之嫌吗？

由此可知，这个脍炙人口的故事很可能是为警醒后世皇帝杜撰出来的。不过，刘禅在司马昭面前隐匿锋芒想必也一定存在。

八年后，也就是公元 271 年，刘禅在洛阳寿终正寝，享年六十四岁。他大半生背负着一个沉重的包袱，这是刘备和诸葛亮强加给他的，但他最终接过这个包袱，以自己的方式将之变轻，再变轻，然后以游戏的心态面对他的责任、臣子乃至敌人。更难能可贵的，他不是一个荒淫无度的国君，更不是一个暴君，他没有因自己这种游戏人生的态度给巴蜀百姓带来苦难。相比很多将个人价值观凌驾于他人之上的统治者，刘禅显得尤为可贵。

很少有人能像刘禅一样，微笑着面对人生的跌宕起伏。

顺流而上

刘禅的归降让司马昭的权威攀上又一个顶峰。公元 264 年 5 月，也就是司马昭受封晋公仅仅五个月后再度晋爵为晋王，仍兼任魏国丞相。

司马昭当上晋王后，魏国的三公——太尉王祥、司徒何曾、司空荀𫖮相约前往拜谒。

荀𫖮言道："晋王地位尊贵，今天我们见了晋王，自然应当行跪拜之礼。"

"说得没错！我正有此意。"何曾也连声附和。其实早在司马昭登晋公时，他就已经向司马昭行过跪拜大礼了。这位何曾，正是早年间帮司马师出谋划策废掉魏帝曹芳之人。

三公极尊贵，即便皇帝也要礼敬三分。王祥听罢连连摇头："晋王虽然尊贵，但仍然是魏国的丞相，我等位列三公，和丞相仅差一阶，况且，我从来没听说过朝廷三公要对谁跪拜的。你们这么干，既有损魏朝威望，又有亏晋王美德。君子以礼待人，反正我是不会向晋王下跪的。"

三人并未在这件事上达成共识，当他们见到司马昭后，何曾和荀𫖮扑通一声跪拜在地，而王祥则只是站立着，略施揖手礼而已。

司马昭感慨道："我今天总算知道王公受人尊重的原因了。"

人的尊重，都是自己给自己的。

王祥此举深藏政治谋略，实在高人一等。其实，后世很多人觉得王祥虚伪，曹髦死时，他痛哭流涕，司马昭登晋王时，他揖礼而拜，但这些难道能掩盖他身为司马氏帮凶的本质吗？有人说，王祥只是在无比投入地演绎着忠臣的角色，这和司马孚颇类似，可退一步讲，难道人生不就是一场戏吗？王祥站在司马氏一边，这就如同昔日魏朝取代汉朝时，士大夫皆站在曹氏一边是同样道理。那么，是否可以这样说，以王祥为代表的士大夫，在他们心中，并非是在挑选曹氏或司马氏，而是在历史长河的顺流和逆流之间做出了选择。

竹林之梦

巴蜀平定后，先前派去镇守邺城，监视曹氏藩王的山涛也顺利完成使命，返回京都复命。这天，山涛拉着嵇康的一儿一女来到嵇康坟前祭拜。

“你的两个孩子一切都安好。只要我在，他们是不会孤苦无依的。”山涛低声念叨着，将一壶酒洒在地上，“叔夜，过来喝酒吧……”

山涛没有辜负挚友的托付，他对嵇康的遗孤视如己出，悉心养育。二十年后，天下早已被晋室统一，嵇康之子嵇绍年满三十，一心寻求隐居遁世。山涛对他说了这样一番话：“我为你考虑了很久，天地尚有四季更迭，何况是人呢？”这话的意思是说：时间可以改变一切。

嵇绍领悟。

随后，山涛向晋武帝司马炎举荐嵇绍入朝为官，嵇绍出仕。

顾炎武写的《正始》一文，把山涛和嵇绍批判得体无完肤，顾炎武认为嵇绍不孝，山涛更是鼓动异端邪说。可是，倘使嵇康在天有灵，难道会希望自己的孩子毕生沉浸在仇恨中无法自拔吗？而嵇康将嵇绍托付给“竹林七贤”中仕途最光明，也最富政治智慧的山涛，除了对山涛的信任之外，难道还不能看出他的心思吗？

当嵇绍来到京都后，公卿大臣无不为他的风度翩翩倾倒。有人对王戎说道：“我刚刚在人群中见到嵇绍，那副器宇轩昂的模样真像仙鹤立在鸡群中一样！”这句话便是成语鹤立鸡群的由来。

王戎回忆起昔日嵇康的风采，悠然感慨：“你是没见过他父亲啊……”言下之意，嵇康当年的风采可谓举世无双。

四季更迭，时光荏苒，又过了二十年，西晋“八王之乱”闹得天翻地覆。晋惠帝司马衷（司马炎第二子，著名的智障皇帝，后面会讲到他的故事）在和成都王司马颖（司马炎第十六子）的交战中不幸落败，侍卫近臣作鸟兽散，唯有嵇绍寸步不离守护着司马衷，此战中，嵇绍舍身护君被敌军杀死。

嵇康的广陵绝响仍依稀回荡在洛阳东市，他的儿子嵇绍却为保护司马昭的孙子牺牲，实在难以言喻。我们不必纠结这个玩笑一样的历史，因为，正像山涛所说的：“天地尚有四季更迭，何况是人呢？”

时间真的可以改变一切。

回到巴蜀刚刚被平定的公元264年，山涛当然不会预知未来会发生什么，此刻，他仍坐在嵇康的坟前喃喃低语，仿佛嵇康就在他面前倾听一般。就这样过了许久，他站起身来。“我还要去看望嗣宗（阮籍字嗣宗），咱们来年再见吧！”说罢，他恋恋不舍地向故友拜别。

就在距离嵇康坟墓不远处，还有一座新坟。山涛缓步走去，在新坟的墓碑上，赫然刻着几个大字——大魏步兵校尉阮公讳籍字嗣宗之墓。

阮籍是在不久前去世的，他的死同样和司马昭有着莫大关联。

前文曾经提到过，阮籍自从出仕司马家后陷入沉沦，经常表现出严重的抑郁症症状。

后来，阮籍听说步兵营的厨师擅长酿酒，便求得步兵校尉一职，终日烂醉如泥。他虽然精神欠佳，但还是尽可能以理智的态度在险象环生的政治环境中求生。在著名的《与山巨源绝交书》中，嵇康曾这样写道：“阮嗣宗从不议论别人的过失，他天性淳厚，待人接物也不会伤害到旁人，只因为饮酒过度这个缺点，经常遭受那些维护礼教者的攻击……”

阮籍确如嵇康所言，口不言他人之过，与世无争，这源于他善良的天性和谨慎的避祸心态。而嵇康提到的缺点——饮酒过度，除了阮籍天生好酒这个原因之外，也是他自我保护的策略。《晋书·阮籍传》这样形容阮籍的状态——酣饮为常。也就是说，喝醉是阮籍的常态，他靠这种状态躲避世事纠纷。一次，司马昭想为儿子迎娶阮籍的女儿。这门亲事无数人挤破头都想攀上，可阮籍却竭力躲避，他连续六十天醉得不省人事，以至于司马昭派来提亲的使者根本无法与阮籍正常交流，最终只得作罢。阮籍不敢公然得罪司马昭，只好以这种消极的方式来回避。

某日，司马昭谈论为官之道时说："善于为官者当具备清、勤、慎三点。"接着，他问身旁的公卿，"你们说说，当今朝中谁是最谨慎的人？"

公卿七嘴八舌地提到很多人，司马昭频频摇头："你们说得都不对，要我看，最谨慎的人非阮籍莫属。"阮籍何以被司马昭称为"最谨慎"？原来，当他和司马昭谈话时，言辞总是飘忽不定，玄而又玄，似有说，又似没说，更不会触及旁人的利害关系，这样，他也就没有任何把柄被人抓到。

钟会担任司隶校尉期间曾多次找阮籍谈话，阮籍总是喝得酩酊大醉，一言不发。当时，钟会的主要职责就是揪出那些亲曹氏、反司马氏的同僚，阮籍这种状态最终让钟会一无所获。

可是，纵然阮籍在官场上如此谨慎，但也免不了遭到维护礼教者的攻击。有这样几桩逸事。

阮籍的嫂子回家省亲，临走前，阮籍亲自相送。这种行为在当时违背礼法，有人出言讥讽。阮籍听罢不屑一顾地说道："礼教，岂是给我设立的？"言外之意，他自谓超脱于世俗礼法之外。

还有一次，一个才色绝佳的美女不幸身故，阮籍和这家人素不相识，却径自跑去吊唁。

阮籍的真意到底是什么？探究其本心，大概是想以坦荡的胸怀来冲破礼法的束缚吧。他这种行事风格，在他母亲去世的时候展现得淋漓尽致。

当时，阮籍正和一个朋友下棋。

"阮君，令堂过世了……"

阮籍听到这个噩耗登时呆住了。继而，他低头沉吟："下完这局！"接着又猛地举起酒樽一饮而尽。苦酒下肚，只听哇的一声，鲜血从口中喷出。

次日，阮籍斜靠在母亲的灵堂旁，一边吃肉，一边狂饮。前来吊唁的客人见到这情景，纷纷指责他不孝。

何曾对司马昭说："您以孝道治理天下，阮籍在服丧期间竟公然饮酒吃肉，如此大逆不道之人，应该流放海外以正风教。"

在史书中，阮籍有至孝的名声，可他竟被何曾指责不孝，这岂非矛盾？

讲到这里，就要说说中国人尊奉孝道的历史渊源。

孔子认为孝是仁德的根本，规定父母死后子女应服丧三年。不过，孔子门下素以能言善辩著称的宰予（"孔门十哲"之一）则公然提出质疑，认为三年丧期过长。到了西汉初年，由儒家学者编撰整理的《礼记》一书中，又对服丧期间的行为做出一系列严格限制，例如禁止婚嫁、娱乐、性生活、饮酒、吃肉等。

现代人几乎都对儒家思想中的诸多禁锢不屑一顾。不过别忘了，在孔子的年代，战乱已经持续了二百年。孔子认为，战争四起是因为人们欲望膨胀、缺乏束缚，所以他提出用礼教来约束人们的欲望和行为。再说儒家思想中的孝，这也是一个复杂又庞大的概念，其本质是教导人们拥有感恩之心，在这里我们不去过多评判。不过，当孝行和礼法结合在一起后，也就免不了流于形式化，继而引发某些社会问题了。

有一则以孝行沽名钓誉的典型案例。东汉末年，山东著名孝子赵宣在父母死后住进墓道中服丧二十多年。陈蕃（"党锢之祸"中被宦官谋害的窦武盟友）慕名前来拜访，竟查出他在服丧期间共生了五个子女。赵宣由此成为天下笑柄。

回到阮籍母亲的葬礼上。前来吊唁的人纷纷指责阮籍违背孝道，而阮籍依然故我。突然，他仰天一声惨叫："穷矣！"随即口吐鲜血。"穷矣"的意思指走投无路，一切都完了。母亲去世，令他的精神支柱轰然崩塌，之后，阮籍愈发枯瘦憔悴。

何曾对阮籍的指责并没有得到司马昭的认同，他摇头道："你难道看不出阮籍因为丧母把身体毁成什么样子了吗？"

阮籍的行为，被称为"死孝"，意指通过毁形灭性来抒发对亲人离世的哀伤。何曾指责阮籍不孝，准确地说应该是指责阮籍不合礼法。可阮籍对母亲的感情，又岂是礼法所能衡量的呢？

很多年后，司马昭过世的时候，他的次子司马攸更以绝食的方式致哀。经嵇喜（嵇康的哥哥）苦苦相劝才让司马攸进食。司马攸感激道："嵇喜成全了我的孝行，又保住了我的性命。"嵇喜精通为官之道，不过也因此受到阮籍这些淡泊名利者的蔑视，甚至嵇喜登门吊唁阮籍亡母时，都遭到了阮籍的白眼。

另外，“竹林七贤”中的王戎、荀彧之子荀顗等名臣，在服丧期间也都做出过自毁身体的“死孝”行为。当时，这样的人比比皆是。

在此引申出另一个问题，他们对亲人离世悲痛欲绝，甚至到了舍生忘死的地步，到底出于什么原因？或许，除了感情因素、礼法约束以及政治利益的驱动之外，还可以从宗教上寻求解释。

时至今日，佛教已成为中国流传最广的宗教，但事实上，儒家思想，才是真正渗透进中国人骨髓的宗教。

儒教（我们姑且把儒家思想定义为宗教的一种）和其他宗教有个最显著的区别，即儒教是一套完全基于现世的教法，没有对死后世界的描述。而其他宗教，例如佛教、天主教、基督教、伊斯兰教、印度教、犹太教等均对死后世界（或称为轮回转世）做出了详细解释。

假如和大部分有宗教信仰的外国人探讨生死问题，应该可以得到这样的答案：死亡并非生命之旅的终点，仅是告一段落，死后，很快又会迎来新的开始，而今生的旅伴也只是暂时分别，在未来的生命中，昔日的旅伴很可能会以新的形象重新出现在自己身边。这种认识并不能完全消除人们对死亡的恐惧，但或多或少会让人们在面对死亡时表现得更坦然一些。

可是，深受儒教熏陶的中国人大多相信生命只有一次，这让中国人对死亡怀有更深的恐惧，以至于到达无法接受的程度，这也是古往今来中国人面对亲人离世时情绪极度夸张的缘由。

这么多年，阮籍就在痛苦和沉醉中度过了。他的心境处于极矛盾的状态。一方面，他在政界谨小慎微；另一方面，他又屡次挑战司马氏政权的礼教权威。他惧怕在政治上遭到迫害，却相当不爱惜身体（这和嵇康热衷于养生形成鲜明的反差），仿佛迫切期待着生命的结束。最后，阮籍走到了人生的终点。

公元 263 年 12 月，也就是邓艾和钟会扫平益州北部的时候，魏帝曹奂第四次下诏请求司马昭担任相国并晋爵晋公。这是最后一次了。尽管所有人都明白，但司马昭还是不能爽快地接受，他得把戏做足。于是，司徒郑冲打算率群臣上《劝进表》恳请司马昭接受册封。不过，郑冲不想亲自写这封表奏，这不是因为他才华不够，早在魏文帝曹丕还是世子时，他就因卓越的文学造诣当选为曹丕幕僚了，正始年间，他还与何晏、荀颉、曹羲合著过《论语集解》。郑冲想找别人来写《劝进表》，是考虑到奏表意义重大，肩负全天下人的意愿，而像他这样一个司马氏政权的坚定支持者自然很难体现民意。由此，《劝进表》该让什么人来写就显得尤其重要。撰写者必须名重天下，才华卓著，最好还要和司马昭关系不那么亲密。郑冲经过反复思索后，敲定了人选。

如果世人看到由阮籍亲自撰写的《劝进表》，那无疑会令司马昭的民意支持率大幅提升。

阮籍接到这一任务后继续靠醉酒躲事，甚至一度藏到朋友袁准家里。但事关重大，郑冲不会善罢甘休，他接连派出公差催促。就在最终期限到来的头天深夜，公差追到袁准家，把醉醺醺的阮籍拽下床，命他当场写完。阮籍自知躲不过去，遂挥毫落纸，片刻后，文章写毕。

翌日，郑冲和公卿读罢阮籍的文章，大为叹服："笔锋清壮，真是神来之笔！"随后，司马昭便在《劝进表》的诵读声中，官拜相国，晋爵晋公了。

阮籍写的这篇《劝进表》，被后世命名为"为郑冲劝晋王笺"。但实际上，这个标题谬误至极，甚至流传两千年之久。因为这篇上表乃是劝司马昭接受晋公的册封，而非晋王（此事五个月后司马昭才被册封为晋王）。所以准确的命名应该是"为郑冲劝晋公笺"才对。

在《劝进表》的最后，阮籍以这样一句话来结尾："明公（司马昭）的盛德超越齐桓公和晋文公，日后您临沧州祭拜支伯、登箕山祭拜许由，这将是天下盛况啊！"在上古时代，尧曾先后打算把帝位禅让给支伯、许由这两位圣贤，可是，二人拒不接受，最后，尧才将帝位禅让给了舜。

后世对这句话很有争论，有人认为阮籍暗藏隐喻，向司马昭提出挑战——看你能不能像支伯和许由一样拒绝帝位。不过也有人不以为然，认为阮籍抬出古代先贤只是此类文体的固定模式，并没什么深意。究竟阮籍在写这句话时的心境如何，永远无从知晓了。

阮籍上《劝进表》后，名声响彻朝野，登门造访者络绎不绝。"阮君，您写的这篇表文被大家喻为神笔啊！"大家纷纷恭维阮籍，阮籍却依旧宿醉，吐血，流泪。

一个月后，就在司马昭晋爵晋公的那年冬天，阮籍郁郁而终。

“嗣宗，你最爱喝酒，可是再也别喝到吐血了……”山涛将满满一壶酒洒在阮籍的坟前。

“既来之，则安之。”这句出自《论语》中的话深深烙刻在山涛心中，多年来，山涛早已不再纠结徘徊，他坚定地支持司马氏政权，后来成为西晋开国重臣。山涛在政治上颇有建树，他在晋朝担任吏部尚书十余年，所举荐的贤才均名列成册，逐一品评，被当时人称为“山公启事”。

“山公启事”之所以著名，一方面是因为山涛甄选贤才的眼光；另一方面也凸显出他卓越的政治智慧。每逢官位有空缺，山涛总是拟出一份候选名单，暗中观察晋武帝司马炎中意何人，以此为根据做优先推荐。可是，往往司马炎中意的人不被公卿认可，有人便弹劾山涛胡乱推荐人才。而山涛从不把司马炎搬出来做挡箭牌，总是独自承担，正因为此，他的仕途平步青云。山涛以谙熟官场韬略，同时又保持清廉本色被世人称道。

山涛晚年屡次请求辞官，但每次都被晋武帝司马炎拒绝。十八年后，公元283年，晋国灭掉吴国统一天下，司马炎拜山涛为司徒。

“日后我定登三公高位！只是到那个时候，不知道你够不够格做三公夫人哪！”山涛回忆起对夫人的承诺。他终于实现了昔日的诺言。

可是没过几天，山涛便将他的官印奉还朝廷：“我已是快死的人了，不想再拖累朝廷。”

然后，他在侍从搀扶下颤颤巍巍登上车驾，吩咐道：“回家。”

洛阳城的繁华喧嚣从他身边擦肩而过。他只是静静地坐在车里，往昔一幕幕重现在眼前。

“你就没听到战马的嘶鸣？你就没看到暗藏的刀光剑影？”山涛想起他踢醒石鉴的那一脚。

“巨源，过来喝酒……”他想起和挚友在竹林中的欢声笑语。

“有巨源在，你们是不会孤苦无依的。”他想起嵇康临死前对他的信赖。

“能否让我再弹奏一曲《广陵散》？”他想起在洛阳东市最后一次聆听广陵

绝响。

这一切仿佛就在昨天，似梦似幻。

公元283年，山涛在他登上三公位的第二个月去世，享年七十九岁。

嵇康死后，铁砧上积下厚厚的一层灰尘，有时候向秀会独自来到鼓风机前摆弄几下，然而清脆的打铁声再也不会响起。昔日的美好时光，终一去不复返。

当年，向秀目睹嵇康奚落钟会的情形，此事最终让嵇康丢掉性命，从那时起，向秀也生活在恐惧中。最后，他不得不向现实妥协，主动来到洛阳面见司马昭请求出仕。

“听说你有隐居的志向，怎么今天到我这儿来啦？”司马昭话里带刺地埋汰他。

向秀毕恭毕敬地答道：“许由不了解尧帝求贤若渴的心情。这样的人不值得我效仿。”他将许由拒绝尧帝的典故当作反例。这恐怕不是向秀的真心话。后来，向秀官至散骑常侍，却甚少过问政事。

一天，向秀途经嵇康故居，忽闻邻家传出一阵凄恻的笛曲，他不禁悲从心起，随即写下了一篇情深意切的赋来追忆故友：

将命适于远京兮，遂旋反而北徂。

济黄河以泛舟兮，经山阳之旧居。（向秀和山涛都是山阳县同乡）

瞻旷野之萧条兮，息余驾乎城隅。

践二子之遗迹兮，历穷巷之空庐。（二子，指嵇康和吕安）

叹黍离之愍周兮，悲麦秀于殷墟。

惟古昔以怀今兮，心徘徊以踌躇。

栋宇存而弗毁兮，形神逝其焉如。

昔李斯之受罪兮，叹黄犬而长吟。（秦朝丞相李斯临死前对儿子叹道：“真想和你再次牵着黄狗在蔡东门外狩兔，可惜再无机会了。”）

悼嵇生之永辞兮，顾日影而弹琴。

托运遇于领会兮，寄余命于寸阴。（指嵇康将生命寄托在广陵绝响的短暂光阴。）

听鸣笛之慷慨兮，妙声绝而复寻。

停驾言其将迈兮，遂援翰而写心。

向秀留给后世的作品不多，但篇篇堪称问鼎之作。这首《思旧赋》便是魏晋时代赋中佳品。另外，前文讲过，向秀对《庄子》研究极深，曾著有《庄子注》，他关于《庄子逍遥游》一篇的感悟尤其值得一说："逍遥是生命存在的至高境界，而这个境界并不因外在环境的变化而不同，完全是出于本心的自由。"向秀是用这个超脱的观点来说服自己，还是真悟到自由的本质呢？

向秀的心仍然沉浸在回忆中，潺潺水声，伴随着叮叮当当的打铁声，无比美妙。昔日是今日之梦，还是今日是昔日之梦？五百多年前，庄周曾问过自己同样的问题：是我梦到了蝴蝶，还是蝴蝶梦到了我？向秀的心境大概和庄周并无二致。几年后，向秀死在官任上。

在"竹林七贤"中年龄最小、最世俗，并是琅邪王氏一族的王戎，大约也和向秀同时间段成为司马昭的幕僚。王戎在政治上有些建树，可是他贪财的性格也越来越严重。关于王戎贪财的逸事有诸多记载。比如，他夜以继日地和夫人拿着象牙筹计算家财；王戎女儿出嫁时向他借了几万钱，他每次见到女儿都绷着脸，直到这笔钱还清才给女儿好脸色看；王戎侄子大婚当日，他只送了一件单衣作为贺礼，完婚后马上又要了回来。

王戎的贪婪吝啬自是天性使然，不过，也有人认为这是他躲避被主君猜忌的手段。这种说法基本可以定义为后世文人因推崇"竹林七贤"往王戎脸上贴金，颇有些一厢情愿。因为早在正始年间"竹林七贤"一起欢聚时，王戎的世俗便广为人知，而在推崇金钱至上的西晋，他这种性格大概被称作"如鱼得水"才更为贴切，实在和避祸沾不上边。

还有一则关于王戎感情生活的趣闻。

王戎的妻子常以"卿"来称呼他。

王戎尴尬地表示："妻子应该称呼丈夫为'君'，丈夫对妻子才该称呼'卿'，以后别再这样叫了，让人笑话。"

他的妻子却道："亲卿爱卿，是以卿卿。我不卿卿，谁当卿卿？"王戎哭笑不得，只能由着妻子。这句话，是"卿卿我我"的出处。

多年以后，王戎参加讨伐吴国的最终决战，他作为其中一支大军的统帅攻克了吴国重镇武昌，后历任光禄勋、吏部尚书、太子太傅、中书令等要职，最终官拜司徒。不过，王戎也因他贪财的性格多次被同僚弹劾，留下不太好的名声。

西晋“八王之乱”时，王戎看到天下又步入乱世，遂不再过问政事。他常常身穿便装，独自骑马出游，沿途无人知道他竟是当朝三公。

“前头不是黄公酒垆吗……”那天，王戎途经此地，不禁忆起往事，“多年前，我与嵇康、阮籍在此畅饮，何等欢快啊！回想竹林之游恰似昨日。而今，嵇康和阮籍都已故去，我则被世俗羁绊，这酒垆近在眼前却恍如隔世……”王戎触景生情，怅然叹息。

距此时四十年后的公元 304 年，兵荒马乱，年已七十一岁的王戎跟随晋惠帝司马衷辗转流离，身处危难依旧谈笑自若。公元 305 年，晋惠帝司马衷被权臣挟持到了长安，王戎逃到洛阳附近的郏县避难。当他听闻郏县县令华谭正在抚恤百姓的消息后，突然做了件一反常态的事。

“把这三百斛米给华谭送去，让他赈济百姓吧。”这种仗义疏财的举动发生在王戎身上可算破天荒头一遭。他是神志不清，还是想通了一些事呢？

几天后，王戎和宾客畅饮，在宴席上去世了。

嗜酒如命的刘伶，后来被王戎举荐为官。西晋泰始年间（265—274），刘伶给晋武帝司马炎上了一封奏疏，宣扬无为而治的政治理念。

“真是没用的废话！”司马炎看后不悦，当即罢免刘伶。刘伶巴不得无官一身轻，他整日畅饮酣醉，终成为“竹林七贤”中唯一以平民身份善终的人。据传在民国初年，宿县有荒冢，旁边有破庙残碑，当地百姓称其为刘伶墓和刘伶庙，不明真伪，再往后，这里也被拆除了。

阮籍的侄子阮咸在音乐上造诣极高，人称“神解”。当时，西晋重臣荀勖同样精通音乐，名声在阮咸之下，人称“暗解”。有一次，阮咸直言指出荀勖音律上的错误，由此招致荀勖嫉恨。后来，荀勖在司马炎面前进谗言，将阮咸赶出京城，外派始平太守。山涛曾举荐阮咸入朝为官，不过被司马炎以嗜酒虚浮为由拒绝。阮咸的晚年在始平郡落得个逍遥自在，他整天在音乐和沉醉中度过，寿终正寝。

半个多世纪后，到了东晋时代，在嵇康的故乡谯郡出了一位名叫戴逵的杰出隐士，他在绘画、雕塑、音乐上颇有造诣，且终其一生从未涉足官场。之所以提到他，是因为他所著的一部书——《竹林七贤论》。从那时起，嵇康、阮籍、山涛、向秀、王戎、刘伶、阮咸这七人便被世人合称为“竹林七贤”，一直传诵至今。“竹林七贤”在曹氏和司马氏腥风血雨的斗争中形成，又湮没于司马氏的强权之下，他们各自性格迥异、洒脱不羁，最终沿着自己的足迹走完了一生。诚然，“竹林七贤”一开始的政治立场倾向于曹氏，随后又向司马氏有了或多或少的妥协，但是，倘若就这样以政治立场来品评这七位贤人，那无疑是贬低了他们存在的意义。在漫长的历史长河中，他们占据重要地位，其实质在于他们对自由的追求和渴望。自由，是人生中最重要的核心，触及每个人的内心。正因为此，“竹林七贤”的事迹才在两千年来受到无数人的敬仰和感怀。

司马昭的儿子们

二十几年前，高平陵政变前夕的那个深夜，年轻的司马昭曾躺在床上辗转反侧，无法安眠。二十几年后，他权倾朝野，底气十足，早已今非昔比，似乎天下没有任何事能难得住他了。不过，还是有的，此刻，他面临着和当年曹操、孙权一样的难题——立嗣。这个困扰，不要说寻常老百姓，就算是那些权倾朝野的重臣、权臣，只要别摊上称王称帝这种麻烦事，大抵都是不会存在的。

毫无疑问，官拜丞相、高居晋王尊位的司马昭必须要考虑这个问题，他希望这份权力妥妥帖帖地传承给子嗣。他不能再用当年司马懿传给司马师，或是司马师传给自己的那一套方式，握着儿子的手说：“凭你自己本事接，接得住就接，接不住再还给人曹家。”他也不能寄希望于自己死后幸运地冒出傅嘏和钟会那样的“忠臣”来辅佐自己的儿子继续跟曹家拼。那是创业时的做法，不规范、不专业、不正大光明，纵然司马家族和“正大光明”这个词似乎离得很遥远，但从历史的发展规律来看，只要偷到了，时间一长也就是属于自己的了。

司马昭必须要确立世子，只有这样，这份来之不易的权柄才能在他死后，顺畅且合法地传承下去。

司马昭共生有九个儿子，这里简略介绍一遍。长子司马炎、次子司马攸，这两位后文将有大篇幅描写，这里不多说。其余七子分别是：司马兆（十岁早夭）、司马定国（三岁早夭）、司马广德（两岁早夭）、司马鉴、司马机、司马永祚（早夭）、司马延祚（幼年便身患不治之症）。

从司马昭这几个儿子的悲剧来看，基本上可以归为家门不幸之列。在这里，我们可以稍稍关注一下他几个儿子的名，当时双字的名很少见，可是司马昭居然给他四个儿子都取了双字名。从这些名中，可以清晰地理解什么叫“司马昭之心，路人皆知”，要知道，当司马昭生这几个儿子的时候还没有晋爵为公，他就已经要“定国”“永祚”（祚，乃是皇位、帝位之意）“延祚”了。他给儿子起的这些名，均代表他心中美好的愿望和理想，然而不幸的是，这些起了僭越之名的儿子，无一有好结果。有人会问，司马兆这个名还算正常吧？怎么也十岁早夭？好吧，司马兆，字千秋（乃是千秋大业的意思）。那么司马广德呢？连广德也要夭折吗？这就实在没什么可说的了。

当然，基于人道主义的立场，我们还是应该对司马昭的不幸致以同情。关于司马昭儿子名字的调侃就到此为止，事实上，他的长子司马炎字安世，次子司马攸字大猷（大谋划的意思），也同样可以理解为有僭越的意思在。

到底立谁为世子？这是摆在司马昭面前的难题。他在司马炎和司马攸之间徘徊不定。不过，倘若仅仅是从自家长子和次子之间选择，事情本也没有那么复杂。让司马昭备感纠结的是，次子司马攸早年过继给亡兄司马师为子嗣了。因此，从法律层面讲，一直以孝道、尊兄自诩的司马昭面临的问题就不单单是在他自己两个儿子中挑选继承人，而是在他和亡兄的儿子中挑选继承人了。倘若仅是这样也不复杂，最复杂的是，司马昭真的是更爱他的次子——过继给司马师的司马攸。

“天下是景王（司马师）的天下……”司马昭常常这样感慨。我们相信，这话很大程度上是发自他的真心。正始年间，司马师暗养三千死士，一朝云集，助父司马懿逼宫剿灭曹爽，这奠定了司马家族权势的根基。司马师在临死前，又将司马昭从洛阳召到自己身边，把大权交给了弟弟。

往事如烟，司马昭沉浸在对亡兄的怀念中，他拍了拍自己的王座：“这宝座……今后也该是桃符的……”桃符，正是他过继给司马师的次子——司马攸的乳名。

司马攸不仅被司马昭宠爱，更深得祖父司马懿欢心。早在公元251年，司马懿率军讨伐王淩之役时，司马攸随军出征，战后因功被封侯。看到这里，细心的朋友可能会觉得是不是记载有误。没错，当时司马攸还是个年仅三岁的孩子，一个三岁的孩子怎么可能在战争中立功封侯？从这件事不仅可以看出司马家族至高无上的权势，更可以看出司马攸在家族中的地位。可话说回来，很多人用了大半生的时间，以极高的代价甚至险些付出生命才被封侯，而司马攸却一边吃着奶一边得此殊荣，除了天生的优越感之外，真的就能享受到多少快乐吗？遥想曹叡时代的毛皇后一家，曾在酒席上忘乎所以地叫嚣："我今天也是侯爷啦！我今天也是侯爷啦！"那种兴奋恐怕司马攸是永远都体会不到的。不过，纵使司马攸自幼生在这种优越的环境中，他的性格修养却很好，再加上他聪明、有才气（擅长书法，司马攸的楷书笔法奉为当世典范），因此博得了崇高的声望。但是，司马攸绝对和曹植、曹髦不一样，他懂得用礼法来约束自己的言行，约束自我，这正是身居高位者最可贵的品质。曹植、曹髦恰恰败在这方面。

司马昭毫不掩饰自己对司马攸的怜爱之情，这无疑会引起长子司马炎及其支持者的恐慌。有人说，支持司马炎的人都是像贾充这样的品行卑劣者，大部分贤臣都支持司马攸，这纯属胡说八道。在史书中记载支持司马炎的臣子有：司徒何曾、中护军贾充、相国左长史山涛、尚书仆射裴秀、郎中羊琇。其他更多人，并不是说都支持司马攸，而是在立嗣问题上基本没有表态。

众臣没做表态有两种可能。第一种可能，表态的记载被忽略了。但是，司马炎和司马攸竞争世子之位毕竟是一件大事，司马炎后来统一天下，又开创了"太康盛世"，算是一位贤君，司马攸名声更好。无论臣子支持哪一个，都值得大书特书。第二种可能，二人的竞争比起曹丕与曹植、孙和与孙霸要温和得多，公卿大臣确实没有必要表明立场。为什么会这样？

我们把司马炎和司马攸做一番比较就能得出结论。二人才略大致相似：司马炎是嫡长子，司马攸的名声则略胜一筹，虽过继给司马师，但依然被司马昭宠爱；两兄弟都是王元姬生的；司马炎的夫人杨艳虽出身名门——弘农杨氏一族，但其家人均非重臣，司马攸尚未娶妻，也不牵扯任何姻亲派系。公卿大臣综合考虑了这些纠缠在一起的问题，得出了一个结论：随便吧，爱立谁立谁，反正都差不多，犯不着去赌一个得罪另一个。而那些支持司马炎的臣子，除了司马炎的至交羊琇以外，其他人大概也只是觉得：废长立幼不好，没事别瞎折腾了。当然，也不排除有人真的在他们二人之间押宝，贾充很可能就属于这类人。

晋国继承人

公卿大臣摆出一副事不关己高高挂起的姿态，但对司马炎来说，这毕竟是他人生中最重要的事，必须得争。可是，怎么争？他的声望比司马攸稍逊一筹。

“稚舒（羊琇字稚舒），你还记得咱们小时候的戏言吗？”司马炎握着挚友羊琇的手说道。之前曾经提及过，羊琇是辛宪英的儿子，司马师第三任夫人羊徽瑜以及政坛新锐羊祜的堂弟，曾跟钟会远征过巴蜀。

“怎会忘记呢？”羊琇笑嘻嘻地望着司马炎。他们自幼交情甚笃。有一次，羊琇对司马炎说：“假如有一天富贵了，我们就轮流做中领军和中护军，各做十年！”司马炎听罢喜笑颜开。大概，这就是他们儿时认为最荣耀的官职了。

“稚舒，助我富贵，我不会忘记你的！”

羊琇点了点头，遂暗中为司马炎出谋划策。他揣度司马昭的心意，将所有可能被问到的问题和答案都写下来让司马炎背诵。“如果晋王向你询问朝政得失、重臣的性格喜好、魏室境况……你就按此作答，到时候必能得晋王刮目相看。”得益于此，司马炎在司马昭心中的好感度飙升。羊琇的所作所为与当年“四友”帮曹丕、杨修帮曹植的手法都是一个路数。

光有羊琇从旁协助还不够，司马炎也在寻找外援。

一天，他看四下无人，突然拉扯住了裴秀的衣袖：“裴君，您说，从人的相貌真能看出富贵贫贱吗？”

“当然能啊！”裴秀回答，他不知道司马炎为什么问起这个。

“裴君，您看着……”说罢，司马炎把自己的发髻散开，“看我的头发，都长到脚跟啦！”他又伸了伸胳膊，“再看我的胳膊，都长到膝盖啦！您说这是不是富贵相？”

裴秀哂然，他明白了司马炎的意思：“殿下放心，我知道该怎么跟晋王说。”言罢，便欲辞别离去。

“裴君请留步！”司马炎又喊道。

裴秀疑惑地转过身：“殿下还有什么事？”

“裴君……我这富贵相，您能不能也跟何公他们讲讲？”何公，正是司徒何曾。

“好！好！包在我身上！”

这里介绍一下裴秀。裴秀祖籍河东，其家族被称为河东裴氏，这是一个相当著名的望族。裴秀的祖父裴茂在东汉官拜尚书令，率领关中诸将跟董卓余党打过仗。裴秀的爸爸裴潜是魏国名臣，同样官拜尚书令。此时，裴秀官拜尚书仆射（尚书台二把手），绝对是位炙手可热的政坛红人。他刚刚向司马昭提议恢复周朝时代的五等爵位制度，所谓五等爵，即公、侯、伯、子、男。五等爵制度曾被秦始皇废除，到了汉朝，改为列侯制，经过近五百年，被裴秀提议恢复，并得到司马昭的鼎力支持。五等爵恢复后，那些支持司马氏政权的重臣和伐蜀功臣，总计有六百多人因此受封爵位，可谓皆大欢喜。不言而喻，有多少豪门望族对裴秀感恩戴德。

就在司马炎竭力争取的时候，司马攸又是什么状况呢？在史书中完全找不到他企图争夺世子位的记载，他确实是一个善于约束自我的人，这基本上视同为主动放弃世子宝座了。

于是，在何曾、贾充、山涛、裴秀这帮人的谏言下，司马昭终于在世子人选问题上敲定司马炎。公元 264 年（也就是刘禅来到洛阳的同年）9 月，司马昭让司马炎担任副丞相。当初，曹操任丞相，曹丕任副丞相，如今，司马昭任丞相，司马炎任副丞相，其意不言自明。那么，为什么不直接立为世子呢？这源于深奥的政治智慧，司马昭是用这种办法试水，看看众臣的反应，有没有人提出反对。

群臣没有异议。这事基本上算定了。

10 月，司马炎官拜抚军将军，这是当年司马懿和司马师担任过的官位。

离目标越来越近。

到次年 1 月，司马炎正式成为晋国世子，终于尘埃落定。

“稚舒！稚舒！想想咱们小时候的戏言吧！哈哈哈哈！”司马炎握着羊琇的

手，激动不已。

“给世子殿下道喜了！”羊琇欣慰地笑着。

后来到西晋时代，羊琇犯法，本应处以极刑，但亏司马炎力保下来，仅被罢免官位了事。没过多久，他又以平民身份直升为中护军。

“没想到儿时戏言竟成真吧！”司马炎信守诺言，果真回报了他的朋友羊琇。

再后来，羊琇却因保护司马攸触怒司马炎被降职，遂忧愤发病，于四十六岁病亡。羊琇保护司马攸这件事在后文还会详细讲到，此处只是一笔带过，不过从中可以发现，司马炎和司马攸的世子之争确实进行得不温不火，不用说那些没表态的臣子，就连支持司马炎的羊琇，也依然和司马攸保持着良好的关系。而司马炎登基后对司马攸还是很好的，直到很多年后发生了些变故……

裴秀因为帮司马炎说了好话，往后自然也是官运亨通。河东裴氏的地位也从裴秀这一代开始走向巅峰。

司马昭之心

公元 265 年 6 月，魏帝曹奂将吴国进贡的珍宝悉数赠予司马昭。司马昭没接受，他大概想：就先暂时放你那儿吧，反正将来都是我的。曹奂送礼遭到拒绝，心里不太踏实，紧跟着便又下了一道诏书，赐予司马昭多项崇高荣誉，其中就包括八佾之舞。关于八佾之舞，前文也讲到过，孔子听到鲁国权臣季氏排八佾之舞，叹息道：“他连这种事都能做，还有什么不忍心做的呢？”

司马昭确实没有什么不忍心的，或许，他是不屑于，或是来不及做吧。不知不觉之间，他的胡子和头发都已经斑白了。

这天，司马昭握着司马炎的手问道：“你知不知道，曹氏为什么会衰败？”

“因为皇室衰弱。”司马炎回答。

“那么，皇室为什么会衰弱呢？”

“因为……曹氏藩王衰弱，皇室没有藩王来支撑。”

“说得好，那我再问你，藩王又为什么衰弱呢？”司马昭继续追问下去。

“这……早在曹叡时藩王便一蹶不振了。”

“曹丕！因为曹丕！”说到这个名字，司马昭突然激动地拍打着手边的案几。“我听你爷爷说，当初曹丕和他弟弟曹植争夺世子之位，被刺激成了神经病，他居然认为全天下最危险的人是自己的兄弟，他居然不信任自己的兄弟……哼！”司马昭说着，鼻腔里发出鄙视的声音。继而，他缓缓说道：“想当年，你爷爷和你叔爷，我和你大伯父，要不是有这份兄弟之间的信任，咱家怎能有今天？你记住，以后要善待司马家的兄弟，更要善待桃符（司马攸）。”

司马炎认真听着，不住点着头。

深夜，司马昭躺在床上难以安睡，他想起往昔的一幕幕情景……他想起司马懿临死前紧握着司马师的手，当时，他曾幻想父亲握的是自己的手，他很想把手伸过去，但他没有，因为他明白，大哥实至名归，自己远不能及。他又想起司马师临死前紧握着自己的手，当时，他心怀忐忑，根本不知道自己能否承担得了这重担，但他还是鼓足勇气，告诉司马师，也告诉自己——接得住，必须要接得住。

这些往事让司马昭心潮澎湃，他辗转反侧了许久，索性不再强迫自己入睡。他起身点上根蜡烛，偷偷拿出一幅画卷，小心翼翼地将之展开。这是当年曹髦画的《盗跖图》。

就着摇曳的烛光，司马昭一边仔细端详，一边喃喃自语：“都说画得像我……呵呵！岂不闻盗亦有道。从今往后，司马家族的权柄要正大光明地传承下去了！”

窗外吹起一阵秋风，司马昭床边的蜡烛熄灭了，顷刻间，周遭陷入一片漆黑。他激动的心情总算平复下来，随之，他感到一阵疲倦，顺手将《盗跖图》扔在一边，倒头而睡。

公元265年秋，9月，魏国的权臣，弑君者，晋国的开创者——司马昭病亡，享年五十五岁。他继承父兄留下的基业，最终创建晋国。从这一点来说，他的经历像极了吴国开国皇帝孙权（同样继承父兄基业）。毋庸置疑，司马昭狡诈残酷，可这仅限于对待敌人，他对待自己的兄弟、家族子嗣、同僚、下属，则远比孙权有人情味。他敢冒天下之大不韪弑杀曹髦，却又在强大的舆论压力下保住贾充，而他对待钟会的态度更能彰显胸襟，虽然怀疑，却还是授以兵权，即使后来钟会谋反，他也遵守当初和钟毓的承诺，不仅没牵连钟毓的家人，甚至连钟毓过继给钟会的养子都没怎么为难。这些难道还不能看出他冷酷外表下那颗宽容的心吗？纵观司马昭的一生，他从那个在高平陵政变前夜不安得无法入睡的年轻人走向成熟和稳健，最终拥有了强大的自信，这种自信，从他对曹氏皇族的嚣张跋扈中得以充分体现。

“司马昭之心，路人皆知。”这句流传甚广的话带有明显的贬义，但在司马昭看来，纵然天下人都知道，又能把我怎么样？从某种方面说，他是一个豁达之人。

“晋王薨（hōng）！”臣子大声喊着。

“怎么是薨？应该称崩！”有人马上出言纠正。

古代重臣、藩王死称薨，皇帝死称崩。当然，司马昭并不是皇帝，但谁都明白，他的的确确是实际意义上的皇帝，而他取得皇帝这一名分也仅仅是唾手可得。司马昭身份的特殊性给那些为他安排后事的臣子出了个很大的难题，中护军贾充、侍中荀勖等人对葬礼诸多细节争论起来。这确实很让人苦恼，到底该用什么级别的仪式给司马昭下葬呢？

正当群臣争论不休的时候，一阵撕心裂肺的号哭声由远及近传了过来。少刻，扬州都督、征东将军石苞跌跌撞撞扑倒在朝堂上，他刚从自己的驻地赶来奔丧。只见他仰天悲呼：“基业都到了这个地步，怎能再以人臣的身份下葬啊！”

这个地步？什么地步？一句话惊醒梦中人。公卿大臣瞪着石苞，恍然大悟，他们为自己刚刚的犹豫懊悔万分，那可会错过一个向司马家族表现忠心的绝好良机。于是，因为石苞这句话，司马昭的葬礼便一切皆按照皇帝的级别来办了。

“晋王驾崩！”

“晋王驾崩！”

这实在是滑稽的一幕。公卿争先恐后地喊出这句不符合礼法和逻辑的话，若非脸上挂满泪痕，听上去仿佛欢快地争抢利益一般。

“司马昭驾崩啦……”魏帝曹奂躲在皇宫里小声地嘀咕了一句，他淡淡一笑，只期待能尽快结束这场闹剧以获得解脱。

公元265年10月，魏国的晋王司马昭按照皇帝的规模葬在崇阳陵，谥号“文王”。到了晋朝开国，他被追尊为“文皇帝”，庙号“太祖”。